Der große Liebling zu

MacroMedia Director

Gerd Gillmaier

Attenkirchen • Bonn • Albany • Belmont • Boston • Cincinnat • Detroit • London
Madrid • Melbourne • Mexico City • New York • Paris • Singapore • Tokyo

Die Deutsche Bibliothek – CIP-Einheitsaufnahme

Gillmaier, Gerd:
Der große Liebling zu MacroMedia Director / Gerd Gillmaier. – 1. Aufl. – Attenkirchen ; Bonn ; Albany [u.a.] : ITP Wolfram, 1994

(Wolfram's Anwender- und Programmierhandbücher)
ISBN: 3-86033-178-7

Die Informationen in diesem Produkt wurden mit größtmöglichster Sorgfalt erarbeitet. Dennoch können Fehler nicht vollständig ausgeschlossen werden, und Verlag, Autoren oder Übersetzer übernehmen keine juristisca Verantwortung oder irgendeine Haftung für evtl. verbliebene fehlerhafte Angaben und deren Folgen.

Alle Warennamen werden ohne Gewährleistung der freien Verwendbarkeit benutzt und sind möglicherweise eingetragene Warenzeichen. Der Verlag richtet sich im wesentlichen nach den Schreibweisen der Hersteller.

Das Werk einschließlich aller seiner Teile ist urheberrechtlich geschützt. Alle Rechte vorbehalten, einschließlich der Vervielfältigung, Übersetzung, Mikroverfilmung sowie Einspeicherung und Verarbeitung in elektronischen Systemen.

Copyright © 1994 by ITP Wolfram's
Alle Rechte vorbehalten / All rights reserved

1. Auflage 1994
Satz und Endbearbeitung: Wolfram's Doku-Werkstatt
Umschlagentwurf: Tanja Atzler, Nadja Biewald
Umschlag: Wolfram's Doku-Werkstatt
Belichtung: Wolfram's Doku-Werkstatt
Druck: Kösel GmbH & Co., Kempten

Printed in Germany
ISBN: 3-86033-178-7

Inhaltsverzeichnis

Inhaltsverzeichnis	**3**
Vorwort	**9**
Zum Inhalt	9
Das Drehbuch	**11**
Einige Worte vorab	11
Die Drehbuch-Fenster	11
Die Bühne	11
Das Fenster Drehbuch	12
Die Funktionsleiste	12
Das Steuerpult	12
Das Drehbuch im Überblick	13
Auswählen und Editieren im Drehbuch	18
Die Drehbuch-Referenz	18
Die Funktionsleiste des Fensters Drehbuch	18
Die Drehbuch-Menüs	32
Das Studio in fünf Lektionen	**37**
Einführung	37
Die wichtigsten Studio-Fenster im Überblick	40
Die Bühne	40
Das Fenster Regie	40
Das Fenster Besetzung	41
Das Fenster Malen	42
Das Steuerpult	42
Zur Studio-Menüleiste	43
Einige Worte vorab	43
Lektion 1 : Ein bewegter Buchstabe	45
Lektion 2: Zwei Darsteller kommen hinzu	54
Lektion 3: Ein Ausrufezeichen rotiert	61
Lektion 4: Kombinierte Bewegungen mit Filmschleifen	68

Lektion 5: Interaktive Animationen mit Lingo ... 76
   Die Schleife am Programmanfang ... 78
   Installation eines PullDown-Menüs ... 91

Das Studio in der Anwendung ... 95

Von der Idee zur Animation ... 95

Das Fenster Malen in der Anwendung ... 96
   Die Malen-Arbeitsblätter ... 97
   Die Lineale im Arbeitsblatt ... 97
   Der Vergrößerungsmodus ... 99
   Die Auswahlwerkzeuge ... 100
   Die Transformation einer Auswahl im Menü Form ... 101
   Die Werkzeuge im Fenster Malen ... 105
   Eigene mehrfarbige Füllmuster ... 120
   Die Verwendung von Darstellermasken ... 121

Das Fenster Besetzung in der Anwendung ... 122
   Sortieren von Darstellern ... 122
   Benennen von Darstellern ... 123
   Auswählen und Löschen von Darstellern ... 125
   Mehrfaches Positionieren eines Darstellers ... 126
   Verändern der Farbtiefe eines Darstellers ... 127
   Der Befehl Darsteller anpassen ... 129
   Die Datei „Gemeinsame Darsteller" ... 129
   Import von Darstellern ... 131

Das Fenster Werkzeug in der Anwendung ... 138
   Die Flächenwerkzeuge ... 139
   Das Linienwerkzeug ... 140
   Das Textwerkzeug ... 140
   Die Schaltflächenwerkzeuge ... 141
   Das Füllmusterfeld ... 142
   Die Linienstärke ... 142
   Das Vorder- und Hintergrundfarbfeld ... 143

Das Fenster Text in der Anwendung ... 143
   Das Menü Text ... 144
   Das Menü Suchen ... 145

Das Fenster Palette in der Anwendung ... 147
   Wechsel der aktuellen Palette ... 148
   Erzeugen neuer Paletten ... 148

Die Bearbeitung von Farbpaletten	150
Das Fenster QuickTime in der Anwendung	152
Das Steuerpult in der Anwendung	154
Die Animationstechniken im Überblick	156
Die Echtzeitaufzeichnung	156
Die bildweise Aufzeichnung	156
Der Befehl Automatische Animation	157
Der Befehl Als Sequenz einsetzen	158
Der Befehl In Kanal kopieren	160
Der Befehl Linear füllen	162
Der Befehl Füllen spezial	164
Die Verwendung von Filmschleifen	165
Animationsgeschwindigkeit und Speicherplatz	167

Interaktive Animationen mit Lingo   171

Die wichtigsten Bestandteile der Sprache Lingo	172
Arten von Skripts	176
Film-Skripts	177
Regie-Skripts	178
Darsteller-Skripts	180
Ereignis-Skripts	181
Die Lingo-Umgebung im Studio	183
Die Menüs Lingo und Skript	183
Fenster zur Arbeit mit Lingo	184
Ausgewählte Themen	187
Die Kontrolle von Darstellern und Objekten auf der Bühne	187
Bildschirm-, Bühnen- und Objektkoordinaten	189
Die Behandlung von Ereignissen	192
Sprungbefehle, bedingte Verarbeitungen und Programmschleifen	194
Die Steuerung der Soundausgabe	197
Installation von Schaltflächen und Menüs	198
Textfelder auswerten und bearbeiten	205
Zur Syntax des folgenden Abschnitts	209

Die Lingo-Referenz   211

Befehle und Funktionen	211
Symbole	295

Import- und Exportmöglichkeiten — 299

Hilfsmittel beim Import: die FKeys ScreenClip und Scrapbook — 299
Director und der Photoshop — 302
Director und die dritte Dimension — 304
Export — 304

Die Menü-Übersicht für das Studio — 308

MacroMind Player – Der Programmgenerator — 311

Spielen von Studio- und Accelerator-Dateien — 311
Der Bau von Projektoren — 312
   Besonderheiten bei der Aufnahme von
      Studio-Dateien in Projektoren — 316
   Abspielen von Studio- und Accelerator-Filmen
      aus HyperCard heraus — 317

MacroMind Accelerator – Der Beschleuniger — 323

Einige Worte vorab — 323
Beschleunigung von Studio- und AcceleratorDateien — 323
Die Accelerator-Menüs — 324
   Das Menü Ablage — 324
   Das Menü Bearbeiten — 327
   Das Menü Beschleunigen — 328
   Das Menü Steuerung — 330
   Abspielen von Studio- und Accelerator-Filmen aus HyperCard — 332

Director, die vierte — 335

Zu diesem Kapitel — 335
Die wichtigsten Änderungen — 335
   Fazit — 335
Das neue User-Interface — 336
Die neue Online-Hilfe — 336
Was ist neu an der Regie? — 337
   Die Änderungen am Menü Regie — 337
   Die Änderungen am Fenster Regie — 338

Das neue Steuerpult	340
Was ist neu an der Besetzung?	342
Die Änderungen am Menü Darsteller	342
Die Änderungen am Fenster Besetzung	344
Malen, Text, Werkzeug & Co	346
Der integrierte Player	347
Director auf Windows-Plattformen	348
Wann lohnt ein Update?	348
Die Erweiterungen der Sprache Lingo	349
Einige Worte vorab	349
Das neue Fenster Skript	349
Die Verwaltung von Listen	350
Hilfsmittel zur Arbeit mit Koordinaten	351
Mehrere Fenster auf der Bühne	351
Bessere Darstellerverwaltung	352
Die neuen Lingo-Elemente	353

Glossar   375

Index   379

Inhalt

Vorwort

„Multimedia" ist zu einem Zauberwort in der Computerbranche geworden. Gemeint ist damit meist die Verbindung von Grafik, Text, Ton und Video mit einer vom Anwender zu bedienenden Oberfläche am Computerbildschirm.

Die Anwendungen sind so vielfältig wie die zu transportierenden Informationen: vom Informationskiosk an zentralen Plätzen über Produkt- und Firmenpräsentationen bis hin zu Lernprogrammen, Computerspielen oder der Visualisierung naturwissenschaftlich-technischer Sachverhalte.

Dieses Buch stellt eines der ausgereiftesten und mächtigsten Multimedia-Programme für den Macintosh vor, den **MacroMedia Director**. Director bietet umfangreiche Möglichkeiten zum Import von Daten aus anderen Programmen und eine einfach zu erlernende Programmiersprache, deren Funktionen eine sehr differenzierte Interaktivität mit dem Anwender möglich machen.

Die grafische Oberfläche und die integrierten Audiofähigkeiten machen den Macintosh zur preiswerten Multimedia-Basis. Die Systemerweiterung QuickTime ermöglicht die synchrone Ausgabe von Audio- und Videodaten.

Die Verwendung von medienintegrierender Animationssoftware wird ebenso zur Selbstverständlichkeit werden, wie es die Verwendung des Desktop Publishing heute schon ist. Dieses Buch richtet sich an Macintosh-Anwender, die nach einem Werkzeug zur Produktion interaktiver Medien suchen.

Zum Inhalt

MacroMedia Director besteht aus zwei unabhängigen Programmteilen, dem **Drehbuch** und dem **Studio** mit der integrierten Programmiersprache **Lingo**. Zu jedem dieser Teile finden Sie ein Kapitel.

Im ersten Kapitel lernen Sie das Drehbuch, ein einfaches Präsentationsprogramm, kennen. Mit dem Drehbuch können schnell und einfach animierte Dia-Shows hergestellt werden. Es bietet dazu verschiedene Texteffekte und Überblendungen, die mit fertigen Grafik- oder Studio-Dateien kombiniert werden können.

Im zweiten Kapitel ist das Studio, das eigentliche Animationsprogramm, beschrieben. Das Studio bietet eine anfangs kaum zu überschauende Fülle von Arbeitsfenstern, Befehlen und Techniken. Aus diesem Grund gibt es einen Lektionen- und einen Anwendungsteil. Die Studio Lektionen sind fünf aufeinander aufbauende Übungen, in denen am Beispiel einer einfachen Animation die wichtigsten Fenster und Befehle des Studios gezeigt werden. Der daran anschließende Anwendungsteil stellt die einzelnen Fenster vor und faßt die Animationstechniken zusammen.

Im dritten Kapitel lernen Sie Lingo, die studioeigene Programmiersprache, kennen. Erst Lingo ermöglicht die Erzeugung interaktiver Animationen mit dem Studio.

Das Drehbuch

Einige Worte vorab

Der erste Programmteil von MacroMedia Director ist das Drehbuch. In diesem einfachen Präsentationsprogramm kombinieren Sie fertige Grafiken und Studio- oder Accelerator-Dateien mit Texteffekten, Sound und Überblendungen. Die so zusammengestellte Präsentation läuft in einem eigenen Fenster, der sogenannten **Bühne** ab. Das Geschehen auf der **Bühne** wird durch den Inhalt des Fensters **Drehbuch** bestimmt. Für die Grafiken, Filme und Effekte werden Symbole verwendet. Um eine Grafik in Ihrer Präsentation anzuzeigen, ziehen Sie einfach das entsprechende Symbol aus der Funktionsleiste. Die Anordnung der Symbole im Fenster **Drehbuch** bestimmt, wann und in welcher Ebene die Elemente der Präsentation erscheinen.

Mit dem dritten Fenster, dem **Steuerpult**, kontrollieren Sie die Wiedergabe der Präsentation auf der **Bühne**.

Mit dem Drehbuch sind schnell einfache Präsentationen realisierbar. Im folgenden Beispiel erfahren Sie, wie fertige Grafiken und ein Film aus dem Studio mit Texteffekten und Überblendungen kombiniert werden. Das Erstellen interaktiver Animationen, deren Ablauf vom Anwender gesteuert werden kann, ist mit dem Drehbuch nicht möglich. Wenn Sie dem Anwender differenzierte Interaktion ermöglichen wollen, führt an der Verwendung des Programmteils Studio kein Weg vorbei.

Nachdem Sie die Fenster des Drehbuchs kennengelernt haben, folgt eine Übung, in deren Verlauf Sie eine auch auf der CD enthaltene Präsentation erzeugen. Daran anschließend finden Sie eine Referenz aller Drehbuch-Funktionen.

Die Drehbuch-Fenster

Das Drehbuch enthält die Fenster **Bühne**, **Steuerpult** und **Drehbuch**. Diese werden mit dem Menü **Fenster** ein- und ausgeschaltet.

Die Bühne

In diesem Fenster wird Ihre Präsentation gezeigt. Bei aktiver **Bühne** sind die Fenster **Steuerpult** und **Drehbuch** sowie die Menüleiste verborgen. Die Menüs sind trotzdem mit der Maus aktivierbar. Die **Bühne** wird mit der Tastenkombination **Befehlstaste** + **1** ein- und ausgeschaltet.

Das Drehbuch

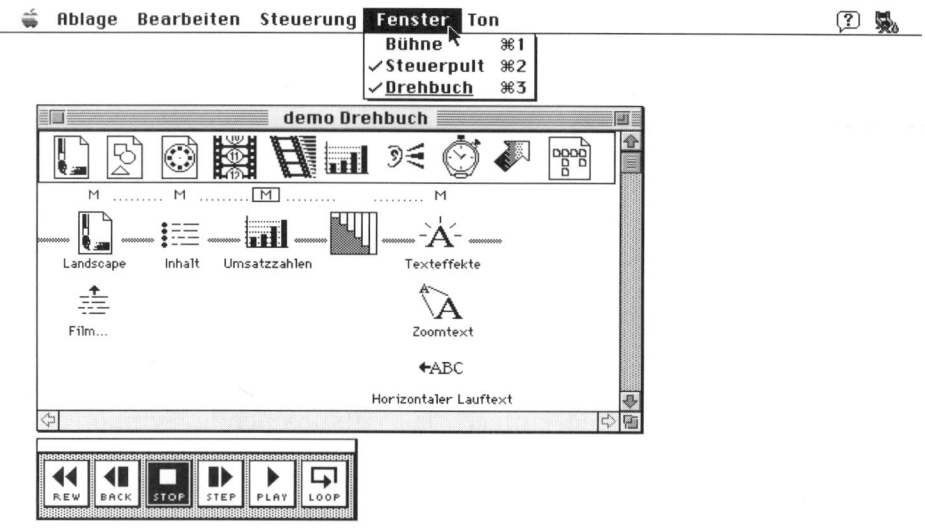

*Die Fenster **Drehbuch** und **Steuerpult***

Das Fenster Drehbuch

Im Fenster **Drehbuch** bestimmen Sie Inhalt und Ablauf Ihrer Präsentation. Die zeitliche Reihenfolge sowie die Vorder- und Hintergrundebene werden durch die Anordnung der Symbole im Fenster **Drehbuch** bestimmt. Die einzelnen Bestandteile eines Bühnenbilds werden in einer Spalte angeordnet. Die Präsentation beginnt in der ersten links stehenden Spalte. Untereinander angeordnete Elemente erscheinen gleichzeitig, wobei das Objekt in der ersten Zeile den Hintergrund bildet.

Die aktuelle Spalte wird vom Abspielkopf angezeigt, der als kleines Rechteck unterhalb der Funktionsleiste dargestellt wird. Um ein bestimmtes Bühnenbild zu sehen, setzen Sie den Abspielkopf durch Mausklick unterhalb der Funktionsleiste in die entsprechende Spalte.

Die Funktionsleiste

Hier finden Sie sechs Datei-Funktionen sowie die Funktion **Automatische Animation** und die drei Effekte **Sound**, **Stoppuhr** und **Überblendung**.

Das Steuerpult

Mit diesem Fenster steuern Sie die Wiedergabe der Präsentation. Das **Steuerpult** enthält die Funktionen **Rew**, **Back**, **Stop**, **Step**, **Play** und **Loop**. Diese

Funktionen finden Sie auch im Menü **Steuerung**. Bezeichnung und Funktion entsprechen den Tasten auf Video- oder Kassettenrekordern. Mit **Rew** setzen Sie den Abspielkopf auf das erste Bild der Präsentation. Die Taste **Back** bringt den Abspielkopf auf das vorhergehende Bild, die Taste **Step** auf das folgende Bild. Mit **Play** und **Stop** starten bzw. unterbrechen Sie den Abspielvorgang. Durch Aktivierung des Schalters **Loop** wird die Präsentation in einer Endlosschleife wiedergegeben. Eine Pause-Funktion besitzt das Steuerpult nicht. Um die Wiedergabe der Präsentation anzuhalten, drücken Sie die Leertaste. Ein erneuter Druck auf die Leertaste setzt den Abspielvorgang fort.

Das Drehbuch im Überblick

Das folgende Beispiel zeigt die Kombination von Grafik- und Studio-Dateien mit den Texteffekten und Überblendungen des Drehbuchs. Dem Spielen einer mit dem Programmteil Studio erzeugten Animation soll die Anzeige einer Grafik und eines Vorspanns vorausgehen. Am Ende des Studio-Films erscheint vor einer zweiten Hintergrundgrafik ein Text als Abspann. Zwischen den Bühnenbildern werden Überblendungen verwendet.

Die für das Beispiel benötigten Dateien finden Sie auf der beiliegenden CD. Eventuell kopieren Sie den Ordner „Drehbuch" von der CD auf Ihre Festplatte.

- Starten Sie das Drehbuch durch Doppelklick auf das Symbol **MacroMedia Director**.

Falls Sie sich nach dem Start im Programmteil Studio befinden, verwenden Sie den Befehl **Zum Drehbuch** im Ablage-Menü, um das Drehbuch zu aktivieren.

- Öffnen Sie die Fenster **Steuerpult** und **Drehbuch** mit Hilfe des Fenster-Menüs.

Die Präsentation soll mit der Anzeige eines Vorspanns beginnen. Den Hintergrund für den Vorspann bildet die PICT-Grafik **Granite** aus dem Ordner „Drehbuch".

- Ziehen Sie das PICT-Symbol (das zweite von links) an die Startmarkierung in der linken oberen Ecke des Fensters.
- Öffnen Sie mit der erscheinenden Dialogbox die Datei **Granite**.
- Die Grafik erscheint auf der **Bühne**, sobald Sie auf **Step** im Steuerpult klicken.

Um den Text des Vorspanns auf der angezeigten Grafik abzubilden, verwenden Sie die gleichnamige Funktion der **Automatischen Animation**.

- Ziehen Sie das Symbol der Automatischen Animation unter das Grafik-Symbol.

- Wählen Sie in der folgenden Dialogbox die Funktion **Vorspann** und bestätigen Sie mit **OK**.
- Geben Sie in das Textfeld **Titel** den gewünschten Text ein.

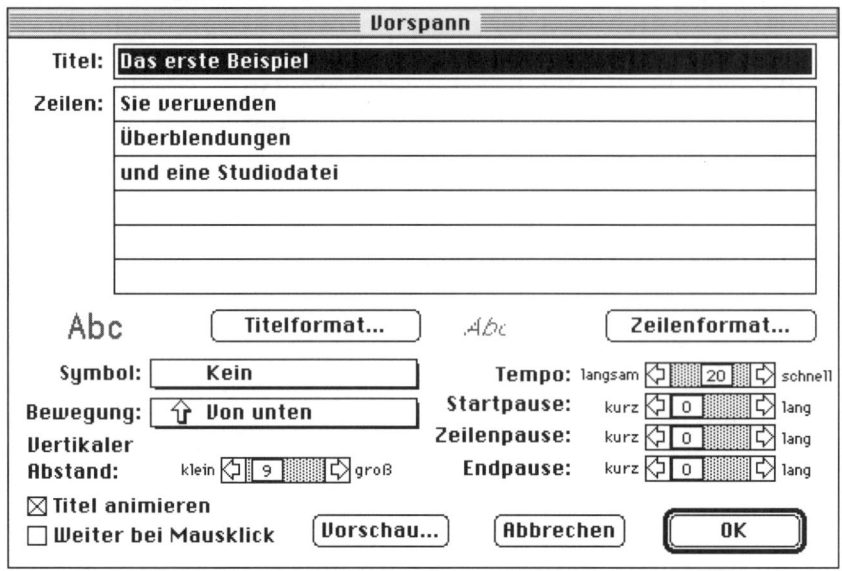

*Die Dialogbox der Funktion **Vorspann***

- Klicken Sie auf **Titelformat**, um Schriftart, -größe und -farbe auswählen zu können.
- Schalten Sie im Dialogfeld **Titelformat** die Option **Transparente Schrift** ein.
- Wählen Sie beispielsweise die Schrift Geneva in der Größe 36 Punkt und der Farbe Rot. Halten Sie zur Farbeinstellung die Maustaste auf dem vorderen Farbfeld gedrückt, und ziehen Sie auf eine Farbe der erscheinenden Palette. Bestätigen Sie mit **OK**. Links neben der Schaltfläche **Titelformat** sehen Sie das Ergebnis Ihrer Einstellungen.
- Geben Sie im Textfeld **Zeilen** die weiteren Textzeilen ein. Die Schrifteigenschaften werden analog zum Titel mit der Schaltfläche **Zeilenformat** eingestellt und gelten für alle sechs Textzeilen. Wählen Sie hier auch die Option **Transparente Schrift** und eine von der Hintergrundgrafik abweichende Farbe.
- Im PopUp-Menü **Symbol** bestimmen Sie das Sonderzeichen, das die Textzeilen anführt. Wählen Sie den Eintrag **kein**.
- Wählen Sie im PopUp-Menü **Bewegung** die Bewegungsrichtung **von unten**.

Das Drehbuch im Überblick

- Klicken Sie auf **Vorschau**.

Der Vorspann erscheint auf der **Bühne**. Durch einen Klick auf **Spielen** sehen Sie die Vorschau erneut. Die Bühnenposition des Vorspanns setzen Sie durch Mausklick. Um zur Vorgabe zurückzukehren, wählen Sie **Zentrieren**. Mit **OK** übernehmen Sie die neuen Koordinaten und kehren in das Eingabefeld der Funktion Vorspann zurück. Ein Klick auf **Abbrechen** verwirft die Änderung der Koordinaten.

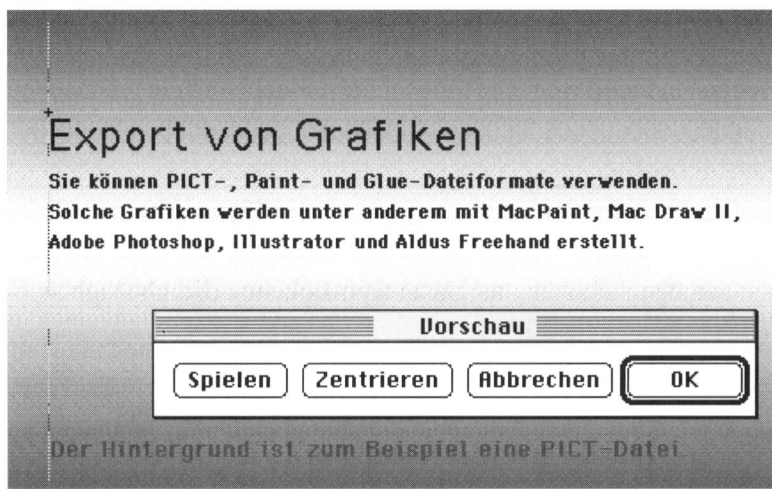

*Die Vorschau der Funktion **Vorspann***

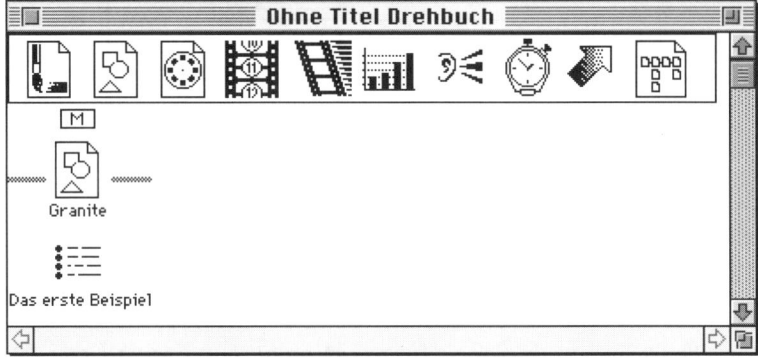

*Das erste Bühnenbild im Fenster **Drehbuch***

- Stellen Sie durch Mausklick das Ziel der Bewegung der Textzeilen ein. Bestätigen Sie **OK**.

Das Drehbuch

- Schalten Sie die Option **Weiter bei Mausklick** aus.
- Bestätigen Sie **OK**.

Das Fenster **Drehbuch** enthält jetzt eine Spalte (ein Bühnenbild) mit zwei Ebenen. Die Grafik-Datei **Granite** bildet den Hintergrund für den mit der Funktion **Vorspann** realisierten Begrüßungstext.

Dem Startbild soll nach einer Überblendung eine Studio-Datei folgen.

- Ziehen Sie das Überblendungssymbol (den Pfeil) rechts neben das bereits positionierte Grafik-Symbol.
- Wählen Sie in der erscheinenden Liste die Überblendung **Auflösen pixelweise, schnell** aus. Bestätigen Sie **Überblenden**.
- Ziehen Sie das Studio-Datei-Symbol (das vierte von links) rechts neben die Überblendung.
- Öffnen Sie in der folgenden Dialogbox die Datei **ANIMATION!** aus dem Ordner **Drehbuch**.
- Klicken Sie doppelt auf das Datei-Symbol, um die Dialogbox des Befehls **Information** zu öffnen.

*Die Dialogbox des Befehls **Information** für eine Studio-Datei*

- Schalten Sie die Option **Letztes Bild stehen lassen** ein.

Der Übergang vom Ende des Studio-Films zum Abspann wird mit dem Überblendungseffekt **Jalousie** versehen.

Das Drehbuch im Überblick

- Ziehen Sie das Überblendungssymbol (den Pfeil) rechts neben das Datei-Symbol.
- Wählen Sie die Überblendung **Jalousie** und bestätigen Sie **Überblenden**.

Der Abspann der Präsentation soll vor einer zweiten Hintergrundgrafik ablaufen. Um vor dem Hintergrund einen Filmabspann zu erzeugen, verwenden Sie die Funktion **Rolltitel** der **Automatischen Animation**.

- Ziehen Sie das PICT-Symbol (das zweite von links) rechts neben die Überblendung.
- Öffnen Sie mit der erscheinenden Dialogbox die Datei **Verlauf** im Ordner **Drehbuch**.
- Ziehen Sie das Symbol der **Automatischen Animation** unter die Grafik.
- Wählen Sie die Funktion **Rolltitel,** und bestätigen Sie **OK**.
- Geben Sie den Text für den Abspann ein. Die Einstellung der Schrifteigenschaften und die Vorschau funktionieren wie in der Funktion **Vorspann**.

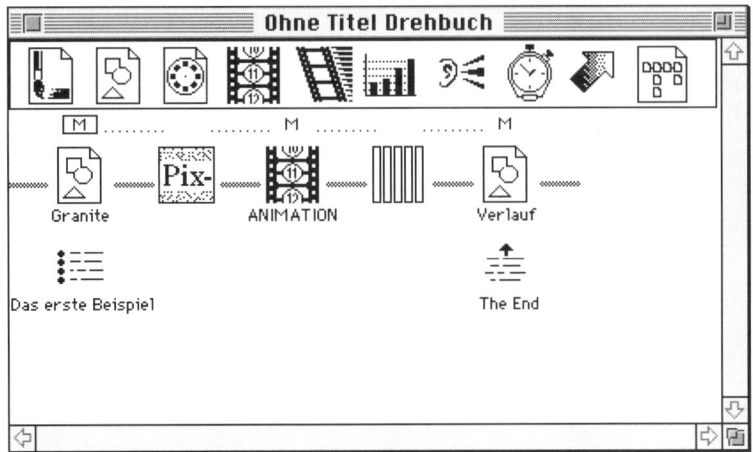

*Das Fenster **Drehbuch** mit dem fertigen Beispiel*

- Klicken Sie auf **Rew** und **Play** im Steuerpult, um das Ergebnis zu sehen.

Damit sind Vor- und Abspann für den Studio-Film fertig, und Sie kennen die grundlegenden Techniken dieses Programmteils. Der nächste Abschnitt stellt die Bearbeitungsmöglichkeiten im Fenster **Drehbuch** vor. Alle weiteren Funktionen des Drehbuchs finden Sie in der Referenz.

Auswählen und Editieren im Drehbuch

Das auf der Bühne angezeigte Bild wird von der Position des Abspielkopfes bestimmt. Um ein anderes Bühnenbild zu sehen, setzen Sie den Abspielkopf durch einen Mausklick unterhalb der Funktionsleiste in die betreffende Spalte, oder verwenden Sie die Tasten **Back** und **Step** im Steuerpult.

Um die Dialogbox einer Funktion der **Automatischen Animation** erneut zu öffnen, klicken Sie das Symbol doppelt an. Durch Doppelklick auf ein Symbol einer Datei-Funktion öffnen Sie einen vom Dateityp abhängigen Dialog mit weiteren Einstellmöglichkeiten. Der Dialog entspricht der Dialogbox des Befehls **Information** im Bearbeiten-Menü.

Mehrere Symbole im Fenster **Drehbuch** werden durch Aufziehen eines Rahmens oder durch Klick mit gedrückter Umschalttaste markiert. Alle Symbole einer Spalte können auch durch Klick mit gedrückter Befehlstaste auf das Symbol in der ersten oder letzten Zeile der betreffenden Spalte markiert werden.

Die Auswahl läßt sich mit den gleichnamigen Befehlen des Menüs **Bearbeiten** in die Zwischenablage ausschneiden, kopieren und wieder einsetzen. Um die Auswahl an eine andere Stelle der Präsentation zu verschieben, ziehen Sie die Auswahl einfach an die neue Position. Wenn Sie beim Ziehen die Wahltaste gedrückt halten, wird die Auswahl kopiert. Um eine Auswahl im Fenster zu entfernen, verwenden Sie den Befehl **Drehbuch löschen** im Menü **Bearbeiten** oder die Rücktaste.

Die Drehbuch-Referenz

In der folgenden Referenz finden Sie die Elemente der Funktionsleiste und die Befehle der Drehbuch-Menüs.

Die Funktionsleiste des Fensters Drehbuch

Die Funktionsleiste enthält sechs Datei-Funktionen sowie die Funktion **Automatische Animation** und die drei Effekte **Sound**, **Stoppuhr** und **Überblendung**.

Die Datei-Funktionen

Die ersten fünf Elemente der Funktionsleiste sind **Datei-Funktionen**. Mit ihnen werden die Grafik-Formate MacPaint-, PICT- und Glue sowie mit dem Studio und dem MacroMedia Accelerator erzeugte Dateien eingefügt. Die ganz rechts stehende Funktion bindet Drehbuch-Dateien ein.

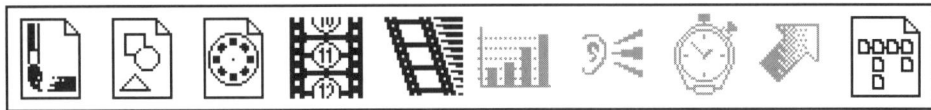

Die Datei-Funktionen in der Funktionsleiste

Sobald eine Datei-Funktion in das Fenster **Drehbuch** gezogen wird, erscheint eine Dialogbox, mit der die anzuzeigende Datei geöffnet wird. Die Dialogboxen zum Einbinden der Grafik- und Animations-Dateien unterscheiden sich nicht. In der Dateiliste erscheinen jeweils nur Dateien des gewählten Typs.

Einbinden von Grafik-Dateien im PICT-, MacPaint- und Glue-Format

Mit einem Doppelklick auf ein Grafik-Symbol im Fenster **Drehbuch** öffnen Sie die Dialogbox des Befehls **Information** im Menü **Steuerung**. Die Art der Dialogbox hängt vom Dateityp ab. Allen Dialogboxen gemeinsam ist die Möglichkeit, die Bühnenposition der Grafik einzustellen oder vorgenommene Änderungen mit der Schaltfläche **Zentrieren** wieder zurückzunehmen. Außerdem kann eine zeitliche Verzögerung der Anzeige der Grafik aktiviert werden.

Das Drehbuch bietet im Gegensatz zum Studio keine Möglichkeit zur Bearbeitung von Grafiken innerhalb des Programms. Um Grafiken aus dem Drehbuch heraus zu bearbeiten, verwenden Sie den Befehl **Editor öffnen** im Menü **Ablage**. Dieser Befehl startet das in der Dialogbox des Befehls **Voreinstellung** (Weitere Voreinstellungen) angegebene Programm und öffnet die markierte Grafik-Datei. Nach dem Beenden des Editors kehren Sie automatisch in das Drehbuch zurück.

Bei Grafik-Dateien im PICT-Format erscheint die folgende Dialogbox.

*Die Dialogbox des Befehls **Information** für eine PICT-Datei*

Schalten Sie die Option **Deckend** ein, wenn die weißen Bereiche der Grafik nicht transparent erscheinen sollen. Diese Option ist nur für Dateien sinnvoll, die den Vordergrund für andere Elemente auf der **Bühne** bilden. Die Option **PICT-Palette benutzen** bewirkt die Verwendung der in der PICT-Datei gespeicherten Farbpalette anstelle der System-Palette. Damit erreichen Sie die originalgetreue Wiedergabe der Farben der betreffenden Grafik. Die Farbpalette gilt jedoch für das gesamte Bühnenbild, so daß die Farben anderer Elemente (z.B. farbiger Schrift oder anderer Grafiken) verfälscht werden können.

Im Feld **Beginn ab:_Sekunden** können Sie eine Anfangsverzögerung eingeben.

Um die Bühnenposition der Grafik zu verändern, ziehen Sie die Grafik wie in der Dialogbox angegeben an die gewünschte Position. Ein Klick auf **Zentrieren** macht bereits vorgenommene Änderungen wieder rückgängig.

Die Dialogbox für MacPaint-Dateien gleicht der Dialogbox für PICT-Dateien. Es fehlt lediglich die Option zur Verwendung der eigenen Farbpalette.

Die Dialogbox des Befehls Information für eine MacPaint-Datei

Auch die Dateien im Glue-Format werden ähnlich behandelt.

Die Drehbuch-Referenz

*Die Dialogbox des Befehls **Information** für eine Glue-Datei*

Zusätzlich kann bei Glue-Dateien, die mehrere Seiten enthalten, eine Seite ausgewählt werden.

Einbinden von Studio-Dateien

Mit dem Symbol für Studio-Dateien können auch interaktive Filme aus dem Studio im Drehbuch gezeigt werden. Um eine in das Drehbuch eingebundene Studio-Datei direkt im Studio zu öffnen, klicken Sie das Symbol der Datei doppelt mit gedrückter Befehlstaste an. Nach dem Doppelklick auf das Symbol einer Studio-Datei oder dem Befehl **Information** im Menü **Bearbeiten** erscheint die folgende Dialogbox.

*Die Dialogbox des Befehls **Information** für eine Studio-Datei*

21

Mit dem Feld **Zeitvorgabe** beeinflussen Sie die Spieldauer des Films. Die Einstellung **Normale Filmlänge** spielt den Film mit der im Studio festgelegten Länge ab. Wenn Sie **Angepaßte Filmlänge** wählen, muß mit dem Effekt **Stoppuhr** in der vorhergehenden oder der aktuellen Spalte eine Zeitvorgabe gemacht werden. Die Wiedergabe endet mit Ablauf der in der **Stoppuhr** angegebenen Zeit, auch wenn die Zeitvorgabe kürzer als der Film ist. Ist die vorgegebene Zeit länger als der Film, wird in der verbleibenden Zeit das letzte Bild des Films gezeigt.

Im Feld **Film wiederholen** läßt sich die Anzahl der Wiederholungen des Films eingeben. In der Einstellung **Angepaßte Filmlänge** unterbleiben die Wiederholungen, wenn die mit der Stoppuhr vorgegebene Zeit abgelaufen ist.

Durch Einträge in das Feld **Beginn ab:__ Sekunde** können wieder Anfangsverzögerungen realisiert werden.

Mit der Auswahl von **Startort des Films** wird die gleiche Bühnenposition wie im Studio zur Anzeige verwendet. Klicken Sie auf **Startort mit Maus setzen**, um die Position wie bei den Grafik-Dateien mit der Maus angeben zu können. Die angeklickten Koordinaten erscheinen in den Feldern **Horizontal** und **Vertikal** und können editiert werden.

Die Option **Erstes Bild erscheint vor Filmbeginn** zeigt das erste Bild vor dem Start des Films, wenn dieser mit einer Verzögerung gestartet wird. Aktivieren Sie die Option **Letztes Bild bleibt stehen**, um das letzte Bild des Films nach dessen Ablauf weiter anzuzeigen.

Die Option **Film mit Ton abspielen** hat auf den vom Autor getesteten Systemen keinen Einfluß auf die Wiedergabe der in der Studio-Datei enthaltenen Sounds.

Einbinden von Accelerator-Dateien

Die mit dem Programm MacroMedia Accelerator beschleunigten Studio-Dateien müssen im Drehbuch in einer eigenen Spalte stehen. Das Hinzufügen eines Hinter- oder Vordergrunds ist nicht möglich. Durch einen Doppelklick auf das Symbol für Accelerator-Dateien mit gedrückter Befehlstaste oder auf den Befehl **Editor öffnen** im Menü **Ablage** öffnen Sie die betreffende Datei mit dem MacroMedia Accelerator.

Ein Doppelklick auf das Datei-Symbol entspricht dem Befehl **Information** im Menü **Bearbeiten** und öffnet die folgende Dialogbox.

Die Drehbuch-Referenz

*Die Dialogbox des Befehls **Information** für eine Accelerator-Datei*

Die Felder **Normale Filmlänge**, **Angepaßte Filmlänge** und **Film wiederholen** haben die gleiche Bedeutung wie bei den Studio-Dateien.

Mit den folgenden Optionen legen Sie fest, was bei nicht ausreichendem Arbeitsspeicher passiert. In der Einstellung **Nur spielen, was in den Speicher geht** werden nicht in den Speicher passende Teile des Films nicht gespielt. Mit der Auswahl **Bild für Bild von Diskette laden** wird die Abspielgeschwindigkeit gleichmäßig herabgesetzt. In der Voreinstellung **In Blöcken von Diskette laden** treten während des Nachladens der Blöcke Verzögerungen auf.

Schalten Sie die Option **Letztes Bild bleibt stehen** an, um das letzte Bild des Films nach dessen Ablauf weiter anzuzeigen. Mit der Option **Film mit Ton spielen** schalten Sie den in der Accelerator-Datei enthaltenen Ton ein oder aus.

Die Funktionen der Automatischen Animation

Hinter dem Diagramm-Symbol in der Funktionsleiste verbergen sich die sechs Funktionen der **Automatischen Animation**.

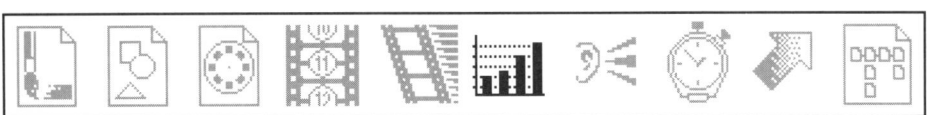

*Das Symbol der **Automatischen Animation***

Das Drehbuch

Mit diesen Funktionen lassen sich schnell einfache Diagramme, Laufschriften und Texteffekte erzeugen. Nach dem Ziehen des Symbols in das Fenster **Drehbuch** öffnet sich die folgende Dialogbox.

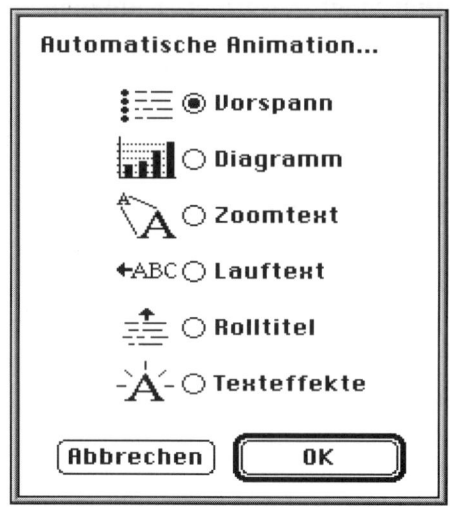

*Die Dialogbox der **Automatischen Animation***

Wählen Sie eine Funktion aus, und bestätigen Sie **OK**. Die Dialogboxen der sechs Funktionen haben zahlreiche Gemeinsamkeiten.
In der Vorschau jeder Funktion können Sie die Bühnenposition des Texteffekts per Mausklick einstellen oder den Effekt auf der Bühne zentrieren.
Alle Funktionen gestatten die Festlegung des Tempos und einer Anfangsverzögerung (Startpause) per Rollbalken. Die Eigenschaften des angezeigten Textes werden mit der Schaltfläche **Textformat** (bzw. **Zeilen-** und **Titelformat**) eingestellt.
Die im PopUp-Menü **Schrift** erscheinenden Schriftarten sind von den in Ihrem System installierten Schriften abhängig. Das Feld **Größe** enthält den Schriftgrad in Punkt. Im PullDown-Menü **Stil** stehen die Optionen **Standard, Fett, Kursiv, Unterstrichen, Kontur** und **Schattiert** zur Verfügung. Halten Sie auf dem Vorder- bzw. Hintergrundfarbfeld die Maustaste gedrückt, um in der erscheinenden Palette eine Farbe auswählen zu können.
Das Ergebnis Ihrer Einstellungen wird oben links angezeigt. Schalten Sie die Option **Transparente Schrift** ein, wenn der Textrahmen den bestehenden Hintergrund des Bühnenbilds nicht verdecken soll.

Die Drehbuch-Referenz

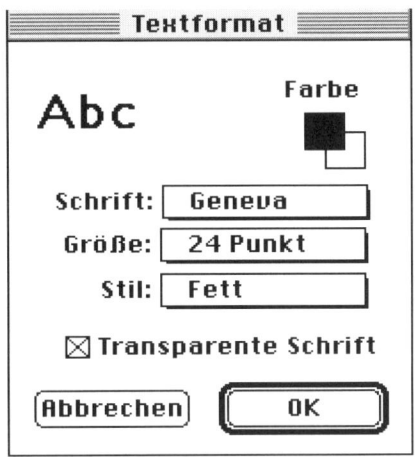

Die Dialogbox zur Einstellung des Textformats

Die Funktion Vorspann

Diese Funktion animiert eine Titelzeile und sechs weitere Zeilen, die sich horizontal über die Bühne bewegen. Schriftart, Schriftgröße und Stil lassen sich ebenso einstellen wie die Bewegungsrichtung und die anführenden Sonderzeichen der Textzeilen.

Die Dialogbox der Funktion **Vorspann**

Die Option **Weiter bei Mausklick** wandelt den Mauscursor in ein blinkendes Maussymbol und stoppt, bis mit der Maus geklickt wird. Es läßt sich nur der Mausklick selbst und nicht das angeklickte Objekt auf dem Bildschirm auswerten. In der Vorschau stellen Sie die Zielposition der Textzeilen ein. Soll sich der Titel ebenfalls bewegen, schalten Sie die Option **Titel animieren** ein. Mit dem Rollbalken **vertikaler Abstand** bestimmen Sie den Zeilenabstand der Textzeilen. Das Textformat ist getrennt für den Titel und die nachfolgenden Zeilen einstellbar.

Die Funktion Diagramm

Mit dieser Funktion können Sie einfache animierte Balkendiagramme erzeugen. Die Anzahl der Balken ist auf sechs beschränkt. Geben Sie Titel, Achsen- und Balkenbeschriftung in die entsprechenden Textfelder ein. Mit den Werten **min** und **max** im Feld **Bereich** bestimmen Sie die Skalierung der vertikalen Achse. Die Endwerte der einzelnen Balken werden in die Spalte **Wert** eingetragen. Im PopUp-Menü **Form** kann zwischen **Balken**, **Säulen**, **Münzen**, **Goldbarren** und **Hand** zur Darstellung der Diagrammsäulen gewählt werden.

Die Dialogbox der Funktion **Balkendiagramm**

Mit dem Rollbalken **Endpause** bestimmen Sie, wie lange das fertige Diagramm auf der Bühne gezeigt wird. Die Zielposition des Diagramms stellen Sie in der Vorschau durch Mausklick ein.

Die Funktion Zoomtext

Mit dieser Funktion lassen sich bis zu 75 eingegebene Zeichen vergrößern oder verkleinern. Geben Sie den zu zoomenden Text in das obere Textfeld ein. Die Maximalgröße des Textes und die anderen Schrifteigenschaften werden im **Textformat** bestimmt. Wählen Sie im Feld **Art** zwischen **Vergrößern**, **Verkleinern** und **Vergrößern & verkleinern**.

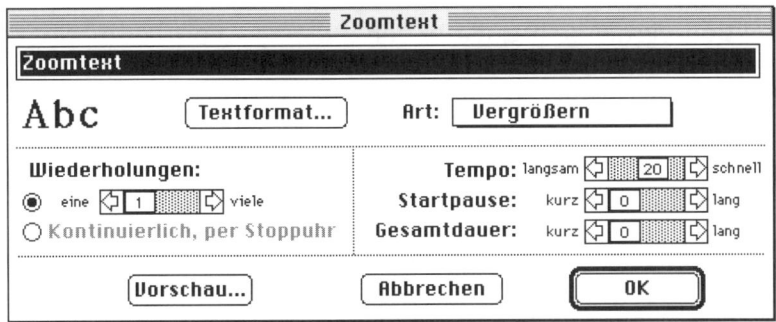

Die Dialogbox der Funktion Zoomtext

Im Feld **Wiederholungen** kann die Anzahl **per Rollbalken** oder mit der Einstellung **Kontinuierlich, per Stoppuhr** vorgegeben werden. Die Stoppuhr muß sich in der aktuellen oder einer vorangegangenen Spalte befinden. Mit dem Rollbalken **Gesamtdauer** wird die Verweildauer des Textes in der Maximalgröße eingestellt. Die Zielposition des zoomenden Textes stellen Sie in der Vorschau durch Mausklick ein.

Die Funktion Lauftext

Diese Funktion animiert horizontalen Lauftext, sogenannte Banner, mit einer Länge von maximal 255 Zeichen. Geben Sie den zu bewegenden Text in das Textfenster ein. **Textformat**, **Tempo** und **Startpause** funktionieren wie in den anderen Funktionen.

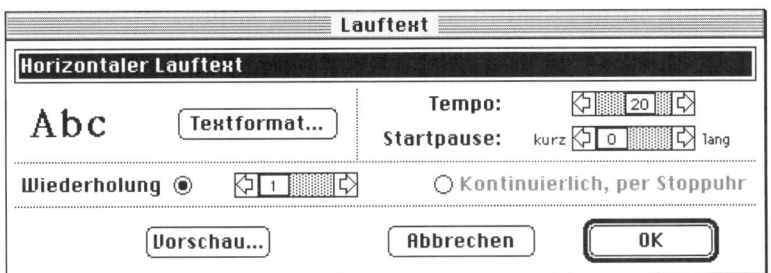

Die Dialogbox der Funktion Lauftext

Im Feld **Wiederholungen** kann die Anzahl per Rollbalken vorgegeben werden. In der Einstellung **Kontinuierlich, per Stoppuhr** muß mit dem Effekt **Stoppuhr** eine Zeitvorgabe erfolgen. Die Zielposition wird wieder in der Vorschau eingestellt.

Das Drehbuch

Die Funktion Rolltitel

Diese Funktion eignet sich gut für den Abspann von Animationen. Diese Funktion erzeugt von unten nach oben laufenden Text. Sie können Schrifteigenschaften, Ausrichtung, Tempo und Wiederholungen einstellen. In der Vorschau bestimmen Sie per Mausklick die Mittenachse der Textbewegung. Der Abspann darf maximal 32000 Zeichen enthalten.

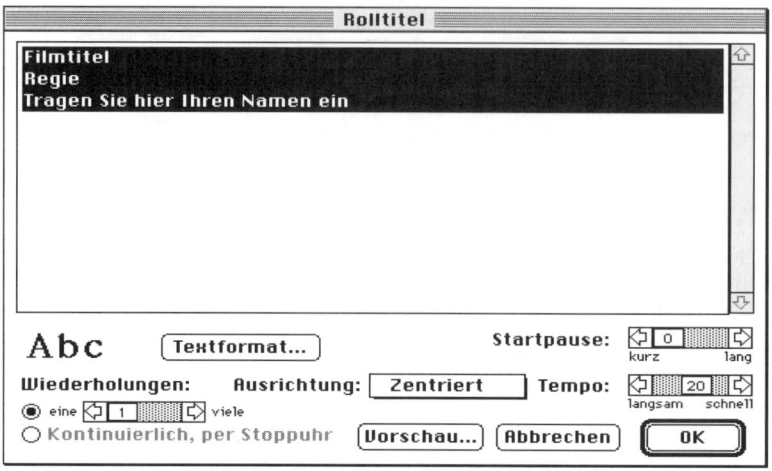

Die Dialogbox der Funktion **Rolltitel**

Mit dem PopUp-Menü **Ausrichtung** wird die Ausrichtung der Textzeilen eingestellt. Möglich sind **Linksbündig**, **Zentriert** und **Rechtsbündig**.

Im Feld **Wiederholungen** kann die Anzahl per Rollbalken vorgegeben werden. In der Einstellung **Kontinuierlich, per Stoppuhr** muß mit dem Effekt **Stoppuhr** eine Zeitvorgabe gemacht werden.

Die Funktion Texteffekte

Im PopUp-Menü **Effekt** kann zwischen den drei Texteffekten **Glitzern**, **Anrücken** und **Fernschreiber** gewählt werden. Die Effekte verarbeiten maximal 255 Zeichen.

Der Effekt **Glitzern** versieht den eingegebenen Text mit kleinen funkelnden Sternchen. Beim **Anrücken** werden die Zeichen des Textes einzeln auf die Bühne geschoben. Der Effekt **Fernschreiber** tippt die Zeichen einzeln auf die Bühne.

Im Feld **Wiederholungen** kann die Anzahl per Rollbalken vorgegeben werden. In der Einstellung **Kontinuierlich, per Stoppuhr** muß mit dem Effekt **Stoppuhr** eine Zeitvorgabe gemacht werden.

Die Drehbuch-Referenz

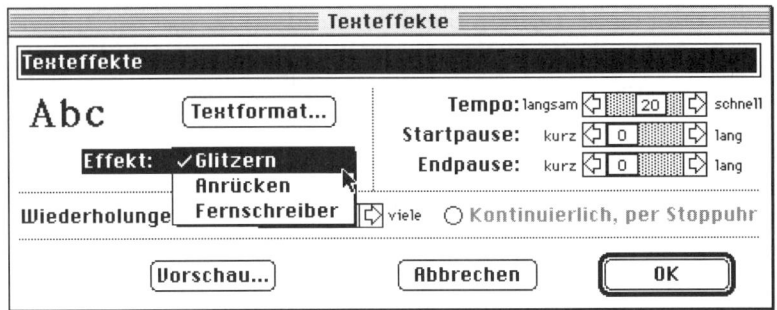

*Die Dialogbox der Funktion **Texteffekte***

Die Effekte im Drehbuch

Die drei Effekte **Sound**, **Stoppuhr** und **Überblendung** finden Sie in der rechten Hälfte der Funktionsleiste.

Der Effekt **Sound** dient der Vertonung Ihrer Präsentation. Mit der **Stoppuhr** realisieren Sie Zeitvorgaben für die folgenden Bühnenbilder. Der Effekt **Überblendung** bestimmt den Übergang zwischen zwei Bühnenbildern.

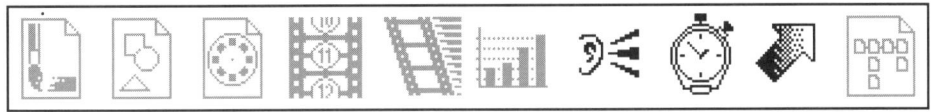

*Die Effekte **Sound**, **Stoppuhr** und **Überblendung***

Die Effekte werden wie die anderen Funktionen durch Ziehen in das Fenster **Drehbuch** in die Präsentation aufgenommen.

Der Sound

Um einen Sound aus der Sound-Datei in die Präsentation aufzunehmen, ziehen Sie zuerst das Sound-Symbol in die gewünschte Spalte. Wählen Sie im Menü **Ton** den zu spielenden Sound aus. Die Submenüs sind nur aktiv, wenn das Sound-Symbol im Fenster **Drehbuch** markiert ist.

Verwenden Sie den Effekt **Stoppuhr**, um die Dauer der Soundausgabe einzustellen. In der folgenden Abbildung bewirkt die **Stoppuhr** eine Soundausgabe mit einer Länge von maximal neun Sekunden.

Die Submenüs **Darsteller**, **MIDI** und **Macintalk** des Menüs **Ton** sind im Drehbuch nicht verfügbar. Wenn das gesamte Menü **Ton** nicht in der Menüleiste erscheint, ist eine falsche oder fehlende Sound-Datei die Ursache. Wählen Sie in diesem Fall den Befehl **Voreinstellung** im Menü **Steuerung**.

29

Das Drehbuch

Klicken Sie auf das Feld **Sound-Datei**, auch wenn dort schon der richtige Name Ihrer Datei steht. Öffnen Sie die Sound-Datei mit der folgenden Dialogbox erneut. Bestätigen Sie **Voreinstellung sichern** und **OK**.

Pro Bühnenbild läßt sich nur ein Sound ausgeben. Beachten Sie, daß auch in Studio-Dateien Sound enthalten sein kann. Bei mehreren Sounds in einem Bühnenbild berücksichtigt das Drehbuch nur den Sound in der oberen Zeile.

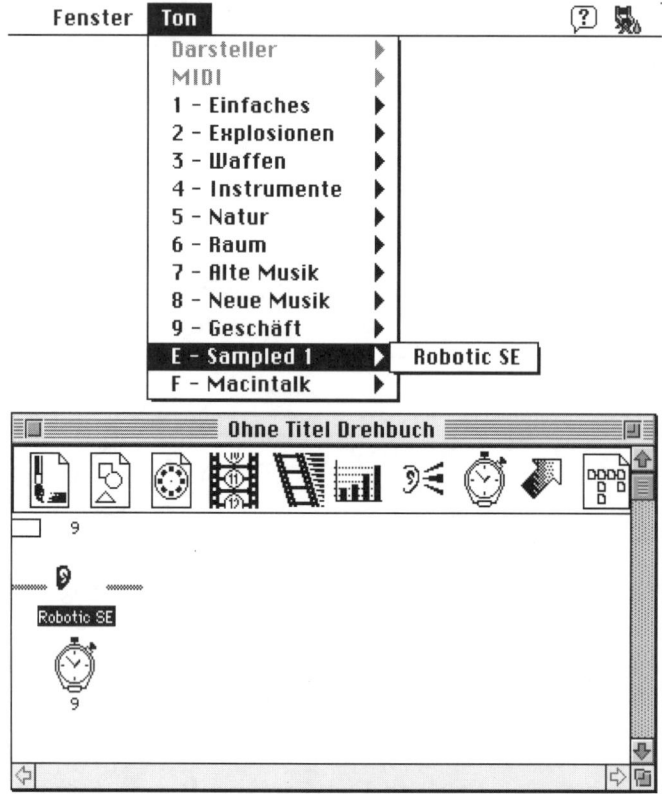

*Das Menü **Ton** im Drehbuch*

Mit dem auf der CD enthaltenen Programm **Sound Utility** können Sie der Datei **Sounds** eigene Sound-Dateien hinzufügen. Diese erscheinen dann in einem neuen Submenü mit der Bezeichnung **Sampled**.

Die Stoppuhr

Mit diesem Effekt stellen Sie die Dauer des aktuellen oder folgenden Bühnenbilds ein. Sobald die Stoppuhr in die Arbeitsfläche gezogen wird, erscheint unter dem Symbol ein Textcursor. Geben Sie die Zeit in Sekunden ein. Nachträglich ändern Sie die Zeit durch wiederholtes Anklicken der Ziffern. In den Dialogboxen der **Automatischen Animation** finden Sie die Option **Kontinuierlich, per Stoppuhr**. Um die Dauer einer Funktion mit der Stoppuhr vorzugeben, ziehen Sie das Symbol der **Stoppuhr** in eine vorhergehende oder in die aktuelle Spalte. Die eingegebene Zeit erscheint oberhalb der Spalte. Die Anzeige **M** oberhalb der Spalte bedeutet, daß die Verweildauer in dieser Spalte von den jeweiligen Funktionen (z.B. der Länge eines Studio-Films oder der Einstellung des Felds **Tempo**) bestimmt wird.

Die Überblendung

Dieser Effekt bestimmt den Übergang zwischen zwei Bühnenbildern. Ziehen Sie das Symbol (den Pfeil) zwischen die Spalten, die überblendet werden sollen. Wählen Sie einen Effekt aus der erscheinenden Liste der Überblendungen.

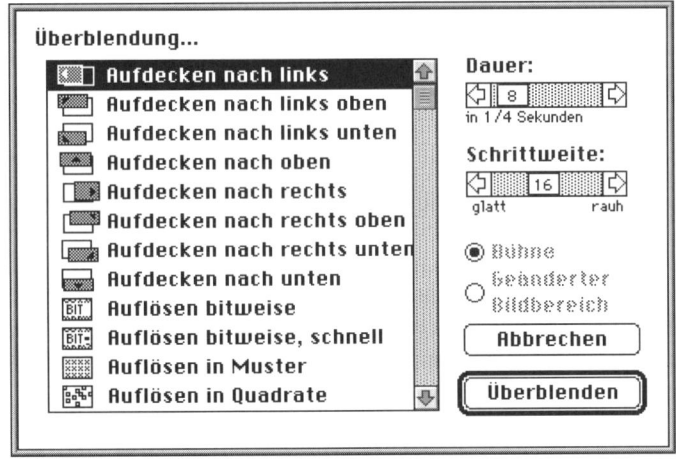

*Die Dialogbox des Effekts **Überblendung***

Im Feld **Dauer** können Sie mit Hilfe des Rollbalkens die minimale Dauer der Überblendung einstellen (in Viertelsekunden). Mit dem Feld **Schrittweite** bestimmen Sie die Anzahl der pro Überblendungsschritt veränderten Pixel. Beachten Sie, daß eine kleine Schrittweite zur Überschreitung der im Feld **Dauer** eingestellten Zeitvorgabe führen kann. Die Zeitvorgaben mit der **Stoppuhr** werden vom Effekt **Überblendung** ignoriert.

Um die Eigenschaften einer Überblendung zu verändern, markieren Sie das Symbol und wählen den Befehl **Information** im Menü **Bearbeiten**. Diesem Befehl entspricht ein Doppelklick auf das Symbol.

Die Drehbuch-Menüs

Das Apple-Menü

Der Befehl **Über MM Director** öffnet den Speicherreport des Studios, der Auskunft über den gesamten, den verwendeten und den freien Arbeitsspeicher gibt. Die Bezeichnungen zur Belegung des Speichers beziehen sich auch auf das Studio, so daß die Verwendung dieses Befehls im Drehbuch wenig sinnvoll erscheint.

Mit dem Befehl **Hilfe** aktivieren Sie die Anzeige der Hilfedatei. Im linken unteren PopUp-Menü schalten Sie zwischen den Rubriken **Allgemein**, **Fenster** und **Lingo** um. Mit den Schaltflächen **Vor** und **Zurück** blättern Sie durch die Hilfeseiten. Die zweite Möglichkeit zum Aufrufen von Hilfeinformationen ist die Aktivierung des betreffenden Befehls mit gedrückter Wahl- und Umschalttaste.

Das Menü Ablage

Mit dem Befehl **Zum Studio** wechseln Sie zum zweiten Programmteil von MacroMedia Director, dem Studio. Falls in den Voreinstellungen die Option **Drehbuch-Datei automatisch sichern** eingeschaltet ist, wird die aktuelle Datei ohne Rückfrage gesichert. Andernfalls erscheint ein Dialog. Im Studio wird automatisch eine neue Datei geöffnet.

Mit **Neu** erzeugen Sie eine neue Drehbuch-Datei. Falls die Änderungen am aktuellen Dokument noch nicht gesichert wurden, erscheint eine Dialogbox, da das Drehbuch nur eine offene Datei verwalten kann. Verwenden Sie **Öffnen**, um Drehbuch- oder Studio-Dateien zu laden. In der Dialogbox des Befehls können Sie entscheiden, ob **Drehbuch**-Dateien, **Studio**-Dateien (hier mit **Regie** bezeichnet) oder **Beide** angezeigt werden sollen. Die Option **S/W-Bitmap in Farbe wandeln** hat für Drehbuch-Dokumente keine Bedeutung.

Die Befehle **Sichern** und **Sichern Unter** speichern Ihre Änderungen in der aktuellen Datei. In der Standard-Dialogbox des Befehls **Sichern Unter** kann ein neuer Dateiname angegeben und die Datei in einem anderen Ordner oder Laufwerk gespeichert werden. Mit dem Befehl **Letzte Fassung** werden alle seit dem letzten Speichern vorgenommenen Änderungen verworfen.

Im Menü **Ablage** finden Sie den Befehl **Editor öffnen**, der das Öffnen der markierten Datei mit dem Programm gestattet, das die Datei bearbeiten kann. Die zu startenden Programme werden in den **Voreinstellungen** im Menü **Steuerung** angegeben. Durch Doppelklick auf ein Symbol mit gedrückter Befehlstaste rufen Sie diesen Befehl direkt auf. Nach dem Beenden des aufgerufenen Programms kehren Sie automatisch in das Drehbuch zurück. Falls der Befehl **Editor öffnen** wegen fehlenden Arbeitsspeichers nicht funktioniert, versuchen Sie die Speicherzuteilung mit Hilfe des Befehls **Information** im Menü **Ablage** des Finders zu verringern.

Der Befehl **Papierformat** öffnet den vom installierten Druckertreiber abhängigen Standard-Dialog zur Druckerkonfiguration.

Mit dem Befehl **Drucken** öffnen Sie eine Dialogbox.

*Die Dialogbox des Befehls **Drucken***

*Die Dialogbox der Seitenansicht des Befehls **Drucken***

Sie können zwischen dem Ausdruck aller oder ausgewählter Bühnenbilder (Dias) und dem Ausdruck des Drehbuchfensters wählen. Mit dem Klick auf **Drucken** starten Sie die Ausgabe. Klicken Sie auf **Seitenansicht**, um den Dialog zur Einstellung des Seitenformats zu öffnen.

Die gewählten Einstellungen werden in der linken Miniaturseite angezeigt.

Das Menü Bearbeiten

Im Menü **Bearbeiten** finden Sie neben den Befehlen zur Arbeit mit der Zwischenablage den Befehl **Information**. Die Dialogbox dieses Befehls erscheint auch bei Doppelklick auf ein Symbol im Fenster **Drehbuch**. Die in der Dialogbox des Befehls **Information** erscheinenden Optionen sind vom

Typ der eingefügten Datei abhängig. Bei den Funktionen der **Automatischen Animation** öffnet sich die Dialogbox zur Texteingabe erneut. Die Dialogboxen für die Datei-Funktionen sind weiter oben bereits vorgestellt worden.

Der Befehl **Dokumente bündeln** verschiebt alle in der Präsentation verwendeten Dateien in den Ordner, der die Drehbuchdatei enthält.

Wie in der Dialogbox angegeben, funktioniert das Bündeln nur innerhalb eines Laufwerks. Nach dem Klick auf **Bündeln** wird jede verschobene Datei angezeigt. Befinden sich die Dateien auf unterschiedlichen Laufwerken oder Partitionen, erscheint die Meldung **Dokumente konnten nicht gebündelt werden**.

Mit dem Befehl **Schnellerfassung** können Sie alle importierbaren Dateien eines Ordners in das Drehbuch aufnehmen und anschließend anordnen. Verschieben oder kopieren Sie zuerst alle in die Präsentation aufzunehmenden Dateien in einen gemeinsamen Ordner. Aktivieren Sie **Schnellerfassung** im Menü **Bearbeiten**.

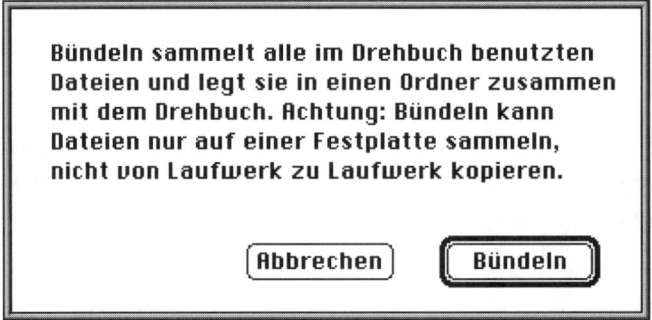

*Die Dialogbox des Befehls **Dokumente bündeln** im Menü **Bearbeiten***

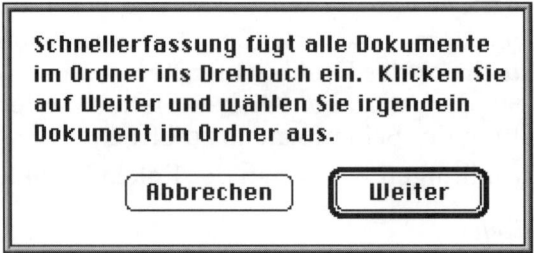

*Die Dialogbox des Befehls **Schnellerfassung***

Klicken Sie auf **Weiter**. Es erscheint eine Standard-Dialogbox zum Öffnen von Dateien. Öffnen Sie eine beliebige Datei aus dem Ordner, dessen Dateien Sie erfassen wollen. Daraufhin werden die Symbole aller importierbaren Dateien dieses Ordners im Fenster **Drehbuch** angeordnet. Director weist jedem Symbol eine eigene Spalte zu. Ziehen Sie die Symbole an die gewünschten Positionen.

Das Menü Steuerung

Das Menü **Steuerung** enthält die auch im **Steuerpult** enthaltenen Befehle **Rewind, BackStep, Stop, Step** und **Play**. Darüber hinaus können Sie den **Ton** aus- und anschalten und mit dem Befehl **Voreinstellung** die Vorgaben des Programms verändern.

Im Dialog **Voreinstellung** ist die Größe und die Position der **Bühne** auf dem Bildschirm einstellbar. Die Felder **Höhe** und **Breite** sind von der Einstellung im PopUp-Menü **Größe** abhängig und können editiert werden. Das Menü **Größe** bietet die gängigen Monitorgrößen an und auch die Möglichkeit, mehrere Bildschirme zusammenzufassen.

Die Lage der **Bühne** auf dem Bildschirm wird mit den Feldern **Oben** und **Links** bestimmt. Diese legen den Abstand der oberen bzw. linken Bühnenkante von der linken oberen Bildschirmecke fest. Die Option **Bühne zentrieren** legt die **Bühne** in die Bildschirmmitte und verändert die Felder **Oben** und **Links** ebenfalls.

Wenn Sie mit zwei Monitoren arbeiten, ist es praktisch, die Arbeitsfenster auf den Monitor zu legen, der die Menüleiste enthält und den zweiten Monitor für die **Bühne** zu verwenden. Welcher Monitor die Menüleiste anzeigt, legt das Kontrollfeld **Monitore** fest. Wenn es die Anordnung Ihrer Monitore erfordert, geben Sie in die Felder **Oben** und **Links** negative Zahlen ein.

Die Auswahl **Beim Öffnen an Film anpassen** stellt die in der zu öffnenden Datei gespeicherte Bühnengröße ein. Bei **Einstellung nicht anpassen** bleibt die gewählte Bühnengröße erhalten.

In **Weitere Voreinstellungen** können die bereits besprochenen Editoren für MacPaint- und PICT-Dateien festgelegt werden.

Das Menü Ton

Im Menü **Ton** sind die Rubriken der Datei **Sounds** oder der in den **Voreinstellungen** angegebenen Datei verfügbar. Klicken Sie in der Dialogbox des Befehls **Voreinstellung** im Menü **Steuerung** das Feld **Sound-Datei** an, um den Speicherort und den Namen der Datei angeben zu können. Mehr Informationen zu Sound im Drehbuch finden Sie weiter oben im Abschnitt „Der Effekt Sound".

Das Drehbuch

Das Studio in fünf Lektionen

Einführung

Der Programmteil Studio macht die eigentliche Stärke von MacroMind Director aus. Das Studio ist ein wirklich professionelles Werkzeug zur Erzeugung inter-aktiver Präsentationen und kann nach einem Blick auf die zahlreicher werdenden Multimedia-CDs für den Macintosh als Quasi-Standard im Bereich der Multimedia-Software bezeichnet werden.

Neben den vielen Möglichkeiten zur Animation, also der Veränderung und Bewegung von Objekten auf dem Bildschirm, bestimmen vor allem die leistungsstarke Importfunktion und die integrierte Programmiersprache **Lingo** die Leistungsfähigkeit dieses Programmteils.

Nach einem kurzen Blick auf die wichtigsten Fenster des Studios zeigen die folgenden fünf Lektionen das Studio-Konzept und wesentliche Animationstechniken am Beispiel eines animierten Schriftzugs. Jeder auf dem Weg zum fertigen Beispiel notwendige Befehl ist dokumentiert, und erläuternder Text beschränkt sich auf das konkrete Beispiel.

Weitergehende Informationen zu den einzelnen Fenstern, den Animationstechniken und Import- und Exportmöglichkeiten finden Sie im Anwendungsteil.

Starten Sie MacroMind Director durch Doppelklick auf das Symbol mit dem Namen **MM Director 3.1.** in Ihrem Ordner **MacroMind**. Falls nach dem Start von Director noch der Programmteil **Drehbuch** aktiv ist, schalten Sie mit dem Befehl **Zum Studio** im Menü **Ablage** um:

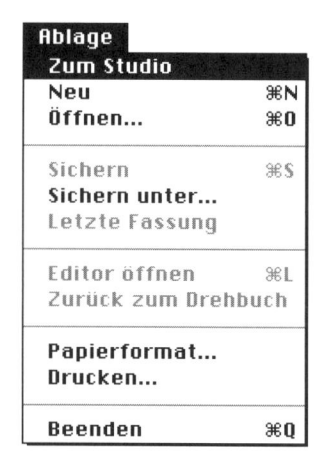

*Wechsel zwischen **Drehbuch** und **Studio** im Ablage-Menü*

Das Studio in fünf Lektionen

Das Studio besitzt insgesamt zwölf Arbeitsfenster, die mit dem Menü **Fenster** ein- und ausgeschaltet werden.

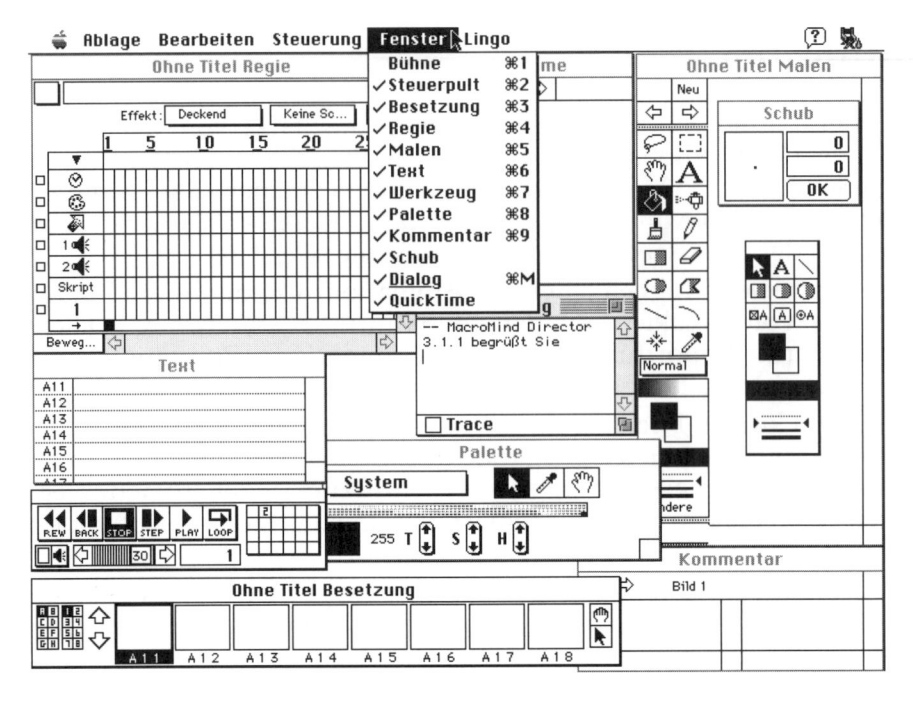

Alle Studio-Fenster

Die Menüleiste des Studios besteht aus einem ständig vorhandenen und einem dynamischen Teil. In Abhängigkeit vom aktiven Fenster erscheinen zusätzliche Menüs in der Menüleiste. Die Fenster- und Befehlsvielfalt des Programms mag auf den ersten Blick erdrückend wirken. Aber dieses Gefühl wird bald in Begeisterung umschlagen, wenn die Funktion der wichtigsten Fenster und einige Animationstechniken erst einmal bekannt sind.

Die folgenden Lektionen nutzen die wichtigsten Studio-Fenster. Das sind neben der **Bühne** die Fenster **Besetzung**, **Regie**, **Malen** und **Steuerpult**. Die Lektion 5 stellt die Programmiersprache **Lingo** vor und verwendet zusätzlich die Fenster **Text**, **Werkzeug** und **Dialog**.

Stellen Sie sich zunächst den abgebildeten Arbeitsbildschirm aus den Fenstern **Regie**, **Malen**, **Besetzung** und **Steuerpult** zusammen.

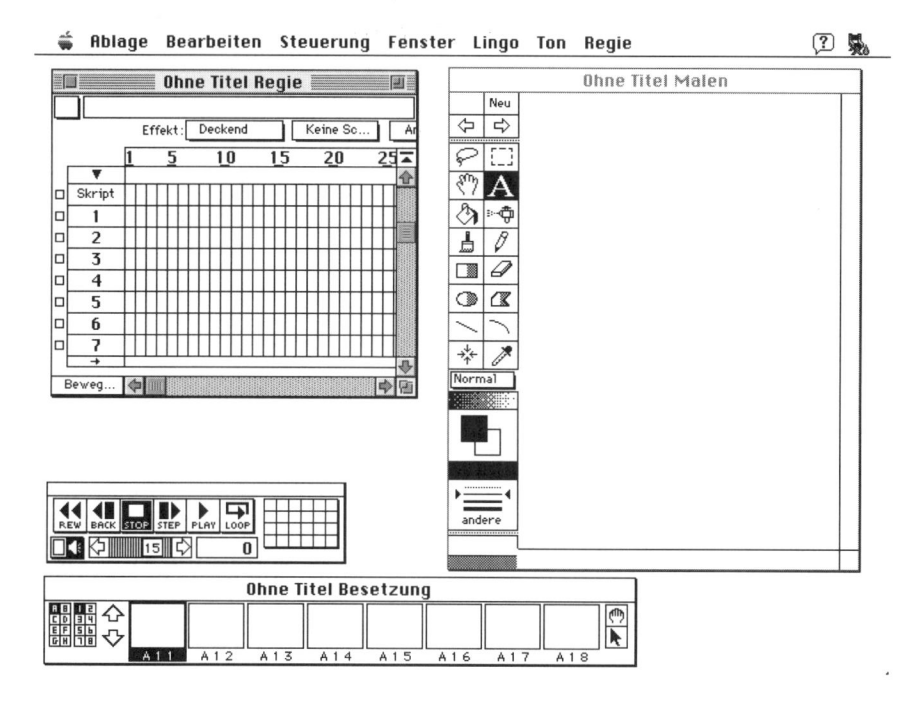

Einführung

Die Fenster **Regie, Malen, Besetzung** *und* **Steuerpult**

Nutzen Sie dazu die Befehle des Menüs **Fenster**.

Das Fenster **Menü**

39

Das Studio in fünf Lektionen

Die wichtigsten Studio-Fenster im Überblick

Die Bühne

In diesem Fenster erscheinen alle Darsteller Ihrer Animation. Bei aktiver **Bühne** werden alle Arbeitsfenster und die Menüleiste verborgen. Die Menüleiste ist trotzdem mit der Maus oder mit Tastenkombinationen aktivierbar. Die **Bühne** schalten Sie mit der Tastenkombination Befehlstaste + 1 ein und aus.

Das Fenster Regie

Die **Regie** ist der Dreh- und Angelpunkt von Studio. Die Fenster **Regie** und **Besetzung** beschreiben eine Animation vollständig. Alle anderen der insgesamt zwölf Fenster enthalten nur Werkzeuge und Hilfsmittel zur Arbeit mit diesen beiden Fenstern. Im Fenster **Regie** legen Sie den zeitlichen Ablauf der Animation fest. Hier steht, welcher Darsteller zu welchem Zeitpunkt auf der **Bühne** erscheint. Zu diesem Zweck weist die **Regie** eine Tabellenstruktur auf. Die Spalten stellen Zeitrahmen dar, die je einen Augenblick der Animation beschreiben. Die Zeitrahmen werden hier **Bilder** genannt. Pro Bild stehen 24 Zeilen oder **Kanäle** zur Verfügung. Diese bilden Darstellungsebenen wie im Trickfilm: Kanal 1 ist der Hintergrund, Kanal 2 liegt davor. Vor Kanal 2 liegt Kanal 3, vor diesem Kanal 4 usw. Der Vordergrund liegt im letzten Kanal 24. Das aktuelle Bild in **Regie** wird durch die Position des sogenannten **Abspielkopfes** bestimmt. Der Abspielkopf ist das schwarze Quadrat oberhalb der horizontalen Bildlaufleiste im Fenster **Regie**. In Abbildung 35 steht der Abspielkopf im Bild 20.

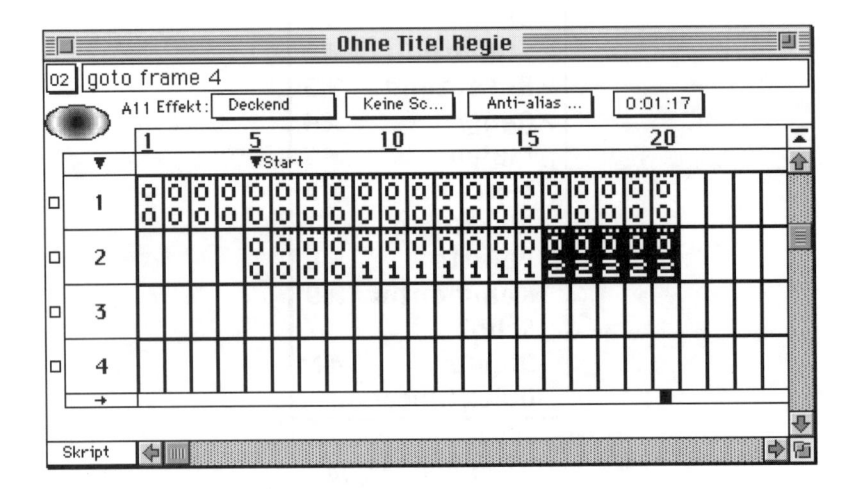

*Das Fenster **Regie***

Jedem Bild in **Regie** können Sie mit sogenannten Effektkanälen Farbeffekte, Überblendungen oder Sounds zuordnen.

Das Fenster Besetzung

Das Fenster **Besetzung** ist die Datenbasis Ihrer Animation. Hier werden die Darsteller gespeichert, die irgendwann in der Animation auftreten sollen. Darsteller können Grafiken, Farbpaletten, Texte, Sounds oder QuickTime-Filme sein.

Das Fenster Besetzung

Die Darsteller produzieren Sie im Studio mit den Fenstern **Malen**, **Text**, **Palette** und **Werkzeug**, oder Sie importieren sie aus anderen Programmen. Darsteller werden mit Buchstaben und Ziffern bezeichnet. Die Reihenfolge und die Bezeichnung der Darsteller in der **Besetzung** haben nichts mit der zeitlichen Abfolge der Darsteller auf der **Bühne** zu tun.

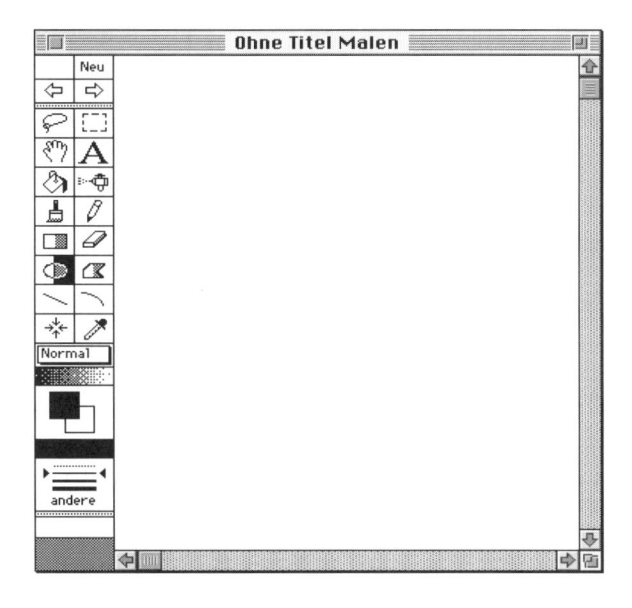

Das Fenster Malen

Das Fenster Malen

Das Fenster **Malen** dient als integriertes Grafikprogramm dem Erzeugen und Editieren von Bitmap-Grafiken im Studio. Falls Sie bereits mit anderen Grafikprogrammen gearbeitet haben, sind Ihnen die meisten Elemente der Werkzeugleiste des Programms sicher vertraut.

Malen ist dynamisch mit den anderen Fenstern verbunden. Ihre Grafiken werden beim Schließen des Fensters **Malen** automatisch als Darsteller im Fenster **Besetzung** gespeichert, und ein Doppelklick auf eine auf der **Bühne** positionierte Grafik öffnet diese im Fenster **Malen**. Die Funktionen von **Malen** gehen über einfache Grafikbearbeitung hinaus. Sie können beispielsweise einen Darsteller duplizieren und verzerren und **Malen** die Zwischenwerte errechnen und als neue Darsteller speichern lassen.

Das Steuerpult

Mit dem **Steuerpult** starten und stoppen Sie die Animation oder gehen bildweise vor und zurück. Das Steuerpult verwendet wie im Drehbuch die Tastensymbole von Video- oder Kassettenrekordern.

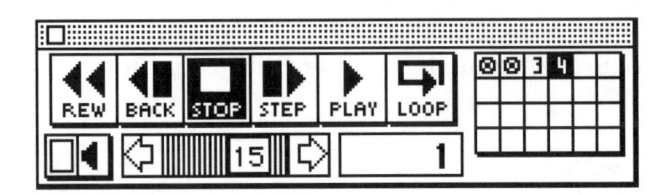

Das Steuerpult

Die Tasten im Steuerpult bedeuten:

Rewind: Der Abspielkopf kehrt zum Bild 1 zurück.

Back: Der Abspielkopf wird um ein Bild zurück (nach links) gesetzt.

Stop: Die Animation wird angehalten.

Step: Der Abspielkopf wird ins folgende Bild (nach rechts) gesetzt.

Play: Die Animation wird abgespielt.

Loop: Die Wiedergabe erfolgt in einer Endlosschleife.

Neben den Steuerfunktionen können Sie hier auch die Kanalnummer (rechts neben **Loop**) und die Bildnummer (unter **Loop**) der in der **Regie** markierten Zelle einstellen. Mit dem Regler unterhalb der Taste **Play** stellen Sie die Animationsgeschwindigkeit in Bildern pro Sekunde ein.

Zur Studio-Menüleiste

In der Menüleiste vom Studio finden Sie neben dem Apple-Menü die Menüs **Ablage, Bearbeiten, Steuerung** und **Fenster**. Diese sind ständig vorhanden. Alle anderen nachfolgend vorgestellten Menüs sind mit einem Arbeitsfenster verknüpft und nur verfügbar, wenn das betreffende Fenster aktiviert ist. Das Regie-Menü beispielsweise steht nur bei aktivem Fenster **Regie** zur Verfügung. Um ein Fenster zu aktivieren, wählen Sie es aus dem Menü **Fenster** aus oder klicken auf die Titelleiste des inaktiven Fensters.

Das Bearbeiten-Menü bietet Ihnen im Studio die Standardbefehle **Ausschneiden, Kopieren** und **Einsetzen** für die Arbeit mit der Zwischenablage. Das Studio weist auf das aktive Fenster jeweils mit einem Zusatz hin. Bei aktivem Fenster **Regie** lauten die Befehle z.B. **Regiepart ausschneiden, Regiepart kopieren** und **Regiepart einsetzen**, bei aktivem Fenster **Besetzung** analog **Darsteller ausschneiden, Darsteller kopieren** und **Darsteller einsetzen**. Die Macintosh-typischen Tastenkombinationen Befehlstaste + X, C und V gelten in jedem Fenster, sollten aber mit etwas Vorsicht verwendet werden, da schnell einmal ein Darsteller unbeabsichtigt entfernt wird, wenn z.B. statt der **Regie** die **Besetzung** das aktive Fenster ist. Aber den Befehl **Rückgängig** (Befehlstaste + Z) gibt es ja auch noch.

Einige Worte vorab

Die folgenden Lektionen bauen aufeinander auf. Nehmen Sie sich bitte die Zeit, alle Lektionen in der vorliegenden Reihenfolge zu bearbeiten.
Der Schriftzug ´ANIMATION!´ wird auf dem Bildschirm bewegt und verändert. Wenn Sie das Ergebnis der Lektionen vorab sehen möchten, können Sie die Studio-Datei „ANIMATION"! im Ordner „STUDIO Lektion" öffnen. Die Ergebnisse der einzelnen Lektionen sind in den Dateien „Lektion 1" bis „Lektion 5" gespeichert.

Lektion 1: Ein bewegter Buchstabe

Im ersten Teil wird zunächst der Buchstabe ´O´ des Wortes ´ANIMATION!´ auf der **Bühne** von oben rechts an seine Endposition am unteren Bildschirmrand fallen. Sie lernen zwei wichtige Animationstechniken, die **Echtzeitaufzeichnung** und den Befehl **In Kanal kopieren** kennen.

Lektion 2: Die fehlenden Buchstaben kommen hinzu

Die fehlenden Buchstaben des Schriftzugs ´ANIMATION!´ erscheinen auf der **Bühne**. Der Befehl **Linear füllen** wird verwendet, um die Größenänderungen des Schriftzugs berechnen zu lassen. Die Umkehrung von Bewegungen und der Einsatz von **Überblendungen** werden besprochen.

Lektion 3: Das Ausrufezeichen rotiert
Im Mittelpunkt stehen hier die Animationsfähigkeiten des integrierten Grafikprogramms **Malen**. Das automatische Erzeugen neuer, modifizierter Grafiken und deren Übertragung in das Studio sind die Schwerpunkte. Die im Fenster **Regie** einstellbaren **Farbeffekte** werden vorgestellt.

Lektion 4: Kombinierte Bewegungen mit Filmschleifen
Die Nutzung von **Filmschleifen** ermöglicht es, Bewegungen miteinander zu kombinieren. Sie verwenden eine Filmschleife, um ein rotierendes Zeichen über die **Bühne** zu bewegen. Die Funktionen des Befehls **Füllen spezial** sind der zweite Schwerpunkt.

Lektion 5: Interaktive Animationen mit der Sprache Lingo
Die Studio eigene Programmiersprache **Lingo** versetzt Sie in die Lage, Animationen interaktiv vom Anwender steuern zu lassen. Einzelnen Objekten Ihrer Animation oder bestimmten Zeitpunkten können Befehlsfolgen zugeordnet werden. Sie bestimmen z.B., was beim Mausklick auf eine Grafik während der Animation geschieht oder welche Befehle im Bild 3 auszuführen sind. Der Einstieg in Lingo erfolgt in der Lektion 5 am Beispiel von drei Schaltflächen, die das Starten und Beenden der Animation sowie eine Textausgabe realisieren.

Lektion 1 : Ein bewegter Buchstabe

In dieser Lektion wird der Buchstabe ´O´ im Fenster **Malen** erzeugt und mit der **Echtzeitaufzeichnung** und vergleichend noch einmal mit dem Befehl **In Kanal kopieren** über die **Bühne** bewegt.

- Öffnen Sie die Fenster **Malen**, **Regie**, **Besetzung** und **Steuerpult** über das Menü **Fenster**.
- Ändern Sie Größe und Position der Fenster, um in etwa den folgenden Bildschirm zu erhalten.

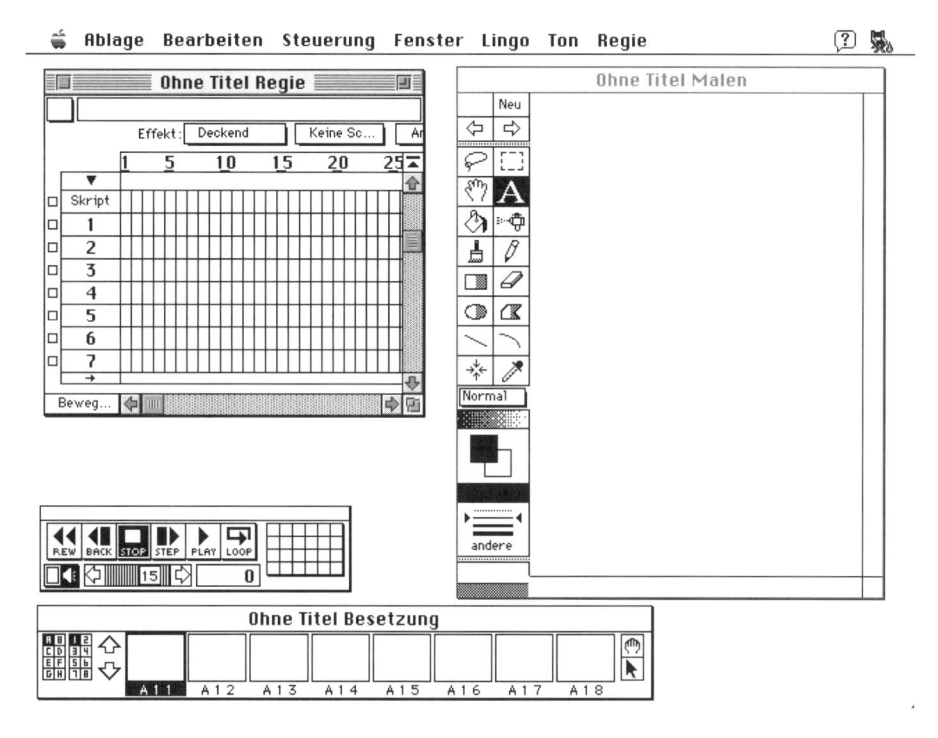

Der Arbeitsbildschirm

- Aktivieren Sie das Fenster **Regie**.
- Schalten Sie im Menü **Regie** die Option **Auswahl anzeigen** an.

Dadurch wird beim Markieren im Fenster **Regie** der Abspielkopf bewegt und das jeweilige Bild auf der **Bühne** angezeigt.

- Klicken Sie im Fenster **Malen** auf **Neu** in der Werkzeugleiste.

Links neben **Neu** erscheint die Darstellerbezeichnung A11.

- Wählen Sie das Textwerkzeug aus der Werkzeugleiste, und klicken Sie in die Zeichenfläche.

- Stellen Sie im Farbeffekt-Feld **Normal** ein. Dazu klicken Sie auf das Feld und halten die Maustaste gedrückt.

Die Farbeffektliste erscheint.

- Durch Ziehen auf **Normal** wählen Sie den Standardeffekt aus.
- Geben Sie ein großes ´O´ ein.
- Wählen Sie jetzt im Menü **Text** Schriftart, Größe und Stil aus.

Das Beispiel zeigt die Schriftart Geneva in der Größe 72 Punkt als Kontur.

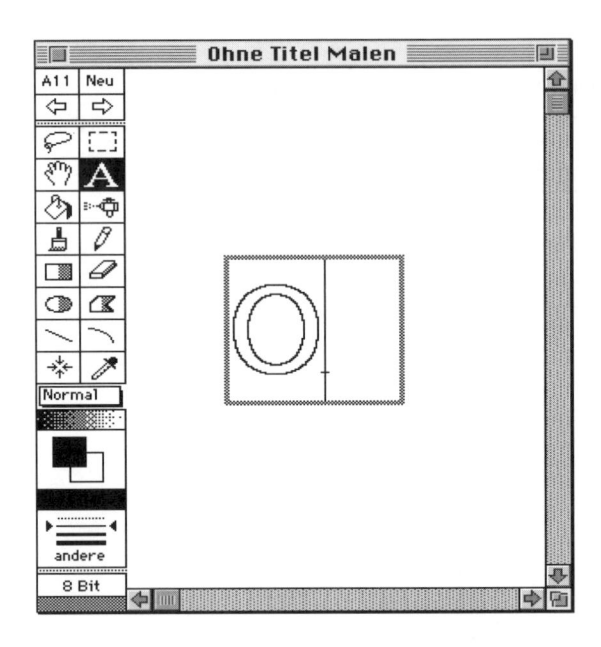

*Das Textwerkzeug im Fenster **Malen***

- Schließen Sie das Fenster **Malen**.

Im Fenster **Besetzung** erscheint das Zeichen ´O´ automatisch als Darsteller mit der Bezeichnung A11.

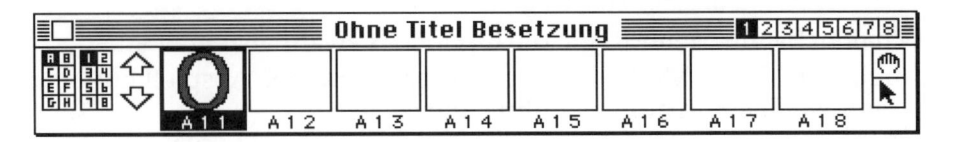

*Der erste Darsteller im Fenster **Besetzung***

- Klicken Sie doppelt auf den Darsteller A11.

Damit öffnen Sie ihn zur weiteren Bearbeitung im Fenster **Malen**. Das Zeichen ´O´ stellt jetzt eine Bitmap-Grafik dar. Eine Änderung mit dem Textwerkzeug ist nicht mehr möglich.

- Klicken Sie auf das Füllwerkzeug (die Kanne).

Falls erforderlich, stellen Sie auch für das Füllwerkzeug den Farbeffekt **Normal** ein.

- Wählen Sie die Vordergrundfarbe Rot.
- Klicken Sie dazu auf das Vordergrundfarbfeld, und halten Sie dabei die Maustaste gedrückt.
- Ziehen Sie mit der Maus auf die einzustellende Farbe.

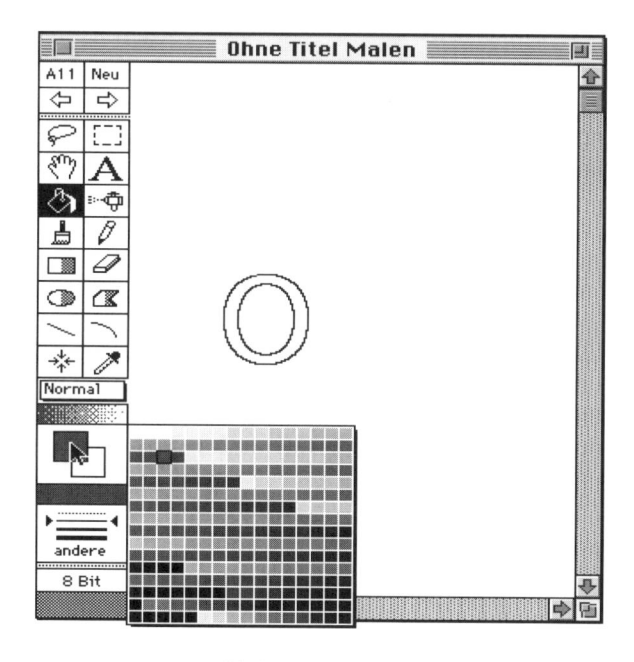

Auswahl der Vordergrundfarbe

- Klicken Sie mit dem Füllwerkzeug in die zu füllende Fläche.
- Schließen Sie das Fenster **Malen**.

Die Farbänderung des Darstellers A11 wird in **Besetzung** angezeigt. Die Fenster **Malen** und **Besetzung** sind dynamisch miteinander verknüpft.

Ordnen Sie jetzt das Zeichen ´O´ auf der **Bühne** an.

- Ziehen Sie es mit der Maus aus dem Fenster **Besetzung** in die rechte obere Ecke der **Bühne**.

47

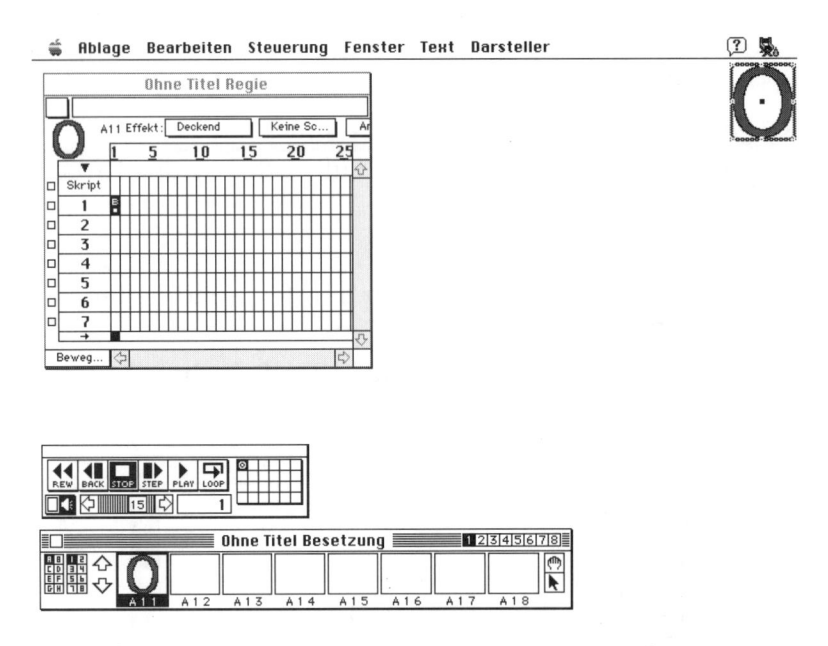

Positionierung des Darstellers A11 auf der Bühne

Im Fenster **Regie** erscheint in der Zelle in Spalte und Zeile 1 ein Eintrag. Die Spalten der Tabelle werden Bilder, die Zeilen Kanäle genannt. **Regie** protokolliert alle Ihre Änderungen auf der **Bühne** automatisch. Im Moment besteht die Animation aus einem Zeitrahmen, dem Bild 1. In diesem Bild enthält Kanal 1 die Information, daß der Darsteller A11 erscheint.

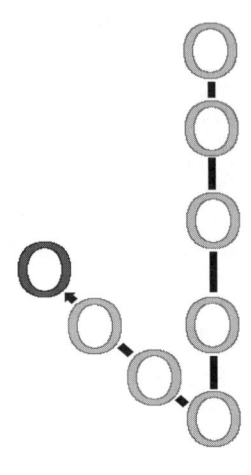

Der Weg des Darstellers A11 über die Bühne

Lektion 1 : Ein bewegter Buchstabe

Jetzt wird die Bewegung des Buchstabens über die **Bühne** mit Hilfe der **Echtzeitaufzeichnung** erzeugt.
- Halten Sie die Befehls- und die Wahltaste gedrückt, und ziehen Sie den Buchstaben nach unten und dann von dort nach links.

Director zeichnet die Bewegung in einem zweiten Kanal in **Regie** auf. Die Zahl der aufgezeichneten Bilder ist von Ihrem Aufzeichnungstempo abhängig.

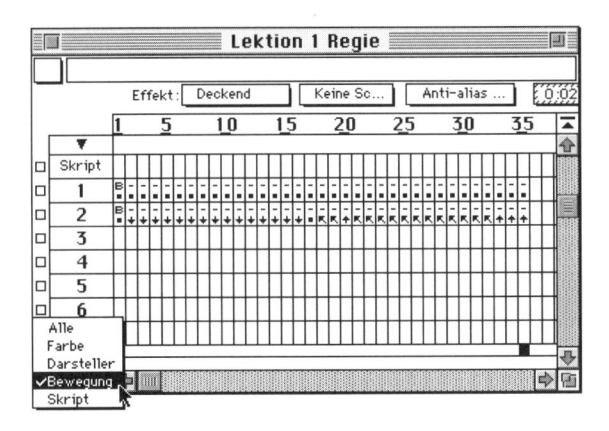

Das Anzeige-PopUp-Menü in Regie

Sie können im Anzeige-PopUp-Menü auf **Bewegung** schalten, um die aufgezeichnete Darstellerbewegung zu sehen. Die Auswahl **Darsteller** gibt die Darstellernumerierung aus dem Fenster **Besetzung** an.
- Klicken Sie im Steuerpult auf **Rewind**, um den Abspielkopf auf Bild 1 zurückzustellen.
- Klicken Sie **Play** an, um die Animation zu starten.

Falls im Steuerpult der Schalter **Loop** aktiviert ist, läuft die Animation in einer Endlosschleife. Klicken Sie in diesem Fall auf **Stop**, um die Ausführung abzubrechen.

Die Animation wurde mit der einfachen, aber etwas ungenauen **Echtzeitaufzeichnung** erzeugt. Das heißt, die Bewegung erfolgt beim Abspielen mit der gleichen Geschwindigkeit wie bei der Aufzeichnung. Einen genaueren Weg zur Erzeugung einer Bewegung bietet der Befehl **In Kanal kopieren**.
- Wählen Sie zunächst aus dem Menü **Bearbeiten** den Befehl **Regie löschen**.

Der Inhalt des Fensters **Regie** wird gelöscht, während der Darsteller A11 im Fenster **Besetzung** erhalten bleibt. Um ein versehentliches Löschen der **Regie** zu verhindern, erscheint noch eine Rückfrage.

49

Das Studio in fünf Lektionen

*Die Dialogbox des Befehls **Regie löschen***

- Bestätigen Sie **OK**.

Ziehen Sie den Darsteller A11 wieder an die Startposition auf der **Bühne**. Beschreiben Sie jetzt den Weg des Zeichens ´O´ in Einzelschritten über die **Bühne**.

- Ziehen Sie den Darsteller A11 jeweils erneut aus dem Fenster **Besetzung** auf acht Bühnenpositionen.

Beginnen Sie wieder oben rechts, und halten Sie beim Positionieren die Reihenfolge der Zeichen ein. Die Bühnenpositionen sollten in etwa mit denen der folgenden Abbildung übereinstimmen.

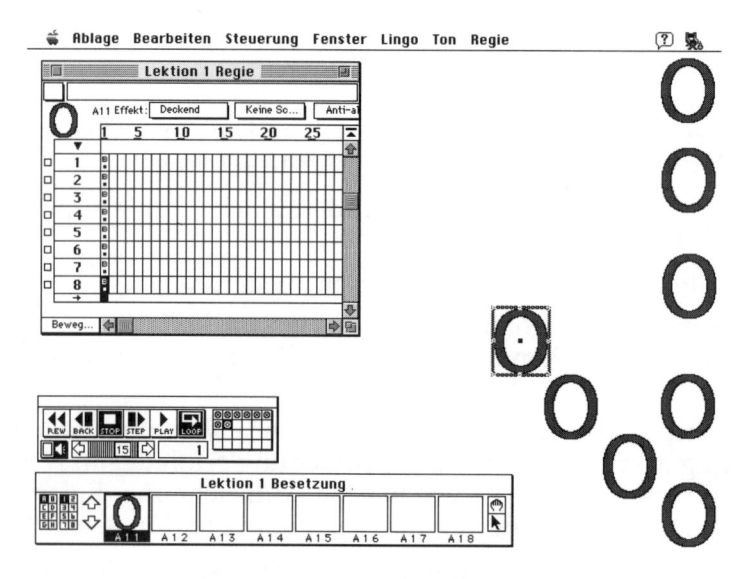

Die Darstellerpositionen in Bild 1

Bei jeder neuen Position wird im Bild 1 automatisch ein neuer Kanal mit einem Eintrag versehen. Um die Bühnenposition eines Darstellers nachträg-

Lektion 1 : Ein bewegter Buchstabe

lich zu korrigieren, genügt das Anklicken und Ziehen des Objekts auf der **Bühne**.

Im Bild 1 finden Sie Einträge in den Kanälen 1 bis 8. Beim Abspielen würden die acht Objekte des Darstellers in einem Bild, also gleichzeitig, dargestellt. Der Eindruck einer Bewegung entsteht jedoch nur, wenn die Objekte in einer Folge von Bildern angezeigt werden. Das Bild 1 muß in den Kanal 1 umgewandelt werden.

Diese Umwandlung erledigt der Befehl **In Kanal kopieren**. Es müßte statt kopieren eigentlich verschieben oder umwandeln heißen, denn die Objekte in den Kanälen 2 bis 8 bleiben nicht erhalten.

- Markieren Sie die acht Zellen von Bild 1 im Fenster **Regie**.

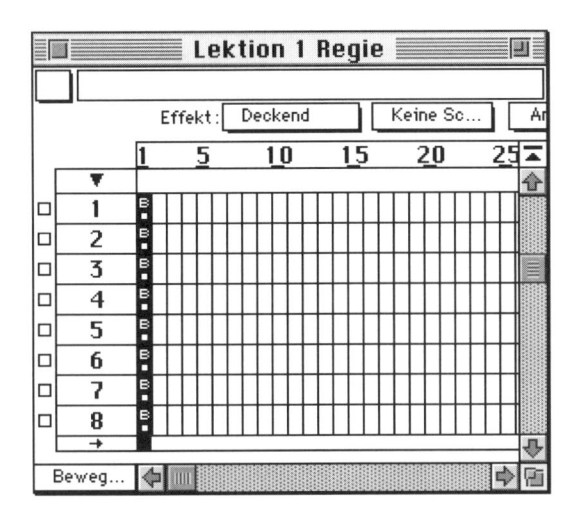

*Markiertes Bild 1 im Fenster **Regie***

- Wählen Sie den Befehl **In Kanal kopieren** im Menü **Regie**. In der folgenden Dialogbox bestätigen Sie die Vorgabe mit **Ausführen**.

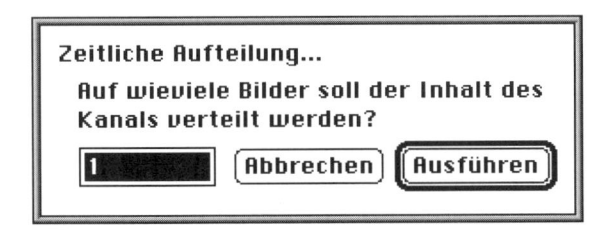

*Die Dialogbox des Befehls **In Kanal kopieren***

Das Studio in fünf Lektionen

Die Markierung der acht Zellen wird in eine Sequenz umgewandelt. Aus einem Bild mit acht Kanälen wird ein Kanal mit einer Länge von acht Bildern.
- Klicken Sie auf **Rewind**, um den Abspielkopf auf Bild 1 zu stellen.
- Klicken Sie auf **Play**, um die Animation zu starten.

Das Ergebnis des Befehls
In Kanal kopieren

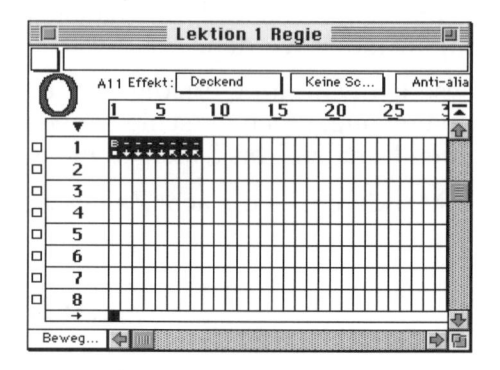

Wieder entsteht der Eindruck des herabfallenden und zur Seite springenden Zeichens.

Falls im Steuerpult der Schalter **Loop** eingeschaltet ist, klicken Sie auf **Stop** oder unterbrechen die Animation mit Befehlstaste + W.

Verändern Sie nun die Bildschirmausgaben einzelner Bilder.
- Klicken Sie dazu in **Regie** im Kanal 1 verschiedene Bilder an, um deren Bühnenbild zu sehen.

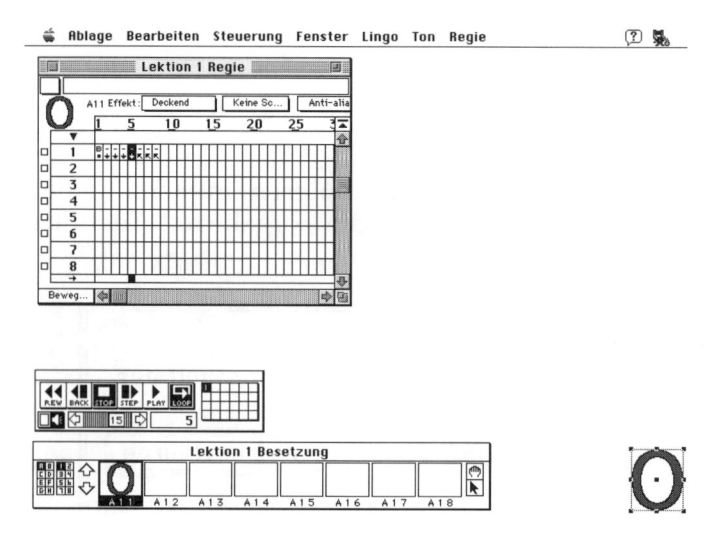

Darsteller A11 in Bild 5

52

Lektion 1 : Ein bewegter Buchstabe

Suchen Sie auf diesem Weg das Bild, in dem der Buchstabe ´O´ auf dem unteren Bühnenrand auftrifft.

Hier würde eine Deformation (Stauchung) des Buchstabens realistischer wirken.

- Klicken Sie das Objekt aus Bild 5 auf der **Bühne** an. Es erscheint ein Rahmen mit neun Anfassern.
- Ziehen Sie den mittleren oberen Anfasser nach unten.

Der Buchstabe wird gestaucht. Beachten Sie, daß diese Änderung nur für das ausgewählte Bild eintritt. In allen Bildern vor und nach dem ausgewählten Bild hat der Darsteller seine ursprünglichen Proportionen. Auch der Darsteller A11 im Fenster **Besetzung** ändert sich nicht.

- Klicken Sie auf **Rewind** und danach auf **Play**, um das Ergebnis zu sehen.

Regie speichert für jedes Objekt auf der **Bühne** neben der Position und weiteren Daten auch eventuell bestehende Größenänderungen oder Verzerrungen.

Zur Zeit besitzt der Darsteller A11 acht verschiedene Objekte auf der **Bühne** und in **Regie**. Eine Änderung des Darstellers A11 ändert alle schon bestehenden acht Objekte.

- Doppelklicken Sie auf den Darsteller A11 im Fenster **Besetzung**, um ihn im Fenster **Malen** zu bearbeiten.

Geben Sie dem Darsteller eine andere Farbe.

- Wählen Sie dazu eine andere Vordergrundfarbe aus, und klicken Sie das Zeichen mit dem Füllwerkzeug an.
- Schließen Sie das Fenster **Malen**.

Director speichert Ihre Änderungen am Darsteller A11 automatisch in den Fenstern **Besetzung** und **Regie**. Klicken Sie einfach auf **Play**, um sich davon zu überzeugen.

Lektion 2: Zwei Darsteller kommen hinzu

Nachdem der Buchstabe ´O´ in der Lektion 1 als erster Darsteller A11 auf der Bühne erschienen ist, kommen jetzt zwei weitere hinzu: Die Buchstabenfolge ´ANIMATI´ als Darsteller A12 und der Buchstabe ´N´ als Darsteller A13.

- Öffnen Sie das Fenster **Malen** über das Menü **Fenster** oder die Tastenkombination Befehlstaste + 5.
- Klicken Sie auf **Neu**, um den Grafik-Darsteller A12 zu erzeugen.
- Wählen Sie das Textwerkzeug, und schreiben Sie nach Klick in die Arbeitsfläche die Buchstaben ´ANIMATI´.

Vergrößern Sie eventuell das Fenster **Malen**, um den ganzen Schriftzug sehen zu können.

- Wählen Sie Zeichensatz, Größe und Stil aus dem Menü Text wie beim Buchstaben ´O´.
- Klicken Sie erneut auf **Neu**, um den Darsteller A13 zu erzeugen.
- Schreiben Sie hier in der gleichen Schrift den Buchstaben ´N´.

Mit den Cursortasten oder den Pfeilen nach links und rechts oberhalb der Werkzeugleiste können Sie durch Ihre fertigen Grafiken blättern und eventuell editieren.

- Schließen Sie das Fenster **Malen**.

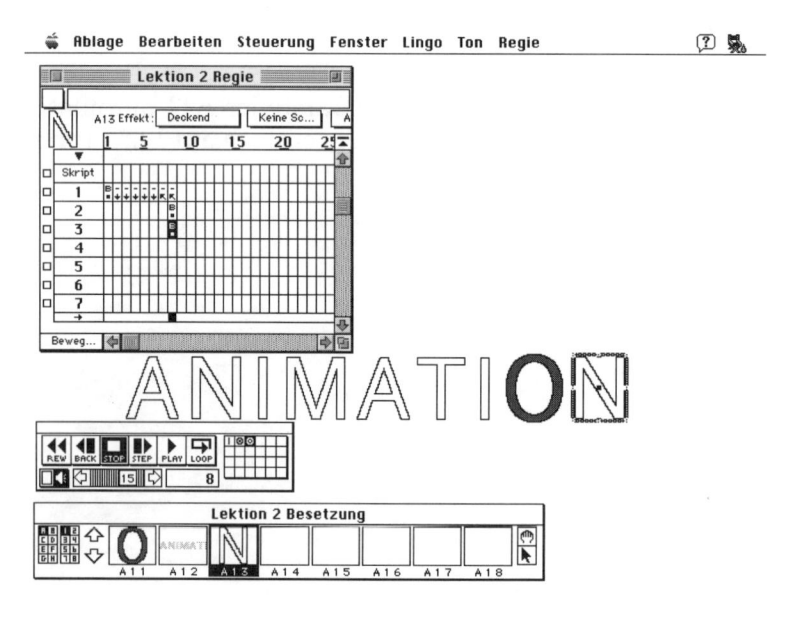

Die Darsteller A12, A11 und A13 auf der Bühne

Lektion 2: Zwei Darsteller kommen hinzu

Im Fenster **Besetzung** werden die neuen Darsteller A12 und A13 angezeigt. Sie sollen auf der Bühne erscheinen, wenn der Buchstabe ´O´ seine Endposition erreicht hat.

- Wählen Sie dazu das letzte verwendete Bild (das Bild 8) im Fenster **Regie** aus.
- Ziehen Sie den Darsteller A12 aus der Besetzung auf die Bühne.
- Positionieren Sie den Darsteller A12 links neben dem Darsteller A11.
- Ziehen Sie den Darsteller A13 rechts neben den Darsteller A11.

In Regie werden automatisch die Zellen in Kanal 2 und Kanal 3 von Bild 8 mit den Einträgen für die Darsteller A12 und A13 versehen. Der Kanal 2 bildet den Vordergrund für Kanal 1, während Kanal 2 und 1 hinter Kanal 3 liegen.

- Ziehen Sie den Darsteller A12 auf der Bühne nach rechts, bis er den Darsteller A11 zur Hälfte verdeckt.

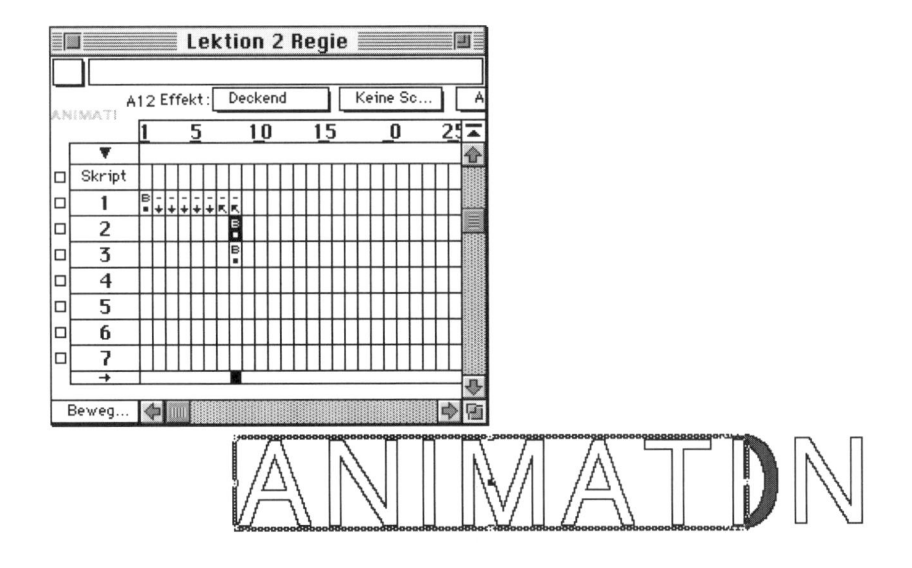

*Darsteller A12 mit dem Farbeffekt **Deckend***

Der Buchstabe ´O´ liegt im Kanal 1, der Hintergrundebene für den Kanal 2. Soll der Buchstabe ´O´ sich vor dem Schriftzug ´ANIMATI´ bewegen, müßten die Kanäle getauscht werden. Die Farbeffekte in Regie bestimmen nur, in welcher Art die Objekte verschiedener Kanäle übereinander abgebildet werden.

Das Studio in fünf Lektionen

- Wechseln Sie in der Liste der Effekte von der Vorgabe **Deckend** zum Effekt **Objekt deckend.**

Die freien Stellen zwischen den Buchstaben erscheinen nun transparent.

- Verschieben Sie den Darsteller A12 wieder an seine ursprüngliche Position auf der Bühne.

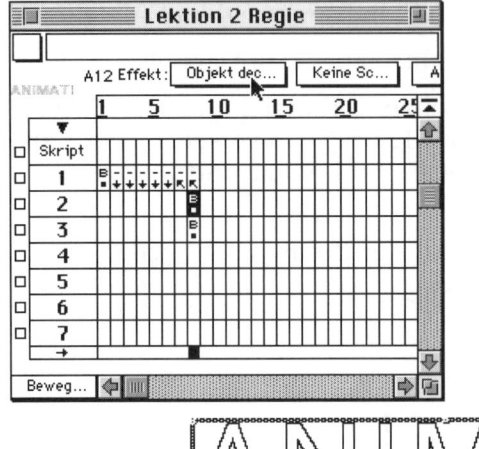

*Der Darsteller A12 mit dem Farbeffekt **Objekt deckend***

Die Buchstaben ´ANIMATI´ und ´N´ sollen während der Animation in ihrer Größe verändert werden. Die Zeichen klappen von der Höhe weniger Bildschirmpixel zu ihrer normalen Höhe auf. Diese Änderung wird mit dem Befehl **Linear füllen** erreicht.

- Schalten zuerst Sie im Anzeige-PopUp-Menü in der linken unteren Ecke des Fensters **Regie** auf **Darsteller**.
- Markieren Sie die Zelle des Objekts von Darsteller A12 in Regie.
- Wählen Sie den Befehl **Regiepart kopieren** im Menü **Bearbeiten**.
- Wählen Sie die Zelle im Bild 12 des Kanals 2 aus.
- Wählen Sie den Befehl **Regiepart einsetzen** im Menü **Bearbeiten**.

Der Darsteller A12 erscheint im Bild 12 auf der Bühne. Stauchen Sie den Schriftzug in Bild 12 auf die Höhe weniger Pixel, indem Sie ihn anklicken und den mittleren oberen Anfasser nach unten ziehen.

- Markieren Sie die Zellen von Bild 8 bis Bild 12 im Kanal 2.
- Wählen Sie den Befehl **Linear füllen** aus dem Menü **Regie**.

Lektion 2: Zwei Darsteller kommen hinzu

Dieser Befehl berechnet die Zwischenwerte der Schrifthöhe für die Bilder 9 bis 11.
- Spielen Sie die Animation ab, um das Ergebnis des Befehls zu sehen.

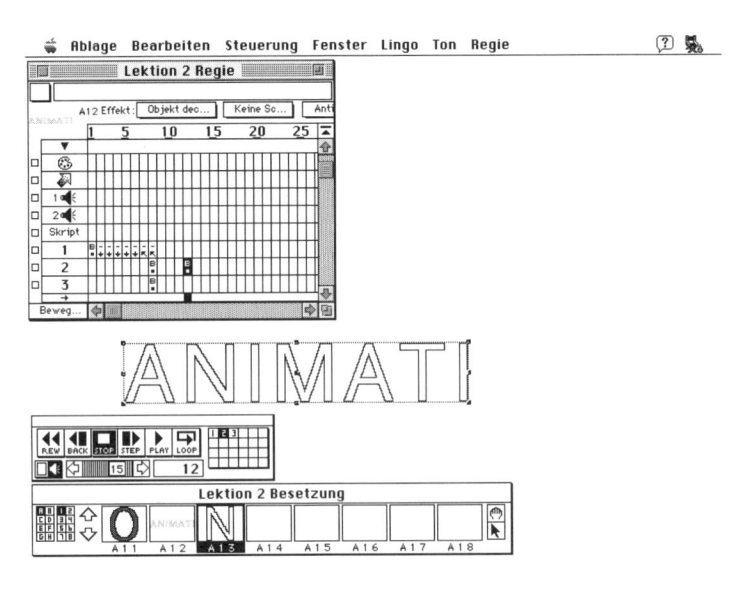

Der Darsteller A12 im Bild 12

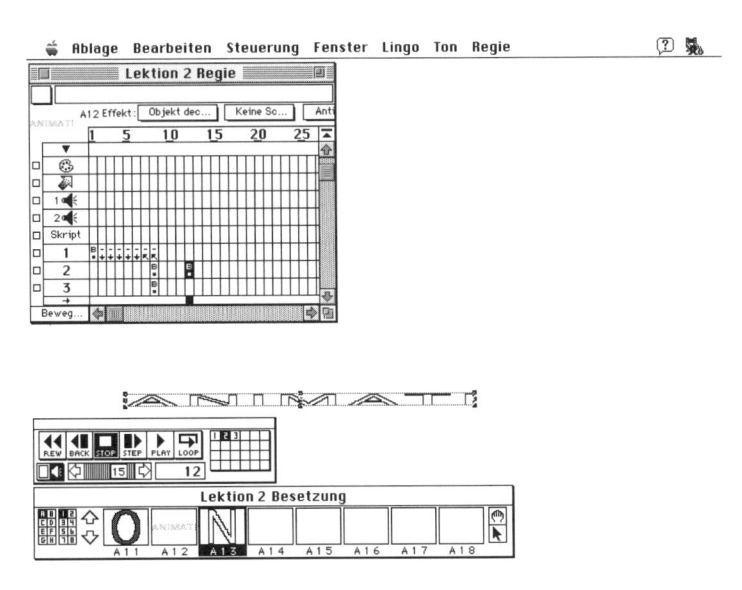

Stauchung des Darstellers A12 auf der Bühne

57

Die Schrift ändert zwar ihre Größe, aber die Änderung erfolgt von der Originalgröße auf das eingestellte Minimum. Die Sequenz muß umgekehrt werden.
- Markieren Sie dazu die eben erzeugte Zellfolge im Kanal 2.
- Wählen Sie den Befehl **Richtung umkehren** im Menü **Regie**.
- Um die Anzeige des Buchstabens ´O´ zu verlängern, markieren Sie die Bilder 8 bis 12 im Kanal 1 und wählen den Befehl **Linear füllen** im Menü **Regie**.

Da eine Endmarkierung jetzt fehlt, füllt der Befehl die Markierung mit der Startposition.

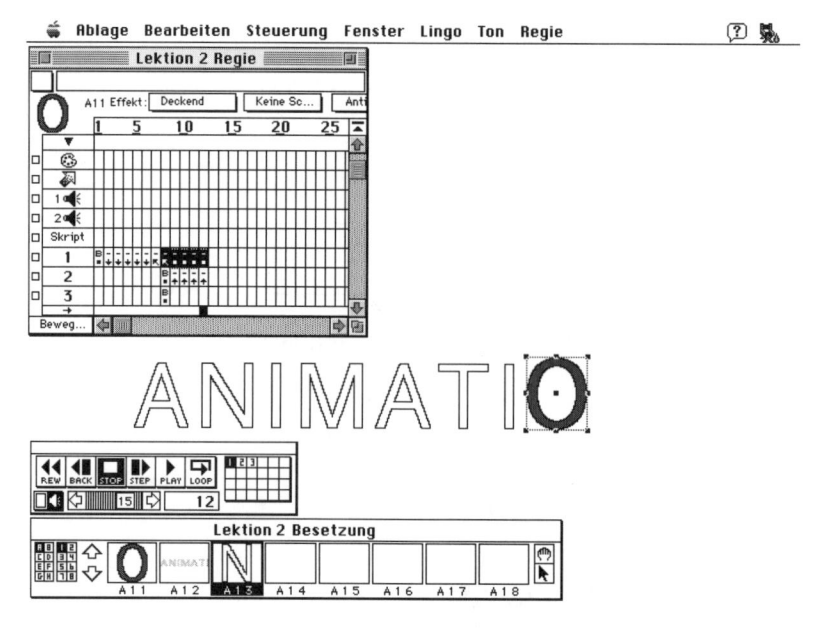

*Mit **Linear füllen** verlängerte Anzeige des Darstellers A11*

Verfahren Sie mit dem Darsteller A13 (dem Zeichen ´N´) wie mit dem Darsteller A12.
- Markieren Sie Bild 8 in Kanal 3.
- Wählen Sie den Befehl **Regiepart kopieren** im Menü **Bearbeiten**.
- Markieren Sie Bild 12 im Kanal 3.
- Wählen Sie den Befehl **Regiepart einsetzen** im Menü **Bearbeiten**.
- Wählen Sie Bild 8 im Kanal 3 aus.
- Verkleinern Sie den Darsteller A13 auf der Bühne durch ziehen des oberen Anfassers.

Lektion 2: Zwei Darsteller kommen hinzu

- Markieren Sie die Zellfolge im Kanal 3.
- Wählen Sie den Befehl **Linear füllen** im Menü **Regie**.

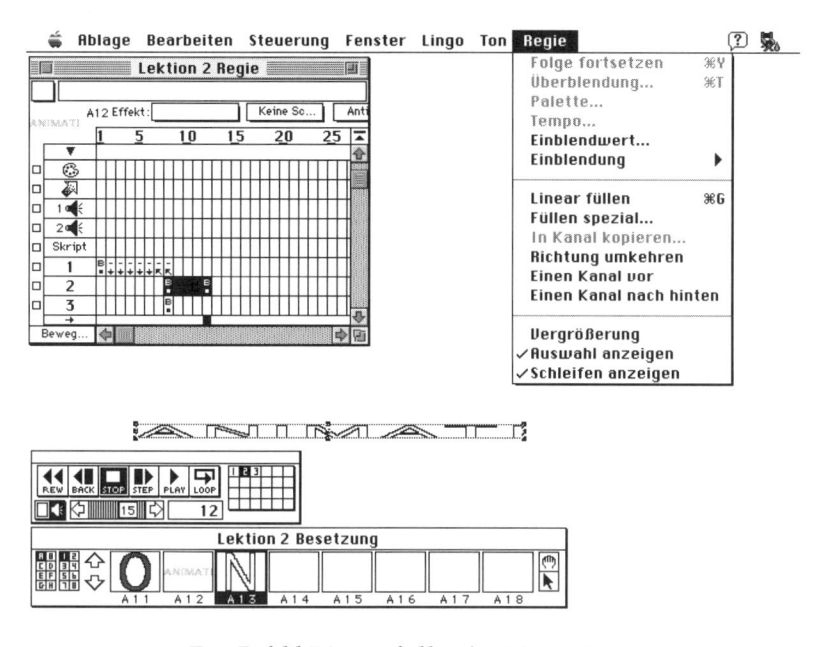

Der Befehl Linear füllen im Menü Regie

- Klicken Sie auf **Rewind** und **Play**.

Halten Sie beim Klick auf **Play** die Umschalttaste gedrückt, um auf die Bühne umzuschalten. Bei aktiver Bühne stoppen Sie die Animation mit der Tastenkombination Befehlstaste + W. Mit der Tastenkombination Befehlstaste + 1 schalten Sie die Bühne wieder aus.

Am Ende der Animation soll der Schriftzug ausgeblendet werden, indem die einzelnen Pixel des Bühnenbilds allmählich durch weiße Pixel ersetzt werden.

Neben den 24 Animationskanälen und dem Skript-Kanal besitzt das Studio vier sogenannte Effektkanäle. Der Überblendkanal ermöglicht die gewünschte Überblendung.

- Klicken Sie in Regie auf die Schaltfläche oberhalb der vertikalen Bildlaufleiste, um die Effektkanäle zu öffnen.

Der Überblendkanal ist der dritte von oben.

- Wählen Sie im Überblendkanal das Bild 13 (das erste leere Bild) aus.
- Doppelklicken Sie hier, oder verwenden Sie den Befehl **Überblendung** im Menü **Regie**.

- Wählen Sie in der erscheinenden Liste den Effekt **Auflösen pixelweise** aus.

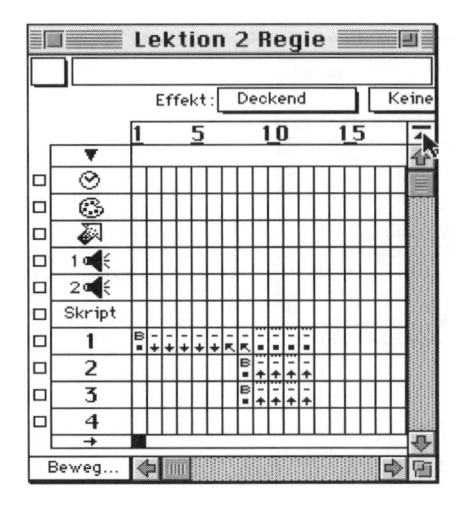

Die Effektkanäle in Regie

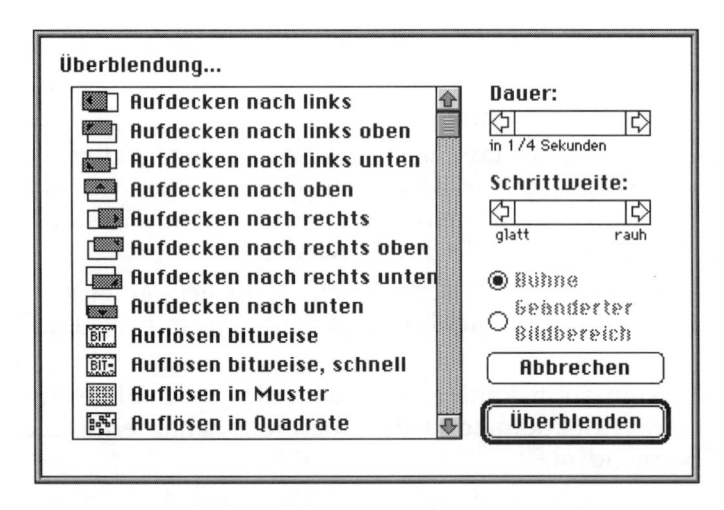

Dialogbox des Befehls Überblendung

- Bestätigen Sie **Überblenden**.

Um andere Überblendungen auszuprobieren, doppelklicken Sie einfach erneut in die Zelle des Überblendkanals.

Lektion 3: Ein Ausrufezeichen rotiert

Die Animation aus den beiden vorangegangenen Lektionen soll nun um ein rotierendes Ausrufezeichen erweitert werden. Verlängern Sie zuerst die Animation mit Hilfe des Befehls **Linear füllen**.

- Markieren Sie die Kanäle 1 bis 3 von Bild 12 bis Bild 40.
- Aktivieren Sie den Befehl **Linear füllen**.

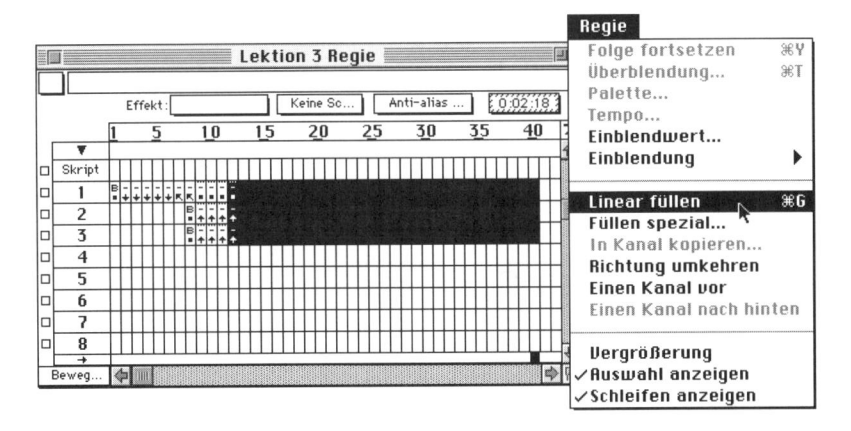

*Verlängerung der Kanäle 1 bis 3 mit dem Befehl **Linear füllen***

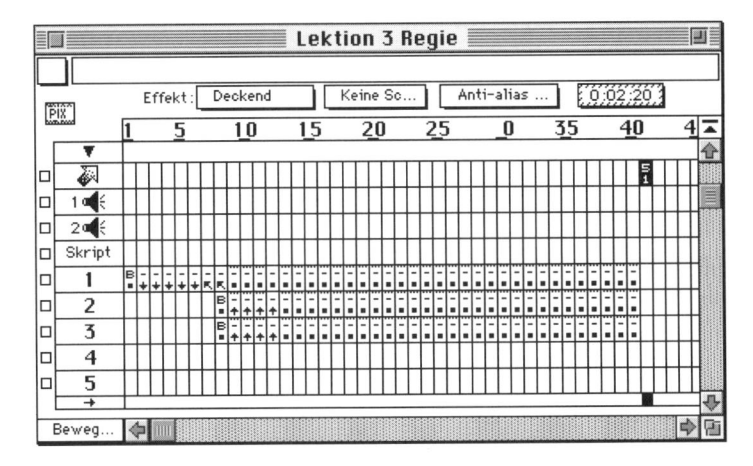

Die korrigierte Überblendung im Bild 41

Damit wird das letzte Bühnenbild fest in den markierten Bildern angezeigt.

- Markieren Sie den Effekt im Überblendkanal von Bild 13.
- Wählen Sie **Regiepart ausschneiden** im Menü **Bearbeiten**.
- Markieren Sie die Zelle im Überblendkanal von Bild 41.
- Wählen Sie **Regiepart einsetzen** im Menü **Bearbeiten**.

Damit wird die Ausblendung des letzten Bilds korrigiert.

- Öffnen Sie jetzt das Fenster **Malen**.
- Erzeugen Sie durch Klick auf **Neu** den Darsteller A14.
- Wählen Sie das Textwerkzeug, und geben Sie das Zeichen ´!´ ein.

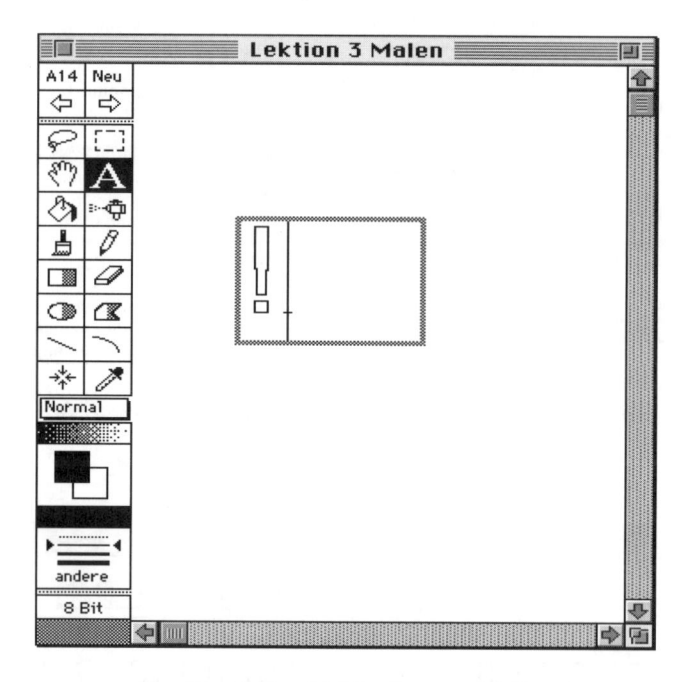

*Der Darsteller A14 im Fenster **Malen***

- Stellen Sie im Menü **Text** die gleichen Schrifteigenschaften wie für die Darsteller A11, A12 und A13 ein.
- Wählen Sie im Menü **Bearbeiten** den Befehl **Alles auswählen**.

Nach diesem Befehl oder bei aktiven Auswahlwerkzeugen erscheint das Menü **Form** in der Menüleiste.

- Wählen Sie im Menü **Form** den Befehl **Frei rotieren**.

Es erscheinen vier Anfasser an der Auswahl.

- Ziehen Sie an einem der vier Anfasser, und beschreiben Sie einen Kreis, um die Auswahl einmal um die eigene Achse zu drehen.

Lektion 3: Ein Ausrufezeichen rotiert

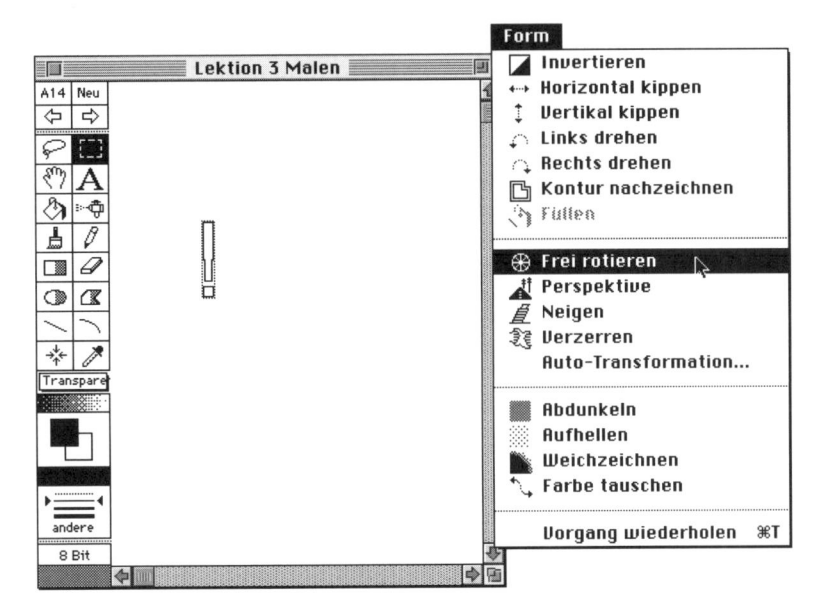

Das Menü **Form**

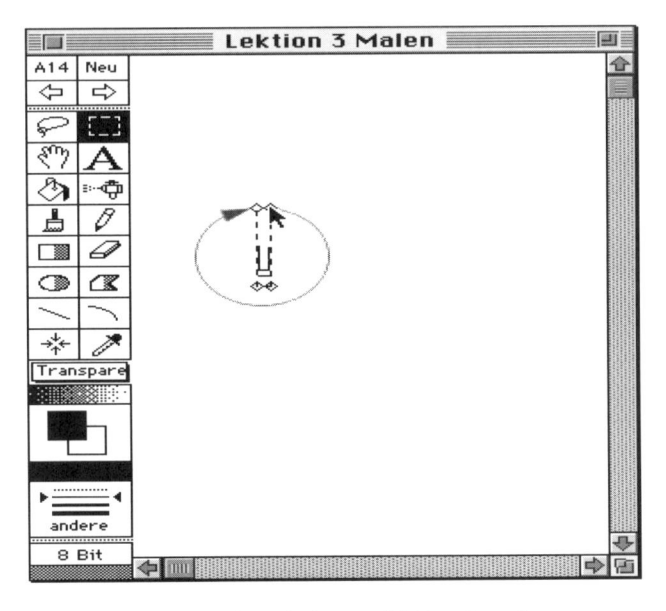

Die Auswahl nach dem Befehl **Frei rotieren**

- Aktivieren Sie den Befehl **Auto-Transformation** im Menü **Form**.

Dieser Befehl berechnet die Werte zwischen dem Original und dem Ergebnis der Drehung. Die Zwischenwerte werden als neue Darsteller im Fenster **Besetzung** gespeichert. Die Anzahl der neuen Darsteller muß angegeben werden.

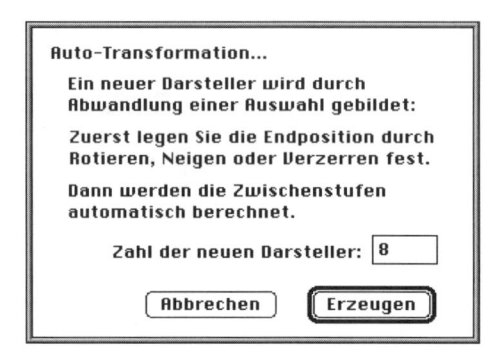

*Die Dialogbox des Befehls **Auto-Transformation***

- Wählen Sie acht neue Darsteller, und klicken Sie auf **Erzeugen**.

Malen generiert jetzt acht neue Darsteller und speichert sie an den Positionen A15 bis A23 im Fenster **Besetzung**.

Mit den Pfeilen nach links und rechts oberhalb der Werkzeugleiste oder den Cursortasten können Sie durch die neuen Darsteller blättern.

- Verlassen Sie das Fenster **Malen**.
- Klicken Sie im Fenster **Besetzung** auf die 2 in der Ziffernreihe der Titelleiste, um die Anzeige des Fensters **Besetzung** zu vergrößern.

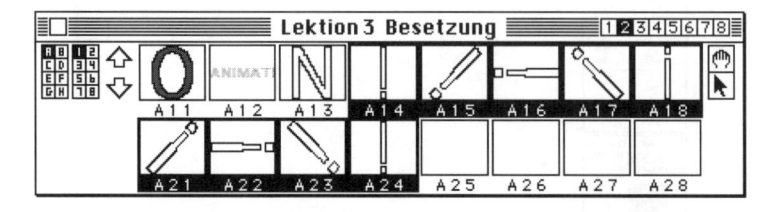

*Die neuen Darsteller im Fenster **Besetzung***

Um das Ausrufezeichen auf der Bühne rotierend darzustellen, muß die Darstellerfolge A14 bis A24 in die Regie eingefügt werden.

Im Bild 16 soll das rotierende Zeichen auf der Bühne erscheinen.

- Klicken Sie im Fenster Regie Bild 16 im Kanal 4 an, um die Einfügeposition zu festzulegen.

Lektion 3: Ein Ausrufezeichen rotiert

- Markieren Sie die Darsteller A14 bis A24 im Fenster **Besetzung**. Dazu klicken Sie zuerst auf Darsteller A14 und dann mit gedrückter Umschalttaste auf Darsteller A24.
- Um die Markierung in Regie einzufügen, verwenden Sie den Befehl **Als Sequenz einsetzen** im Menü **Darsteller**. Dieser Befehl fügt die Markierung aus der Besetzung in die Regie ein.

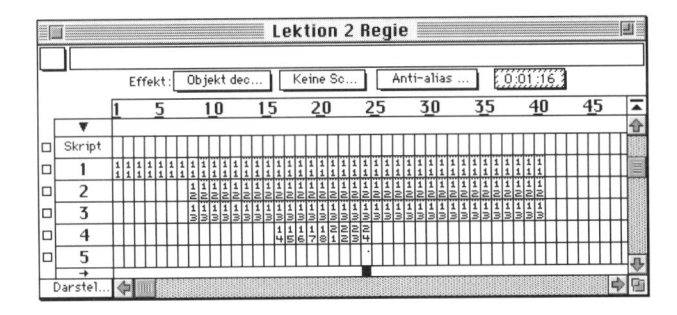

*Die neuen Darsteller im Fenster **Regie***

Die Markierung wird im Zentrum der Bühne angeordnet. Um das Ergebnis sehen zu können, verschieben Sie gegebenenfalls das Fenster **Regie**.

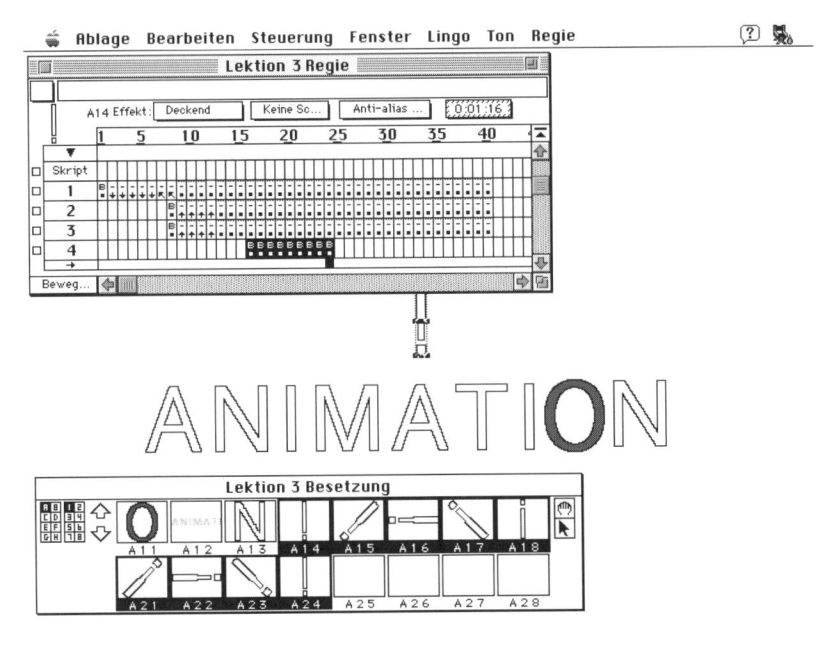

Markierung zum gemeinsamen Verschieben der Objekte in Kanal 4

65

Im nächsten Schritt werden die Ausrufezeichen auf der Bühne gemeinsam verschoben.

- Markieren Sie zuerst in Regie die Zellfolge im Kanal 4. Die Markierung erscheint auch auf der Bühne.
- Ziehen Sie die markierten Ausrufezeichen auf der Bühne rechts neben den Schriftzug ´ANIMATION´.

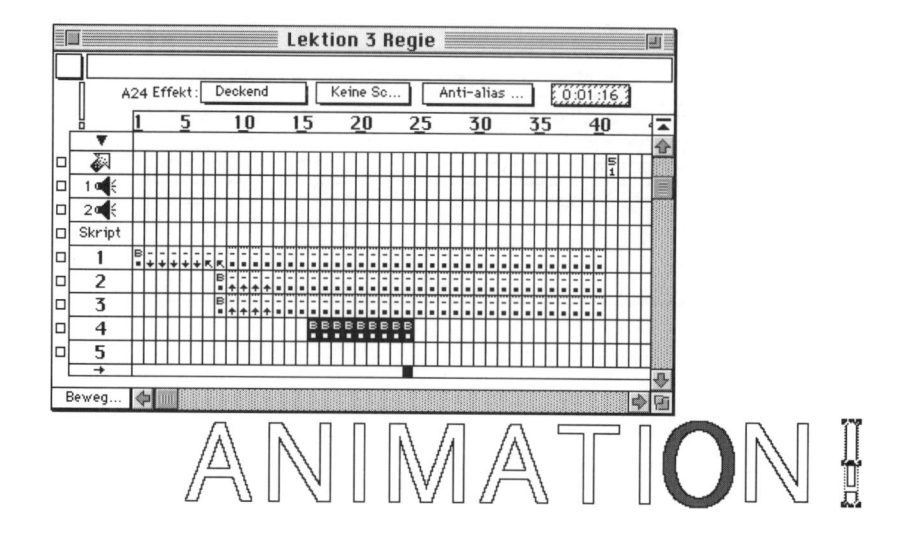

Neu positionierte Objekte im Kanal 4

- Klicken Sie auf **Rewind**, und spielen Sie die Animation ab.

In den Bildern 25 bis 40 sollen zwei weitere Drehungen des Zeichens ´!´ eingefügt werden. Da die erste und letzte Zelle im Kanal 4 das senkrecht stehende Ausrufezeichen enthalten, genügt es, die Darsteller A15 bis A24 wiederholt in den Kanal 4 einzufügen.

Markierte Darsteller A15 bis A24

Lektion 3: Ein Ausrufezeichen rotiert

- Schalten Sie im Anzeige-PopUp-Menü des Fensters **Regie** auf **Darsteller**, um statt der Bewegung die Bezeichnungen der Darsteller zu sehen.
- Markieren Sie in Kanal 4 die Bilder 17 bis 24 (die Zellfolge der Darsteller A15 bis A24).
- Wählen Sie den Befehl **Regiepart kopieren** im Menü **Bearbeiten**.
- Markieren Sie das Bild 25 in Kanal 4.
- Wählen Sie den Befehl **Regiepart einsetzen** im Menü **Bearbeiten**.
- Markieren Sie Bild 33 in Kanal 4, und setzen Sie den Inhalt der Zwischenablage erneut ein.

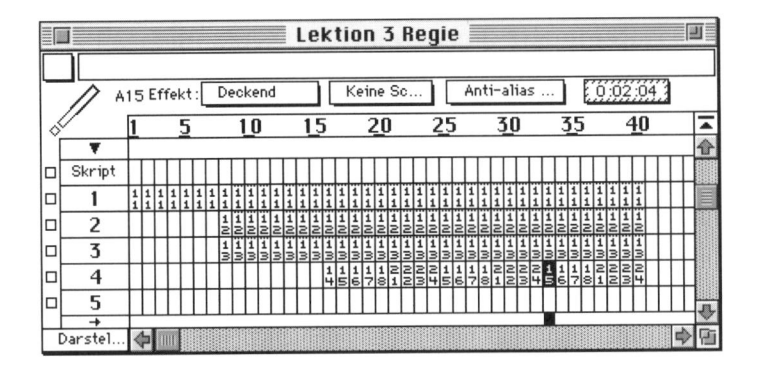

Kanal 4 nach dem Einsetzen der markierten Darsteller

Das Ausrufezeichen führt jetzt in den Bildern 16 bis 40 drei Drehungen aus. Überzeugen Sie sich!

Lektion 4:
Kombinierte Bewegungen mit Filmschleifen

Das in Lektion 3 erzeugte Ausrufezeichen soll sich rotierend über die Bühne bewegen. Die Rotation um die eigene Achse wird mit einer zusätzlichen linearen Bewegung verknüpft. Um zwei getrennte Bewegungen aufzuzeichnen, wird eine sogenannte *Filmschleife* verwendet. Die Filmschleife nimmt die Darsteller auf, die die Rotation bilden, und wird selbst als Darsteller gespeichert und über die Bühne bewegt.

- Markieren Sie zuerst eine Rotationssequenz in Regie (z.B. die Zellen A14 bis A24 im Kanal 4).
- Wählen Sie **Regiepart kopieren** im Menü **Bearbeiten** oder die Tastenkombination Befehlstaste + C.
- Markieren Sie im Fenster **Besetzung** die freie Darstellerposition A25.
- Wählen Sie **Regiepart einsetzen** im Menü **Bearbeiten** oder die Tastenkombination Befehlstaste + V.

Es folgt die Aufforderung zum Benennen der Filmschleife.

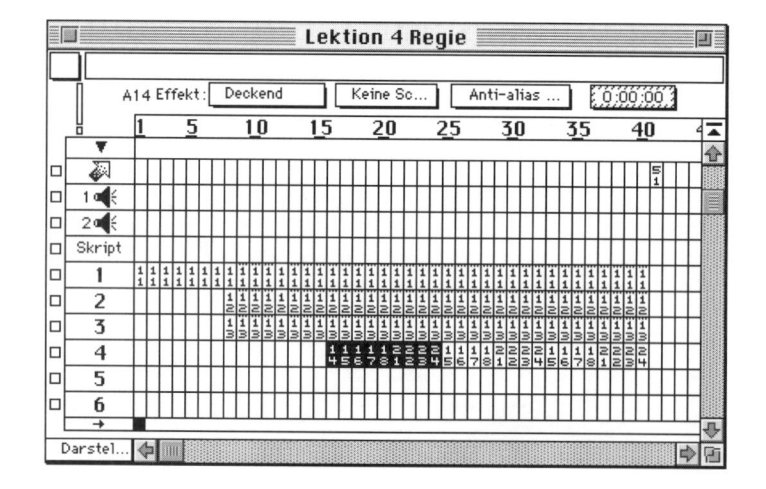

Markierte Rotationssequenz

Lektion 4: Kombinierte Bewegungen mit Filmschleifen

Die Dialogbox beim Speichern einer Filmschleife

- Geben Sie den Namen **rotierendes "!"** ein.

Die Filmschleife erscheint als Darsteller mit dem angegebenen Namen und dem Filmsymbol im Fenster **Besetzung**.

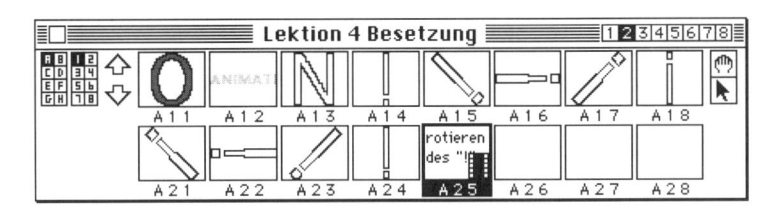

Die Filmschleife als Darsteller

Löschen Sie den gesamten Kanal 4 im Fenster **Regie**.
- Doppelklicken Sie dazu auf die Kanalnummer, um den Kanal zu markieren.
- Wählen Sie **Regiepart löschen** im Menü **Bearbeiten,** oder verwenden Sie die Rücktaste.
- Wählen Sie Bild 16 im Kanal 4 aus.
- Positionieren Sie die Filmschleife durch Ziehen von Darsteller A25 aus der **Besetzung** in die linke obere Bühnenecke.
- Wählen Sie im Kanal 4 das Bild 40 aus.
- Ziehen Sie den Darsteller A25 aus der **Besetzung** rechts neben den Schriftzug ´ANIMATION´.
- Markieren Sie die Zellen der Bilder 16 bis 40 im Kanal 4.

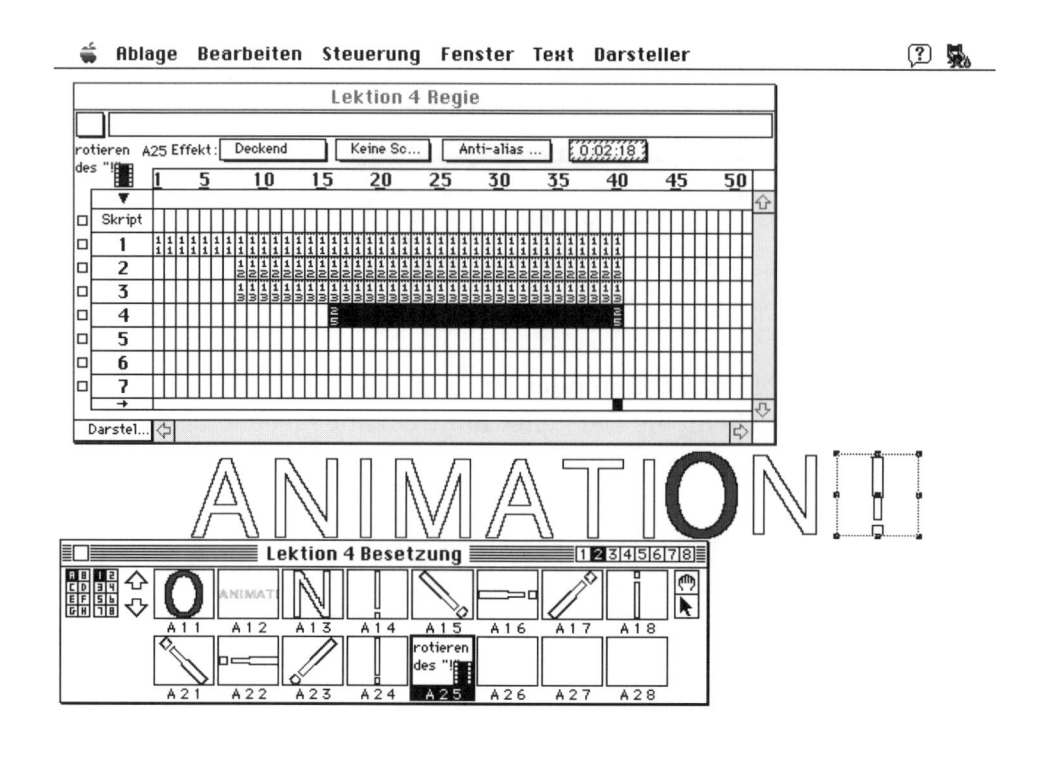

Markierte Start- und Zielposition der Filmschleife

- Rufen Sie im Menü **Regie** den Befehl **Füllen spezial** auf.
- Schalten Sie die Option **Aktivierte Filmschleife benutzen** ein.
- Bestätigen Sie **Füllen**.

Der Befehl **Füllen spezial** verwendet jetzt den Inhalt der Filmschleife zum Füllen der Zwischenpositionen im Kanal 4. Es wird also statt mit der Darstellerbezeichnung A25 mit den in der Filmschleife gespeicherten Darstellern A14 bis A24 gefüllt.

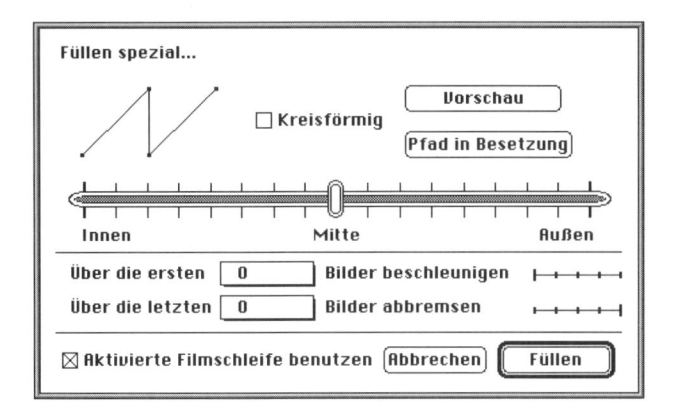

Lektion 4: Kombinierte Bewegungen mit Filmschleifen

*Die Dialogbox des Befehls **Füllen spezial***

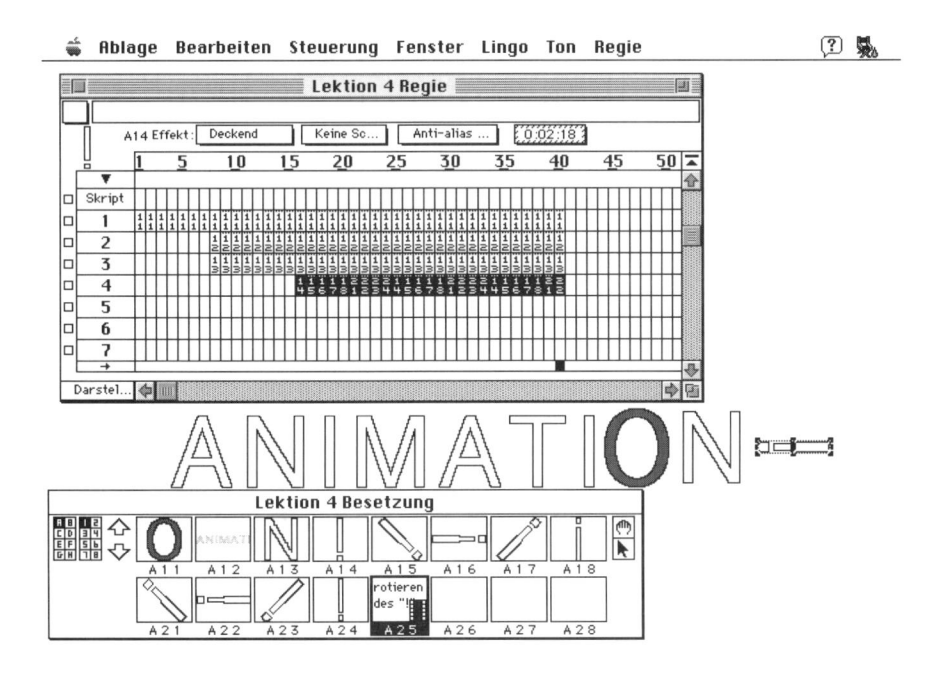

*Das Ergebnis des Befehls **Füllen spezial***

- Spielen Sie die Animation ab.

Das Ausrufezeichen rotiert und bewegt sich gleichzeitig über die **Bühne**, aber es gibt noch einen Fehler. Im letzten Bild 40 hat das Ausrufezeichen seine senkrechte Endposition nicht erreicht, es liegt waagerecht.

Um den Fehler zu beseitigen, verlängern Sie zuerst die Kanäle 1 bis 3 um zwei Bilder.

- Markieren Sie dazu die Bilder 40 bis 42 in den Kanälen 1 bis 3.
- Geben Sie die Tastenkombination Befehlstaste + G ein, oder wählen Sie den Befehl **Linear füllen**.

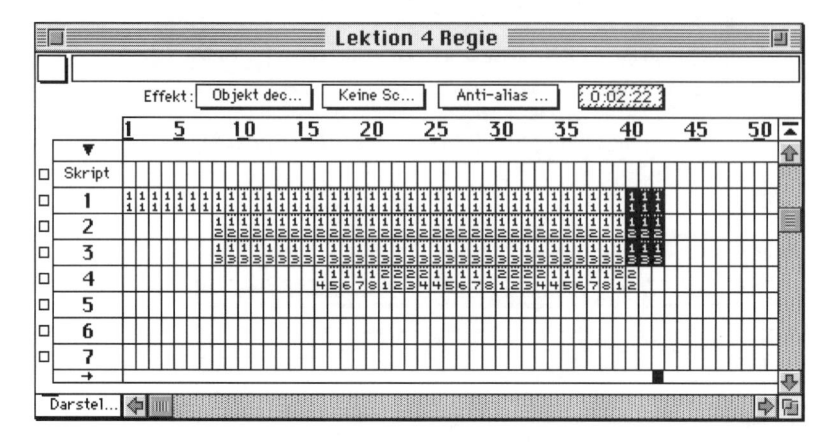

Die verlängerten Kanäle 1 bis 3

- In den Bildern 41 und 42 von Kanal 4 werden jetzt die Darsteller A23 und A24 eingefügt.
- Klicken Sie im Kanal 4 die Zelle in Bild 40 an.
- Ziehen Sie den Darsteller A23 aus der **Besetzung** auf das waagerechte Ausrufezeichen.
- Ziehen Sie jetzt den Darsteller A24 aus der **Besetzung** auf die gleiche Position.

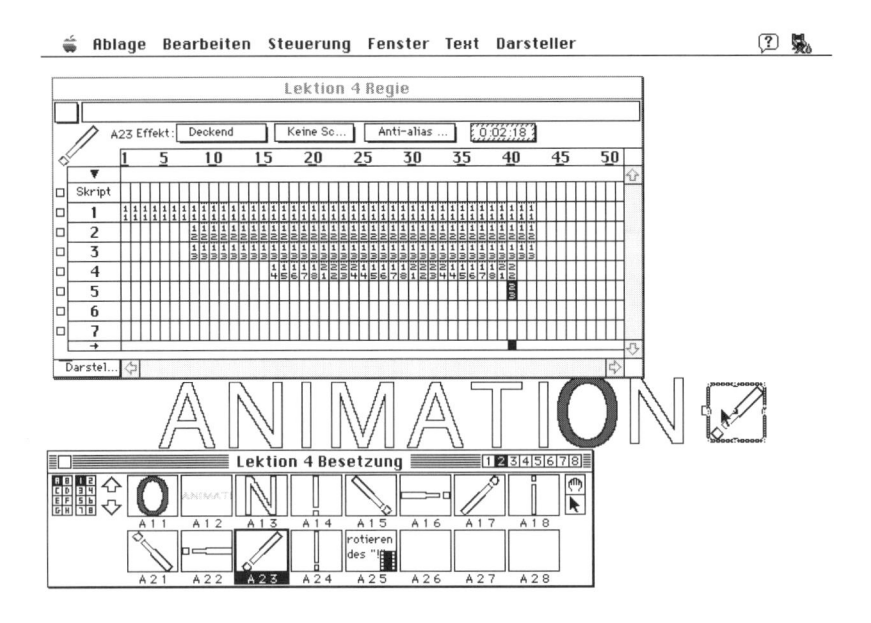

Lektion 4: Kombinierte Bewegungen mit Filmschleifen

Darsteller A23 wird positioniert.

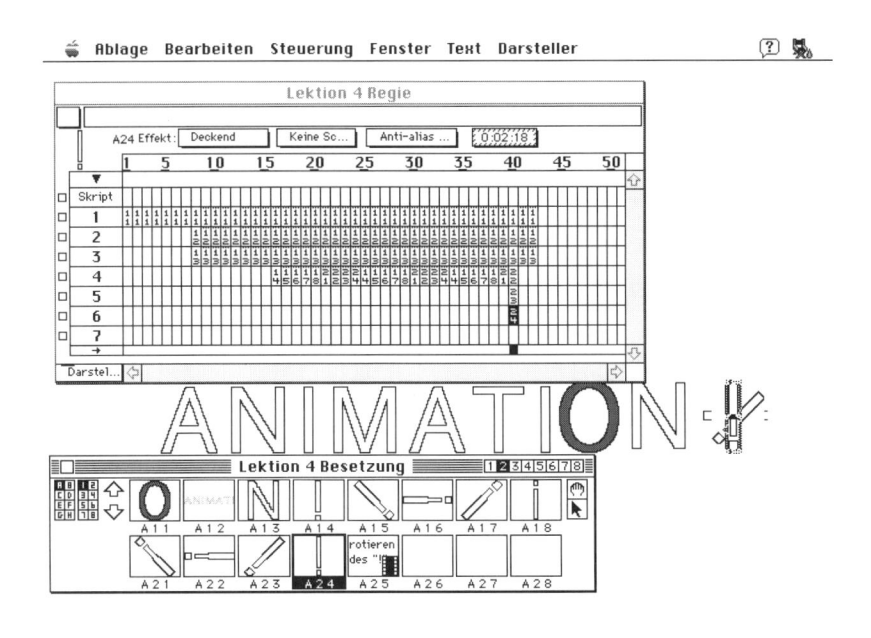

Der Darsteller A24 wird positioniert.

Das Studio in fünf Lektionen

- Markieren Sie im Bild 40 die Zellen der Kanäle 4 bis 6.

Markierte Zellen in Bild 40

- Wählen Sie den Befehl **In Kanal kopieren** im Menü **Regie**, um die Markierung in eine Bildfolge im Kanal 4 umzuwandeln.
- Bestätigen Sie in der folgenden Dialogbox des Befehls **In Kanal kopieren** die Vorgabe.

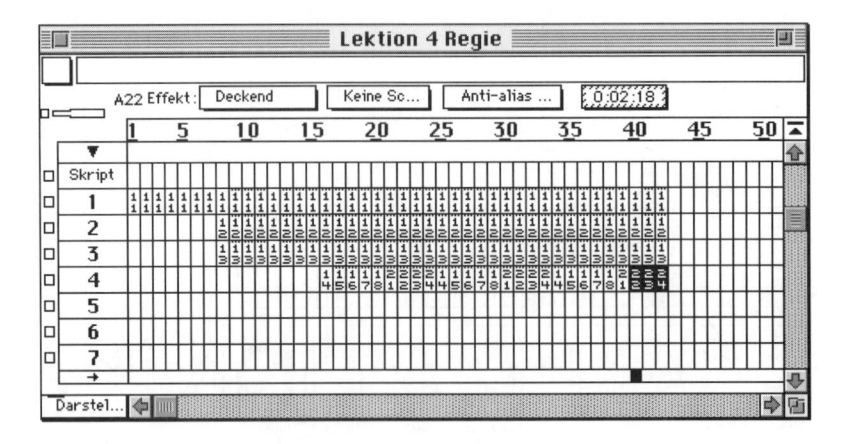

*Das Ergebnis des Befehls **In Kanal kopieren***

Die Animation endet jetzt im Bild 42 mit einem senkrecht stehendem Ausrufezeichen, dem Darsteller A24.

- Zum Schluß muß der Farbeffekt im Überblendkanal aus Bild 41 ausgeschnitten und in Bild 43 eingesetzt werden.

Lektion 4: Kombinierte Bewegungen mit Filmschleifen

Falls das Ausrufezeichen auf seinem Weg über die **Bühne** den Schriftzug wie in der folgenden Abbildung verdeckt, ändern Sie den Farbeffekt der Darsteller A14 bis A24.
- Markieren Sie dazu den Kanal 4.
- Wählen Sie im Farbeffekte-PopUp-Menü den Effekt **Objekt deckend**.

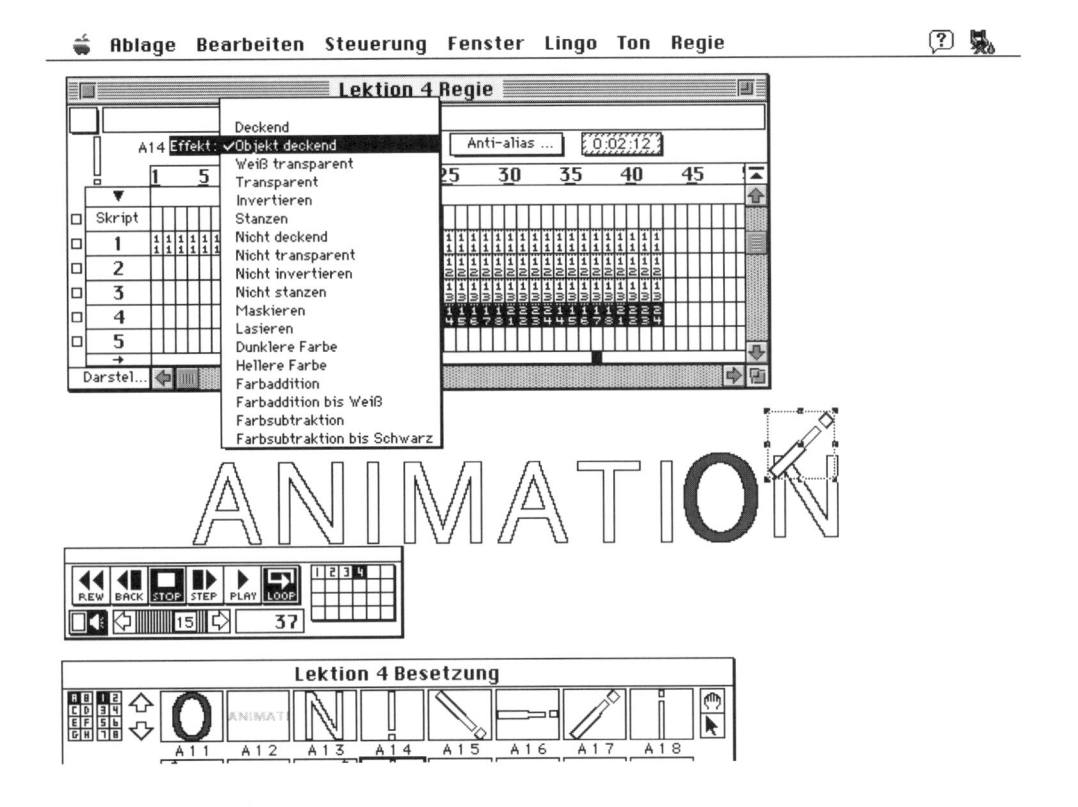

*Zuweisung des Farbeffekts **Objekt deckend** für die Elemente des Kanals 4*

Der quadratische Hintergrund des Ausrufezeichens erscheint jetzt transparent.

Lektion 5: Interaktive Animationen mit Lingo

Bislang haben Sie im Fenster **Regie** den zeitlichen Ablauf der Animation definiert. Der steuernde Eingriff ins Animationsgeschehen war nicht möglich (vom Beenden der Animation einmal abgesehen). In dieser Lektion werden Sie interaktiv.

Die Director-eigene Programmiersprache **Lingo** gestattet es, einem Bild, einer Zelle oder einem Darsteller einen Programmtext zuzuordnen. Mit Lingo-Befehlen können Sie fast alle Eigenschaften, die in der **Regie** definierbar sind, steuern. Objekte lassen sich beispielsweise durch Lingo-Befehle bewegen, in der Farbe verändern oder mit Überblendungen versehen.

Ein Lingo-Programmtext wird "Skript" genannt. Skripts können mit bestimmten Zeitpunkten (Bildern) oder Ereignissen (z.B. Tastatureingaben, Mausklicks) verbunden werden. Im folgenden einfachen Beispiel werden Sie zuerst eine Start-Schaltfläche realisieren. Erst nach einem Klick dorthin startet die eigentliche Animation. Mit zwei weiteren Schaltflächen kann sich der Anwender über den Autor des Beispiels informieren oder die Animation durch Mausklick beenden.

Die drei Schaltflächen zur Steuerung der Animation

Im zweiten Teil werden die Schaltflächen durch Befehle in einem Menü ersetzt. Lingo ermöglicht die Erzeugung eigener PullDown-Menüs einschließlich der Macintosh-typischen Befehlstastenkombinationen in der Menüleiste.

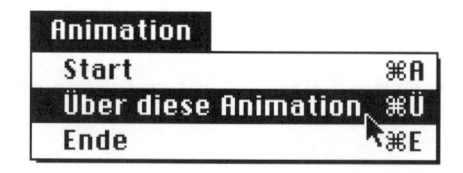

Die PullDown-Menü-Befehle zur Steuerung der Animation

Mit diesen Beispielen wird der Funktionsumfang von Lingo nur angedeutet. Im Kapitel **Interaktive Animationen mit Lingo** und der daran anschließenden Referenz finden Sie viele weitere Möglichkeiten dieser leistungsfähigen Programmiersprache.

Zur Start-Schaltfläche

Erst ein Klick auf diese Schaltfläche soll zum Hauptteil der Animation führen. Dazu werden eine Schleife am Programmanfang und ein Sprungbefehl, der aus der Programmschleife herausführt, benötigt. Dieser Sprungbefehl wird nur bei Klick auf die Schaltfläche ausgeführt.

Die Programmschleife, in der auf einen Mausklick auf die Schaltfläche Start gewartet wird, realisieren Sie als **Regie-Skript**. Hier kann z.B. im Bild 3 ein Befehl der Art "Gehe Zu Bild 1" gespeichert werden, und die Schleife ist fertig. Innerhalb der Schleife wird die Start-Schaltfläche angezeigt und auf einen Klick darauf gewartet.

Ein sogenanntes **Darsteller-Skript** wird nur bei Klick auf den Darsteller ausgeführt, sonst wird der im Darsteller-Skript gespeicherte Programmtext ignoriert. Die Start-Schaltfläche erhält ein Darsteller-Skript mit der Anweisung "Gehe zu Bild 4". Damit wird bei einem Mausklick auf die Schaltfläche die Programmschleife in den Bildern 1 bis 3 verlassen.

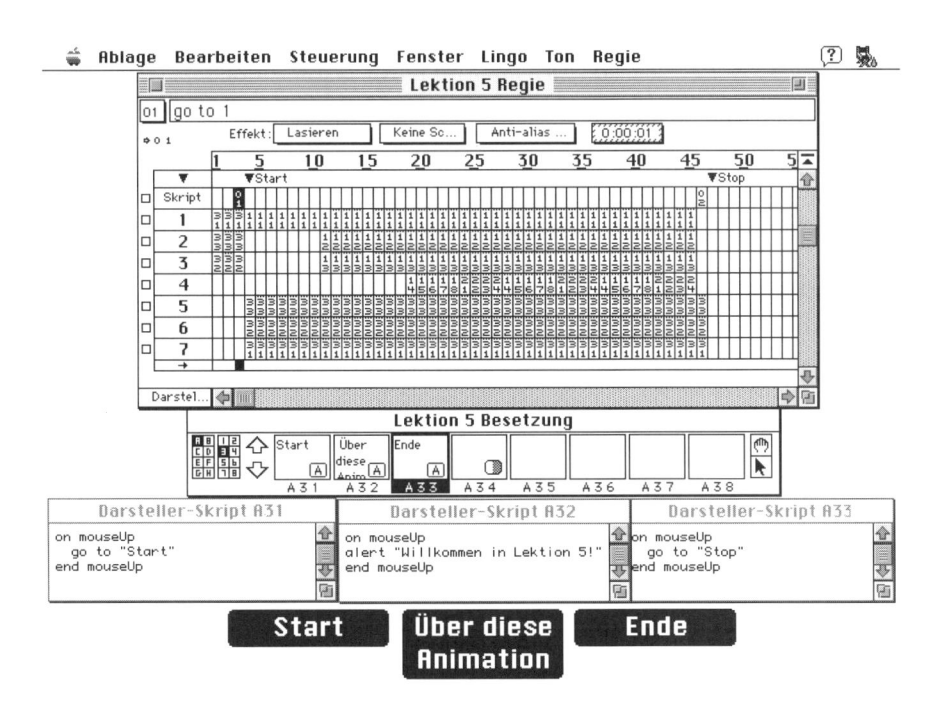

Die Schaltflächen und ihre Darsteller-Skripts

Im ersten Teil verwenden Sie nur einen einzigen Lingo-Befehl, den Befehl **go to**. Die Programmiersprache Lingo ist auch in der deutschen Programmversion noch englisch. Das ist auch gut so. Bleiben Ihnen doch viele eigenartige Wortschöpfungen erspart, die letztendlich schwerer verständlich sind als das Original. Und wer sollte schließlich die vielen schon bestehenden Lingo-Programmtexte ins Deutsche übertragen? Der Abschnitt **Interaktive Animationen mit Lingo** enthält eine Gegenüberstellung der englischen und deutschen Begriffe.

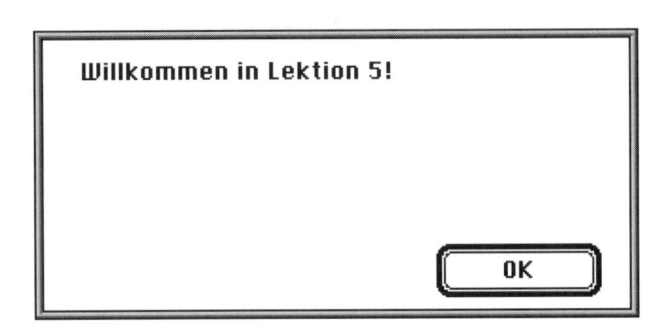

Eine Textausgabe mit dem Lingo-Befehl **alert**

Zur Autoreninformation
Hier verwenden Sie die Funktion **alert**, um z.B. Ihren Namen als Autoreninfo in einer Macintosh-Dialogbox anzuzeigen.

Zur Ende-Schaltfläche
Ihre Animation soll sich durch Klick auf eine Schaltfläche beenden lassen. Sie verwenden dazu ein **Darsteller-Skript**, das den Abspielkopf in das letzte Bild der Animation setzt.

Die Schleife am Programmanfang

- Stellen Sie sich zuerst mit dem Menü **Fenster** den Bildschirm in Abbildung 87 auf der nächsten Seite zusammen.

Für die Schleife am Anfang der Animation werden zunächst drei leere Bilder benötigt.

- Wählen Sie im Fenster **Regie** das Bild 1 im Kanal 1 aus.
- Fügen Sie ein neues Bild ein, indem Sie den Befehl **Bild duplizieren** im Menü **Bearbeiten** verwenden.
- Wiederholen Sie diesen Befehl noch zweimal.

Der Befehl **Bild duplizieren** verschiebt alle rechts stehenden Bilder um jeweils eine Position.

Lektion 5: Interaktive Animationen mit Lingo

- Löschen Sie die Bilder 1 bis 3, indem Sie die Zellen markieren und die Rücktaste betätigen.

In den entstandenen drei leeren Bildern wird die Start-Schaltfläche angezeigt.

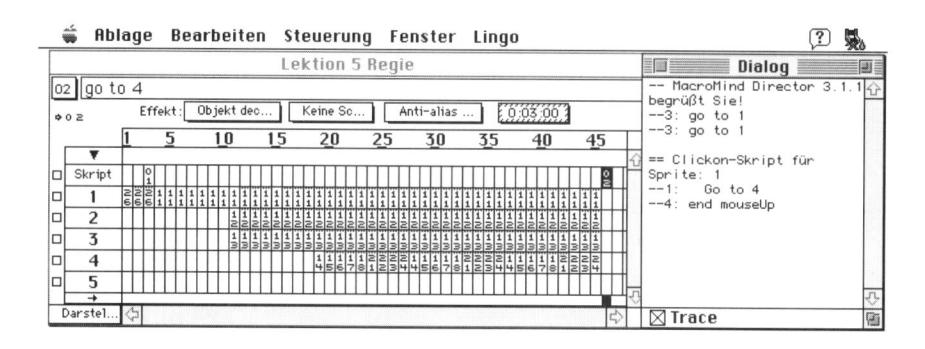

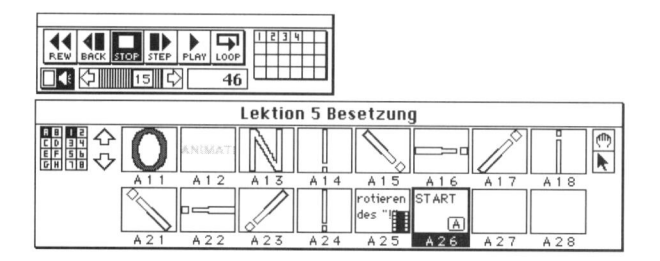

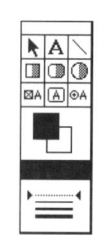

Der Arbeitsbildschirm

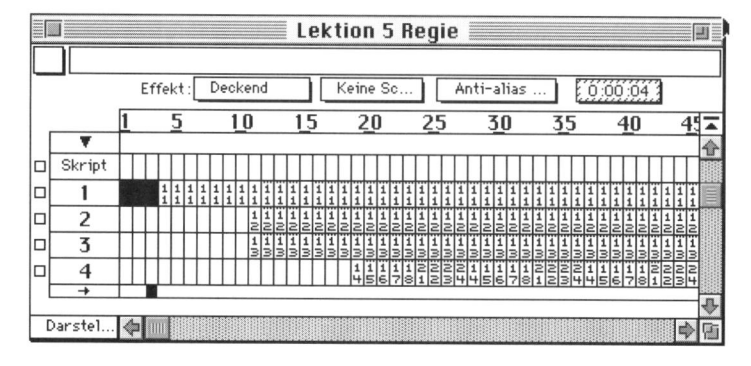

Drei leere Bilder für die Programmschleife am Anfang

79

Das Studio in fünf Lektionen

Die Start-Schaltfläche wird mit dem Fenster **Werkzeug** gezeichnet.
- Setzen Sie den Abspielkopf wieder in das Bild 1.
- Öffnen Sie das Fenster **Werkzeug** mit dem Menü **Fenster** oder der Tastenkombination Befehlstaste + 7.
- Klicken Sie das Schaltflächen-Werkzeug an.

Das Schaltflächenwerkzeug im Fenster **Werkzeug**

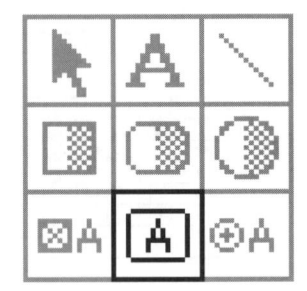

- Der Mauscursor wird zum Fadenkreuz mit einer **OK**-Schaltfläche.
- Ziehen Sie auf der Bühne einen Rahmen auf, um die Schaltfläche zu positionieren und gleichzeitig die Breite der Schaltfläche einzustellen.

Das Schaltflächenwerkzeug

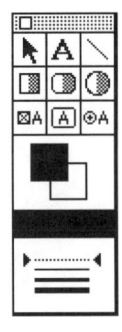

Im Schaltflächenrahmen erscheint ein Textcursor.
- Geben Sie den Schaltflächentext **Start** ein.

Sobald Sie einen Darsteller direkt auf der Bühne erzeugen oder aus der Besetzung auf die Bühne ziehen, aktivieren Sie die bildweise Aufzeichnung. In diesem Modus wird der Inhalt des aktuellen Bilds in das nächste Bild kopiert, wenn die Taste **Step** im Steuerpult betätigt wird. Dieser Modus wird im Steuerpult durch ein Aufzeichnungssymbol angezeigt (Abbildung 91).
- Klicken Sie zweimal auf **Step**, um die Bilder 2 und 3 mit dem Darsteller A26 zu füllen.

80

Lektion 5: Interaktive Animationen mit Lingo

Nachträglich können Sie die bildweise Aufnahme ein- und wieder ausschalten, indem Sie mit gedrückter Wahltaste in das Kanalanzeigefeld des Steuerpults oder direkt auf den Darsteller auf der Bühne klicken. Beendet wird die Aufnahme auch durch Klick auf **Rewind** oder auf ein anderes Bild der Regie.

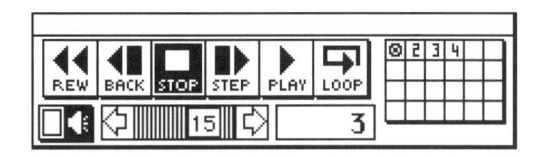

Die Aufzeichnungsanzeige für Kanal 1 im Steuerpult

Die Breite der Schaltfläche können Sie durch Anklicken und Ziehen an dem Anfasser auf der rechten Rahmenseite einstellen.

Die Eigenschaften des Textes können im Menü **Text** eingestellt werden. Die Farbe der Schaltfläche verändern Sie durch Auswahl einer Hintergrundfarbe im Fenster **Werkzeug**.

- Klicken Sie dazu auf die Hintergrundfarbe, und halten Sie die Maustaste gedrückt. Ziehen Sie den Mauscursor auf die gewünschte Farbe.

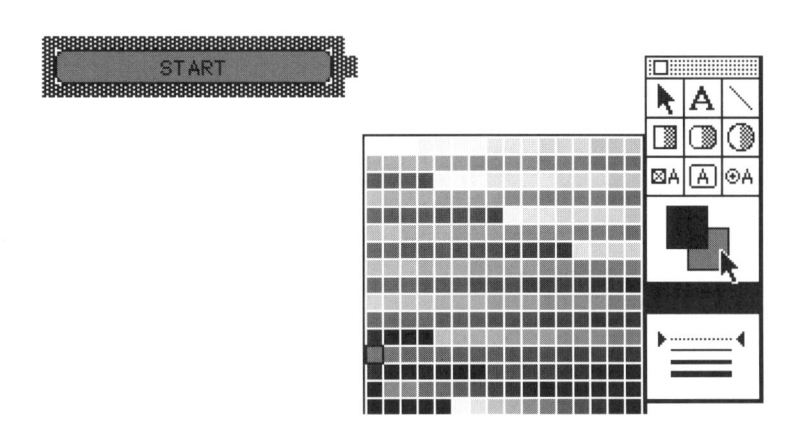

Änderung der Schaltflächenfarbe

Die Farbe des Schaltflächentextes richtet sich nach der eingestellten Vordergrundfarbe. Um dem Text eine andere Farbe zu geben, markieren Sie ihn zuerst und wählen dann im Fenster **Werkzeug** eine Vordergrundfarbe aus.

Das Studio in fünf Lektionen

Die Bühnenposition der Schaltfläche ändern Sie nachträglich durch Anklicken und Ziehen am Rahmen der Schaltfläche. Markieren Sie vor dem Verschieben die drei Zellen der Schaltfläche in der **Regie,** um die Änderung der Position nicht wiederholen zu müssen.

Die Start-Schaltfläche wird in den ersten drei Bildern der Animation angezeigt.

Die Programmschleife
Im Bild 3 muß ein Sprung zurück zum Bild 1 erfolgen, um die Programmschleife zu realisieren. Dieser Sprung wird mit einem **Regie-Skript** im Bild 3 erreicht.

- Markieren Sie die Skript-Kanal Zelle in Bild 3.
- Klicken Sie in das Textfeld unterhalb der Regie-Titelleiste. Das **Regie-Skript 00** wird geöffnet.

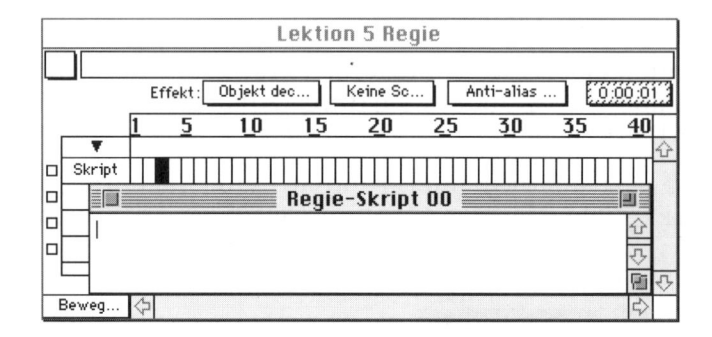

Das Regie-Skript für Bild 3

- Aktivieren Sie das Menü **Lingo,** und wählen Sie aus dem Submenü **Befehle A-O** den Befehl **go to** aus.

Der Befehl wird automatisch in das **Regie-Skript** übertragen. Der erforderliche Parameter **bildName** wird markiert.

Lektion 5: Interaktive Animationen mit Lingo

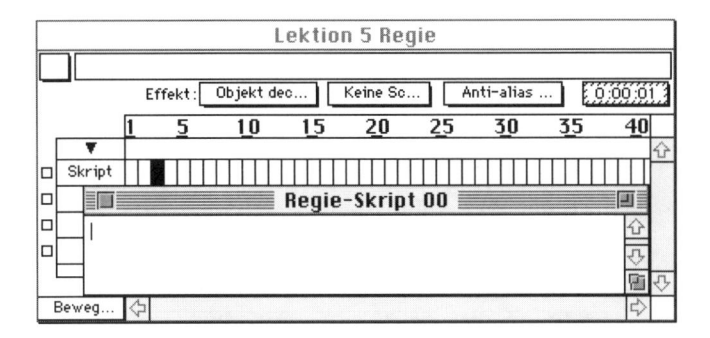

*Das Menü **Lingo** fügt auch die Befehlsparameter ein.*

- Überschreiben Sie die Markierung **bildName** mit der Ziffer **1**.
- Ein Klick auf die Schließfläche des Textfensters speichert das **Regie-Skript**.

Die erste (und einzige) Zeile des Skripts erscheint im Textfeld. Das Skript-PopUp-Menü links neben dem Textfeld enthält die Skriptnummer 01. Der Befehl **go to 1** wird immer ausgeführt, wenn der Abspielkopf das Bild 3 erreicht.

- Schalten Sie im Menü **Steuerung** die Option **Skripten beachten** ein. Andernfalls ignoriert das Studio bestehende Lingo-Skripts.
- Lassen Sie das Fenster **Regie** geöffnet, und starten Sie die Animation durch Klick auf **Play** oder mit der Tastenkombination Befehlstaste + A.

Im Fenster **Regie** läßt sich die Funktion der Schleife an der Bewegung des Abspielkopfs gut beobachten. Die Start-Schaltfläche wird zwar in den Bildern 1 bis 3 angezeigt, aber ein Klick darauf bewirkt noch nichts. Um Mausklicks auf die Schaltfläche auswerten zu können, wird ein Darsteller-Skript benötigt.

- Stoppen Sie die Animation mit der Tastenkombination Befehlstaste + W.
- Um das Darsteller-Skript zu öffnen, markieren Sie den Darsteller A26 im Fenster **Besetzung**.
- Wählen Sie den Befehl **Darstellerinfo** im Menü **Darsteller**.

Das Studio in fünf Lektionen

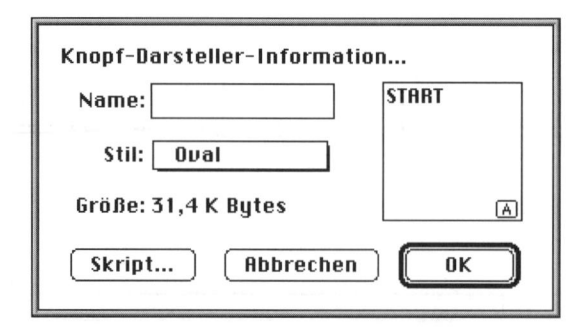

*Die Dialogbox des Befehls **Darstellerinfo***

- Klicken Sie hier auf die Schaltfläche **Skript**. Das Fenster des **Darsteller-Skripts** erscheint.

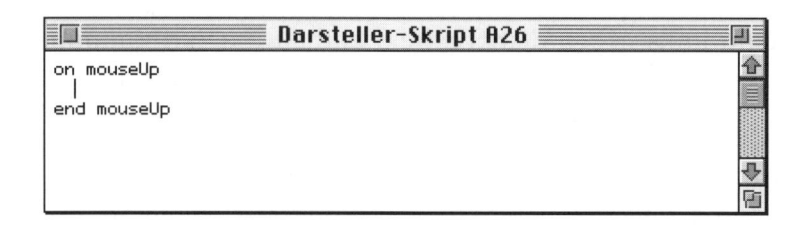

Das fast leere Darsteller-Skript für Darsteller A26

Zwischen den beiden Markierungen **on mouseUp** und **end mouseUp** werden die Lingo-Befehle gespeichert, die bei Mausklick auf den Darsteller ausgeführt werden sollen. Auch hier können Lingo-Befehle entweder eingegeben oder über das Menü **Lingo** eingefügt werden.

- Geben Sie hier **go to 4** ein. Lingo unterscheidet nicht zwischen Groß- und Kleinschreibung und ignoriert überschüssige Leerzeichen.

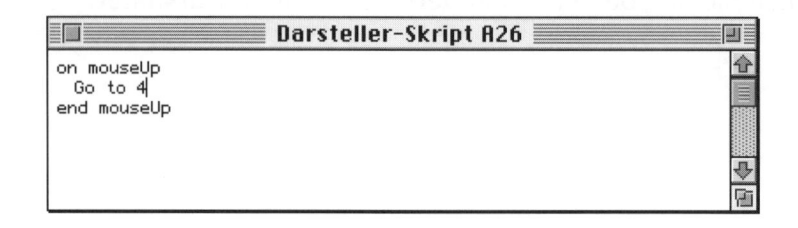

Das fertige Darsteller-Skript für Darsteller A26

Lektion 5: Interaktive Animationen mit Lingo

- Schließen Sie das Darsteller-Skript.
- Lassen Sie das Fenster **Regie** geöffnet, und starten Sie die Animation.
- Bei einem Klick auf Start springt der Abspielkopf jetzt in das Bild 4, und die Animation durchläuft die Bilder 4 bis 46.

Um vom letzten Bild zum Bild 4 zurückzukehren, wählen Sie im Bild 46 die Zelle des Skriptkanals aus.

- Öffnen Sie das Textfeld durch einen Klick unter die Titelleiste des Fensters **Regie**.
- Fügen Sie den Befehl **go to 4** ein, und schließen Sie das **Regie-Skript**.

Die Skriptnummer und die erste Skriptzeile erscheinen wieder unterhalb der Titelleiste.

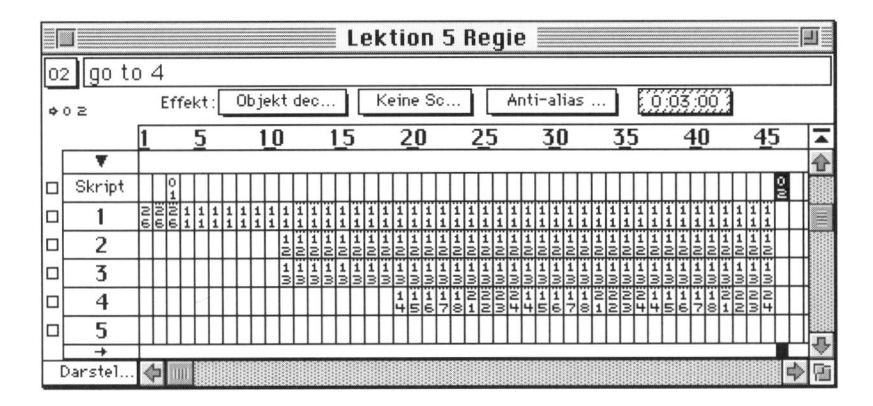

Das Regie-Skript 02 in Bild 46

- Öffnen Sie vor dem Start der Animation das Fenster **Dialog**. Verwenden Sie dazu das Menü **Fenster** oder die Tastenkombination Befehlstaste + M.
- Schalten Sie im Fenster **Dialog** die Option **Trace** ein, um die während der Animation ausgeführten Lingo-Befehle zu sehen.
- Klicken Sie auf **Play** oder starten durch die Tastenkombination Befehlstaste + A.

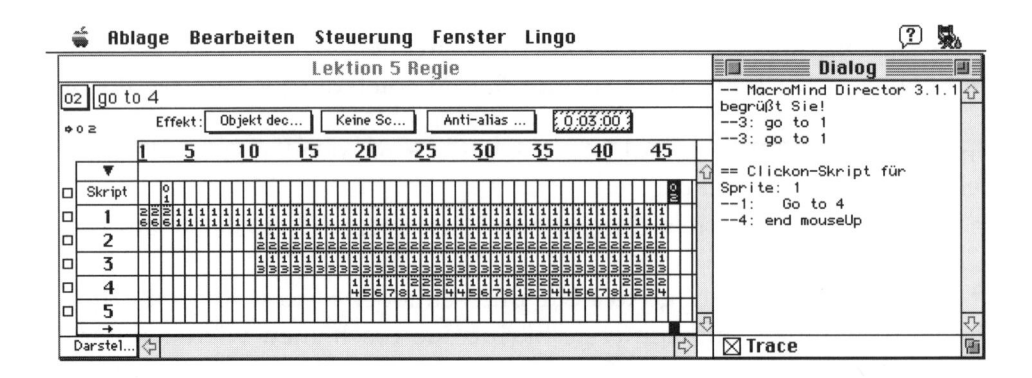

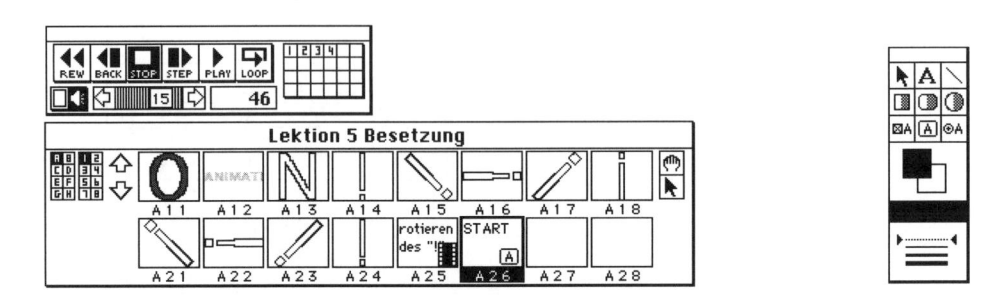

Das Studio in fünf Lektionen

Das Dialog-Fenster zeigt die ausgeführten Lingo-Befehle an

Der Abspielkopf springt von Bild 46 in das Bild 4 zurück. Die Animation läuft in einer Endlosschleife. Jeder Lingo-Befehl wird bei seiner Ausführung im Fenster **Dialog** angezeigt.

- Klicken Sie auf **Stop** im **Steuerpult,** oder geben Sie die Tastenkombination Befehlstaste + W ein.

Die Ende-Schaltfläche

Es fehlt noch eine Schaltfläche, die das Beenden der Animation per Mausklick ermöglicht.

- Wählen Sie zuerst im Fenster **Regie** das Bild 4 im Kanal 5 aus.
- Öffnen Sie wieder das **Werkzeug**-Fenster, und klicken Sie das Schaltflächenwerkzeug an.
- Ziehen Sie auf der **Bühne** einen Schaltflächenrahmen auf.
- Geben Sie den Text **Ende** ein.
- Schließen Sie das Fenster **Werkzeug**.

Lektion 5: Interaktive Animationen mit Lingo

Die Ende-Schaltfläche erscheint als Darsteller A27 im Fenster **Besetzung** und im Fenster **Regie** in Bild 4 von Kanal 5.

- Markieren Sie im Kanal 5 die Bilder 4 bis 46.
- Wählen Sie den Befehl **Linear füllen** im Menü **Regie** oder die Tastenkombination Befehlstaste + G.

Die Ende-Schaltfläche wird jetzt während der Bilder 4 bis 46 angezeigt.

- Um nachträglich die Position der Ende-Schaltfläche zu verändern, markieren Sie den gesamten Kanal 5 und ziehen den Rahmen der Schaltfläche an die neue Position.

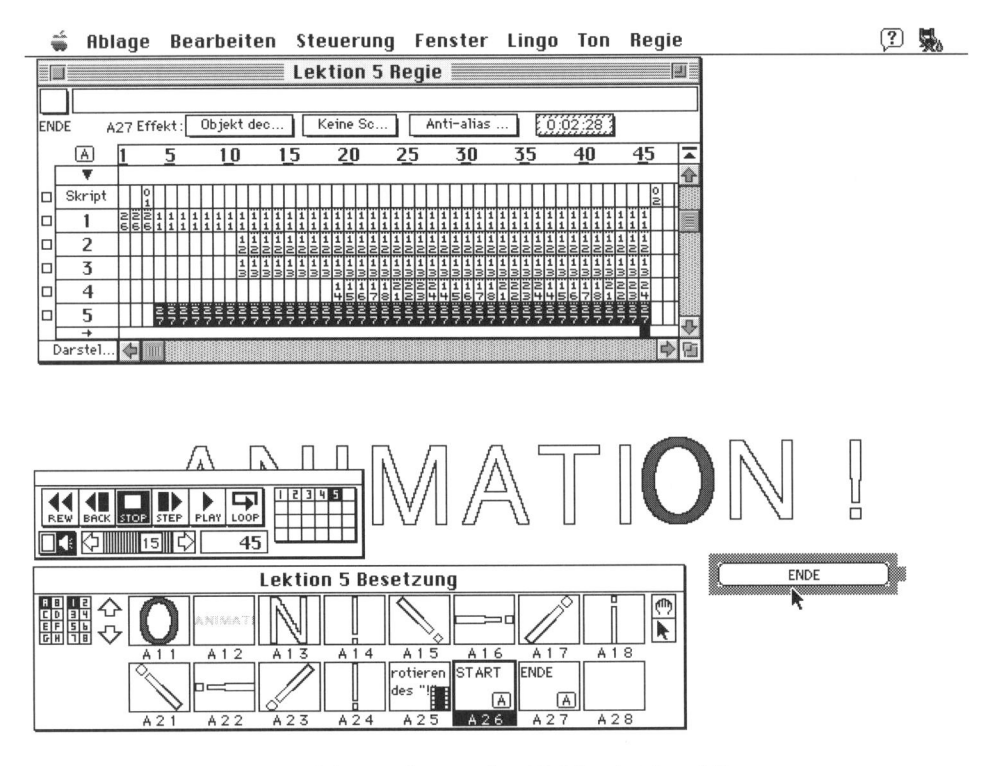

Positionsänderung der Objekte in Kanal 5

Um die Animation per Lingo-Befehl zu beenden, genügt ein Sprung in das Bild 47, das erste Bild außerhalb der zweiten Programmschleife. Dieser Befehl wird im **Darsteller-Skript** der Ende-Schaltfläche gespeichert.

- Um das **Darsteller-Skript** der Ende-Schaltfläche ohne den Befehl **Darstellerinfo** zu öffnen, halten Sie beim Klick auf den Darsteller A27 die Befehls- und Wahltaste gedrückt.

- Tragen Sie zwischen den Marken **on mouseUp** und **end mouseUp** den Befehl **go to 47** ein.
- Schließen Sie das **Darsteller-Skript**.
- Probieren Sie die Funktion der Ende-Schaltfläche aus.

Die Schaltflächen **Start** und **Ende** funktionieren jetzt und ermöglichen dem Anwender die Steuerung der Animation. Die verwendeten Befehle **go to 4** bzw. **go to 47** haben allerdings einen Nachteil. Wenn Sie beispielsweise ein Bild im Fenster **Regie** hinzufügen, wird aus dem Bild 46 das Bild 47. Ein Sprung mit dem Befehl **go to 47** verläßt dann nicht mehr die Programmschleife. Sie müßten das Skript des Darstellers A27 aktualisieren und dort **go to 48** speichern. Doch es geht einfacher. Verwenden Sie statt fester Bildnummern als Sprungziele sogenannte Marken. Versehen Sie z.B. Bild 47 mit der Marke **Stop**.

- Um **Stop** als Marke zu definieren, ziehen Sie im Fenster **Regie** das Markensymbol nach rechts in das Bild 47. Das Markensymbol ist das schwarze Dreieck links neben den Bildnummern.

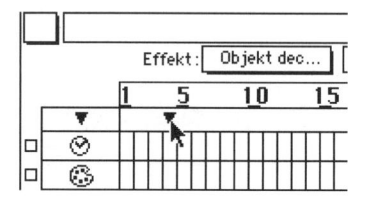

*Das Sprungmarkensymbol im Fenster **Regie***

*Im Bild 47 eingefügte Marke **Stop***

- Geben Sie den Namen **Stop** ein.

Lektion 5: Interaktive Animationen mit Lingo

- Ersetzen Sie im Skript des Darstellers A27 die Bildnummer **47** durch den Markennamen **"Stop"**. Die Anführungszeichen müssen hier mit eingegeben werden.

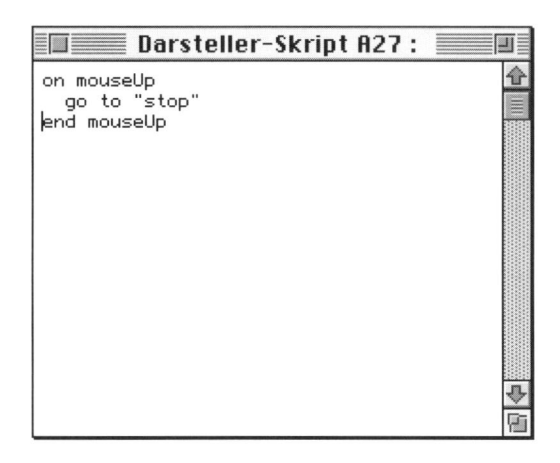

```
Darsteller-Skript A27 :
on mouseUp
  go to "stop"
end mouseUp
```

Aktualisiertes Darsteller-Skript für den Darsteller A27

Marken haben den entscheidenden Vorteil, daß sie beim Löschen und Einfügen von Bildern mit den anderen Zellinhalten verschoben werden, so daß eine Aktualisierung der Skripts entfällt.

Die Autoreninfo und die Schaltfläche "Über diese Animation"
Beim Klick auf diese Schaltfläche soll beispielsweise das Datum und Ihr Name als Autoreninformation in einer Macintosh-Dialogbox erscheinen. Zum Aufrufen der Dialogbox dient der Lingo-Befehl **alert**. Die Dialogbox erscheint mit dem Warnton des Systems und muß mit **OK** bestätigt werden. Probieren Sie **alert** vorab schon einmal aus.

- Öffnen Sie das Fenster **Dialog** über das Menü **Fenster** oder mit der Tastenkombination Befehlstaste + M.
- Tippen Sie **alert** gefolgt vom auszugebenden Text in Anführungszeichen ein, oder nutzen Sie das Menü **Lingo** und das Submenü **Befehle A-O**.

Bei Druck auf die Eingabetaste wird **alert** ausgeführt.
Die Dialogbox soll während der Animation bei Klick auf die Schaltfläche **Über diese Animation** erscheinen.

- Klicken Sie im Fenster **Regie** in das Bild 4 von Kanal 6.
- Aktivieren Sie das Schaltflächenwerkzeug im Fenster **Werkzeug**.
- Ziehen Sie auf der **Bühne** wieder einen Schaltflächenrahmen auf.

Das Studio in fünf Lektionen

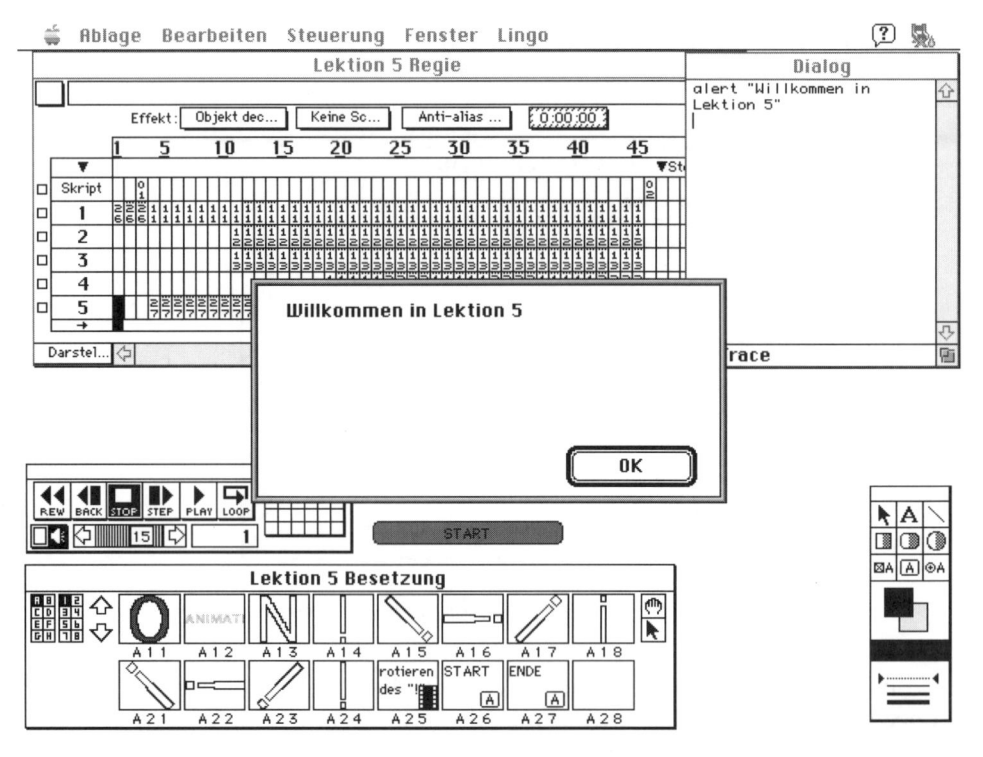

*Die Ausgabe des Lingo-Befehls **alert***

- Geben Sie den Schaltflächentext **Über diese Animation** ein.
- Ein Klick neben die Schaltfläche beendet die Eingabe.

Beachten Sie, daß Sie damit automatisch einen neuen Darsteller A28 im Fenster **Besetzung** und einen Eintrag im aktuellen Bild in **Regie** erzeugen.

- Klicken Sie den Darsteller A28 mit gedrückter Steuerungs- und Wahltaste an, um das **Darsteller-Skript** zu öffnen.

Der Textcursor befindet sich jetzt bereits in der Zeile nach der Markierung **on mouseUp**.

- Fügen Sie **alert** aus dem Submenü **Befehle A-O** des Menüs **Lingo** ein.
- Überschreiben Sie die Markierung **nachricht**, mit dem Text, den Sie ausgeben wollen, und schließen Sie das **Darsteller-Skript**.
- Um das Ausblenden der Schaltflächen im Bild 46 zu verhindern, markieren Sie die Kanäle 5 und 6 der Bilder 45 und 46.
- Geben Sie die Tastenkombination Befehlstaste + G ein, um linear zu füllen.

Spielen Sie die Animation ab.

Installation eines PullDown-Menüs

Im folgenden werden die drei Schaltflächen **Start**, **Ende** und **Über diese Animation** durch entsprechende Befehle in einem PullDown-Menü ersetzt.

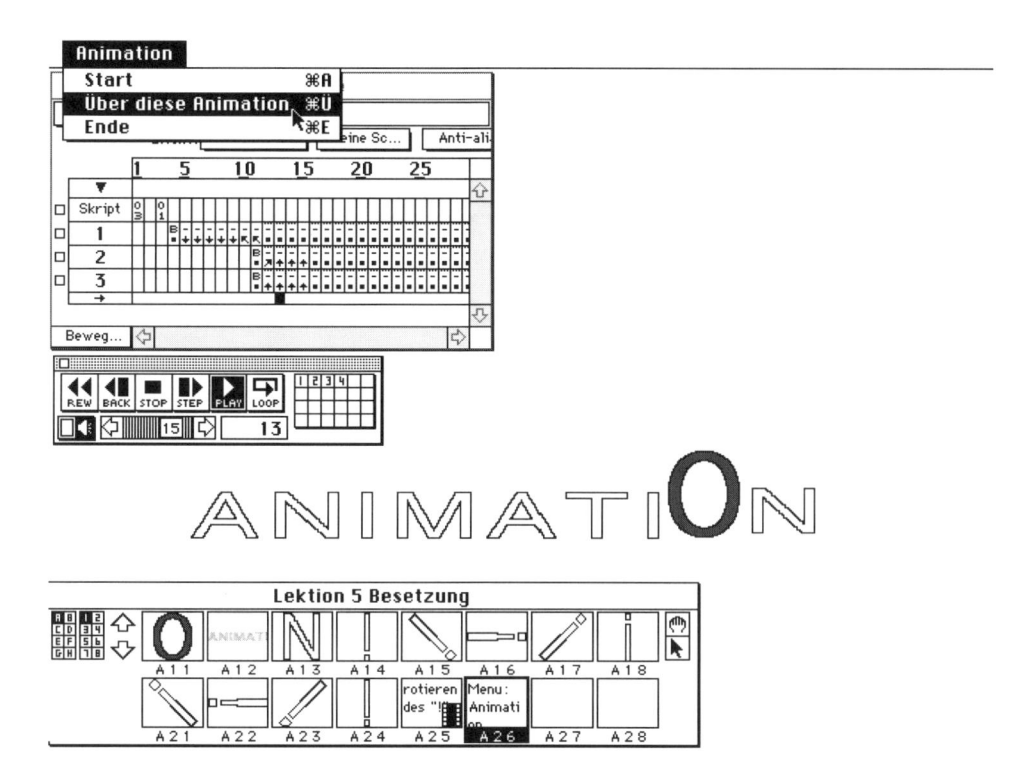

Die Steuerung der Animation erfolgt über das PullDown-Menü

Der Befehl **installMenu** ermöglicht Ihnen, während einer Animation eigene PullDown-Menüs und Befehlstastenkombinationen in die Menüleiste aufzunehmen. Als Parameter muß eine Text-Darstellerbezeichnung angegeben werden (z.B. **installMenu A26**). Der Text-Darsteller enthält die eigentliche Definition des PullDown-Menüs.

Entfernen Sie zuerst die nicht mehr benötigten Schaltflächen **Start**, **Ende** und **Über diese Animation**.

- Markieren Sie dazu die Kanäle 5 und 6 in **Regie,** und betätigen Sie die Rücktaste.
- Markieren und löschen Sie im Kanal 1 die Bilder 1 bis 3.
- Markieren Sie im Fenster **Besetzung** die Darsteller A26, A27 und A28.
- Wählen Sie **Darsteller löschen** Sie diese mit dem gleichnamigen Befehl im Bearbeiten.

Speichern Sie den Befehl **installMenu** im **Regie-Skript** von Bild 1.
- Klicken Sie dazu im Bild 1 in den Skriptkanal und danach in die Textfläche unterhalb der Titelleiste.
- Wählen Sie aus dem Submenü **Befehle A-O** des Menüs **Lingo** den Befehl **installMenu** aus.
- Überschreiben Sie die Markierung **darstNum** mit der Darstellerbezeichnung **A26**.

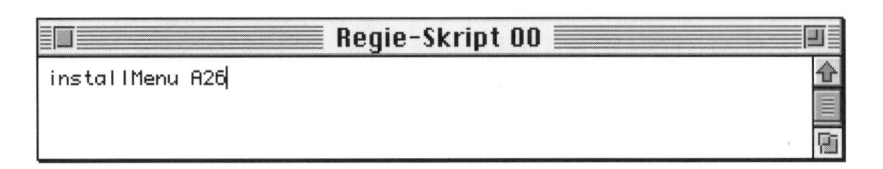

```
Regie-Skript 00
installMenu A26
```

Das Regie-Skript für Bild 1

- Schließen Sie das Regie-Skript.

Speichern Sie die Menü-Definition im Text-Darsteller A26.
- Öffnen Sie dazu das Fenster **Text** durch die Tastenkombination Befehlstaste + 6 oder über das Menü **Fenster**.
- Klicken Sie in das leere Textfeld für Darsteller A26.
- Geben Sie die Menü-Definition entsprechend der folgenden Abbildung ein. Schließen Sie die einzelnen Zeilen mit der Eingabetaste ab. Das Sonderzeichen zwischen dem Menüeintrag und dem auszuführenden Befehl erhalten Sie durch die Tastenkombination Wahltaste + X.

Beachten Sie, daß zwischen dem Wort **menu** und dem Doppelpunkt keine Leerzeichen stehen dürfen, da sonst das Menü nicht in der Menüleiste erscheint.

Die Zeichen nach dem Schrägstrich installieren jewuils eine Befehlstastenkombination. Der Befehl **Start** läßt sich dadurch z.B. auch mit der Tastenkombination Befehlstaste + A eingeben (Abbildung 108).

- Schließen Sie das Fenster Text.
- Schalten Sie zur **Bühne** um, und starten Sie die Animation.

Jetzt ist eine Steuerung der Animation mit dem PullDown-Menü oder dessen Kurzbefehlen (Befehlstaste + A, Ü oder E) möglich.

Lektion 5: Interaktive Animationen mit Lingo

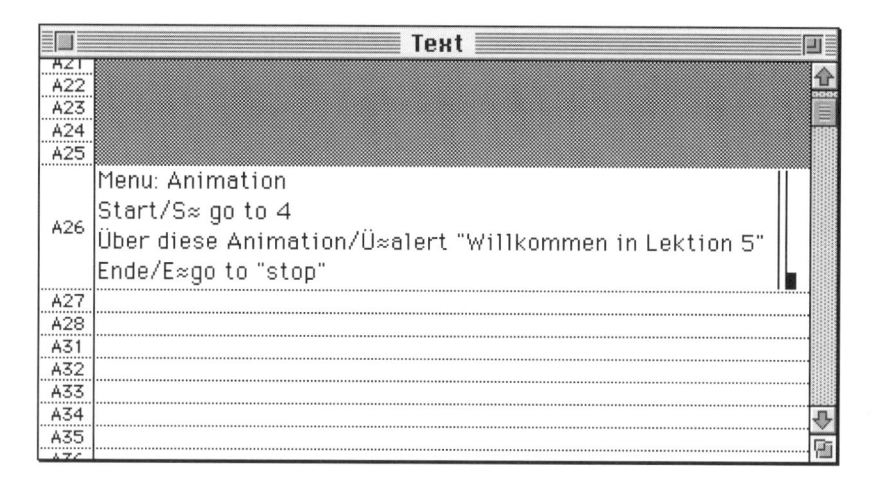

```
                         Text
A21
A22
A23
A24
A25
        Menu: Animation
        Start/S≈ go to 4
A26     Über diese Animation/Ü≈alert "Willkommen in Lektion 5"
        Ende/E≈go to "stop"
A27
A28
A31
A32
A33
A34
A35
```

Der Text-Darsteller A26 definiert das PullDown-Menü

Das Studio in der Anwendung

Dieses Kapitel zeigt die Vielzahl weiterer Möglichkeiten des Programmteils Studio. Auch der Anwendungsteil ist zum Lesen und Ausprobieren gedacht. Die grundlegenden Techniken und wichtigsten Fenster haben Sie in den Lektionen des vorangegangenen Kapitels bereits kennengelernt. In diesem Kapitel stehen die Arbeit mit den einzelnen Fenstern und die Animationstechniken im Vordergrund. Doch zunächst ein wenig Theorie.

Von der Idee zur Animation

Die Umsetzung eigener Ideen in Animationen ist neben dem Anschauen fertiger Studio-Filme sicher der beste Weg, alle Möglichkeiten des Studios kennenzulernen. Die folgenden Hinweise sollen Ihnen bei der Entwicklung eigener Animationen helfen. Die Multimedia-Produktion kann in die Abschnitte Konzeption, Layout- und Medienproduktion und Programmierung eingeteilt werden. Der Einfluß dieser Systematik auf die Qualität und Effizienz wird häufig unterschätzt.

Nehmen Sie sich Zeit für den Entwurf, und beginnen Sie mit der Beschreibung Ihrer Animation auf dem Papier. Skizzieren Sie wichtige Bühnenbilder, und beschreiben Sie den zeitlichen und logischen Ablauf in Notizform oder als Pro-grammablaufplan. Gerade interaktive Animationen erfordern sorgfältige Planung und Dokumentation, da hier die Animation nicht linear vom ersten bis zum letzten Bild ausgeführt wird, sondern Sprünge in andere Bilder oder Filme erfolgen. Oft ist auch die Ansteuerung externer Hardware oder die Protokollierung der Aktivitäten des Anwenders erforderlich.

Berücksichtigen Sie von Anfang an, auf welchem Datenträger (Diskette, CD-ROM, usw.) Ihre Animation letztendlich gespeichert und veröffentlicht werden soll. Die Speicherkapazität einer Diskette ist bei Verwendung von QuickTime-Filmen oder größeren Grafiken und Sounds kaum ausreichend. Die Speicherausstattung und Rechenleistung der verschiedenen Macintosh-Modelle ist sehr unterschiedlich und muß berücksichtigt werden. Testen Sie Ihre Animation auf dem Macintosh-Modell, auf dem die Animation später laufen soll.

In der oben mit Layout- und Medienproduktion bezeichneten Phase werden die für die einzelnen Bühnenbilder erforderlichen Darsteller erzeugt. Das geschieht je nach Darstellertyp im Studio selbst oder in speziell auf die Aufgabe zugeschnittenen Anwendungen (z.B. Bildbearbeitung, Audio- und Videodigitalisierung, Rendering).

Nach der Fertigstellung oder dem Import der Darsteller in das Studio beginnt die Phase der Programmierung. Es werden zunächst alle benötigten

Bühnenbilder im Fenster **Regie** erzeugt. Der Abschnitt **Die Animationstechniken im Überblick** enthält eine Zusammenfassung der dabei anwendbaren Techniken und Befehle.

Die Programmierung in Lingo setzt das im Konzept festgelegte Verhalten des Systems in Programmtext um. Nur so wird Interaktivität möglich. Die bei Mausklick, bei Texteingaben oder zu bestimmten Zeiten ausgeführten Lingo-Skripts entscheiden, wann welches Bühnenbild gezeigt wird, oder gestatten dem Anwender auch, Teile des Bühnenbilds zu manipulieren. Der Abschnitt **Interaktive Animationen mit Lingo** ist der Schwerpunkt.

Das Fenster Malen in der Anwendung

Im Fenster **Malen** finden Sie das integrierte Grafikprogramm des Studios. Sie erzeugen hier neue Bitmap-Grafiken, bearbeiten importierte Grafiken weiter oder arbeiten mit der **Auto-Transformation**, um automatisch neue Darsteller zu generieren.

Ein Klick auf **Neu** oberhalb der Werkzeugleiste erzeugt einen neuen Grafik-Darsteller in der Besetzung. **Malen** ist dynamisch mit den Arbeitsfenstern **Besetzung** und **Regie** sowie der **Bühne** verbunden. Sobald Sie eine Grafik in der **Besetzung** oder auf der **Bühne** doppelt anklicken, wird sie in **Malen** zur Bearbeitung geöffnet. Ein Doppelklick auf das Darstellerabbild oben links oder die Zelle des Darstellers in **Regie** öffnet den Darsteller ebenfalls im Fenster **Malen**.

Die Darstellerbezeichnung erscheint links oberhalb der Werkzeugleiste. Um einen Darsteller direkt vom Arbeitsblatt auf die **Bühne** zu bringen, ziehen Sie die Dar-stellerbezeichnung aus dem Fenster **Malen** an die gewünschte Bühnenposition.

Beim Schließen des Fensters **Malen** werden die Änderungen am Darsteller automatisch im Fenster **Besetzung** und im Fenster **Regie** gespeichert. Neue Darsteller erzeugen Sie im Fenster **Malen** durch Klick auf **Neu**. Der neue Darsteller erhält automatisch die nächste freie Position im Fenster **Besetzung**. Der Befehl **Auto-Transformation** im Menü **Form** erzeugt automatisch neue Darsteller, indem der Übergang zwischen einem Darstelleroriginal und dem Ergebnis einer Bearbeitung des Darstellers berechnet wird. Der Übergang wird in neuen Darstellern gespeichert, die direkt auf die **Bühne** kopiert werden können.

Nahezu alle Befehle des Menüs **Malen** sind durch Doppelklick auf ein Werkzeug oder durch Tastenkombinationen aktivierbar, was die Arbeit in diesem leistungsfähigen Programmteil erheblich vereinfacht.

Die Malen-Arbeitsblätter

Bei der Arbeit in **Malen** können Sie zwischen der Darstellung eines oder mehrerer Arbeitsblätter umschalten. Wählen Sie dazu **Optionen** im Menü **Malen**. Hier können Sie zwischen einem und mehreren Bildfenstern umschalten.

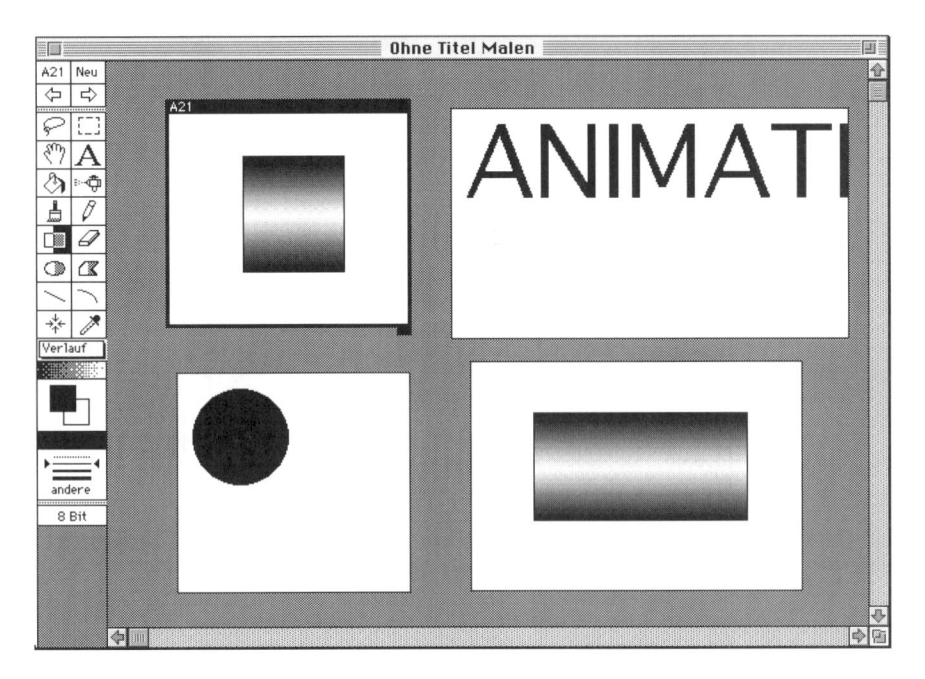

*Das Fenster **Malen** bei der Auswahl **Mehrere Bildrahmen** im Befehl **Option en***

Diese Einstellung ist nur bedingt empfehlenswert, da einige Befehle nicht zuverlässig funktionieren. Das Kopieren eines Bildausschnitts von einem Arbeitsfenster in ein anderes ist beispielsweise nicht immer möglich, funktioniert in der Einstellung **Ein Bildfenster** aber problemlos.

Verwenden Sie diese Einstellung zur Bearbeitung Ihrer Grafik-Darsteller. Durch die bestehenden Arbeitsblätter bzw. Grafik-Darsteller bewegen Sie sich mit Hilfe der Pfeile nach links und rechts unterhalb der Darstellerbezeichnung oder mit den Cursortasten.

Die Lineale im Arbeitsblatt

Als Hilfsmittel lassen sich ein horizontales und ein vertikales Lineal einblenden. Schalten Sie dazu im Menü **Malen** die Option **Lineale einblenden** ein. Durch Klick auf die Maßeinheit im Linealursprung schalten Sie schrittweise zwischen den Einheiten **inch**, **pica**, **Pixel** und **cm** um.

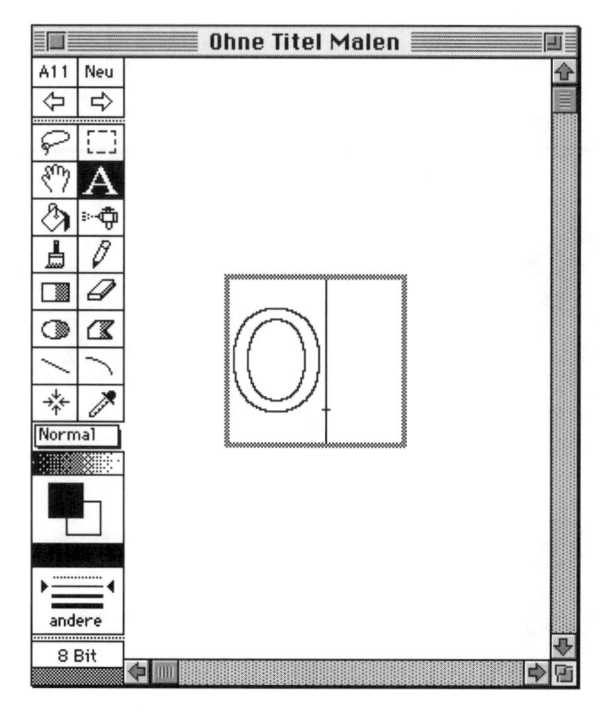

*Das Fenster **Malen** bei der Auswahl **Ein Bildfenster** im Befehl **Optionen***

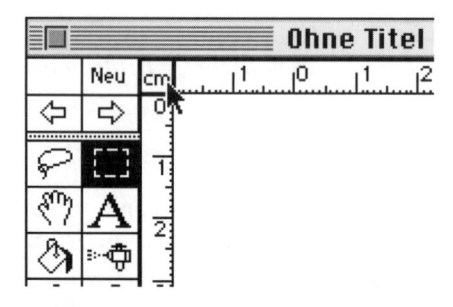

Umschaltung der Maßeinheit durch Klick in den Linealursprung

Um den Nullpunkt der Lineale zu verschieben, klicken Sie auf die Linealfläche, halten die Maustaste gedrückt und ziehen den Nullpunkt an die gewünschte Position. Beim Bearbeiten großer Hintergrundgrafiken kann die Werkzeugpalette mit dem Befehl **Werkzeugpalette ausblenden** im Menü **Malen** ausgeschaltet werden.

Der Vergrößerungsmodus

Der Vergrößerungsmodus läßt sich im Menü **Malen** aktivieren. Das schrittweise **Vergrößern** (um die Faktoren 2, 4 und 8) und das **Verkleinern** (auf Original-größe) der Ansicht des Arbeitsblattes läßt sich auch mit den Tastenkombinationen Befehlstaste + = bzw. Befehlstaste + - (Gleichheitszeichen und Minus auf dem numerischen Block) aktivieren.

In den Vergrößerungsmodus gelangen Sie auch mit der Befehlstaste. Unabhängig vom gerade aktiven Werkzeug führt das Drücken der Befehlstaste zur Umwandlung des Werkzeugcursors in eine Lupe. Klicken Sie den zu vergrößernden Bereich mit gedrückter Befehlstaste an. Das Loslassen der Befehlstaste aktiviert wieder das ursprünglich gewählte Werkzeug.

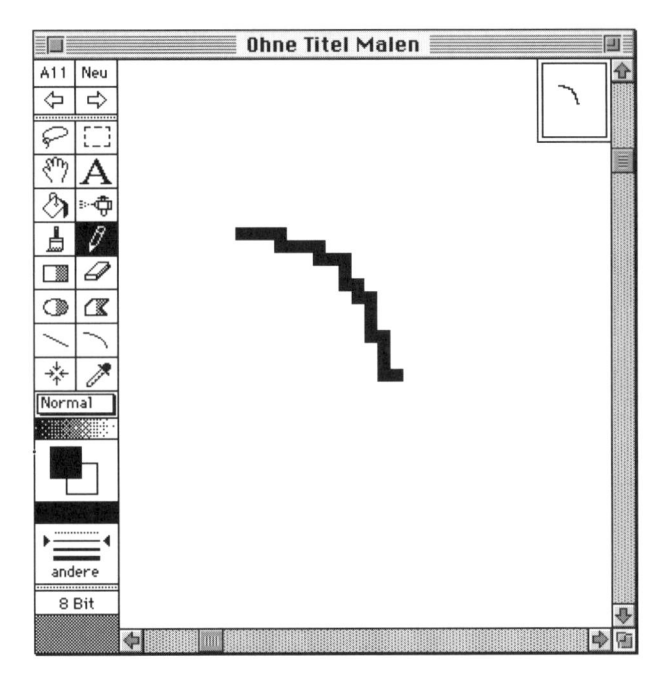

Der Vergrößerungsmodus

Die Originalansicht erscheint in einem Ausschnitt oben rechts im Arbeitsblatt. Ein Klick in diesen Ausschnitt oder ein wiederholtes Klicken mit gedrückter Befehlstaste kehrt zur Originalansicht zurück.

Den Vergrößerungsmodus können Sie auch durch Doppelklick auf den Zeichenstift in der Werkzeugleiste ein- und ausschalten.

Die Auswahlwerkzeuge

Als Auswahlwerkzeuge stehen das Lasso und das Auswahlrechteck zur Verfügung. Das Lasso verwenden Sie als Freihandauswahl zum Umranden unregelmäßiger Bereiche und für die Polygon- oder Vieleckauswahl. Das Auswahlrechteck wählt den bekannten Kasten aus. Eine vorhandene Auswahl, erkennbar am punktierten oder blinkenden Rahmen, läßt sich in beiden Fällen frei verschieben, in die Zwischenablage bringen oder mit den Befehlen des Menüs **Form** bearbeiten.

Halten Sie beim Verschieben der Auswahl die Wahltaste gedrückt, um die Auswahl zu kopieren. Mit der Umschalttaste beschränken Sie beim Verschieben der Auswahl die Bewegung auf eine Richtung.

Um die Auswahl zu skalieren, halten Sie beim Ziehen die Befehlstaste gedrückt. Um Höhe und Breite der Auswahl proportional zu verändern, drücken Sie zusätzlich die Umschalttaste. Die Möglichkeit zum Skalieren besteht nur bei aktivem Auswahlrechteck.

Bei aktiver Freihandauswahl erleichtert das Drücken der Wahltaste die Vieleckauswahl. Legen Sie durch Klick jeweils ein Geradenstück fest. Das Schließen der Auswahl erfolgt durch Doppelklick.

Die Eigenschaften von Lasso und Auswahlrechteck stellen Sie ein, indem Sie die Werkzeuge anklicken und die Maustaste gedrückt halten. Die folgenden PopUp-Menüs erscheinen.

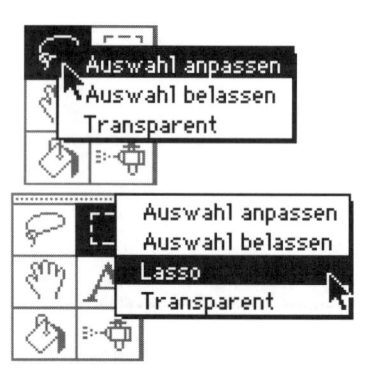

Die PullDown-Menüs von Lasso und Auswahlrechteck

Auswahl anpassen	Die Auswahl wird um den gewählten Bereich gelegt und zieht sich wie ein Lasso zusammen.
Auswahl belassen	Die Auswahl bleibt in der gezeichneten Größe erhalten.
Transparent	Die Auswahl erhält im Fenster **Malen** den Farbeffekt **Transparent**.
Lasso	Bei dieser Einstellung verhält sich die Rechteckauswahl wie das Lasso.

Um den gesamten Inhalt des Arbeitsblattes auszuwählen, klicken Sie doppelt auf das Auswahlrechteck oder wählen den Befehl **Alles auswählen** im Menü **Bearbeiten**.

Die Transformation einer Auswahl im Menü Form

Bei aktivem Lasso oder Auswahlrechteck erscheint das Menü **Form** in der Menüleiste. In der englischen Version hat das Menü den treffenderen Namen Transform. Hier finden Sie leistungsfähige Transformations- oder Umwandlungsbefehle. Sie können z.B. von einer Grafik eine Perspektivansicht erzeugen, und das Programm **Malen** errechnet eine Anzahl von Zwischenwerten, die als neue Darsteller gespeichert werden.

Die Befehle des Menüs **Form** sind an die beiden Auswahlwerkzeuge geknüpft. Bei aktivem Lasso stehen nur die Befehle **Invertieren**, **Füllen**, **Abdunkeln**, **Aufhellen**, **Weichzeichnen** und **Farbe tauschen** zur Verfügung, während bei aktivem Auswahlrechteck alle Befehle mit Ausnahme des Befehls **Füllen** verfügbar sind. Um eine rechteckige Auswahl mit dem Befehl **Füllen** bearbeiten zu können, stellen Sie im PullDown-Menü des Auswahlrechtecks die Auswahl **Lasso** ein.

Die Befehle des Menüs Form

Invertieren	Jeder Bildpunkt der Auswahl erhält seine Komplementärfarbe.
Horizontal kippen	Die Auswahl wird von rechts nach links gespiegelt.
Vertikal kippen	Die Auswahl wird von oben nach unten gespiegelt.
Links drehen	Die Auswahl wird 90 Grad entgegen dem Uhrzeigersinn gedreht.
Rechts drehen	Die Auswahl wird um 90 Grad im Uhrzeigersinn gedreht.
Kontur nachzeichnen	Der Befehl erzeugt einen Umriß (eine Kontur) der Auswahl.
Füllen	Die Auswahl erhält die aktuelle Vordergrundfarbe. Dieser Befehl ist nur verfügbar, wenn mit dem Lasso ausgewählt wurde.
Abdunkeln	Die Helligkeit der Auswahl wird verringert. Die Schrittweite wird mit den **Optionen** im Menü **Malen** eingestellt.
Aufhellen	Die Helligkeit der Auswahl wird erhöht. Die Schrittweite wird mit den **Optionen** im Menü **Malen** eingestellt.
Weichzeichnen	An der Begrenzung der Auswahl werden Pixel mit Zwischenfarbtönen hinzugefügt.
Farbe tauschen	Alle Pixel der Auswahl, die die aktuell eingestellte Vordergrundfarbe besitzen, erhalten die eingestellte Verlaufszielfarbe.

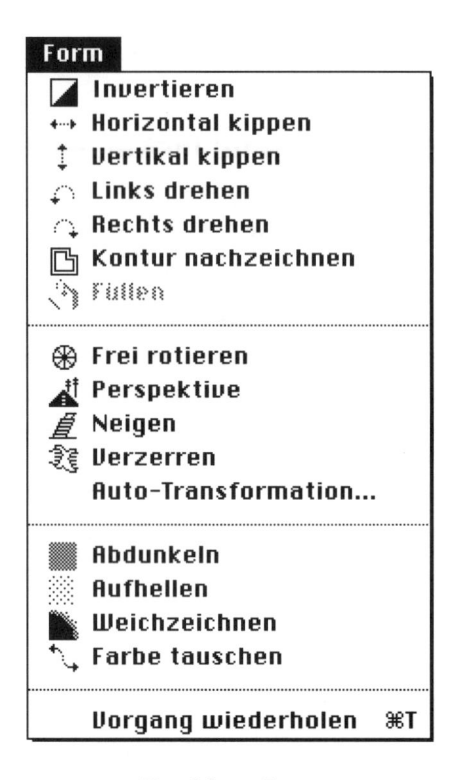

Das Studio in der Anwendung

```
Form
  ▰  Invertieren
  ↔  Horizontal kippen
  ↕  Vertikal kippen
  ↶  Links drehen
  ↷  Rechts drehen
  ▥  Kontur nachzeichnen
  ▨  Füllen
  ─────────────────────────────
  ✹  Frei rotieren
  ▲  Perspektive
  ▰  Neigen
  ▰  Verzerren
     Auto-Transformation...
  ─────────────────────────────
  ▰  Abdunkeln
  ▰  Aufhellen
  ▰  Weichzeichnen
  ↖  Farbe tauschen
  ─────────────────────────────
     Vorgang wiederholen    ⌘T
```

Das Menü **Form**

Der Befehl **Vorgang wiederholen** oder Befehlstaste T führt den letzten Befehl erneut aus.

Die ursprüngliche Grafik und die Wirkung der Befehle
Abdunkeln, Aufhellen, Weichzeichnen

Die Transformationsbefehle

Die Befehle **Frei rotieren**, **Perspektive**, **Neigen**, **Verzerren** im Menü **Form** sind nur bei aktivem Auswahlrechteck verfügbar. Die Wirkung der Befehle zeigen die folgenden Abbildungen:

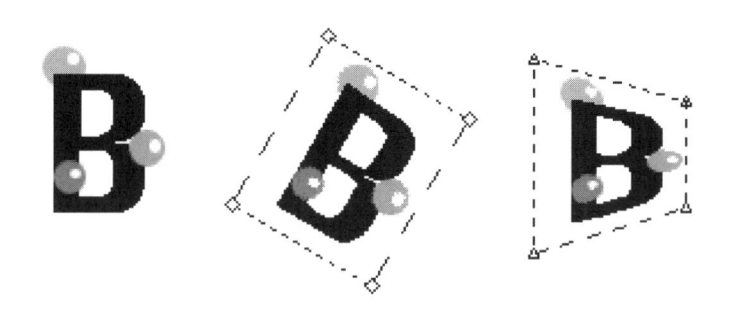

*Original und Wirkung der Befehle **Frei rotieren** und **Perspektive***

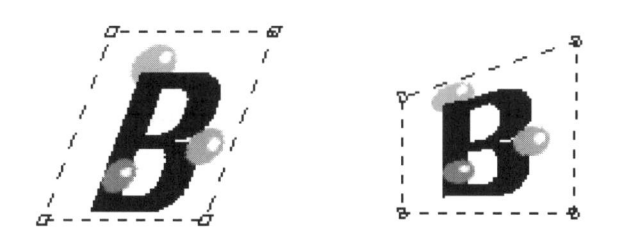

*Die Wirkung der Befehle **Neigen** und **Verzerren***

Im Anschluß an diese Transformationsbefehle kann mit dem Befehl **Auto-Transformation** gearbeitet werden.

Der Befehl Auto-Transformation

Mit diesem Befehl werden neue Grafik-Darsteller erzeugt. Um z.B. beim Skalieren von Grafik-Darstellern die Animationsgeschwindigkeit nicht herabzusetzen, sollten die anzuzeigenden Zwischengrößen des Darstellers als einzelne Grafik-Darsteller vorliegen.

Das Studio in der Anwendung

Bearbeiten Sie zuerst eine Auswahl mit den Befehlen **Frei rotieren**, **Neigen**, **Verzerren**, **Perspektive** oder durch Skalieren. Der Übergang zwischen dem Original und der Auswahl wird vom Befehl **Auto-Transformation** ermittelt. Die Dialogbox des Befehls erklärt den Ablauf.

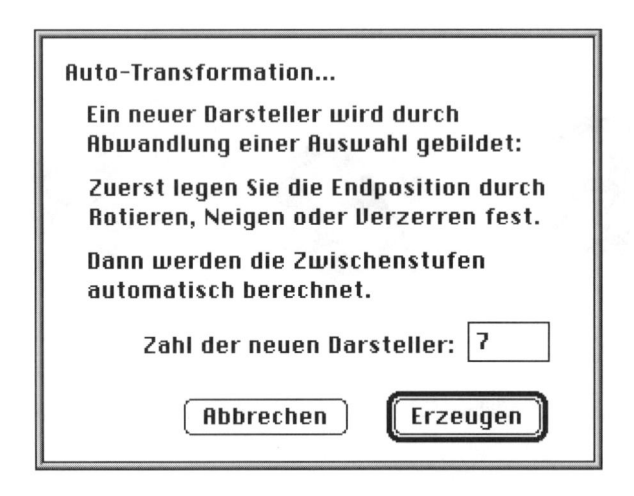

```
Auto-Transformation...
    Ein neuer Darsteller wird durch
    Abwandlung einer Auswahl gebildet:

    Zuerst legen Sie die Endposition durch
    Rotieren, Neigen oder Verzerren fest.

    Dann werden die Zwischenstufen
    automatisch berechnet.

        Zahl der neuen Darsteller: [ 7 ]

            [ Abbrechen ]   [[ Erzeugen ]]
```

*Die Dialogbox des Befehls **Auto-Transformation***

Beachten Sie, daß der Befehl **Auto-Transformation,** zusätzlich zur Angabe in der Dialogbox, auch nach dem Befehl **Perspektive** oder nach dem Stauchen und Skalieren einer Auswahl (durch Ziehen mit gedrückter Befehlstaste) aktivierbar ist.

Geben Sie die Zahl neuer Darsteller an, und bestätigen Sie **Erzeugen**. Die Zwischenwerte werden in der Besetzung als Darsteller gespeichert und lassen sich in **Malen** weiterbearbeiten. Eine mit **Auto-Transformation** erzeugte Darstellerfolge läßt sich schnell mit dem Befehl **Als Sequenz einsetzen** auf die Bühne bringen und in die Regie einfügen.

Die Werkzeuge im Fenster Malen

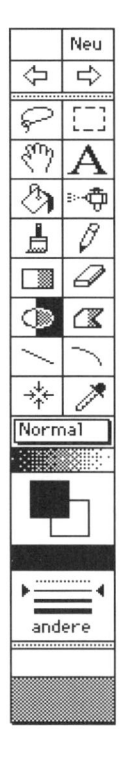

*Die Werkzeugleiste im Fenster **Malen***

Die Hand

Mit diesem Werkzeug wird die Grafik in der Arbeitsfläche verschoben. Das Verschieben des Darstellers beeinflußt die Bühnenposition nicht. Um den Bezugspunkt für die Bühnenposition einzustellen, verwenden Sie das Werkzeug **Registrierungspunkt**.

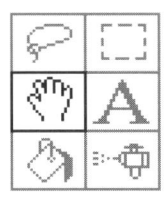

Die Hand in der Werkzeugleiste

Halten Sie die Leertaste gedrückt, um von einem anderen Werkzeug kurzzeitig zur Hand umzuschalten. Nach dem Loslassen der Leertaste ist das ursprüngliche Werkzeug wieder aktiv. Bei aktivem Textwerkzeug besteht diese Möglichkeit nicht.

Das Textwerkzeug

Mit diesem Werkzeug wird Bitmap-Text im Arbeitsblatt erzeugt. Bei Auswahl des Textwerkzeugs erscheint das Menü **Text** in der Menüleiste.

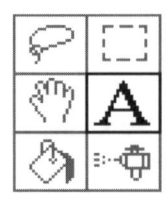

Das Textwerkzeug in der Werkzeugleiste

Hier werden Zeichensatz, Größe, Stil und Textschatten eingestellt.

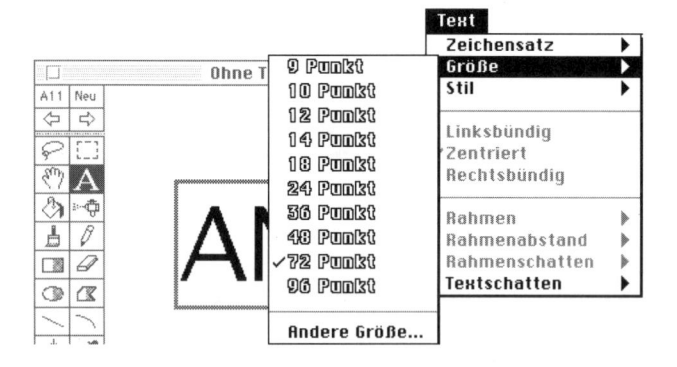

*Die Einstellung der Texteigenschaften im Menü **Text***

Die Ausrichtungs- und Rahmenoptionen im Menü **Text** sind nur bei der Arbeit mit QuickDraw-Texten verfügbar. Diese werden im Fenster **Text** oder mit dem Fenster **Werkzeug** erzeugt.

Solange das Textwerkzeug aktiv ist, läßt sich der Text verschieben und editieren. Geben Sie dem Text den Farbeffekt **Transparent**, um zu verhindern, daß der Textrahmen Teile der Grafik verdeckt. Wenn Sie ein anderes Werkzeug wählen oder an eine andere Position klicken, wird der Text Teil der Grafik und ist nicht mehr editierbar.

Bei der Arbeit mit dem Textwerkzeug ist die Funktion der Cursortasten etwas gewöhnungsbedürftig. Der Pfeil nach links bzw. rechts beendet die

Texteingabe und zeigt den vorhergehenden bzw. folgenden Grafik-Darsteller an. Wenn Sie viel Text im Fenster **Malen** bearbeiten, ist das Editieren und Formatieren im Fenster **Text** und die anschließende Umwandlung des Textes in Grafik mit dem Befehl **In Bitmap konvertieren** im Menü **Darsteller** zu empfehlen.

Das Füllwerkzeug

Mit dem Füllwerkzeug lassen sich geschlossene Flächen mit der eingestellten Vordergrundfarbe füllen. Der eingestellte Farbeffekt und Füllmodus werden verwendet.

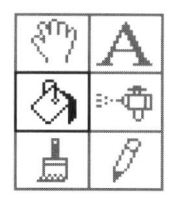

Das Füllwerkzeug in der Werkzeugleiste

Ein Doppelklick auf das Füllwerkzeug entspricht dem Befehl **Verlauf** im Menü **Malen**. Hier werden die Voreinstellungen für den Effekt **Verlauf** festgelegt. Bei diesem Effekt wird ein Übergang von der Vordergrundfarbe zur eingestellten Verlaufszielfarbe erzeugt.

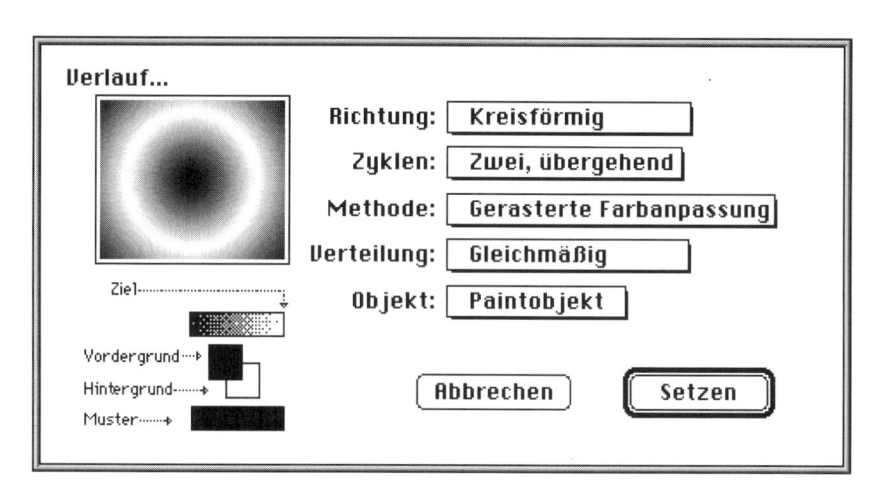

*Die Dialogbox des Befehls **Verlauf** im Menü **Malen***

- -Im Pulldown-Menü **Richtung** legen Sie die Verlaufsrichtung fest. In der Einstellung **Frei wählbar** wird die Verlaufsrichtung durch Ziehen einer erscheinenden Geraden eingestellt.
- -Das Pulldown-Menü **Zyklen** enthält die Anzahl (1 bis 4) der zu erzeugenden Verläufe. Wählen Sie zwischen **anstoßend** oder **übergehend** als Art des Übergangs.
- -Im Pulldown-Menü **Methode** finden Sie verschiedene Voreinstellungen zur Erzeugung der Zwischenfarben des Verlaufs.
- -Das Pulldown-Menü **Verteilung** legt fest, ob der Übergang zwischen Vordergrund- und Verlaufszielfarbe gleichmäßig erfolgen soll oder ob eine der beiden Farben dominiert.
- -Im Pulldown-Menü **Objekt** stellen Sie ein, ob der Verlauf im gezeichneten Paintobjekt, im Grafik-Darsteller oder im Arbeitsblatt erfolgen soll.

Bei 8 Bit Farbtiefe entsprechen die mit der Systempalette erzeugten Verläufe oft nicht den Erwartungen. Verwenden Sie in diesem Fall eine eigene Farbpalette, die möglichst viele im Verlauf vorkommenden Farben enthält und einige Farbwerte für andere Darsteller reserviert. Mehr zur Erzeugung von Verläufen in eigenen Paletten finden Sie im Abschnitt **Das Fenster Palette in der Anwendung**.

Die Spritzpistole

Das Werkzeug sprüht mit der Vordergrundfarbe und verwendet den eingestellten Farbeffekt und das Füllmuster. Halten Sie auf der Spritzpistole die Maustaste gedrückt, um eine aus fünf Spritzpistolen auszuwählen.

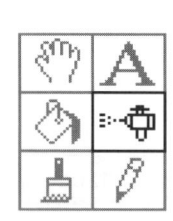

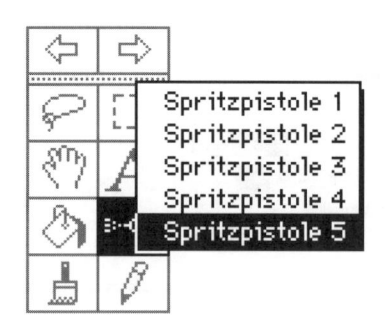

Die Spritzpistole in der Werkzeugleiste (links)

Das Spritzpistolen-PullDown-Menü (rechts)

Durch Doppelklick auf die Spritzpistole öffnen Sie die Dialogbox des Befehls **Spritzpistole** im Menü **Malen**. Hier werden die Eigenschaften des Werkzeugs eingestellt.

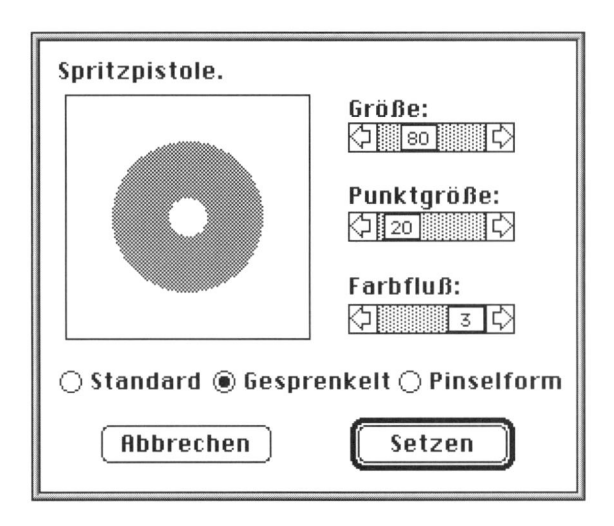

*Die Dialogbox des Befehls **Spritzpistole** im Menü **Malen***

Mit dem Regler **Größe** stellen Sie die Gesamtgröße der Sprühfläche ein. Die **Punktgröße** bestimmt die Größe der einzelnen Punkte. Der **Farbfluß** legt die Intensität der Spritzpistole fest.

In der Einstellung **Standard** wird nur mit Punkten der eingestellten Größe gesprüht, während **Gesprenkelt** auch zufällig ermittelte kleinere Punktgrößen verwendet. Wählen Sie **Pinselform**, um mit der Einstellung des Werkzeugs Pinsel zu sprühen.

Der Pinsel

Auch der Pinsel zeichnet mit Vordergrundfarbe, Füllmuster und Farbeffekt. Halten Sie auf dem Pinsel die Maustaste gedrückt, um einen von fünf Pinseln auszuwählen.

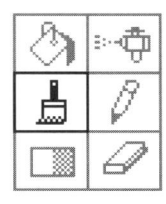

Der Pinsel in der Werkzeugleiste

Das Studio in der Anwendung

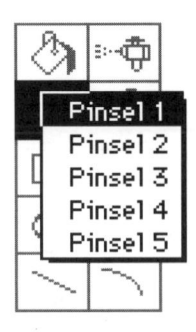

Das Pinsel-PopUp-Menü

Durch Doppelklick auf den Pinsel öffnen Sie die Dialogbox des Befehls **Pinselformen** im Menü **Malen**. Hier können Sie die Eigenschaften des Werkzeugs einstellen und eigene Pinsel definieren.

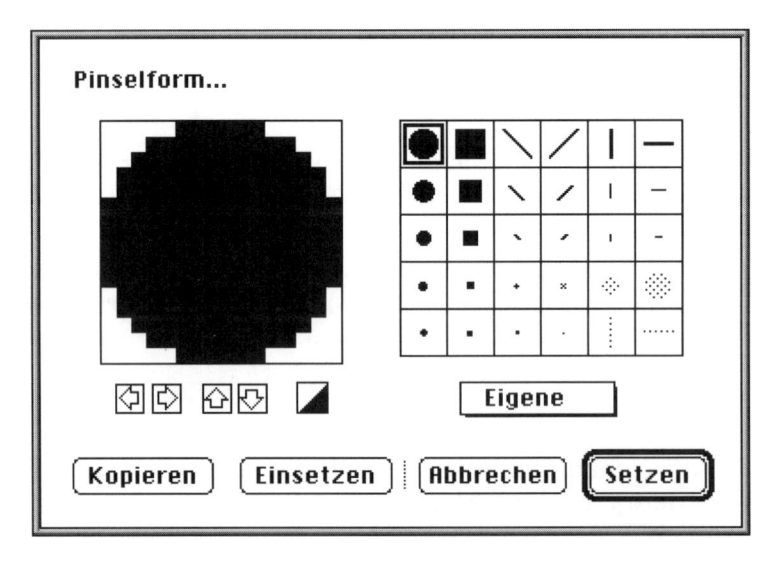

*Die Dialogbox des Befehls **Pinselformen** im Menü **Malen***

Wählen Sie zuerst den Pinselsatz **Standard** im PullDown-Menü, und klikken Sie auf **Kopieren**. Schalten Sie im PopUp-Menü auf **Eigene** um, und wählen Sie **Einsetzen**. Im linken Fenster erscheint die vergrößerte Darstellung des rechts ausgewählten Pinsels. Klicken Sie, um einzelne Pixel in der Vergrößerung zu setzen, oder klicken Sie außerhalb der Dialogbox auf einen Bildschirmbereich, um ihn in den Pinsel zu kopieren.

Der Zeichenstift

Wählen Sie den Zeichenstift, um in den Freihandzeichenmodus zu wechseln. Mit dem Zeichenstift lassen sich einzelne Pixel in der Vordergrundfarbe setzen und Linien mit der Breite eines Pixels zeichnen. Farbeffekte und Füllmuster werden nicht berücksichtigt. Wenn Sie auf Flächen zeichnen, die bereits die Vordergrundfarbe besitzen, verwendet Director die aktuelle Hintergrundfarbe. Um nur waagerechte und senkrechte Linien zu zeichnen, halten Sie die Umschalttaste gedrückt. Mit einem Doppelklick auf den Zeichenstift vergrößern Sie die Ansicht.

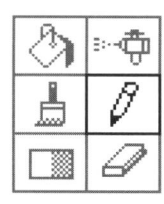

Der Zeichenstift in der Werkzeugleiste

Der Originalausschnitt erscheint oben rechts. Ein Klick dorthin oder ein zweiter Doppelklick auf den Zeichenstift schaltet die Vergrößerung wieder aus.

Das Rechteckwerkzeug

Dieses Werkzeug besteht aus zwei Hälften. Die linke Hälfte zeichnet ungefüllte Rechtecke mit der eingestellten Linienstärke. Die rechte Hälfte zeichnet gefüllte Rechtecke. Gefüllt wird mit der Vordergrundfarbe, dem Farbeffekt und dem Füllmuster. Drücken Sie die Wahltaste, um die Umrandung mit dem eingestellten Füllmuster zu zeichnen. Ein Doppelklick auf die rechte Werkzeughälfte öffnet wie beim Füllwerkzeug die Einstellung des Farbverlaufs. Um Quadrate zu zeichnen, halten Sie beim Ziehen des Rechtecks die Umschalttaste gedrückt.

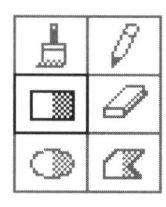

Das Rechteckwerkzeug in der Werkzeugleiste

Das Studio in der Anwendung

Der Radiergummi

Zum Löschen wählen Sie den Radiergummi und ziehen über den zu entfernenden Bereich. Die Breite des Radiergummis ist nur indirekt einstellbar, indem Sie im Vergrößerungsmodus löschen. Dazu halten Sie die Befehlstaste gedrückt und klicken den zu bearbeitenden Bereich an. Lassen Sie die Befehlstaste los, und klicken oder ziehen Sie mit dem Radiergummi, um zu löschen. Ein Doppelklick auf den Radiergummi aktiviert kein Einstellungsmenü sondern löscht die Grafik. Es wird die gesamte Grafik und nicht, wie in der On-line-Hilfe angegeben, nur der sichtbare Bereich der Grafik entfernt. Hier hilft im Ernstfall der Befehl **Bitmap rückgängig** im Menü **Bearbeiten** oder der rettende Griff zur letzten gespeicherten Version der Datei mit dem Befehl **Letzte Fassung** im Menü **Ablage**. Zum Löschen größerer Bereiche ist die Arbeit mit den Auswahlwerkzeugen und dem Befehl **Bitmap löschen** oder der Rücktaste zu empfehlen.

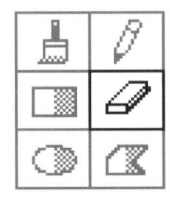

Der Radiergummi in der Werkzeugleiste

Das Ovalwerkzeug

Wie das Rechteckwerkzeug besteht auch dieses Werkzeug aus zwei Hälften. Die linke Hälfte zeichnet ungefüllte, die rechte gefüllte Ovale. Gefüllt wird mit der Vordergrundfarbe, dem Farbeffekt und dem Füllmuster. Drücken Sie die Wahltaste, um die Umrandung mit dem eingestellten Füllmuster zu zeichnen. Ein Doppelklick auf die rechte Werkzeughälfte öffnet die Dialogbox zur Einstellung des Farbverlaufs. Um Kreise zu zeichnen, halten Sie beim Ziehen die Umschalttaste gedrückt.

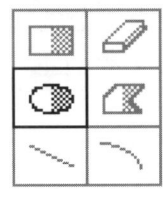

Das Ovalwerkzeug in der Werkzeugleiste

Das Polygonwerkzeug

Mit der linken und rechten Hälfte zeichnen Sie ungefüllte bzw. gefüllte Vielecke mit der eingestellten Linienstärke. Mit jedem Klick legen Sie einen Geradenabschnitt des Vielecks fest. Ein Doppelklick schließt die Eingabe ab. Gefüllt wird wieder mit der Vordergrundfarbe, dem Farbeffekt und dem Füllmuster. Auch hier läßt sich mit der Wahltaste die Umrandung mit dem eingestellten Füllmuster zeichnen. Ein Doppelklick auf die rechte Werkzeughälfte öffnet die Einstellung des Farbverlaufs.

Das Polygonwerkzeug in der Werkzeugleiste

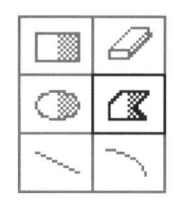

Das Linienwerkzeug

Verwenden Sie dieses Werkzeug, um Geraden in beliebige Richtungen zu zeichnen. Die eingestellte Linienstärke und das Füllmuster werden berücksichtigt. Durch gleichzeitiges Drücken der Umschalttaste beschränken Sie die Winkel der Richtungen auf ein Vielfaches von 45 Grad.

Das Linienwerkzeug in der Werkzeugleiste

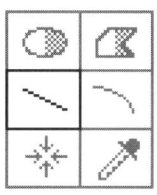

Das Bogenwerkzeug

Dieses Werkzeug zeichnet gekrümmte Linien. Die Handhabung und die Auswahlmöglichkeiten entsprechen dem Linienwerkzeug. Die Umschalttaste hat hier keine Belegung.

Das Bogenwerkzeug in der Werkzeugleiste

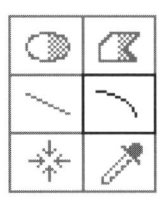

Das Studio in der Anwendung

Der Registrierungspunkt

Mit diesem Werkzeug stellen Sie das Zentrum des Darstellers ein. Director verwendet die Registrierungspunkte beim Positionieren der Darsteller auf der **Bühne**. Die Vorgabe für den Registrierungspunkt ist die Mitte des Darstellers. Diese Vorgabe erreichen Sie durch Doppelklick auf das Werkzeug. Die Korrektur ist erforderlich, wenn durch Befehle des Menüs **Form** oder durch das Verzerren des Darstellers eine Verschiebung des Registrierungspunktes entstanden ist. Verwenden Sie den Befehl **Duplizieren** anstelle der Befehle **Bitmap kopieren** und **Bitmap einsetzen**, um einen Darsteller zu kopieren. Der Befehl **Duplizieren** kopiert den Darsteller im Gegensatz zu **Bitmap kopieren** mit Registrierungspunkt.

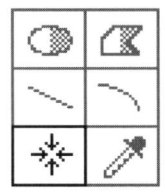

Der Registrierungspunkt in der Werkzeugleiste

Die Pipette

Verwenden Sie die Pipette, um die Vorder- und Hintergrundfarbe oder die Verlaufszielfarbe entsprechend einer schon in der Grafik vorhandenen Farbe auszuwählen. Ein Klick mit der Pipette macht die Farbe des angeklickten Pixels zur Vordergrundfarbe.

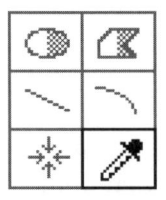

Die Pipette in der Werkzeugleiste

Halten Sie beim Klicken die Umschalttaste gedrückt, um die Hintergrundfarbe einzustellen.

Um kurzzeitig von einem anderen Werkzeug zur Pipette umzuschalten, halten Sie die Steuerungstaste gedrückt. Mit der Tastenkombination Steuerungs- und Umschalttaste stellen Sie die Hintergrundfarbe ein. Um die Zielfarbe im Verlaufsfenster einzustellen, halten Sie die Steuerungs- und Wahltaste gedrückt.

Die Farbeffektliste

Die Farbeffekte in dieser Liste sind mit denen des Fensters **Regie** zu vergleichen. Die Effekte gelten ausschließlich im Fenster **Malen** und legen die Eigenschaften einer Auswahl oder eines Werkzeugs fest.

Um beispielsweise einen Schriftzug auf eine farbige Fläche zu legen, ohne die geschlossenen Flächen der Buchstaben weiß erscheinen zu lassen, stellen Sie nach Auswahl des Textwerkzeugs als Farbeffekt **Transparent** ein.

Das Farbeffekte-PopUp-Menü im Fenster **Malen**

Um bei der nächsten Aktivierung des Werkzeugs wieder mit dem zuletzt eingestellten Effekt zu arbeiten, schalten Sie in der Dialogbox des Befehls **Optionen** im Menü **Malen** die Option **Farbeffekt bleibt am Werkzeug** ein.

Beachten Sie, daß die hier eingestellten Farbeffekte nur innerhalb des Fensters **Malen** gültig sind und die Farbeffekte im Fenster **Regie** nicht beeinflussen.

Die Verlaufsfarben

Hier werden die für den Farbeffekt **Verlauf** benötigte Vordergrund- und Verlaufszielfarbe eingestellt. Halten Sie in der linken Hälfte des Fensters die Maustaste gedrückt, um aus der erscheinenden Farbpalette die Vordergrundfarbe auszuwählen.

Analog stellen Sie in der rechten Hälfte die Verlaufszielfarbe ein. Wenn Sie einem Werkzeug den Farbeffekt **Verlauf** zuordnen, wird in der gefüllten

Das Studio in der Anwendung

Fläche ein Farbverlauf zwischen der Vordergrund- und der Verlaufszielfarbe erzeugt. Die Verlaufseigenschaften stellen Sie mit dem Befehl **Verlauf** im Menü **Malen** oder durch Doppelklick auf eines der Werkzeuge für gefüllte Flächen ein. Ein Doppelklick auf das Verlaufsfarbenfenster aktiviert das Fenster **Palette** und das zugehörige Menü. Mit dem Pulldown-Menü im Fenster **Palette** können Sie dem in **Malen** geöffneten Darsteller eine andere Farbpalette zuweisen. Mehr zu diesem Fenster finden Sie im Kapitel **Das Fenster Palette in der Anwendung.**

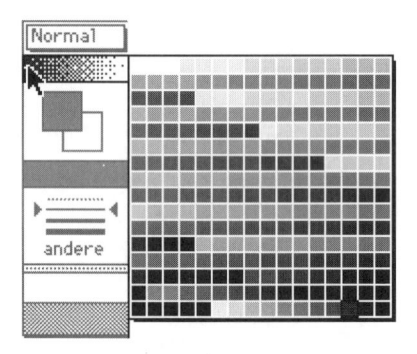

Die Einstellung der **Verlaufsfarben**

Vorder- und Hintergrundfarbe

Klicken Sie in das jeweilige Farbfeld, und halten Sie die Maustaste gedrückt, um eine Vorder- oder Hintergrundfarbe auszuwählen. Ziehen Sie dazu in das erscheinende Farben-PopUp-Menü.

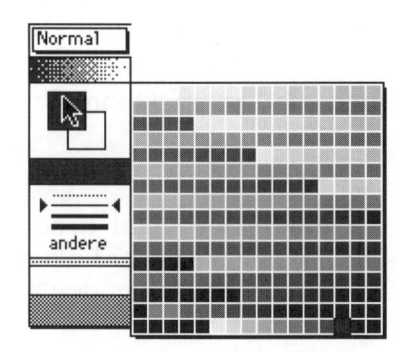

Die Einstellung der **Vordergrundfarbe**

Die Farbauswahl steht für schwarz-weiße Darsteller (Farbtiefe 1 Bit) nicht zur Verfügung. Diese können jedoch auf der **Bühne** mit dem Fenster **Werkzeug** coloriert werden. Um die Farbtiefe eines schwarz-weißen Darstellers zu erhöhen, doppelklicken Sie auf die Farbtiefenanzeige in der Werkzeugleiste oder verwenden den Befehl **Farbtiefe** im Menü **Malen**.

Die wählbaren Farben werden von der aktuellen Farbpalette bestimmt. Um die von einem Darsteller verwendete Farbpalette zu ändern, markieren Sie den Darsteller im Fenster **Besetzung** und verwenden den Befehl **Darsteller anpassen** im Menü **Darsteller**. Wählen Sie im erscheinenden PopUp-Menü die neue Farbpalette. Die hier eingestellte Farbpalette wird automatisch im Palettenkanal des Fensters **Regie** eingetragen, wenn Sie den Darsteller auf die **Bühne** ziehen.

Durch Doppelklick auf das Verlaufsfarbenfeld im Fenster **Malen** öffnen Sie das Fenster **Palette** und dessen Menü. Im PopUp-Menü des Fensters **Palette** können Sie die aktuelle Palette wechseln. Halten Sie bei der Umschaltung die Befehlstaste gedrückt, um die neue Palette automatisch in das aktuelle Bild im Fenster **Regie** zu übertragen. Beachten Sie, daß die im Darstellerinfo gespeicherte Palette dabei nicht verändert wird.

Die Füllmuster

In diesem Feld wird das von den Werkzeugen verwendete Füllmuster eingestellt. Wählen Sie vordefinierte Füllmuster aus, indem Sie das Feld anklicken und die Maustaste gedrückt halten.

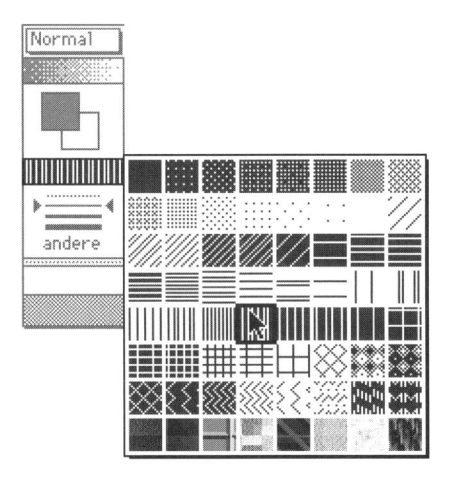

Die Einstellung des Füllmusters

Ziehen Sie auf das gewünschte Muster. Wenn Sie das Füllmusterfeld mit gedrückter Wahltaste anklicken, schalten Sie zwischen dem Mustersatz **Graustufen** und dem Mustersatz **Eigene** um.

Durch Doppelklick auf das Füllmusterfeld öffnen Sie die **Muster**-Dialogbox im Menü **Malen**. Hier können Sie zwischen den Füllmustern **Graustufen, Standard, QuickDraw** und **Eigene** umschalten. In der Einstellung **Eigene** lassen sich die vorhandenen Füllmuster bearbeiten und selbst definierte Füllmuster speichern. Wählen Sie zuerst im PopUp-Menü den zu bearbeitenden Füllmustersatz (**Graustufen**, **Standard** oder **QuickDraw**), und wählen Sie dann **Kopieren**. Wechseln Sie im PullDown-Menü auf **Eigene**. Klikken Sie auf **Einsetzen**. Der Füllmustersatz kann jetzt bearbeitet werden.

Wählen Sie zuerst im rechten Feld das zu bearbeitende Muster aus. Im linken Feld lassen sich einzelne Pixel im Füllmuster setzen. Durch Ziehen mit der Maus außerhalb der Dialogbox kopieren Sie Füllmuster vom Bildschirm in das bearbeitete Feld.

Dem Mustersatz **Eigene** können Sie mit dem weiter unten beschriebenen Befehl **Kacheln** acht mehrfarbige Füllmuster hinzufügen. Diese werden auf der Grundlage von Darstellern erzeugt und erscheinen im Füllmusterfeld in der untersten Zeile.

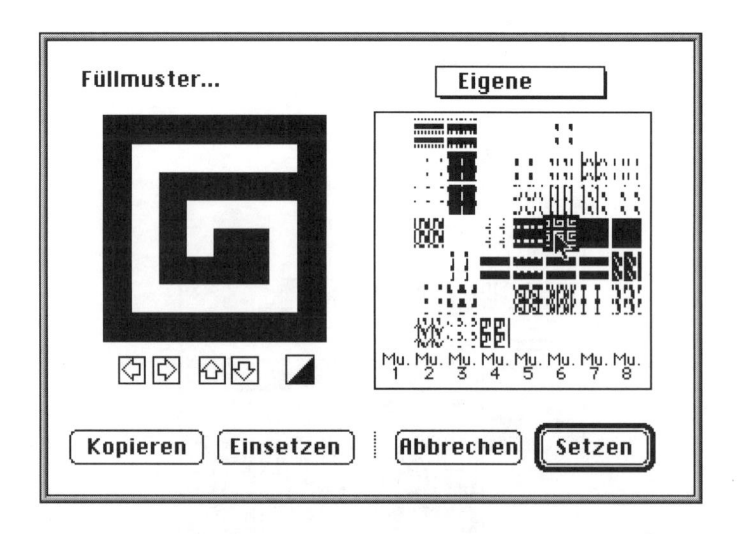

*Die Dialogbox des Befehls **Füllmuster** im Menü **Malen***

Das Linienstärkefeld

In diesem Feld wird die von den Zeichenwerkzeugen verwendete Linienstärke eingestellt. Die punktierte Linie oben steht für Linienstärke Null und ist praktisch, wenn Sie gefüllte Flächen ohne Umrandung zeichnen wollen.

Die Stärke **andere** läßt sich mit dem Befehl **Optionen** im Menü **Malen** einstellen. Die Dialogbox dieses Befehls erhalten Sie auch durch Doppelklick auf das Linienstärkefeld.

Das Linienstärkefeld in der Werkzeugleiste

Die Farbtiefenanzeige

Hier wird die Farbtiefe des geöffneten Darstellers angezeigt. Die möglichen Werte für die Farbtiefe sind von der im Kontrollfeld **Monitore** vorliegenden Einstellung und natürlich von Ihrer Hardware abhängig.

Die Farbtiefenanzeige in der Werkzeugleiste

Um die Farbtiefe zu ändern, doppelklicken Sie auf die Anzeige oder wählen Sie den Befehl **Farbtiefe** im Menü **Malen**. Die Farbtiefe läßt sich auch mit dem gleichnamigen Befehl im Menü **Darsteller** für mehrere markierte Darsteller gleichzeitig verändern. Nach beiden Befehlen erscheint die folgende Dialogbox:

119

Das Studio in der Anwendung

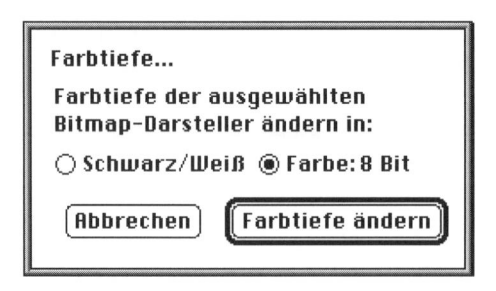

Die Dialogbox des Befehls Farbtiefe

Die Änderung der Farbtiefe kann nicht widerrufen werden. Die Farbtiefe 1 Bit bedeutet nicht automatisch die Beschränkung auf Schwarz und Weiß. Auch Darstellern mit 1 Bit Farbtiefe kann mit dem Fenster **Werkzeug** nachträglich eine Farbe zugewiesen werden.

Eigene mehrfarbige Füllmuster

Mit dem Befehl **Kacheln** im Menü **Malen** erzeugen Sie eigene farbige Füllmuster (Kacheln), die in der letzten Zeile des Füllmusterfelds erscheinen. Selbst definierte Kacheln werden aus Darstellern erzeugt. Aktivieren Sie den Befehl **Kacheln** im Menü **Malen**.

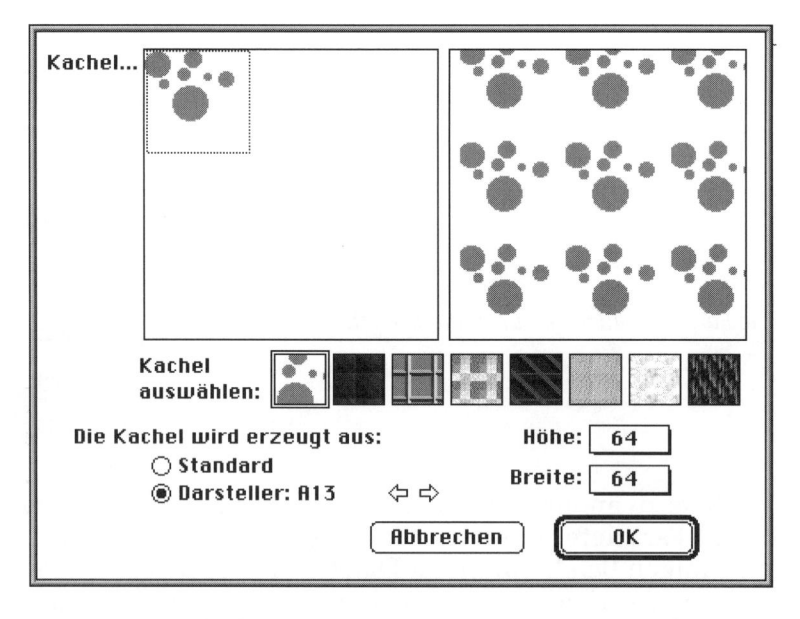

Die Dialogbox des Befehls Kacheln im Menü Malen

Wählen Sie in der Dialogbox die Auswahl **Darsteller**. Mit den Pfeilen können Sie durch die Grafik-Darsteller blättern. Die Größe der Kachel stellen Sie in den Feldern **Höhe** und **Breite** ein. Im linken Fenster erscheint ein Rahmen der eingestellten Größe. Der Rahmen läßt sich im Fenster verschieben. Die Auswirkung auf das Kachelmuster wird im rechten Fenster angezeigt. Mit **OK** übernehmen Sie die Kachel in das Füllmusterfeld.

Das definierte Füllmuster wird wie die anderen Muster gehandhabt. Beachten Sie, daß nachträgliche Änderungen an dem zugrundeliegenden Darsteller auch das definierte Füllmuster verändern.

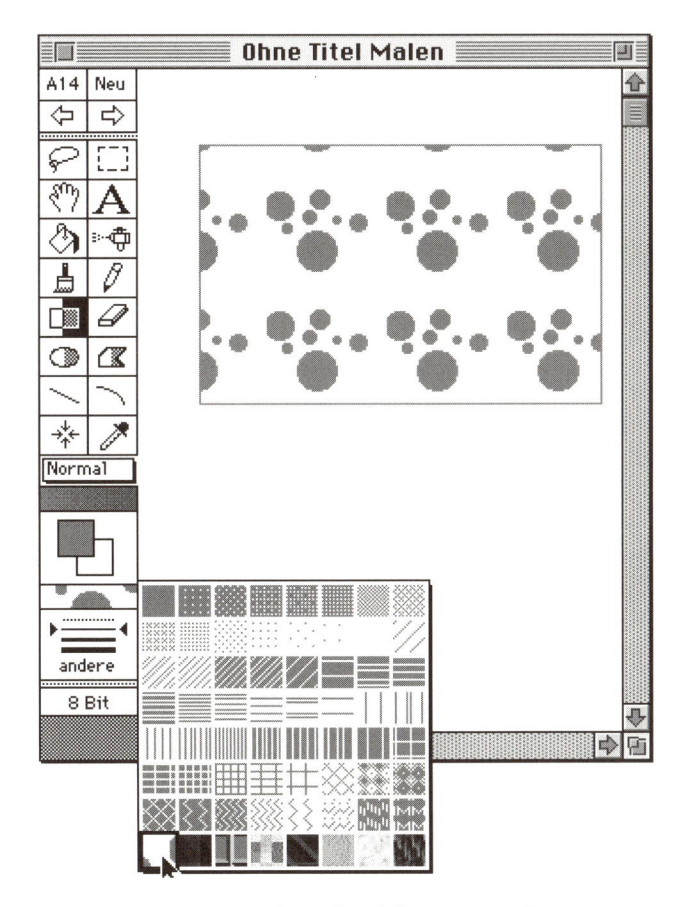

Die Verwendung des selbstdefinierten Füllmusters

Die Verwendung von Darstellermasken

Bei Anwendung der Farbeffekte **Objekt deckend** oder **Weiß Transparent** kommt es zu unerwünschten Effekten, wenn der Darsteller keine durchgehende Kontur und weiße Pixel besitzt, die nicht transparent erscheinen sollen.

In diesem Fall müssen eine Darstellermaske und der Effekt **Maskieren** verwendet werden. Mit Hilfe der Maske legen Sie fest, welche Bereiche des Darstellers nicht transparent erscheinen sollen.

Um eine Maske zu erzeugen, öffnen Sie den Darsteller im Fenster **Malen**. Wählen Sie den Befehl **Duplizieren** im Menü **Malen**. Ändern Sie die Farbtiefe des duplizierten Darstellers auf 1 Bit, indem Sie den Befehl **Farbtiefe** im Menü **Malen** verwenden.

Füllen Sie die Bereiche der Maske mit schwarz, die im Darsteller nicht transparent erscheinen sollen. Versehen Sie den ursprünglichen Darsteller im Fenster **Regie** mit dem Farbeffekt **Maskieren**. Stellen Sie sicher, daß die Darstellermaske im Fenster **Besetzung** rechts neben dem zu maskierenden Darsteller gespeichert ist und die Farbtiefe 1 Bit besitzt. Verschieben Sie die Darsteller, falls notwendig, im Fenster **Besetzung**. Die in der Maske geschwärzten Bereiche erscheinen im maskierten Darsteller jetzt nicht mehr transparent

Das Fenster Besetzung in der Anwendung

Das Fenster **Besetzung** ist die Datenbasis Ihrer Animation. Alles, was Sie zeichnen, schreiben oder importieren, wird hier als Darsteller gespeichert. Neben dem Fenster **Regie** ist die Besetzung das wichtigste Arbeitsfenster des Studios. Beide Fenster gemeinsam bestimmen Ablauf und Inhalt der Animation.

Auch die Besetzung ist dynamisch mit den anderen Fenstern verknüpft. Grafik-, Text-, Paletten- und QuickTime-Darsteller werden zur Bearbeitung im jeweiligen Fenster geöffnet, wenn sie in der Besetzung doppelt angeklickt werden.

Die Darsteller werden in den acht Segmenten A bis H gespeichert. Jedes Segment besteht aus acht Zeilen und Spalten (den Positionen 11 bis 88). Maximal sind 512 Darsteller im Fenster **Besetzung** speicherbar. Um die Segmente A bis H und deren Zeilen 1 bis 8 direkt auszuwählen, klicken Sie in die beiden linken Felder des Fensters **Besetzung**. Mit den Pfeilen wählen Sie die vorhergehende und folgende Zeile aus. Die Anzahl anzuzeigender Zeilen bestimmen Sie durch Klick auf die Ziffernreihe rechts in der Titelleiste.

Sortieren von Darstellern

Nach längerer Arbeit entstehen häufig Lücken im Fenster **Besetzung**, weil nicht mehr benutzte Darsteller gelöscht oder andere Darsteller verschoben wurden. Eigentlich zusammengehörige Darsteller, etwa die Elemente einer

Das Fenster Besetzung in der Anwendung

Filmschleife, werden verstreut gespeichert, da das Fenster **Malen** immer die nächste freie Position verwendet. Durch eine logische Anordnung der Darsteller im Fenster **Besetzung** erleichtern Sie sich das Kopieren von Darstellerfolgen auf die **Bühne**. Für den Befehl **Als Sequenz einsetzen** ist es z.B. praktisch, wenn die in die **Regie** einzufügende Darstellerfolge bereits in der **Besetzung** sortiert vorliegt.

Mit der Hand rechts im Fenster **Besetzung** können Sie Darsteller innerhalb des Fenster **Besetzung** verschieben und neu anordnen. Die Verschiebung eines Darstellers in der **Besetzung** und die damit verbundene Änderung der Numerierung wird im Fenster **Regie** automatisch aktualisiert. Ihre Animation verändert sich durch die Neuordnung der Darsteller also nicht.

Um mehrere Darsteller auszuwählen, halten Sie die Umschalttaste beim Anklicken der Darsteller gedrückt.

Mehrere zusammenhängende Darsteller

Zur Markierung nicht zusammenhängender Darsteller halten Sie beim Anklicken die Befehlstaste gedrückt.

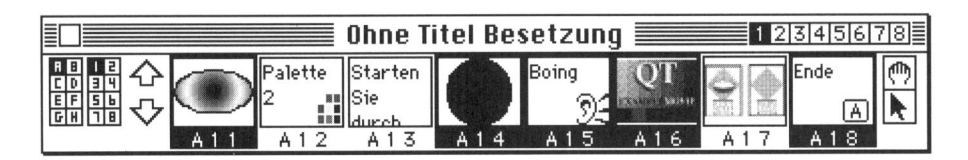

Mehrere nicht zusammenhängende Darsteller

Die Mehrfachauswahl läßt sich wie die einfache Auswahl verschieben, über die Zwischenablage kopieren und einfügen, aber nicht ausschneiden.

Aktivieren Sie nach dem Verschieben der Darsteller wieder das Pfeilwerkzeug, um Darsteller auf die **Bühne** ziehen zu können.

Benennen von Darstellern

Darsteller werden immer mit einer Kombination aus einem Buchstaben und zwei Ziffern (A11 bis H88) bezeichnet. Zusätzlich können Sie einem Darsteller einen maximal 31 Zeichen langen Namen geben. Die Verwendung dieser Namen bringt mehrere Vorteile.

Ein aussagefähiger Name erleichtert Ihnen und anderen das spätere Zurechtfinden in größeren Animationen.

Beim Suchen nach dem Darsteller mit dem Befehl **Darsteller auswählen** kann der Name als Suchkriterium verwendet werden. In Lingo-Skripts wird die Darstellernumerierung nicht automatisch aktualisiert, wenn der Darsteller im Fenster **Besetzung** verschoben wird. Der Name des Darstellers bleibt dagegen immer derselbe. Verwenden Sie am besten von Anfang an Namen für Darsteller, auf die Sie sich in Lingo-Skripts beziehen. Das erspart den Aufwand, eine veränderte Darstellerbezeichnung in allen sich auf den Darsteller beziehenden Skripts eintragen zu müssen.

Der Darstellername darf Leerstellen und Sonderzeichen enthalten und sollte möglichst eindeutig sein. Ein Darstellername kann theoretisch mehreren Darstellern zugewiesen werden. In diesem Fall wirken Befehle nur auf den Darsteller mit der kleinsten Numerierung im Fenster **Besetzung**.

Um einen Darsteller zu benennen, verwenden Sie den Befehl **Darstellerinfo** oder klicken den Darsteller mit gedrückter Steuerungstaste an. Der Inhalt des sich öffnenden Fensters **Darstellerinformation** hängt vom Darstellertyp ab. Die folgenden Abbildungen zeigen die Fenster für Text- und Grafik-Darsteller.

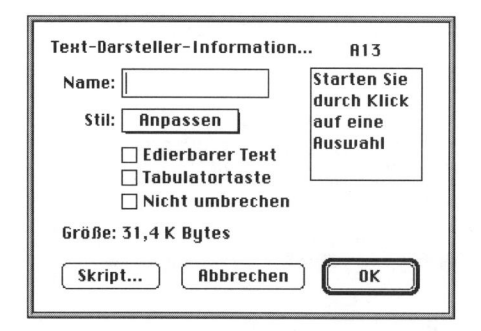

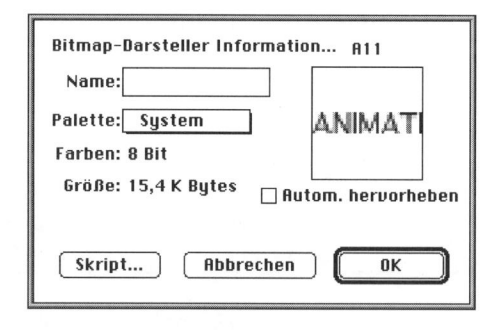

Die Darsteller-Information für Text-Darsteller (links) und für Bitmap-Darsteller (rechts)

Neben den vom Darstellertyp abhängigen Einstellungsmöglichkeiten finden Sie in jedem Fenster **Darstellerinfo** die Darstellernumerierung (z.B. A13) oben rechts, den Speicherbedarf des Darstellers und das Feld **Name**. Tragen Sie hier den Darstellernamen ein. Die Funktion des mit **Skript** geöffneten Fensters erläutert das Kapitel **Interaktive Animationen mit Lingo**.

Auswählen und Löschen von Darstellern

Mit dem Befehl **Darsteller auswählen** im Menü **Darsteller** können Sie Darsteller im Fenster **Besetzung** suchen und markieren.

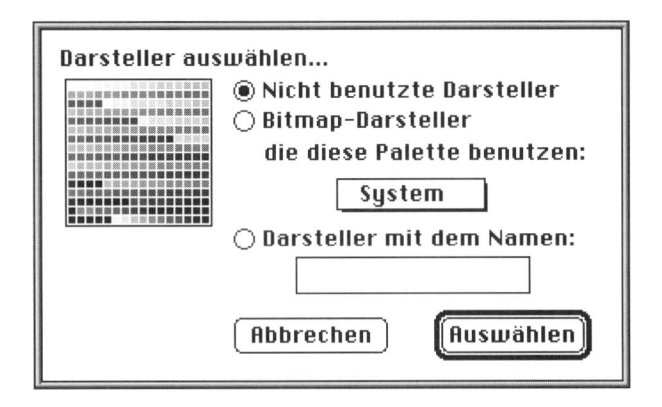

*Die Dialogbox des Befehls **Darsteller auswählen***

Es lassen sich Darsteller mit einem bestimmten Namen, einer bestimmten Farbpalette oder im Fenster **Regie** nicht benutzte Darsteller suchen. Gefundene Darsteller werden im Fenster **Besetzung** automatisch markiert.

Der Befehl **Unbenutzte Darsteller löschen** im Menü **Darsteller** entfernt im Fenster **Besetzung** alle Darsteller, die nicht im Fenster **Regie** verwendet werden.

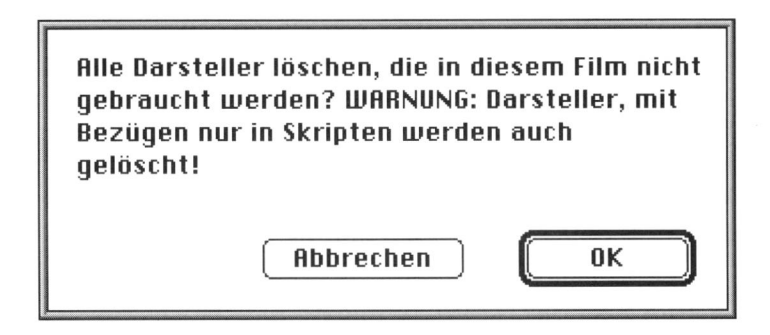

*Die Dialogbox des Befehls **Unbenutzte Darsteller löschen***

Der Befehl kündigt das Löschen der Darsteller, die nur in Lingo-Skripts verwendet werden, ausdrücklich an. Ein versehentliches Löschen eines Darstellers, der nur zu Testzwecken aus **Regie** gelöscht wurde, aber noch gebraucht wird, ist nicht auszuschließen. Verwenden Sie den Befehl am besten nur in Verbindung mit dem Befehl **Darsteller auswählen**. Dieser sucht auch die unbenutzten Darsteller und markiert sie im Fenster **Besetzung**. Kontrollieren Sie die Markierung auf noch benötigte Darsteller, und löschen Sie erst dann die von Ihnen bearbeitete Markierung mit dem Befehl **Darsteller löschen** aus dem Menü **Bearbeiten**.

Zum Schließen der Lücken im Fenster **Besetzung**, die durch das Löschen von Darstellern entstehen, dient der Befehl **Auswahl aufräumen**. Um das Fenster **Besetzung** aufzuräumen, markieren Sie zuerst den zu bearbeitenden Bereich. Klicken Sie dazu die erste Darstellerposition an, und halten Sie beim Klick auf die letzte Darstellerposition die Umschalttaste gedrückt. Wählen Sie dann den Befehl **Auswahl aufräumen** im Menü **Darsteller**.

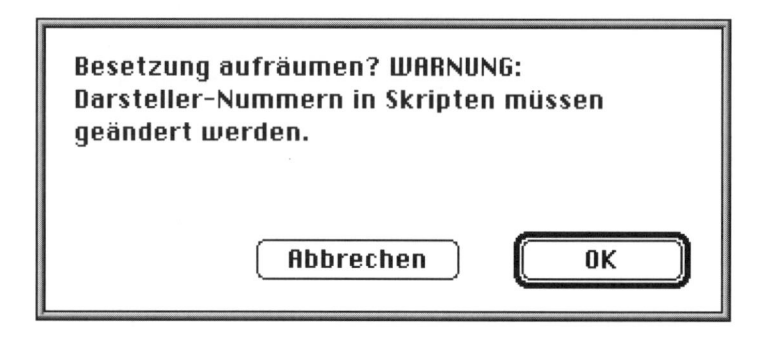

Die Dialogbox des Befehls **Besetzung aufräumen**

Bei der Neuordnung der Darsteller im Fenster **Besetzung** ändert sich deren Numerierung (A15 wird z.B. zu A13). Diese Änderung wird automatisch in die Regie aufgenommen, so daß Ihre Animation sich hier nicht verändert. Die Aktualisierung eventuell vorhandener Lingo-Skripts müssen Sie selbst übernehmen, falls in den Skripts Bezüge auf die Darstellernumerierungen enthalten sind.

Mehrfaches Positionieren eines Darstellers

Um einen Darsteller mehrfach auf der Bühne zu positionieren, markieren Sie ihn zuerst im Fenster **Besetzung**. Der Befehl **Auf die Bühne bringen** im Menü **Bearbeiten** oder die Tastenkombination Befehlstaste + P wandelt den Mauscursor zum Fadenkreuz, und ein Mausklick auf die Bühne positioniert den Darsteller. Der Befehl funktioniert auch bei geschlossenem Fenster **Besetzung** und eignet sich gut zum Beschreiben einer Darstellerbewegung auf der Bühne. Geben Sie die Bühnenpositionen in einem Bild vor, und wählen Sie dann den Befehl **In Kanal kopieren**, um das Bild in einen Kanal zu wandeln. Sehen Sie in der Dialogbox von **In Kanal kopieren** Leerbilder vor, um sie mit dem Befehl **Linear füllen** zu bearbeiten.

Verändern der Farbtiefe eines Darstellers

Die Farbtiefe eines Darstellers bestimmt, wie viele Farben gleichzeitig dargestellt werden können. Für die schwarz-weiße Darstellung genügt 1 Bit pro Pixel (z.B. 1 = Weiß, 0 = Schwarz). Aus 4 Bit ergeben sich 16 Kombinationen, also mögliche Farben, mit 8 Bit sind 256 verschiedene Farben darstellbar. Mit der Farbtiefe (also der Anzahl der Bits pro Pixel) erhöht sich der Speicherbedarf des Grafik-Darstellers entsprechend.

Ein Hintergrundbild der Größe 640 * 480 Pixel hat bei einer Farbtiefe von 8 Bit einen Speicherbedarf von 300 kByte (640 * 480 * 8 Bit / 8 = 307.200 Byte = 300 kByte).

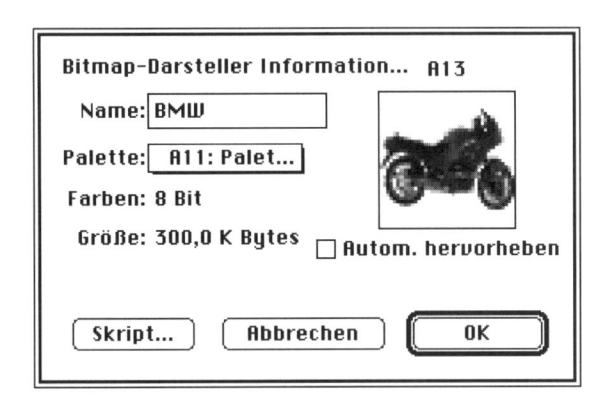

Die Darsteller-Information für einen Darsteller mit 8 Bit Farbtiefe

Ein Grafik-Darsteller gleicher Größe mit einer Farbtiefe von 1 Bit benötigt nur ein Achtel des Speicherbedarfs: 37,5 kByte.

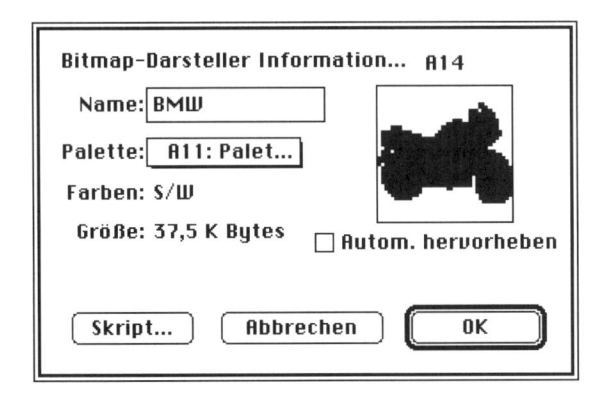

Die Darsteller-Information für einen Darsteller mit Farbtiefe 1 Bit

Die Farbtiefe eines Darstellers können Sie im Fenster **Malen** oder über den Befehl **Farbtiefe** im Menü **Darsteller** verändern. Die in der Dialogbox nach der Auswahl **Farbe** angegebene Farbtiefe ist von den Einstellungen im Kontrollfeld **Monitore** abhängig.

*Die Dialogbox des Befehls **Farbtiefe** im Menü **Darsteller***

Bei unterschiedlichen Einstellungen Im Kontrollfeld **Monitore** und in der **Besetzung** erscheint eine Warnung (Abildung 191).

Wenn Sie für alle Darsteller einer schwarz-weißen Animation die Farbtiefe von 1 auf 8 Bit erhöhen möchten, können Sie in der Dialogbox des Befehls **Öffnen** im Menü **Ablage** die Option **S/W-Bitmap in Farbe umwandeln** einschalten. Die Darsteller sind dann immer noch Schwarz und Weiß, besitzen aber eine Farbtiefe von z.B. 8 Bit und lassen sich im Fenster **Malen** colorieren.

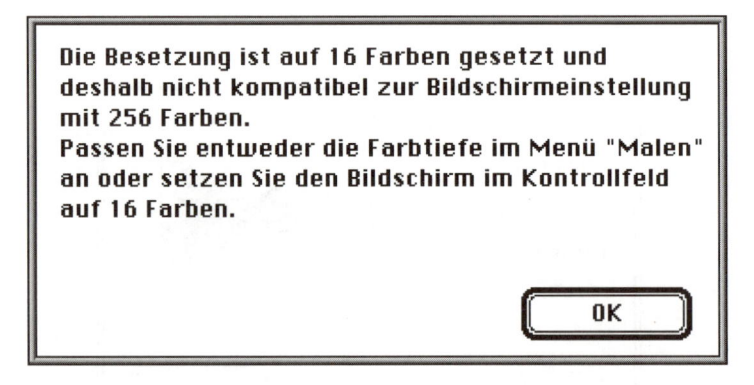

Dialogbox bei unterschiedlicher Einstellung der Farbtiefe

Der Befehl Darsteller anpassen

Mit dem Befehl **Darsteller anpassen** im Menü **Darsteller** können Grafik-Darsteller an eine andere Farbpalette angepaßt und die Darstellerproportionen verändert werden. Dieser Befehl steht nur für Darsteller mit mehr als 1 Bit Farbtiefe zur Verfügung, was für die Änderung der Farbpalette ja auch sinnvoll ist. Leider entfällt damit auch die Möglichkeit, Größenänderungen von Darstellern mit 1 Bit Farbtiefe per Dialogbox zu realisieren, ohne vor und nach dem Befehl ihre Farbtiefe verändern zu müssen.

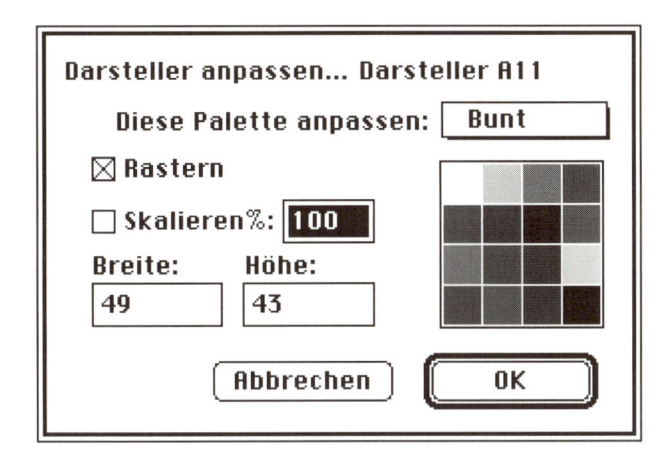

*Die Dialogbox des Befehls **Darsteller anpassen** im Menü **Darsteller***

Bei der Größenänderung können Sie zwischen dem prozentualen Skalieren und der Eingabe fester Pixelwerte in die Felder **Breite** und **Höhe** wählen. Verwenden Sie die Größenänderung hier nur, wenn wirklich der Darsteller in der **Besetzung** und alle Objekte des Darstellers auf der **Bühne** verändert werden sollen. Um nur ein Objekt auf der **Bühne** zu verändern, wählen Sie den Befehl **Objekt skalieren** im Menü **Bearbeiten**. Dieser verändert nur die in der **Regie** oder auf der **Bühne** markierten Objekte und kann im Gegensatz zur Änderung des Darstellers mit dem Befehl **Originalgröße** rückgängig gemacht werden.

Um den Darsteller an eine andere Palette anzupassen, wählen Sie diese im PullDown-Menü aus. Die Option **Rastern** aktiviert die Verwendung benachbarter Farben und verbessert die Darstellung von Farbverläufen und Schattierungen.

Die Datei „Gemeinsame Darsteller"

Es kommt häufig vor, daß Darsteller in mehreren Studio-Dateien benötigt werden. Werden die Darsteller in jede Datei kopiert, vervielfacht sich damit auch der Speicherbedarf auf dem Datenträger. Einen sparsameren Umgang mit dem Speicherplatz ermöglicht die Datei mit dem reservierten Namen „Gemeinsame Darsteller". Wenn Sie eine Studio-Datei öffnen, durchsucht Director den aktuellen Ordner nach einer Datei mit diesem Namen. Ist die Suche erfolgreich, werden alle Darsteller aus „Gemeinsame Darsteller" in die geöffnete Studio-Datei importiert. Sie sollten im Fenster **Besetzung** von „Gemeinsame Darsteller" nur die letzten Segmente F, G und H für Ihre Darsteller verwenden, um Konflikte mit den Darstellern der aktuellen Animation zu vermeiden. Wenn gleiche Darstellernumerierungen vorkommen, warnt Director beim Öffnen der Studio-Datei.

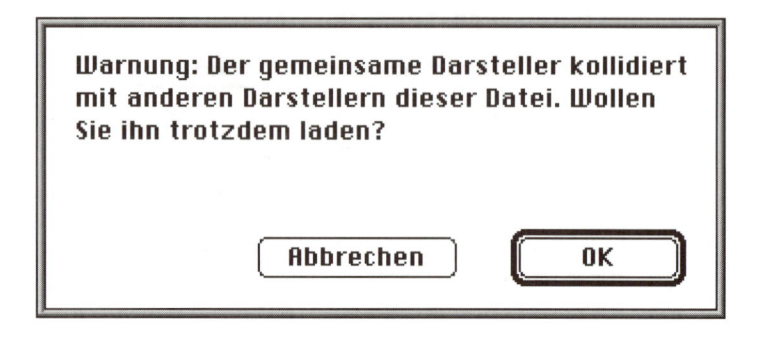

> Warnung: Der gemeinsame Darsteller kollidiert mit anderen Darstellern dieser Datei. Wollen Sie ihn trotzdem laden?
>
> [Abbrechen]   [OK]

Die Dialogbox bei doppelt belegten Darstellerpositionen

Brechen Sie in diesem Fall am besten das Öffnen der Datei ab. Verschieben Sie die Datei „Gemeinsame Darsteller" in einen anderen Ordner, und korrigieren Sie dann die Darstellernumerierung durch Verschieben der Darsteller auf freie Positionen.

In den englischsprachigen Versionen von Director heißt die Datei für gemeinsame Darsteller „Shared Cast". Wenn Sie mit Dateien arbeiten möchten, die mit englischsprachigen Versionen erstellt wurden, müssen Sie die bestehenden „Shared Cast"-Dateien in „Gemeinsame Darsteller" umbenennen, da die deutsche Version nur nach diesem Dateinamen sucht und Dateien mit dem Namen „Shared Cast" ignoriert. Wenn Sie ausschließlich mit „Shared Cast"-Dateien arbeiten wollen oder müssen und über das Programm ResEdit verfügen, können Sie Director dazu bringen, wieder nach „Shared Cast"-Dateien zu suchen. Legen Sie vorsichtshalber eine Kopie von Director an, und öffnen Sie diese mit ResEdit. Klicken Sie doppelt auf die Ressource **#STR**. Öffnen Sie **Filenames** (ID 200), und überschreiben Sie den Eintrag mit der Nummer 2 mit „Shared Cast". Speichern Sie die Änderungen, und beenden Sie ResEdit. Die editierte Kopie sollte jetzt mit „Shared Cast"-Dateien funktionieren.

Import von Darstellern

Als Multimediaprogramm im eigentlichen Sinn bietet das Studio umfangreiche Importfunktionen. Alles, was Sie mit dem Befehl **Importieren** im Menü **Ablage** einfügen, erhält automatisch die nächste freie Position im Fenster **Besetzung** und wird als Darsteller gespeichert.

Es können PICT- und MacPaint-Grafiken, Sound-Dateien und Sound-Ressourcen, QuickTime-Filme sowie Album-, PICS- und Studio-Dateien importieren werden.

Die Dialogbox des Befehls **Importieren** zeigt jeweils nur Dateien im ausgewählten Ordner an, die dem eingestellten Dateityp entsprechen.

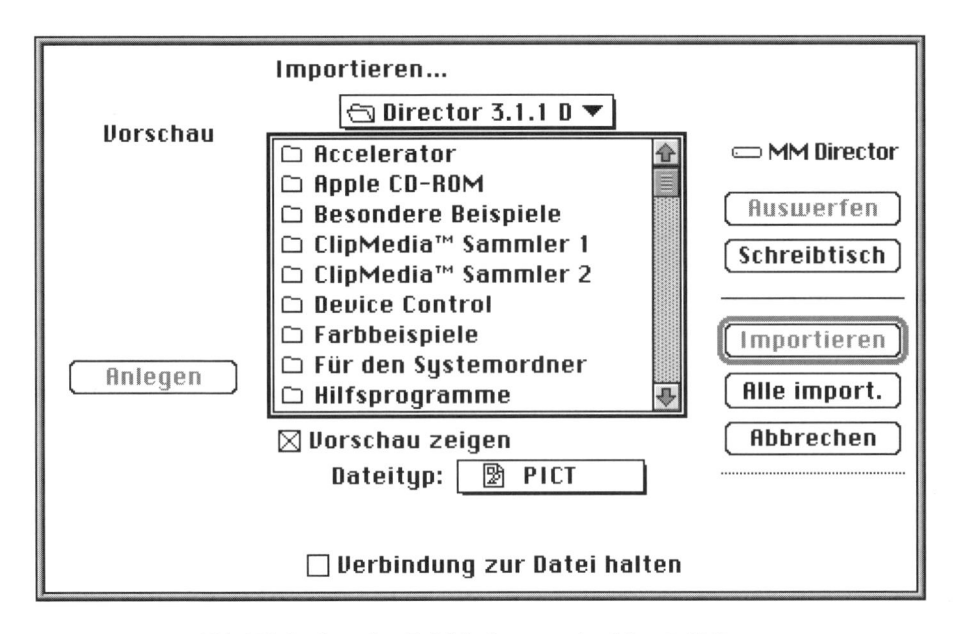

*Die Dialogbox des Befehls **Import** im Menü **Ablage***

Beim Import einer Grafik mit eigener Farbpalette kann diese entweder auch importiert oder die Farben des Darstellers an die aktuelle Palette angepaßt werden.

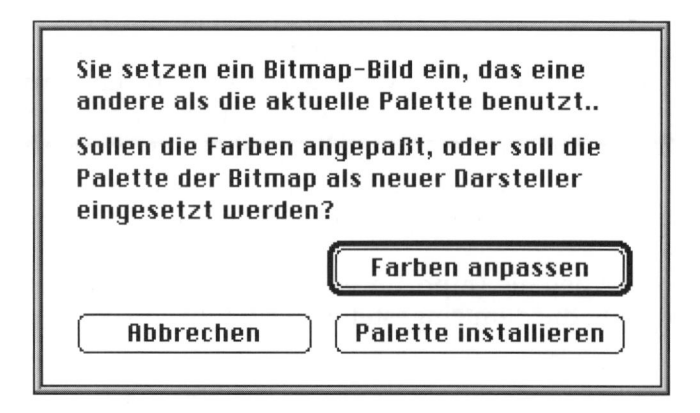

> Sie setzen ein Bitmap-Bild ein, das eine andere als die aktuelle Palette benutzt..
>
> Sollen die Farben angepaßt, oder soll die Palette der Bitmap als neuer Darsteller eingesetzt werden?
>
> [Farben anpassen] [Abbrechen] [Palette installieren]

Die Dialogbox beim Einfügen eines Darstellers mit eigener Farbpalette

In der Auswahl **Palette installieren** werden alle Farbinformationen des Darstellers übernommen. Die Farbpalette wird im Fenster **Besetzung** gespeichert und beim Ziehen des Darstellers auf die **Bühne** automatisch im Palettenkanal des Fensters **Regie** eingetragen. Beachten Sie, daß die Palette dann die Farben des gesamten Bühnenbilds bestimmt.

Klicken Sie auf **Farben anpassen**, um die importierte Grafik an die Farben der aktuellen Palette anzupassen. Das führt zu mehr oder weniger großem Verlust an Farbinformation, macht die Verwendung des Darstellers aber einfacher, da nicht bei jedem Erscheinen des Darstellers auf der **Bühne** ein Palettenwechsel erforderlich wird.

Import von PICT-Dateien

Wählen Sie die zu importierende PICT-Datei aus, und klicken Sie auf **Importieren**. Alle aufgelisteten Dateien fügen Sie mit **Alle importieren** ein. Director weist den Grafiken die nächsten freien Positionen im Fenster **Besetzung** zu. Ist die Option **Verbindung zur Datei halten** aktiviert, erzeugt Director nur einen Verweis auf die Datei. Sie sparen dadurch Speicherplatz für Ihre Studio-Datei, müssen aber sicherstellen, daß die Grafikdatei nicht gelöscht, umbenannt oder verschoben wird. Wenn Sie eine mit **Verbindung zur Datei halten** importierte Grafik im Fenster **Malen** bearbeiten, ändern Sie damit die ursprüngliche Grafikdatei. Director erinnert daran mit der Dialogbox in Abbildung 196.

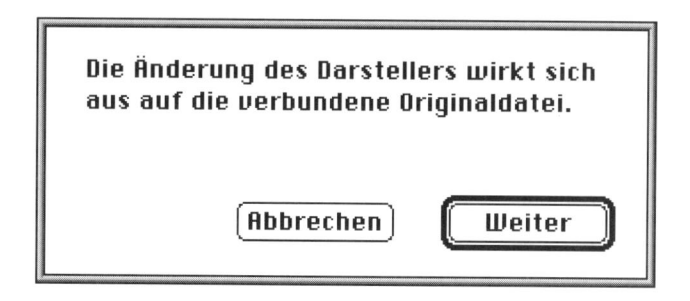

Warnung beim Editieren verbundener Dateien

Wenn Sie ein Bildschirmfoto mit Befehl + Umschalt + 3 erzeugen, wird der Bildschirminhalt als PICT-Datei mit dem Namen **Bild 1** im Startlaufwerk gespeichert. Existiert **Bild 1** schon, erhält das Foto die Bezeichnung **Bild 2** oder **Bild 3**, falls auch **Bild 2** schon existiert.

Sie können diese Datei wie jede andere PICT-Datei importieren und im Fenster **Malen** weiterbearbeiten Wenn Sie häufig Bildschirminhalte als Grafiken weiter-bearbeiten, sollten Sie das FKey **ScreenClip** im System installieren. Es gestattet das Kopieren eines Bildschirmbereichs in die Zwischenablage. Mehr dazu finden Sie im Kapitel **Import- und Exportmöglichkeiten**.

Import von MacPaint-Dateien

Der Import von MacPaint-Grafiken gleicht dem Import von PICT-Dateien mit der Einschränkung, daß die Option **Verbindung zur Datei halten** nicht unterstützt wird. Importierte MacPaint-Grafiken lassen sich im Fenster **Malen** bearbeiten.

Import von Sound-Dateien und Sound-Ressourcen

Im Lieferumfang von Director befindet sich die Datei **Sounds**, die einige in Rubriken unterteilte Standardklänge enthält. Diese Sounds können über das Menü **Ton** in die beiden Soundkanäle des Fensters **Regie** einfügt werden. Die Sounds aus dieser Datei werden nicht als Darsteller importiert.

Sounds im Datei- oder Ressourcen-Format müssen dagegen importiert werden. Die Speicherung erfolgt als Darsteller im Fenster **Besetzung**. Sound-Dateien müssen im AIFF-Format (Audio Interchange File Format) vorliegen, um in Director importiert werden zu können. Im Dateiformat vorliegende Sounds finden Sie z.B. auf den bei MacroMind Director mitgelieferten CDs unter ClipMedia. Um eigene Sound-Dateien zu erzeugen, benötigen Sie Audiodigitalisierer wie z.B. das Programm **SoundEdit**.

Das Studio in der Anwendung

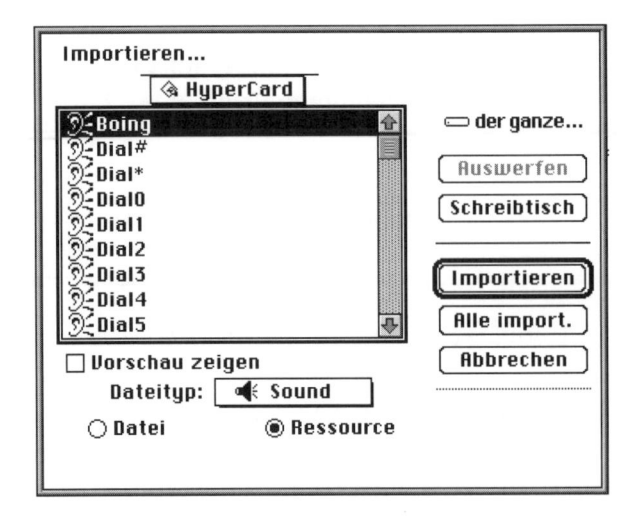

Import von Sound-Ressourcen aus dem Programm HyperCard

Sound-Ressourcen können Bestandteil jeder anderen Datei sein. Sie lassen sich z.B. aus der Datei **System** im Systemordner oder aus Programm-Dateien importieren. In der folgenden Abbildung sehen Sie die im Programm **HyperCard** enthaltenen Sound-Ressourcen.

Wenn Sie eine persönliche Ansage als Sound in die Animation aufnehmen möchten, ohne über ein Soundprogramm zu verfügen, erzeugen Sie zuerst im **Kontrollfeld Ton** eine neue Sound-Ressource. Dazu klicken Sie auf **Neu** und nehmen dann über das Mikrofon Ihre Ansage auf.

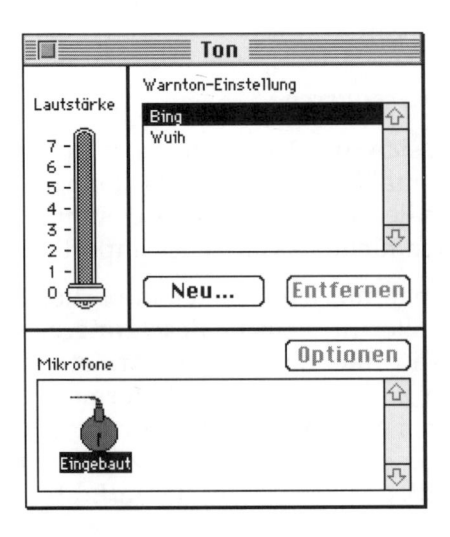

Soundaufzeichnung im Finder-Kontrollfeld **Ton**

Sichern Sie den Sound, und ändern Sie eventuell die Lautstärke im Kontrollfeld **Ton**. Wählen Sie durch Klick wieder den ursprünglich eingestellten Warnton aus.

In das Studio importieren Sie den Sound, indem Sie in der Dialogbox des Befehls **Importieren** den Typ **Sound-Ressource** wählen und die Datei **System** im Systemordner öffnen.

Die Sound-Ressource erscheint mit dem im Kontrollfeld **Ton** angegebenen Namen. Bestätigen Sie **Importieren**, um die Ansage in der nächsten freien Darstellerposition im Fenster **Besetzung** zu speichern. Markieren Sie im Fenster **Regie** im gewünschten Bild die Zelle des Soundkanals 1 oder 2. Wählen Sie im Menü **Ton** aus dem Submenü **Darsteller** den importierten Sound aus. Um im ausgewählten Bild den gesamten Sound zu hören, schalten Sie in der Dialogbox des Befehls **Tempo** im gleichen Bild die Option **Ende von Sound 1 (2) abwarten** ein. Die Animation stoppt dann im gewählten Bild, bis der Sound vollständig ausgegeben wurde.

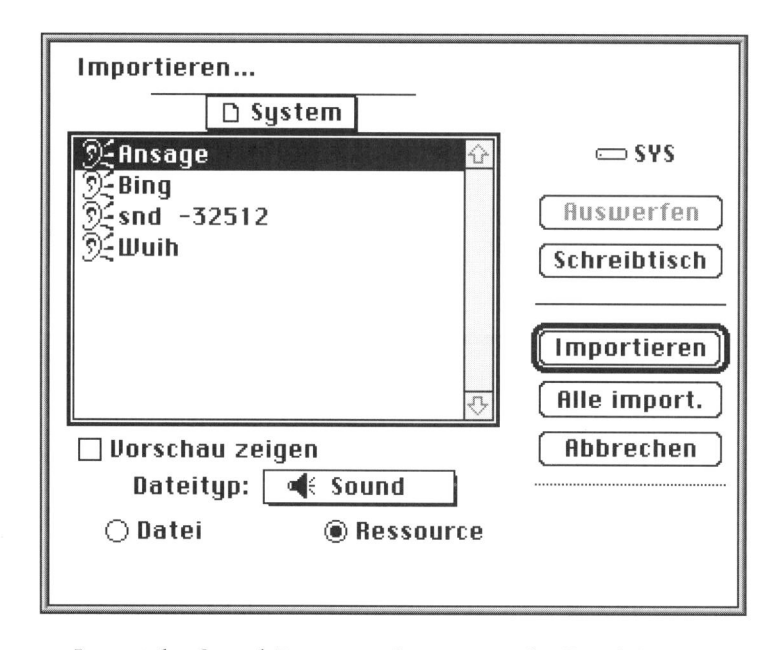

*Import der Sound-Ressource **Ansage** aus der Datei **System***

Soll der Sound das Geschehen auf der **Bühne** begleiten, muß die Ausgabe über mehrere Bilder hinweg erfolgen. Verwenden Sie den Befehl **Linear füllen**, um den Sound über mehrere Bilder hinweg abzuspielen.

Verwenden Sie bei größeren Sounds die Option **Verbindung zur Datei halten**, um nur einen Verweis auf die Sound-Datei einzufügen und Speicherplatz zu sparen. Beachten Sie auch, daß Lingo Sound-Dateien abspielen kann, die nicht Teil der **Besetzung** sind.

Import von QuickTime-Filmen

Das Importieren und Abspielen von QuickTime-Filmen ist in der Director-Version 3.1 wesentlich einfacher geworden. QuickTime-Filme können jetzt direkt in das Fenster **Besetzung** importiert und als Darsteller verwendet werden.

Die Schaltfläche **Vorschau zeigen** zeigt das erste Bild des Films. Klicken Sie auf **Anlegen**, falls keine Anzeige erfolgt. Der importierte QuickTime-Film erscheint im Fenster **Besetzung**. Bei Doppelklick auf den Darsteller wird er im Fenster **QuickTime** geöffnet und kann hier abgespielt und bearbeitet werden.

QuickTime-Filme bestehen aus einem Beschreibungsteil und dem Teil, der die eigentlichen Audio- und Video-Daten enthält. Beim Import fügt Director nur den Beschreibungsteil in die Studio-Datei ein. Wählen Sie in der Dialogbox des Befehls **Importieren** die Option **Verbindung zur Datei halten**, um statt der gesamten Beschreibung nur einen Verweis auf die bestehenden Datei zu importieren. Beachten Sie, daß auch bei ausgeschalteter Option **Verbindung zur Datei halten** die Audio- und Video-Daten weiterhin aus der QuickTime-Datei gelesen werden. Die QuickTime-Datei wird also in jedem Fall benötigt. Bei nicht auffindbaren importierten QuickTime-Dateien erscheint folgender Dialog.

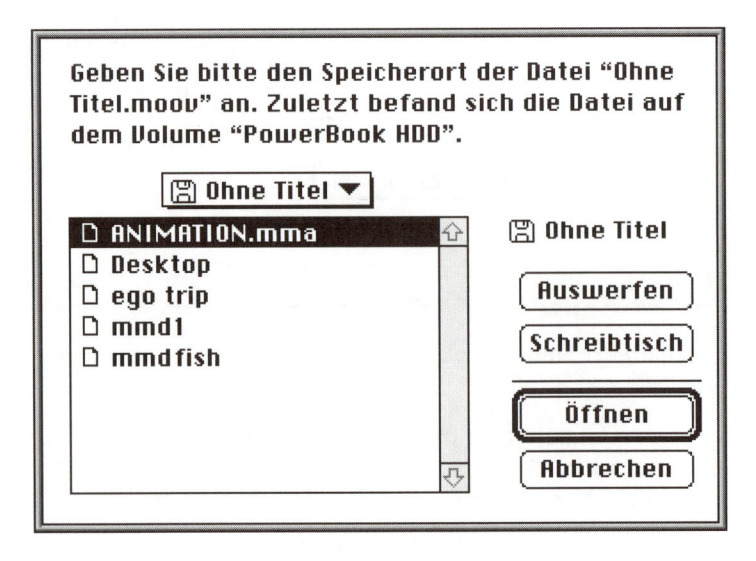

Die Dialogbox bei fehlenden QuickTime-Dateien

Geben Sie in der Dialogbox das Laufwerk und den Ordner der QuickTime-Datei an, oder Sie brechen ab und kopieren die QuickTime-Datei in den Ordner der Studio-Datei.

Import von PICS-Dateien

Das PICS-Format ist ein Austauschformat für Animationsdateien. Sie können beim Import durch Aktivierung der Option **Bereich** festlegen, welche Bilder importiert werden sollen. Jedes Bild der importierten Folge wird als eigener Darsteller im Fenster **Besetzung** gespeichert. Gleichzeitig erscheint die Darstellerfolge an der Einfügeposition im Fenster **Regie**. Mit einer Markierung in **Regie** vor dem Befehl **Importieren** legen Sie die maximale Anzahl einzufügender Objekte fest.

Import von Album-Dateien

Das Programm **Album** und die **Albumdatei** sind Teil von System 7 und ermöglichen den einfachen Datenaustausch zwischen verschiedenen Anwendungen. Beliebige Daten können über die Zwischenablage in die Albumdatei eingesetzt und gespeichert werden. Beim Importieren von Album-Daten können Sie ebenfalls einen einzufügenden Bereich auswählen.

Um in anderen Anwendungen Daten im Album-Dateiformat zu speichern, kann das bei Director mitgelieferte FKey **Scrapbook** verwendet werden. Mehr zu diesem FKey finden Sie im Kapitel **Import- und Exportmöglichkeiten**.

Import von Studio-Dateien

Wenn Sie eine Studio-Datei importieren, werden alle Darsteller der importierten Datei in das Fenster **Besetzung** der aktuellen Datei übertragen. Den Inhalt des Fensters **Regie** der importierten Datei speichert das Studio in einer mehrkanaligen **Filmschleife** im Fenster **Besetzung** der aktuellen Datei. Um die importierte Studio-Datei in das aktuelle Fenster **Regie** aufzunehmen, ziehen Sie die Filmschleife auf die **Bühne**. Mehr zur Arbeit mit Filmschleifen finden Sie im Kapitel **Die Animationstechniken im Überblick**.

Das Fenster Werkzeug in der Anwendung

Das Fenster **Werkzeug** öffnen Sie über das Menü **Fenster** oder die Tastenkombination Befehlstaste + 7. Mit den Funktionen des Fensters **Werkzeug** können Sie objektorientierte QuickDraw-Texte und Grafiken direkt auf der **Bühne** erzeugen und editieren.

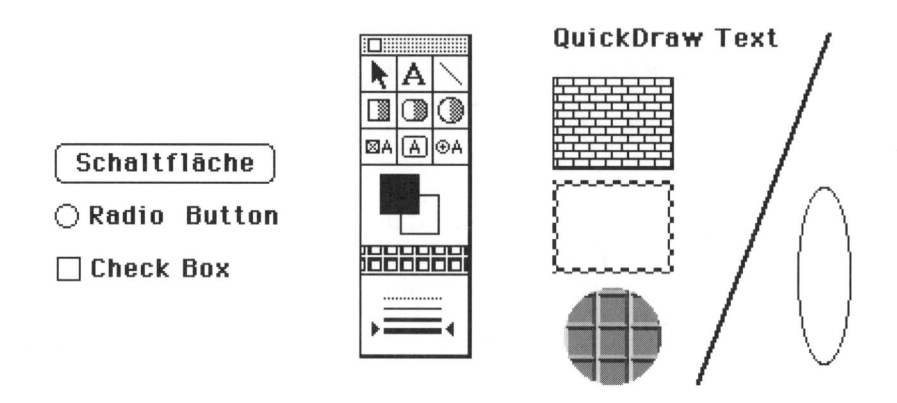

*Das Fenster **Werkzeug** und Beispiele für seine Funktionen*

Mit QuickDraw wird die Seitenbeschreibungssprache des Macintosh-Betriebssystems bezeichnet. Dieses wurde speziell für die Bitmap-Ausgabe am Bildschirm und auf Druckern entwickelt. Durch Verwendung von QuickDraw-Text und Grafik anstelle von Bitmap-Objekten sparen Sie Speicherplatz. Andererseits benötigt die Animation dieser Elemente mehr Rechenzeit und die Animationsgeschwindigkeit verlangsamt sich. Bei den QuickDraw Elementen handelt es sich im Gegensatz zu den Bitmap-Grafiken und -Texten aus dem Fenster **Malen** um objektorientierte Grafik. Sie können einzelne Elemente einer Grafik nachträglich editieren oder die Breite eines Textrahmens und natürlich den Textinhalt verändern. Zwischen den Text-Darstellern aus den Fenstern **Werkzeug** und **Text** existieren keine Unterschiede.

Die auf der Bühne mit dem Fenster **Werkzeug** erzeugten Elemente erscheinen automatisch als Darsteller im Fenster **Besetzung** und im aktuellen Bild des Fensters **Regie**. Die QuickDraw-Grafiken lassen sich allerdings erst im Fenster **Malen** bearbeiten, wenn Sie ins Bitmap-Format konvertiert wurden. Verwenden Sie dazu den Befehl **In Bitmap konvertieren** im Menü **Darsteller**. Der Rückweg, also eine Umwandlung vom Bitmap- ins QuickDraw-Format, ist nicht möglich.

Die Flächenwerkzeuge

Die Zeichenwerkzeuge beinhalten die Elemente Rechteck, abgerundetes Rechteck, Oval und Linie. Für die Flächenwerkzeuge ist das **Werkzeug** geteilt: Die linke Hälfte zeichnet ungefüllte, die rechte gefüllte Flächen.

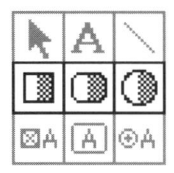

Die Zeichenfunktionen Rechteck, abgerundetes Rechteck und Oval

Zum einfachen Zeichnen von Quadraten oder Kreisen halten Sie beim Ziehen die Umschalttaste gedrückt. Linienstärke, Farben und Füllmuster der gezeichneten Flächen stellen Sie mit den gleichnamigen Werkzeugen im Fenster **Werkzeug** ein. Die Änderung der Flächenform der QuickDraw-Flächen ist nachträglich mit dem Befehl **Darstellerinfo** möglich. Markieren Sie dazu den Darsteller im Fenster **Besetzung,** und wählen Sie den Befehl **Darstellerinfo** im Menü **Darsteller**.

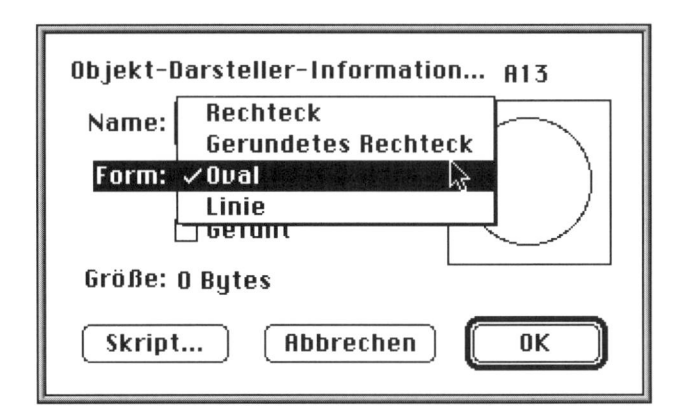

*Die Dialogbox des Befehls **Darstellerinfo** für QuickDraw-Flächen*

Im PullDown-Menü **Form** können Sie zwischen den QuickDraw-Elementen umschalten.

Das Studio in der Anwendung

Das Linienwerkzeug

Mit dem Werkzeug Linie lassen sich Geradenabschnitte mit beliebigen Richtungen zeichnen. Die Linienstärke wird im Linienstärkefeld ausgewählt. Das Drücken der Umschalttaste beim Zeichnen bewirkt, daß nur mit festen Winkeln in 45-Grad-Schritten gezeichnet werden kann. Den Linien lassen sich im Fenster **Werkzeug** Linienstärken und Farben zuweisen. Auch QuickDraw-Linien lassen sich mit dem Befehl **Darstellerinfo** im Menü **Darsteller** nachträglich in Ellipsen oder Rechtecke umwandeln.

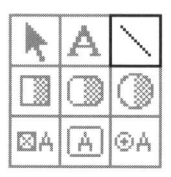

Das Linienwerkzeug

Das Textwerkzeug

Mit dem Textwerkzeug erzeugen und editieren Sie QuickDraw-Text direkt auf der **Bühne**. Der Text erscheint wie die QuickDraw-Grafiken in den Fenstern **Regie** und **Besetzung**. Sie können den Text nachträglich entweder auf der **Bühne** oder im Fenster **Text** editieren. Alle Befehle des Menüs **Text** sind auch auf die mit dem Fenster **Werkzeug** erfaßten Texte anwendbar.

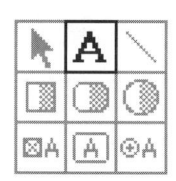

Das Textwerkzeug

Mit Hilfe des Befehls **Darstellerinfo** lassen sich weitere Eigenschaften der Text-Darsteller definieren. Die Eigenschaften sind mit denen der im Fenster **Text** erzeugten Darsteller identisch und ausführlich im Kapitel "Das Fenster Text in der Anwendung" beschrieben.

Beachten Sie, daß die von Ihnen im Menü **Text** gewählte Schriftart eventuell nicht auf allen Rechnern, auf denen die Animation später laufen soll, vorhanden ist. In diesem Fall verwendet der Macintosh eine ähnliche vorhandene Schrift, was aber meistens schon zu unerwünschten Abweichungen führt. Verwenden Sie Texte aus **Malen,** um diese Fehlerquelle auszuschalten. Hier wird jeder Textblock Teil der Bitmap-Grafik und ist nicht mehr auf einen Zeichensatz des Systems bezogen.

Die Schaltflächenwerkzeuge

Mit diesen drei Werkzeugen können Macintosh-ähnliche Schaltflächen, Options-felder und Knöpfe realisiert werden.

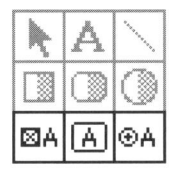

Die Schaltflächenwerkzeuge

Auch hier wird der Text direkt auf der **Bühne** editiert und die Speicherung in **Besetzung**, **Regie** und **Text** erfolgt automatisch. Die Optionsfelder und Knöpfe lassen sich bei laufender Animation ein- und ausschalten und mit den Funktionen der Sprache Lingo auswerten. Der Typ einer Schaltfläche läßt sich nachträglich ändern. Markieren Sie den Darsteller im Fenster **Besetzung.** Aktivieren Sie den Befehl **Darstellerinfo** im Menü **Darsteller,** oder klicken Sie den Darsteller mit gedrückter Steuerungstaste an.

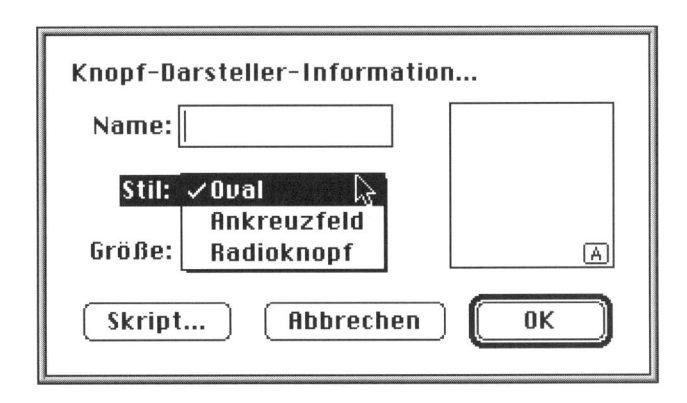

*Die Dialogbox des Befehls **Darstellerinfo** für QuickDraw-Darsteller*

Im PullDown-Menü **Stil** kann zwischen den Typen **Oval, Radioknopf** und **Ankreuzfeld** umgeschaltet werden.

Das Füllmusterfeld

Den QuickDraw-Flächen kann mit dem Füllmusterfeld eine von 64 verschiedenen Füllungen zugewiesen werden.

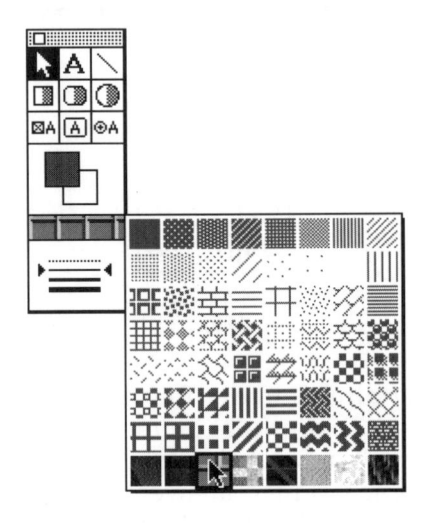

Das Füllmusterfeld

Die Linienstärke

Wählen Sie das Objekt, dessen Linienstärke verändert werden soll. Klicken Sie die gewünschte Linienstärke an. Die obere punktierte Linie steht für keine Umrandung.

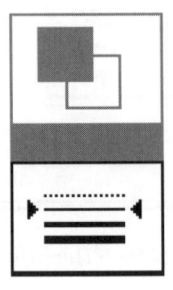

Das Linienstärkefeld im Fenster **Werkzeug**

Das Vorder- und Hintergrundfarbfeld

Allen oben genannten QuickDraw- (und auch Malen-) Darstellern können Sie eine Vorder- und Hintergrundfarbe zuweisen. Wählen Sie dazu zuerst den Darsteller auf der **Bühne** aus. Halten Sie auf dem Feld der Vorder- oder Hintergrundfarbe die Maustaste gedrückt, und ziehen Sie auf die gewählte Farbe. Textabschnitte müssen vor der Zuweisung einer Farbe markiert werden. Sie können dazu über den Text ziehen oder durch Doppelklick ein Wort und mit einem Dreifachklick den gesamten Text markieren.

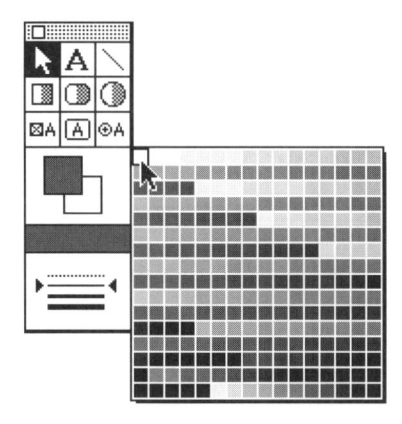

*Auswahl einer Vordergrundfarbe im Fenster **Werkzeug***

Das Fenster Text in der Anwendung

Mit dem Fenster **Text** erzeugen und bearbeiten Sie Text-Darsteller. Die mit dem Fenster **Werkzeug** erzeugten Text- und Schaltflächen-Darsteller lassen sich hier ebenfalls bearbeiten. Grundsätzlich können Sie alle Text-Darsteller auch direkt auf der **Bühne** bearbeiten. Alle im Fenster **Text** verfügbaren Befehle stehen auch beim Editieren auf der **Bühne** zur Verfügung.

Im Fenster **Text** erzeugen Sie einen neuen Text-Darsteller durch Klick in eine freie Position. Ein Textcursor erscheint, und die Texteingabe kann beginnen. Im Fenster **Text** grau gerasterte Flächen enthalten nicht editierbare Darsteller wie Grafiken, Paletten, Sounds oder QuickTime-Filme.

Das Studio in der Anwendung

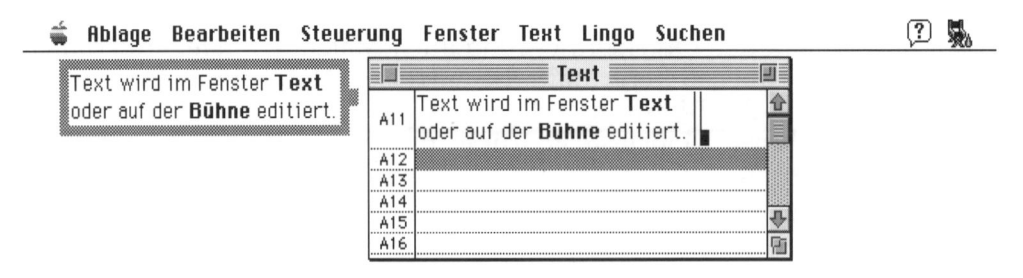

*Ein Textrahmen auf der **Bühne** und im Fenster **Text***

Die Breite des Textblocks stellen Sie durch Ziehen der rechten Markierung ein. Die Höhe richtet sich nach der verwendeten Schriftgröße. Diese und die anderen Eigenschaften des Textes werden im Menü **Text** eingestellt.

Das Menü Text

Im Menü **Text** werden die Texteigenschaften wie **Zeichensatz**, **Größe**, **Stil** und **Ausrichtung** festgelegt. Zusätzlich können Sie den Text mit Rahmen versehen oder für die Zeichen und den Rahmen eine Schattierung erzeugen. Die Änderung der Eigenschaften **Zeichensatz**, **Größe** und **Stil** erfordert eine Markierung der Zeichen.

*Das Menü **Text***

Das Fenster Text in der Anwendung

Auswahl der Textfarbe im Fenster **Werkzeug**

Ein Dreifachklick oder der Befehl **Alles auswählen** markiert den gesamten Text-Darsteller. Ein Wort markieren Sie durch Doppelklick.

Farbige Zeichen können Sie mit Hilfe des Fensters **Werkzeug** erzeugen. Markieren Sie den zu colorierenden Text, und wählen Sie dann im Fenster **Werkzeug** eine Vordergrundfarbe aus. Die Wahl der Hintergrundfarbe des Textes erfordert keine Markierung im Textfenster.

Das Menü Suchen

Bei aktivem Fenster **Text** ist das Menü **Suchen** verfügbar. Verwenden Sie die vier Befehle des Menüs, um Zeichen im Textfenster zu suchen und zu ersetzen.

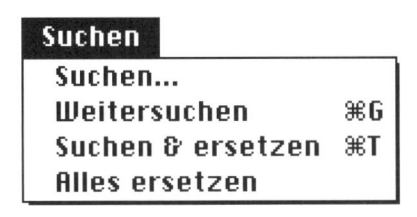

Das Menü **Suchen**

Die Befehle werden wie in Textverarbeitungsprogrammen gehandhabt. Tragen Sie den zu findenden Text in die Dialogbox des Befehls **Suchen** ein.

Das Studio in der Anwendung

Die Dialogbox des Befehls Suchen

Wenn der Suchtext durch einen anderen Text ersetzt werden soll, geben Sie ihn im Feld **Ersetzen durch** an. Die Auswahl zwischen **Als ganzes Wort** und **Alle Vorkommnisse** bestimmt, ob nur ganze Wörter oder auch Wortbestandteile bearbeitet werden sollen. Der Befehl **Weitersuchen** ist mit keiner Dialogbox verbunden und wiederholt die letzte Suche. Mit **Suchen & ersetzen** oder der Tastenkombination Befehlstaste + T wird der Suchtext durch den Text im Ersetzen-Feld ersetzt. Der Befehl **Alles ersetzen** bearbeitet nach einer Rückfrage das gesamte Fenster **Text**, arbeitet jedoch auf den vom Autor genutzten Systemen nicht fehlerfrei.

Die Text-Darsteller-Information

Mit der **Darsteller-Information** können Sie weitere Eigenschaften der Text-Darsteller definieren. Markieren Sie den Darsteller dazu im Fenster **Besetzung**, und aktivieren Sie den Befehl **Darstellerinfo** im Menü **Darsteller**. Anstelle dieses Befehls können Sie den Darsteller auch mit gedrückter Steuerungstaste anklicken.

*Die Dialogbox des Befehls **Darstellerinfo** für einen Text-Darsteller*

Im PopUp-Menü **Stil** wählen Sie zwischen den Einstellungen **Anpassen**, **Rollen** und **Fest**. In der Einstellung **Anpassen** gleicht das Studio die Höhe des Textrahmens an den Text an. Mit der Option **Rollen** installieren Sie am rechten Rand des Textrahmens eine Bildlaufleiste. In der Einstellung **Fest** bleibt die ursprüngliche Größe des Textrahmens erhalten und über den Rahmen hinausgehender Text wird abgeschnitten.

Mit der Option **Editierbarer Text** erhält das Textfeld während der Animation einen Cursor und kann für Eingaben verwendet werden. Die Eingaben in das Textfeld können mit den Funktionen der Sprache Lingo ausgewertet werden.

Bei eingeschalteter Option **Tabulatortaste** hat der Anwender bei laufender Animation die Möglichkeit, das jeweils nächste Textfeld mit der Tabulatortaste auszuwählen.

Nicht umbrechen verhindert automatische Zeilenumbrüche am rechten Textrand. Über den Rand hinausgehender Text wird abgeschnitten. Manuelle Zeilenumbrüche geben Sie mit der Eingabetaste ein.

Die Darsteller mit den Bezeichnungen A71 bis A88 sind für die Sprachausgabe mit **Macintalk** reserviert. Die hier gespeicherten Texte lassen sich als Sound im Submenü **Macintalk** des Menüs **Ton** einbinden. Mehr über **Macintalk** und andere Möglichkeiten der Sprachausgabe finden Sie im Abschnitt "Das Fenster Regie in der Anwendung".

Das Fenster Palette in der Anwendung

Die Farbpalette bestimmt, in welcher Farbe die Bildschirmpixel erscheinen. Jedes Feld der Farbpalette besitzt eine Indexnummer. Bei 8 Bit Farbtiefe mit 256 verschiedenen Farben in einer Palette hat die Farbe Weiß den Index 0 und Schwarz den Index 255. Allen anderen Feldern lassen sich abweichende Farbwerte zuweisen. Der Macintosh speichert die verwendete Farbpalette und für jeden Bildpunkt die Indexnummer. Ändert sich die Farbpalette, dann verändern sich die Farben aller Bildschirmpixel, deren Index in der neuen Farbpalette einen anderen Farbwert hat. Ein Pixel mit dem Index 239 ist beispielsweise bei aktiver **System**-Palette dunkelblau und bei aktiver **Metallic**-Palette hellgrau.

Im Lieferumfang von Director sind die Farbpaletten **Regenbogen**, **Graustufen**, **Pasteltöne**, **Bunt**, **NTSC** und **Metallic** enthalten. Mit dem Fenster **Palette** können Sie zwischen diesen Paletten umschalten oder eigene Paletten erzeugen.

Das Fenster **Palette** öffnen Sie über das Menü **Fenster** oder die Tastenkombination Befehlstaste + 8. Wenn Sie im Fenster **Malen** doppelt auf die Felder für Vordergrund-, Hintergrund- oder Verlaufsfarbe klicken, wird **Palette** ebenfalls geöffnet.

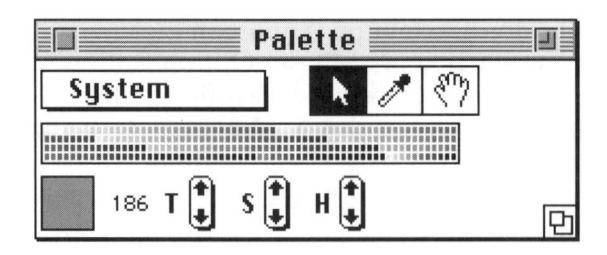

Das Fenster **Palette**

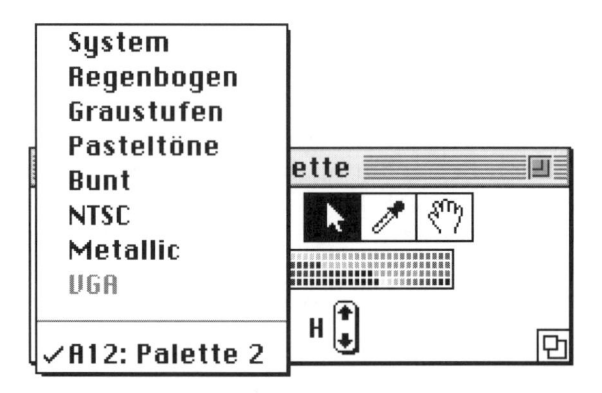

Das Paletten-PopUp-Menü

Wechsel der aktuellen Palette

Um die aktuelle Palette zu wechseln, aktivieren Sie das Paletten-PopUp-Menü und ziehen auf die gewünschte Palette.

Im PopUp-Menü erscheinen neben den mitgelieferten Paletten auch die als Darsteller gespeicherten Paletten. Diese Paletten-Darsteller importieren Sie entweder gemeinsam mit Grafik-Darstellern oder erzeugen Sie im Fenster **Palette**.

Erzeugen neuer Paletten

Neue Paletten erzeugen Sie mit dem Befehl **Duplizieren** im Menü **Palette** oder automatisch bei der Änderung einer mitgelieferten Palette. In beiden Fällen fordert Sie eine Dialogbox zum Benennen der Palette auf.

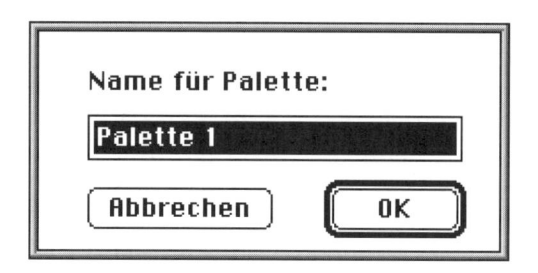

*Die Dialogbox des Befehls **Duplizieren** im Menü **Palette***

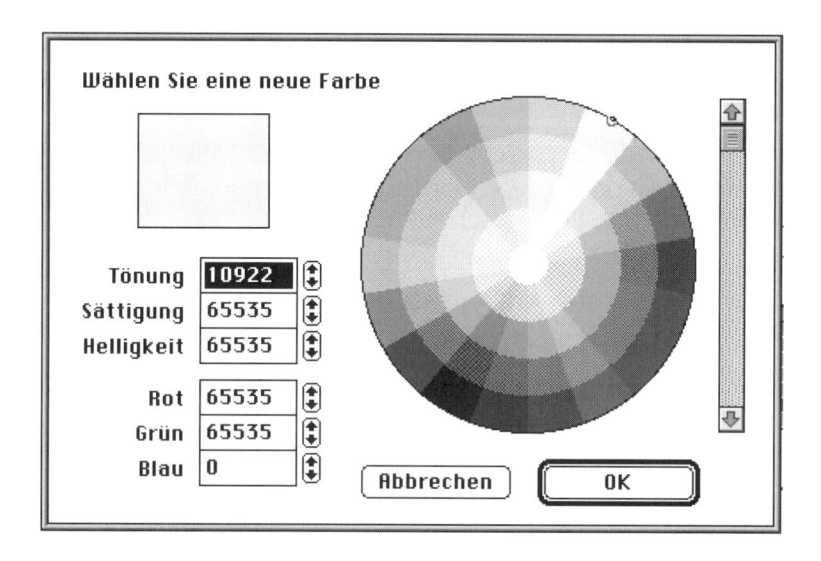

*Die Dialogbox des Befehls **Farbauswahl** im Menü **Palette***

Die neue Palette erhält die nächste freie Darstellerposition im Fenster **Besetzung** und erscheint im PopUp-Menü des Fensters **Palette**.

Um den Farbwert einer Zelle der Palette einzustellen, verwenden Sie die drei Regler **T**, **S** oder **H** (Tönung, Sättigung, Helligkeit) oder den Befehl **Farbauswahl** im Menü **Palette**.

Die Dialogbox des Befehls **Farbauswahl** erscheint auch nach einem Doppelklick mit dem Pfeilwerkzeug auf ein Farbfeld. Verwenden Sie den rechten Rollbalken und die Regler für **Tönung**, **Sättigung**, **Helligkeit** und **Rot**, **Grün**, **Blau**, um einen Farbwert einzustellen.

Die Bearbeitung von Farbpaletten

Um einen Farbverlauf zwischen zwei Farbfeldern zu erzeugen, markieren Sie zuerst die Start- und Zielposition des zu erzeugenden Verlaufs mit dem Pfeilwerkzeug. Aktivieren Sie den Befehl **Verlauf erzeugen**. Die Positionen zwischen der Start- und Zielposition werden mit einem Farbverlauf gefüllt. Mit diesem Befehl können Sie optimale Voraussetzungen für den Farbeffekt **Verlauf** im Fenster **Malen** schaffen, indem Sie in der Farbpalette des Darstellers viele Zwischenfarbtöne speichern.

Verwenden Sie den Befehl **Position umkehren** im Menü **Palette**, um die Richtung einer Markierung im Fenster **Palette** umzukehren.

Um Farbfelder innerhalb der Farbpalette zu verschieben, klicken Sie die **Hand** an. Um eine einzelne Zelle zu verschieben, klicken Sie die Zelle zuerst kurz an, um sie zu markieren, dann klicken Sie erneut und ziehen die Zelle an die neue Position. Um mehrere Zellen zu markieren, ziehen Sie über den auszuwählenden Bereich.

Mit dem Befehl **Rotieren** verschieben Sie in einer Markierung alle Farbfelder um eine Position nach links. Der Inhalt des ersten Felds der Markierung wird dabei in das letzte Feld geschoben.

Das Paletten-PopUp-Menü

Um einen Bereich der Palette zu sortieren, markieren Sie ihn zuerst. Wählen sie dann den Befehl **Sortieren** im Menü **Palette**.

Wählen Sie in der Dialogbox aus, ob nach **Tönung**, **Sättigung** oder **Helligkeit** sortiert werden soll.

Der Befehl **Auswahl umkehren** macht die bestehende Auswahl rückgängig und markiert alle vorher nicht ausgewählten Farbfelder.

Um bei einem Palettenwechsel die Farben eines anderen Darstellers nicht unbeabsichtigt zu verändern, ist es sinnvoll, die von dem Darsteller benutzten Farben auszuwählen und zu reservieren. Wählen Sie dazu zuerst den Darsteller im Fenster **Besetzung** aus. Aktivieren Sie das Fenster **Palette** und den Befehl **Benutzte Farben auswählen** im Menü **Palette**.

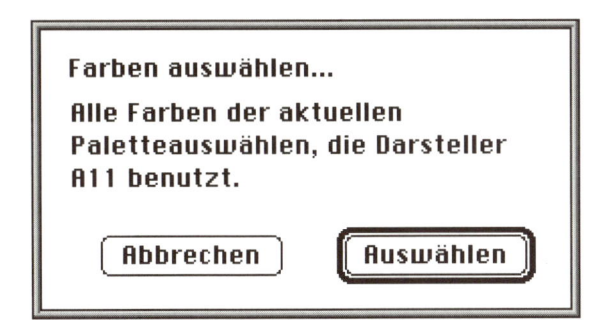

```
Farben auswählen...
Alle Farben der aktuellen
Paletteauswählen, die Darsteller
A11 benutzt.

    [ Abbrechen ]    [ Auswählen ]
```

Die Dialogbox des Befehls **Benutzte Farben auswählen** *im Menü Palette*

Die vom Darsteller verwendeten Farben werden im Fenster markiert und lassen sich mit dem Befehl **Farben reservieren** bearbeiten.

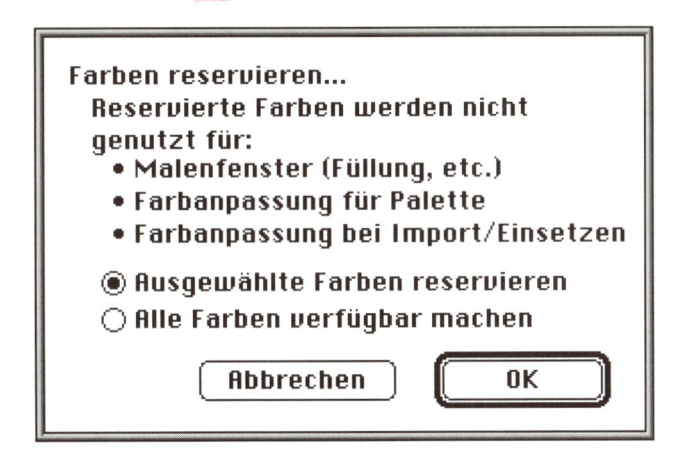

```
Farben reservieren...
  Reservierte Farben werden nicht
  genutzt für:
     • Malenfenster (Füllung, etc.)
     • Farbanpassung für Palette
     • Farbanpassung bei Import/Einsetzen
  ● Ausgewählte Farben reservieren
  ○ Alle Farben verfügbar machen

    [ Abbrechen ]    [   OK   ]
```

Die Dialogbox des Befehls **Farben reservieren** *im Menü* **Palette**

Die reservierten Farben werden im Fenster **Palette** schraffiert dargestellt und werden erst wieder verwendet, wenn die Reservierung durch eine Wiederholung des Befehls aufgehoben wird.

Das Fenster QuickTime in der Anwendung

Das Fenster **QuickTime** öffnen Sie mit dem Menü **Fenster**. Hier können die in der Besetzung gespeicherten QuickTime-Filme abgespielt und bearbeitet werden.

Das Fenster QuickTime

Die Wiedergabe des Films wird mit dem Kontrollbalken gesteuert. Mit den Pfeilen nach links und rechts können Sie sich durch die im Fenster **Besetzung** gespeicherten QuickTime-Darsteller bewegen.

Analog zum Fenster **Malen** können Sie durch Klick auf **New** einen neuen QuickTime-Darsteller erzeugen. Die aktuelle Darstellerbezeichnung erscheint links neben dem Feld **New**. Wie in den Fenstern **Malen** und **Text** kann der Darsteller durch Ziehen der Darstellerbezeichnung auf die **Bühne** gebracht werden.

Ein Klick auf die **Play**-Taste links unten spielt den Film ab. Ein erneuter Klick stoppt die Wiedergabe. Einzelne Bilder des Films zeigen Sie mit Hilfe der beiden **Step**-Tasten rechts unten an. Ziehen Sie den mittleren Regler, um den Film im Tempo der Mausbewegung ablaufen zu lassen.

Um Daten aus einem QuickTime-Film in die Zwischenablage auszuschneiden oder zu kopieren, markieren Sie den zu bearbeitenden Bereich, indem Sie den Regler mit gedrückter Umschalttaste ziehen. Die Markierung wird in der Skala invertiert dargestellt und läßt sich mit den Befehlen **QuickTime ausschneiden** oder **kopieren** im Menü **Bearbeiten** in die Zwischenablage bringen. Verwenden Sie **QuickTime einsetzen**, um die Markierung an einer anderen Position oder in einen anderen QuickTime-Darsteller einzufügen.

Mit dem Befehl **Darstellerinfo** oder einem Klick mit gedrückter Steuerungstaste auf einen QuickTime-Film öffnen Sie folgenden Dialog:

Das Fenster QuickTime in der Anwendung

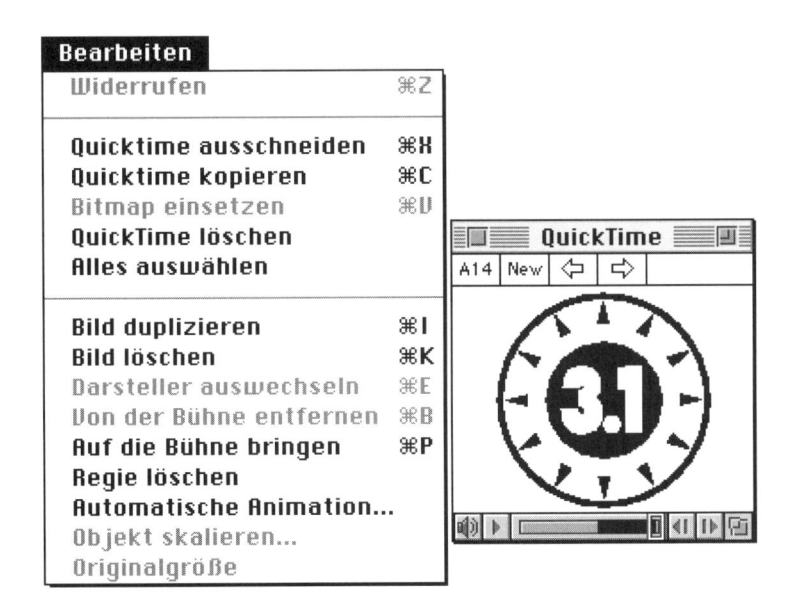

*Eine Markierung im Fenster **QuickTime***

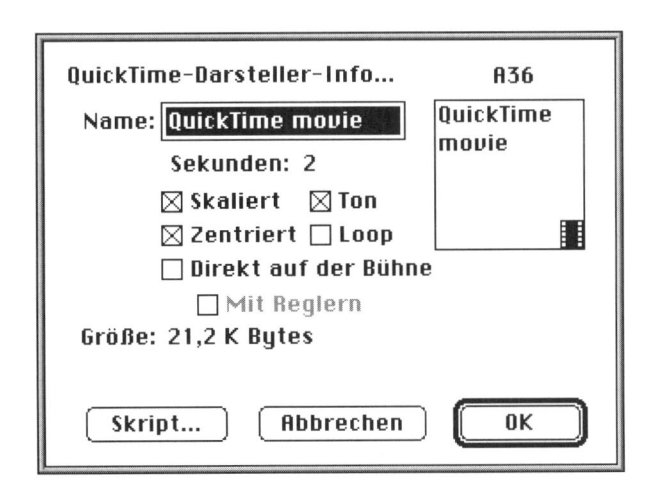

*Die Dialogbox des Befehls **Darstellerinfo** für einen QuickTime-Film*

Neben dem Darstellernamen und dem Speicherbedarf enthält die Dialogbox des Befehls **Darstellerinfo** die Dauer des Films und Optionen zur Kontrolle des Abspielverhaltens.

153

Schalten Sie die Option **Skaliert** ein, wenn Sie die Größe des Films auf der **Bühne** durch Ziehen ändern möchten. Der Film wird dann an die Größe des Filmfensters angepaßt. Mit der Option **Zentriert** wird der Film im Zentrum des Filmfensters angeordnet, wenn Sie die Größe des Filmfensters verändern. Bleibt die Option ausgeschaltet, behält der Film die ursprüngliche Position oben links im Filmfenster. Mit der Option **Direkt auf der Bühne** wird der QuickTime-Darsteller unabhängig von seiner Kanalnummer im Vordergrund vor allen anderen Darstellern gespielt. Dadurch wird das Abspielverhalten des Films verbessert und der QuickTime-Film nicht von Farbeffekten beeinflußt. Die Option **Mit Reglern** schaltet den Kontrollbalken ein und ist nur verfügbar, wenn die Option **Direkt auf der Bühne** gewählt wurde. Mit der Option **Ton** wird der Sound des QuickTime-Films ein- oder ausgeschaltet. Schalten Sie **Loop** ein, um den Film in einer Endlosschleife wiederzugeben.

Beachten Sie die neuen Befehle und Funktionen in der Sprache Lingo zur Arbeit mit QuickTime. Sie umfassen die oben angegebenen und weitere Einstellungsmöglichkeiten und sind in der Lingo-Referenz zu finden.

Das Steuerpult in der Anwendung

Das Steuerpult öffnen und schließen Sie über das Menü **Fenster** oder die Tastenkombination Befehlstaste + 2.

Die wichtigsten Funktionen des Steuerpults lassen sich auch mit Tastenkombinationen aufrufen. Sie ermöglichen die schnellere Kontrolle der Animation und vermeiden die Störung des Bühnenbilds durch das **Steuerpult**. Da diese Funktionen zu den am häufigsten benötigten im Studio gehören, sollten Sie sie auch verwenden:

Play	Befehlstaste + A	Eingabetaste auf dem numerischen Block
Stop	Befehlstaste + W	Tasten **2** oder **5** auf dem numerischen Block
Step	Befehlstaste + F	Tasten **3** oder **6** auf dem numerischen Block
BackStep	Befehlstaste + D	Tasten **1** oder **4** auf dem numerischen Block
Rewind	Befehlstaste + A	Taste **0** auf dem numerischen Block

Um beim Abspielen gleichzeitig auf die **Bühne** umzuschalten, wählen Sie die Tastenkombination Befehlstaste + Umschalttaste + A.

Die Farbe der Bühne ändern Sie mit dem Feld unten links im Steuerpult. Ein Klick darauf invertiert die Bühne. Halten Sie auf dem Feld die Maustaste gedrückt, um aus der erscheinenden Farbpalette eine neue Bühnenfarbe auswählen zu können.

Das Steuerpult in der Anwendung

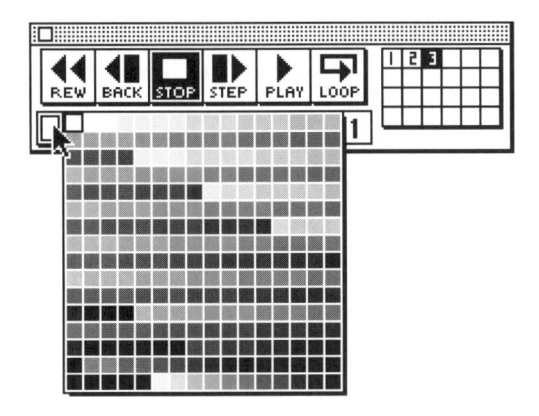

Auswahl einer Bühnenfarbe im Steuerpult

Mit der Soundkontrolle rechts daneben schalten Sie die Soundkanäle ein oder aus. Diese Funktion erreichen Sie auch mit der Taste 7 auf dem numerischen Block der Tastatur.

Mit dem Temporegler stellen Sie die Animationsgeschwindigkeit in Bildern pro Sekunde ein. Ob dieses Tempo auch realisiert wird, hängt allerdings von der Animation (der Anzahl und Größe der Darsteller) und der Rechenleistung Ihres Macintosh ab.

Den Stand des **Bildzählers** im **Steuerpult** verändern Sie durch Ziehen über die Anzeige. Ziehen nach rechts oder nach unten erhöht die Bildanzahl, nach links oder oben verringert sie. In das letzte Bild der Animation gelangen Sie mit der Tabulatortaste. Um mit dem Abspielkopf zur vorhergehenden bzw. nächsten Marke im Fenster **Regie** zu springen, verwenden Sie die Befehlstaste und die Cursortasten nach links oder rechts. Existieren keine Marken, wird der Abspielkopf um jeweils zehn Bilder zurück- oder weitergesetzt.

Die **Kanalanzeige** können Sie zum Auswählen von Kanälen im Fenster **Regie** verwenden. Klicken Sie mit gedrückter Umschalttaste, um mehrere Kanäle zu markieren. Benutzte Kanäle werden durch die Kanalnummern 1 bis 24 angezeigt. Die Kanalnummer nicht verwendeter Kanäle erscheint nicht in der Anzeige. Bei aktiver **bildweiser Aufzeichnung** wird die Kanalnummer durch das **Aufzeichnungssymbol** ersetzt. In diesem Modus wird jedes Bild bei Klick auf **Step** in das folgende Bild kopiert und kann dort verändert werden. Die bildweise Aufzeichnung aktivieren Sie automatisch beim Ziehen eines Darstellers auf die Bühne und nachträglich durch Anklicken des Darstellers oder seiner Kanalziffer mit gedrückter Wahltaste. Der Aufzeichnungsmodus wird durch Klick auf **Rewind**, **BackStep** oder erneuten Klick mit gedrückter Wahltaste ausgeschaltet.

Das Studio in der Anwendung

Die Animationstechniken im Überblick

Der folgende Abschnitt faßt die Befehle und Techniken zur Erzeugung von nicht interaktiven Animationen im Studio zusammen. Ein Abschnitt über den Zusammenhang zwischen Animationstempo und Speicherplatz schließt dieses Kapitel ab.

Die Echtzeitaufzeichnung

Die Echtzeitaufzeichnung ist die einfachste, aber auch die ungenaueste Methode zur Erzeugung einer Bewegung auf der **Bühne**.

- Positionieren Sie zuerst den zu bewegenden Darsteller auf der Bühne.
- Aktivieren Sie die Echtzeitaufzeichnung durch Gedrückthalten der Befehls- und Wahltaste.
- Ziehen Sie den Darsteller über die Bühne.

Während der Aufzeichnung blinkt der Bildzähler im **Steuerpult**. Wenn Sie die Aufzeichnung auf eine feste Bildanzahl begrenzen wollen, markieren Sie die Zellfolge in **Regie**, in der aufgezeichnet werden soll. Schalten Sie dann im Menü **Steuerung** die Option **Nur Auswahl** ein. Unterhalb der Bildziffern erscheint eine Schraffur. Die Begrenzung der Bildanzahl ist mehr ein Nebeneffekt dieser Option. Mit **Nur Auswahl** läßt sich eine Markierung in der **Regie** in einer Endlosschleife abspielen. Das ist zum Testen einzelner Abschnitte einer längeren Animation praktisch. Erneutes Auswählen von **Nur Auswahl** schaltet die Option wieder aus.

Die bildweise Aufzeichnung

Bei der bildweisen Aufzeichnung werden Zellinhalte in der **Regie** bildweise auf das rechts folgende Bild übertragen. Die Aufzeichnung wird automatisch aktiviert, wenn Sie einen Darsteller aus dem Fenster **Besetzung** auf die **Bühne** ziehen. Den Aufzeichnungsmodus erkennen Sie am Aufzeichnungssymbol in der Kanalanzeige des **Steuerpults**. In der folgenden Abbildung werden die Kanäle 1 und 2 aufgezeichnet.

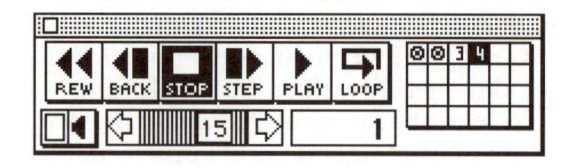

Anzeige der bildweisen Aufzeichnung für die Kanäle 1 und 2

Solange dieses Symbol angezeigt wird, führt jeder Klick auf **Step** im **Steuerpult** dazu, daß der Inhalt der aktuellen Zelle auf die Zelle im nächsten Bild übertragen wird. **Step** läßt sich auch über die Tastatur mit Befehlstaste + F eingeben. Das Verfahren eignet sich gut zur manuellen Erzeugung einer Bewegung.

Sie bestimmen im Fenster **Regie** die Einfügeposition, indem Sie Bild und Kanal durch Mausklick auswählen.

- Starten Sie den Aufzeichnungsmodus automatisch durch Ziehen eines Darstellers auf die **Bühne**.
- Ein Klick auf **Step** kopiert den Zellinhalt in das nächste Bild.
- Verändern Sie die Bühnenposition des kopierten Darstellers, indem Sie ihn auf die gewünschte Position ziehen.
- Ein Klick auf **Step** oder die Tastenkombination Befehlstaste + F kopiert den Zellinhalt in das nächste Bild.
- Verändern Sie wieder die Bühnenposition des kopierten Darstellers usw.

Jede andere Steuerungsfunktion (Rewind, BackStep oder Play) oder ein Klick in ein anderes Bild beendet diesen Aufzeichnungsmodus. Das Aufzeichnungssymbol im **Steuerpult** wird wieder durch die Kanalnummer ersetzt.

Sie können den Aufzeichnungsmodus auch für schon auf der **Bühne** vorhandene Darsteller einschalten, indem Sie die Darsteller auf der **Bühne** oder die entsprechende Kanalziffer im **Steuerpult** mit gedrückter Wahltaste anklicken. Auch jetzt erscheint das Aufzeichnungssymbol, und mit Klick auf **Step** bzw. Befehlstaste + F kann aufgezeichnet werden. Ein zweiter Klick mit gedrückter Wahltaste schaltet die Aufzeichnung wieder aus.

Der Befehl Automatische Animation

Dieser Befehl ist im Menü **Bearbeiten** zu finden und aktiviert die auch im Programmteil Drehbuch vorhandene Auswahl einfacher Texteffekte.

Der gewählte Effekt beschreibt automatisch die Fenster **Regie** und **Besetzung**. Beachten Sie, daß eventuell vorhandene Regie-Inhalte überschrieben werden, wenn Sie eine Einfügeposition vorgeben. Fehlt eine Einfügeposition, fügt Director die neu erzeugten Zellen am Ende von Kanal 1 ein. Besteht eine Markierung im Fenster **Regie**, gibt deren Länge die Anzahl der einzufügenden Zellen vor.

In den Dialogboxen aller Funktionen können Sie eine Vorschau auf die Funktion abrufen und per Mausklick das Ziel der Bewegung festlegen. Das Tempo und Verzögerungen am Anfang und am Ende sind für alle Effekte einstellbar. Die Handhabung der Funktionen ist einheitlich und der Herkunft aus dem Programmteil Drehbuch entsprechend sehr einfach. Mehr zu den Funktionen der **Automatischen Animation** finden Sie im Abschnitt „Die Drehbuch-Referenz".

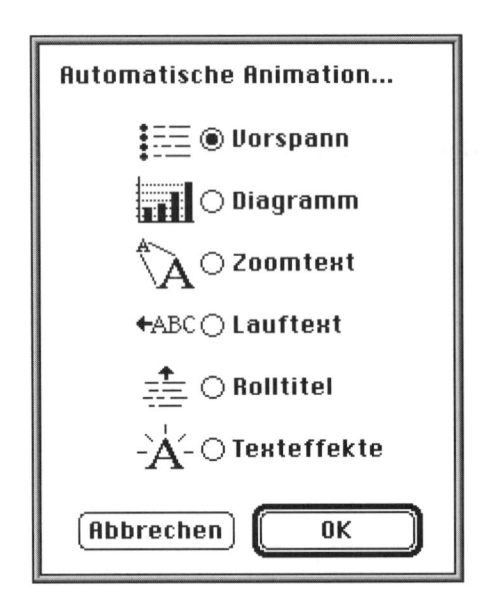

Die Dialogbox des Befehls **Automatische Animation**

Der Befehl Als Sequenz einsetzen

Oft liegen die Darsteller im Fenster **Besetzung** bereits in der für einen Bewegungsablauf auf der Bühne gewünschten Reihenfolge vor. Das ist z.B. der Fall, wenn Sie mit dem Befehl **Auto-Transformation** in **Malen** gearbeitet haben oder die Darsteller aus einer Albumfolge importiert wurden. Der Befehl **Als Sequenz einsetzen** überträgt eine Markierung aus der Besetzung an die aktuelle Position im Fenster **Regie** und damit auch auf die Bühne.

- Bestimmen Sie in der Regie zunächst die Einfügeposition.

Wenn Sie einen Bereich markieren, verwendet Director nur die markierten Zellen zum Einfügen. Beachten Sie, daß der Befehl bestehende Zellinhalte in **Regie** überschreibt.

- Markieren Sie im Fenster **Besetzung** die Darsteller, die in die Regie übertragen werden sollen.

Klicken Sie dazu auf den ersten Darsteller und mit gedrückter Umschalttaste auf den letzten Darsteller. Um Darsteller außerhalb einer Folge zu markieren, halten Sie beim Anklicken die Befehlstaste gedrückt.

- Wählen Sie im Menü **Darsteller** den Befehl **Als Sequenz einsetzen**.

Die Markierung wird in das Fenster **Regie** übertragen. Die Darsteller werden dabei zentriert auf der Bühne angeordnet. Zum Positionieren verwendet Director dabei die sogenannten Registrierungspunkte der Darsteller. Der Registrierungs-punkt wird im Fenster **Malen** gesetzt und legt das Darstellerzentrum fest.

Oft kommt es beim Abspielen von mit **Als Sequenz einsetzen** eingefügten Darstellerfolgen zu ungewollten Sprüngen einzelner Darsteller auf der Bühne. Diese Effekte resultieren aus verschobenen Registrierungspunkten der Darsteller. Die Registrierungspunkte lassen sich im Fenster **Malen** mit dem gleichnamigen Werkzeug setzen oder verschieben. Klicken Sie in **Malen** doppelt auf das Werkzeug **Registrierungspunkt**, um ihn wieder auf das Darstellerzentrum zu setzen, oder ziehen Sie ihn an die gewünschte Position.

Um zu erreichen, daß die Darsteller in der folgenden Abbildung nach dem Befehl **Als Sequenz einsetzen** um einen Punkt rotieren, muß sich der Registrierungs-punkt der Darsteller A11 bis A18 im Drehpunkt befinden.

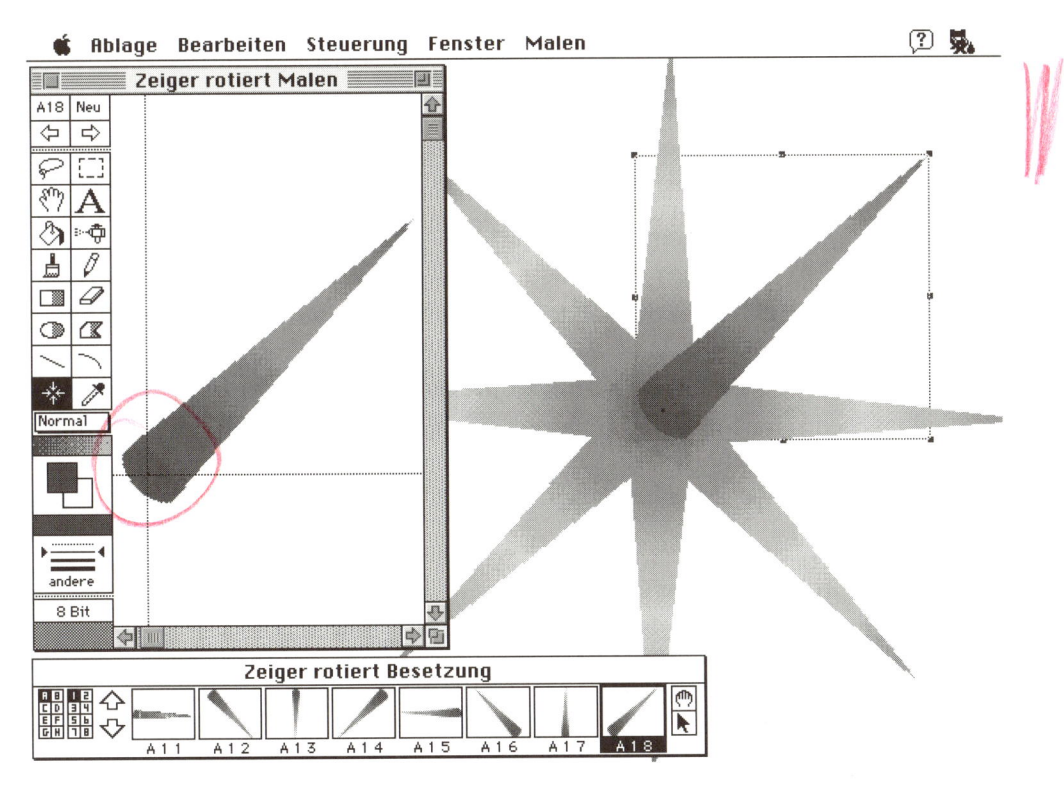

Registrierungspunkt für die Drehung des Darstellers

In diesem Zusammenhang ist der Befehl **Darsteller ausrichten** im Menü **Darsteller** interessant. Der Befehl richtet die im Fenster **Besetzung** markierten Darsteller an ihrem Registrierungspunkt im Fenster **Malen** aus. Im Fenster **Malen** erscheint nach dem Befehl **Darsteller ausrichten** jeder Registrierungspunkt auf der gleichen Bildschirmposition. Die Ausrichtung der Darsteller erfolgt nur im Fenster **Malen**. Die Bühnenposition der Darsteller verändert sich nicht.

Die Funktion des Registrierungspunktes läßt sich gut beobachten, wenn Sie den Registrierungspunkt im Fenster **Malen** für einen Darsteller verändern, der sich gerade auf der **Bühne** befindet. Jede Änderung des Registrierungspunktes in **Malen** führt automatisch zu einer Veränderung der Bühnenposition des Darstellers.

Wenn Sie Darsteller mit einer abweichenden Farbpalette auf der **Bühne** positionieren, trägt Director die entsprechende Palette automatisch im Palettenkanal ein. Der Befehl **Als Sequenz einsetzen** fügt dagegen nur die Darsteller in **Regie** ein. Den Palettenwechsel müssen Sie manuell im Palettenkanal der **Regie** vornehmen. Wählen Sie dazu die Zelle des Palettenkanals im betreffenden Bild aus, und klicken Sie doppelt. Schalten Sie im PopUp-Menü der erscheinenden Dialogbox auf die gewünschte Palette um.

Der Befehl In Kanal kopieren

Wenn Sie einen Darsteller mehrfach aus dem Fenster **Besetzung** ziehen, ordnet Director die Darstellereinträge in einem Bild, also gleichzeitig, an. Der Befehl **In Kanal kopieren** wandelt ein Bild in einen Kanal um, das heißt, aus einer gleichzeitigen Darstellung von z.B. fünf Darstellern wird eine Darstellerfolge in fünf Bildern.

- Um ein Bild in einen Kanal zu wandeln, markieren Sie zuerst das umzuwandelnde Bild.
- Wählen Sie den Befehl **In Kanal kopieren** im Menü **Regie**.
- Geben Sie in der folgenden Dialogbox an, wie viele Bilder einem Kanal entsprechen sollen.

Um nach jedem Bild zwei leere Bilder einzufügen, geben Sie beispielsweise eine Drei ein.

Die leeren Bilder lassen sich mit dem Befehl **Linear füllen** bearbeiten. Mehr zu **Linear füllen** finden Sie im folgenden Abschnitt. Um keine Leerbilder einzufügen, bestätigen Sie in der Dialogbox des Befehls die Vorgabe.

Die Animationstechniken im Überblick

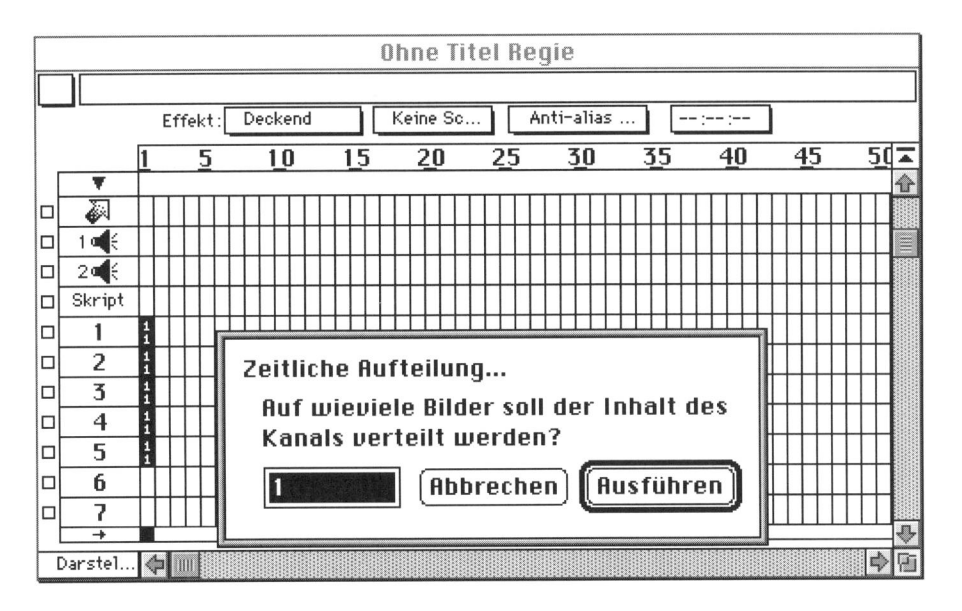

*Dialogbox des Befehls **In Kanal kopieren***

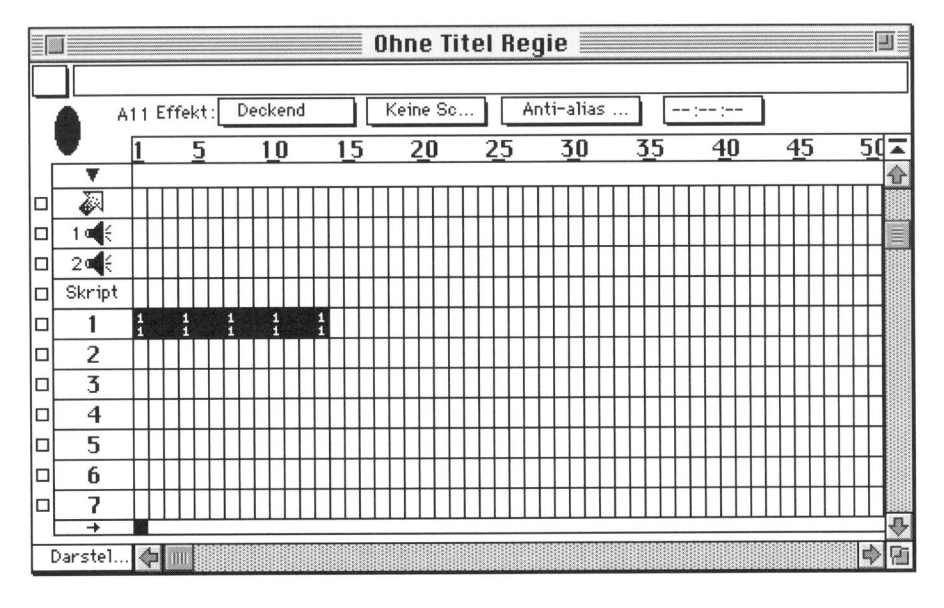

*Das Ergebnis des Befehls **In Kanal kopieren***

161

Der Befehl Linear füllen

Den Befehl **Linear füllen** verwenden Sie zum Füllen eines Bereichs im Fenster **Regie** mit einem festen Inhalt oder zum Berechnen von Positions- und Größenänderungen eines Darstellers. Beachten Sie, daß der Befehl nur von links nach rechts füllt. Verwenden Sie den Befehl **Richtung umkehren**, um Start- und Zielpunkt einer Bewegung zu tauschen.

- Um einen Bereich mit einem konstanten Inhalt zu füllen, markieren Sie die Zelle und den auszufüllenden Bereich im Fenster **Regie**.

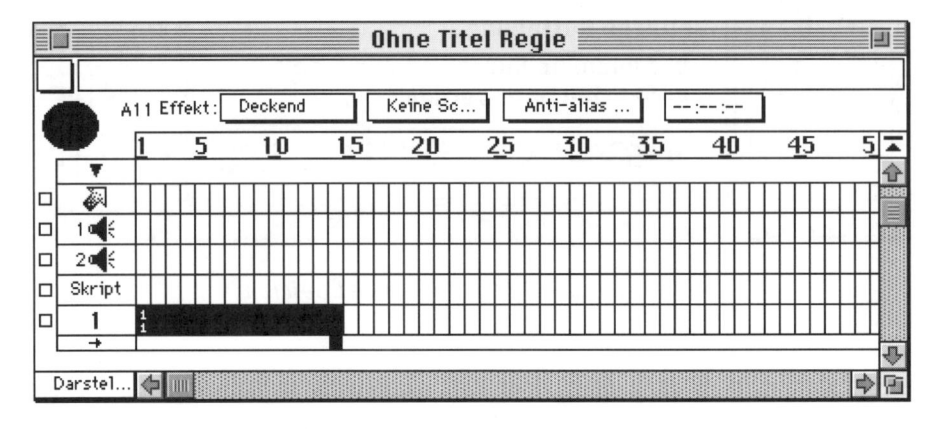

Markierung zum Füllen der Bilder 2 bis 14 im Kanal 1

- Wählen Sie den Befehl **Linear füllen** oder die Tastenkombination Befehlstaste + G.

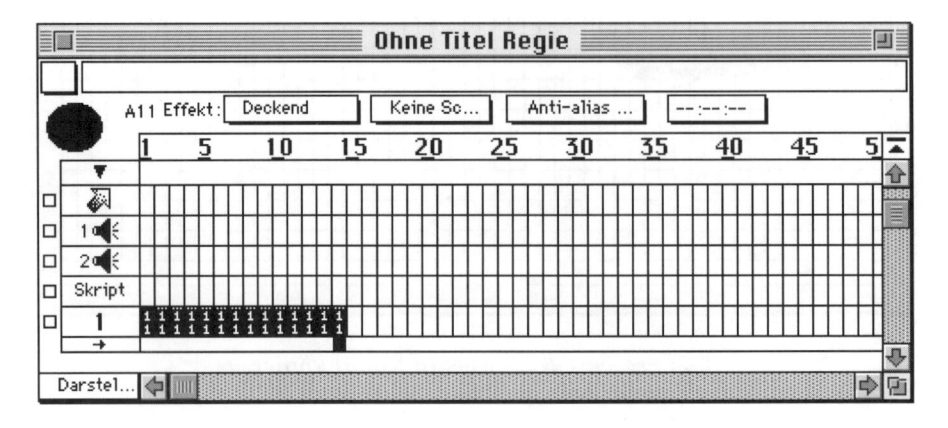

*Kanal 1 nach dem Befehl **Linear füllen***

Die zweite Anwendung des Befehls **Linear füllen** ist die Berechnung von Zwischenwerten für Bewegungen und Größenänderungen von Darstellern.
- Zur Berechnung einer Bewegung mit dem Befehl **Linear füllen** bestimmen Sie zunächst die Start- und Zielposition der Bewegung des Darstellers auf der Bühne.
- Markieren Sie den Bereich zwischen Start- und Zielposition im Fenster Regie.

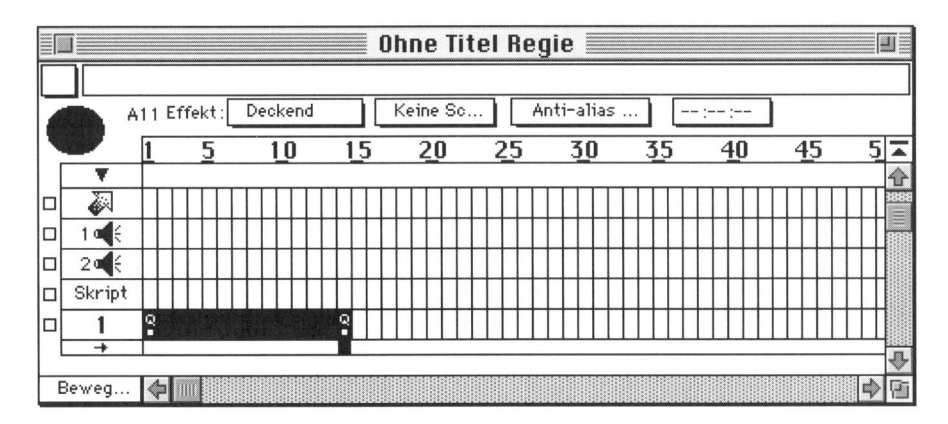

Markierung zur Berechnung der Zwischenwerte in den Bildern 2 bis 13

- Wählen Sie den Befehl **Linear füllen** oder die Tastenkombination Befehlstaste + G.

Der Befehl berechnet für die zwischen Start und Ziel liegenden Bilder die Bildschirmpositionen des Darstellers.

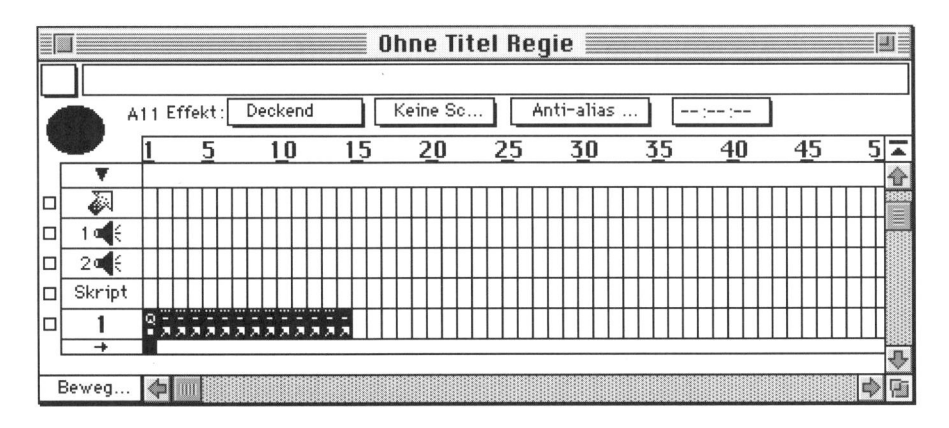

*Mit **Linear füllen** berechnete Bewegung des Darstellers in Kanal 1*

Bei der Berechnung von Größenänderungen eines Darstellers mit dem Befehl **Linear füllen** verfahren Sie wie bei der Berechnung von einfachen Bewegungen.

- Positionieren Sie den Darsteller in der Start- und Zielposition.
- Verändern Sie die Größe des Darstellers in der Zielposition durch Markieren und Ziehen der Anfasser oder durch den Befehl **Objekt skalieren** im Menü **Bearbeiten**.
- Markieren Sie wieder Start- und Zielpunkt, und wählen Sie **Linear füllen**.

Positions- und Größenänderungen lassen sich auch kombinieren. Gerade die Größenänderung verursacht während der Animation einen erheblichen Rechenaufwand, was zu langsamen und ruckartigen Bewegungen von großen Objekten führen kann. Verwenden Sie zur Größenänderung besser die **Auto-Transformation** im Fenster **Malen**. Die Speicherung der Zwischengrößen in eigenen Darstellern ermöglicht sehr viel schnellere und fließendere Größenänderungen als der Befehl **Linear füllen**. Dieser Vorteil wird allerdings durch den aufgrund der Vielzahl der Darsteller höheren Speicherbedarf erkauft.

Der Befehl Füllen spezial

Der Befehl **Füllen spezial** ist die leistungsfähigere Variante des Befehls **Linear füllen** und mit einer Dialogbox verbunden. Mit diesem Befehl sind Verzögerungen und Beschleunigungen am Anfang bzw. am Ende der Bewegung möglich. Nichtlineare Bewegungen werden berechnet, wenn mindestens drei Zellen im Fenster **Regie** markiert wurden. Bei Verwendung von Filmschleifen läßt sich statt der Filmschleife selbst deren Inhalt einfügen. **Füllen spezial** bietet eine Vorschau auf den berechneten Weg und die Möglichkeit, diesen Weg in einem Grafik-Darsteller zu speichern.

Die Handhabung entspricht dem Befehl **Linear füllen**.

- Markieren Sie im Fenster **Regie** die zu bearbeitende Zellfolge.
- Wählen Sie den Befehl **Füllen spezial** im Menü **Regie**.

Wählen Sie die gewünschte Verbindung zwischen den markierten Zellen, indem Sie den Regler auf der Skala verschieben. Mit **Innen**, **Mitte** und **Außen** legen Sie fest, ob der berechnete Weg der Darsteller innerhalb oder außerhalb der Darstellerpositionen verläuft. Die Option **Kreisförmig** erzeugt für Bewegungen mit gleichem Start- und Zielpunkt eine rundere Bahn. Der Start- und Zielpunkt wird abhängig von der gewählten Verbindung eventuell nicht mehr durchlaufen. Mit der Schaltfläche **Vorschau** können Sie sich den berechneten Weg vorab ansehen. Schließen Sie vor der **Vorschau** die Arbeitsfenster, um den berechneten Weg sehen zu können.

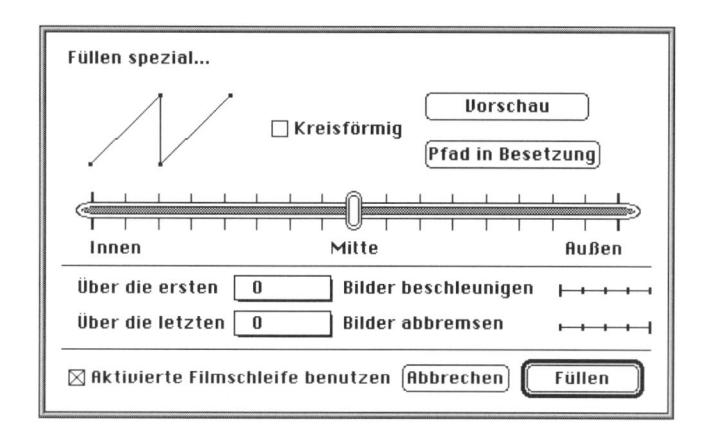

*Die Dialogbox des Befehls **Füllen spezial***

Die Schaltfläche **Pfad in Besetzung** speichert den berechneten Weg als neuen Grafik-Darsteller im Fenster **Besetzung**.

Wählen Sie **Füllen**, um die Zwischenwerte in das Fenster **Regie** zu übernehmen. Die Tastenkombination Befehlstaste + Umschalttaste + G wiederholt den Befehl **Füllen spezial** mit den zuletzt eingestellten Vorgaben, ohne die Dialogbox zu aktivieren.

Die Verwendung von Filmschleifen

Oft müssen Bewegungen kombiniert werden. Ein rotierender Zeiger soll z.B. neben der Drehung um sich selbst noch eine zweite lineare Bewegung über die **Bühne** ausführen. In diesem Fall wird die erste Bewegung (die Rotation) in einer Filmschleife gespeichert. Eine Filmschleife enthält eine Darstellerfolge aus dem Fenster **Regie** und wird als Darsteller im Fenster **Besetzung** gespeichert. Der Filmschleifen-Darsteller läßt sich mit wenigen Einschränkungen animieren wie ein einfacher Darsteller.

So definieren Sie eine Filmschleife:

- Erzeugen Sie zunächst im Fenster **Regie** die Sequenz, die in der Filmschleife gespeichert werden soll.

Nutzen Sie dazu z.B. die Befehle **Auto-Transformation** im Menü **Form** und **Als Sequenz einsetzen** im Menü **Darsteller**.

- Markieren Sie die zu speichernde Sequenz im Fenster **Regie**.
- Wählen Sie **Regiepart kopieren** im Menü **Ablage**.
- Markieren Sie im Fenster **Besetzung** eine freie Darstellerposition.
- Wählen Sie **Regiepart einsetzen** im Menü **Ablage**.

Der folgende Dialog fordert Sie zum Benennen der Filmschleife auf:

Dialogbox beim Speichern einer Filmschleife

- Geben Sie der Filmschleife einen Namen, und bestätigen Sie **OK**.

Die Markierung im Fenster **Regie** ist jetzt in der Filmschleife gespeichert und kann durch die Filmschleife ersetzt werden.

Löschen Sie keinesfalls die in der Filmschleife enthaltenen Darsteller im Fenster **Besetzung**. Die Filmschleife speichert nur Verweise auf die Darsteller. Bei fehlenden Darstellern treten beim Abspielen der Filmschleife entsprechende Lücken auf. Nachträgliche Veränderungen an den in der Filmschleife gespeicherten Darstellern werden in die Filmschleife übernommen.

Für die Animation der Filmschleife können Sie alle vorgestellten Animations-techniken verwenden. Beachten Sie jedoch die folgenden Einschränkungen.

Beim bildweisen Ausführen der Animation durch Klick auf **Step** im **Steuerpult** wird der Inhalt von Filmschleifen nicht angezeigt. Klicken Sie auf **Play**, um den Inhalt der Filmschleife zu sehen.

Die Farbeffekte (z.B. Objekt deckend, Weiß transparent) werden für Filmschleifen ignoriert. Stellen Sie statt dessen die Effekte für die einzelnen in der Filmschleife gespeicherten Darsteller ein.

Beim Positionieren der Filmschleife auf der **Bühne** zeigt der Rahmen des Darstellers den gesamten Platzbedarf der in der Filmschleife gespeicherten Darsteller an.

Bei Verwendung des Befehls **Füllen spezial** anstelle von **Linear füllen** wird die Markierung mit dem Inhalt der Filmschleife, nicht mit der Filmschleife selbst, gefüllt. Schalten Sie dazu die Option **Aktivierte Filmschleife benutzen** im Dialogfeld des Befehls **Füllen spezial** ein. Für die Echtzeitaufzeichnung der Bewegung von Filmschleifen ist die Einstellung der Option **Schleifen anzeigen** im Menü **Regie** wichtig. Bei eingeschalteter Option trägt Director nur die Bezeichnung der Filmschleife ein. Bleibt die Option ausgeschaltet, werden statt der Filmschleife die darin enthaltenen Darsteller im Fenster **Regie** eingetragen. Haben Sie mehrere Kanäle in der Filmschleife gespeichert, verwendet Director bei der Aufzeichnung nur die Elemente des ersten Kanals.

Animationsgeschwindigkeit und Speicherplatz

Die Auseinandersetzung mit diesen Problemen beginnt meist bei der ersten Meldung "Nicht genügend Speicher..." oder wenn eine Grafik sich nur ruckartig und langsam über die **Bühne** bewegt.

Der folgende Abschnitt soll helfen, Animationen schneller und weniger speicherintensiv zu realisieren. Meist widersprechen sich jedoch beide Anforderungen. Weniger speicherintensive Darsteller oder Verfahren erfordern meist mehr Rechenzeit und verlangsamen die Animation. Hier hängt die Auswahl von der konkreten Animation und Ihren Prioritäten ab.

Speicherreport und Speicherzuweisung

Die aktuelle Belegung des Arbeitsspeichers sehen Sie nach dem Befehl **Über MM Director** im **Apple-Menü**.

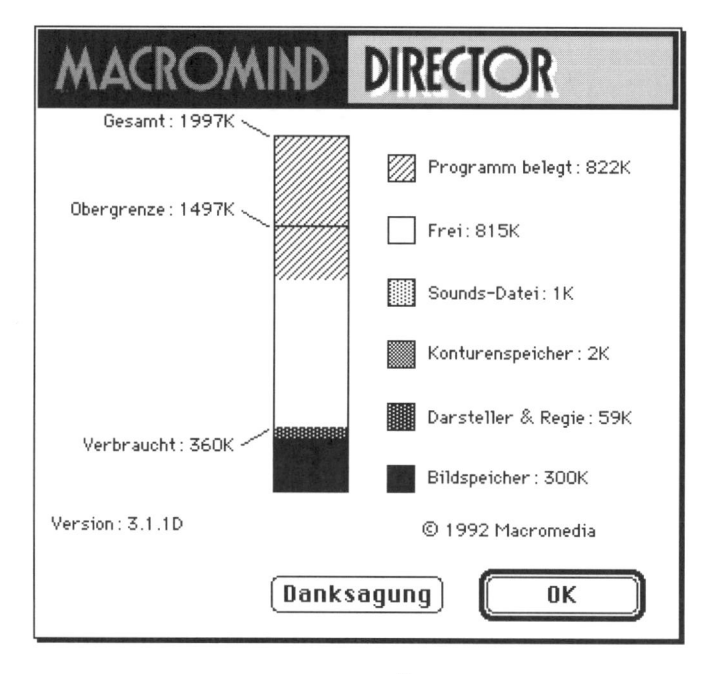

*Die Dialogbox des Befehls **Über MM Director***

Halten Sie beim Aufruf dieses Befehls die Wahltaste gedrückt, um alle nicht benötigten Elemente aus dem Arbeitsspeicher zu entfernen. Die Kombination von Steuerungs- und Wahltaste und dem Befehl **Über MM Director** räumt den Speicher auf, ohne die Informationen zu zeigen.

167

Wenn Sie den Befehl **Über MM Director** mit gedrückter Umschalttaste aufrufen, löscht Director die für die Darstellung der **Besetzung** benötigten Miniaturgrafiken aus dem Speicher.

Die Angabe **Gesamt** in der Dialogbox richtet sich nicht nach dem installierten Arbeitsspeicher, sondern nach der Speicherzuteilung mit Hilfe des Befehls **Information** im Menü **Ablage** des Finders. Um die Speicherzuteilung zu verändern, beenden Sie Director. Markieren Sie das Programm **MacroMind Director,** und wählen Sie **Information** im Menü **Ablage** des Finders.

Die Dialogbox des Finder-Befehls ***Information*** *im Menü* ***Ablage***

Tragen Sie in das Feld **Aktuelle Größe** die Arbeitsspeichergröße in kByte ein, die Director zur Verfügung stehen soll. Der zugewiesene Speicher steht anderen Programmen auch dann nicht zur Verfügung, wenn Director ihn nicht benötigt. Bei Zuweisung des gesamten freien Speichers an Director verlieren Sie die Möglichkeit, gleichzeitig mit weiteren Programmen, z.B. dem Accelerator, zu arbeiten und beeinträchtigen unter Umständen auch die Arbeit im Finder.

Die optimale Einstellung hängt von der Ausstattung Ihres Macintosh, Ihren bevorzugten Anwendungen und auch von der Größe der bearbeiteten Dateien ab. Testen Sie am besten mehrere Einstellungen.

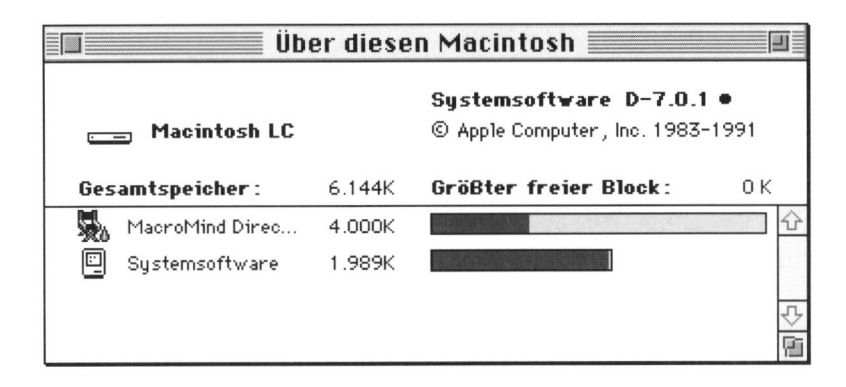

```
╔═══════ Über diesen Macintosh ═══════╗
                    Systemsoftware D-7.0.1 •
      Macintosh LC  © Apple Computer, Inc. 1983-1991

   Gesamtspeicher:    6.144K   Größter freier Block:    0 K
      MacroMind Direc... 4.000K  [████████░░░░░░░░░░]
      Systemsoftware    1.989K  [███░░░░░░░░░░░░░░░]
```

Die Dialogbox des Finder-Befehls **Über diesen Macintosh** *im Apple-Menü*

Die von Macromedia empfohlenen 4 MByte Arbeitsspeicher zur Arbeit mit Director können nur als absolutes Minimum angesehen werden. Berücksichtigen Sie etwa 2 MByte für ein mit einigen Systemerweiterungen ausgestattetes System 7, und werfen Sie einen Blick auf den Speicherbedarf gewöhnlicher Grafik-, Sound- und QuickTime-Darsteller im Dialog Darstellerinfo. Die Fehlermeldungen beim nächsten Import oder beim nächsten Befehl im Fenster **Malen** sind vorprogrammiert.

Installieren Sie 8 MByte oder mehr, um bei Experimenten mit gesampleten Sounds, QuickTime-Filmen oder Auto-Transformations-Befehlen nicht ständig von Fehlermeldungen unterbrochen zu werden.

Einsparung von Speicherplatz

Um den Speicherbedarf Ihrer Animation zu verringern, verwenden Sie für Grafik-Darsteller möglichst geringe Farbtiefen. Auch Grafiken mit 1 Bit Farbtiefe lassen sich mit dem Fenster **Werkzeug** colorieren. Die mit dem Fenster **Werkzeug** erzeugten QuickDraw-Darsteller benötigen ebenfalls weniger Speicherplatz als Bitmap-Darsteller, setzen aber das Animationstempo herab.

Um den auf der Festplatte oder Diskette benötigten Speicherplatz gering zu halten, verwenden Sie beim Importieren umfangreicher Sound-, QuickTime- oder Grafik-Dateien die Option **Verbindung zur Datei halten**. Director speichert dann nur Verweise auf die bestehenden Dateien. Wenn sich mehrere Studio-Dateien auf die so importierten Darsteller beziehen, wird der benötigte Platz auf dem Datenträger nicht vervielfacht.

Wieviel Platz Ihre Datei auf dem Datenträger beansprucht, zeigt der Befehl **Über MM Director** im **Apple-Menü** an. Die maximal mögliche Größe beträgt 16 MByte. Beachten Sie, daß Dateien, die mit der Option **Verbindung zur Datei halten** importiert wurden, bei dieser Angabe nicht berücksichtigt, für die Animation aber benötigt werden.

Den Speicherbedarf einzelner Darsteller ermitteln Sie mit dem Befehl **Darstellerinfo** im Menü **Darsteller**.

Animationsgeschwindigkeit

Die Verwendung von Bitmap-Darstellern erfordert mehr Speicherplatz als die Verwendung von QuickDraw-Darstellern, erhöht aber das Animationstempo.

Fassen Sie Darsteller, die sich über längere Zeit nicht bewegen, zu einer Hintergrundgrafik zusammen und zeigen diese statt der einzelnen Darsteller an.

Die Farbeffekte sind unterschiedlich rechenaufwendig und beeinträchtigen ebenfalls die Animationsgeschwindigkeit. Wenn möglich, verwenden Sie den Effekt **Deckend**, da er den geringsten Rechenaufwand verursacht. Verzichten Sie auf das **Anti-Aliasing**, wenn es auf Geschwindigkeit ankommt.

Verzichten Sie auf das Skalieren von Objekten auf der **Bühne** mit dem Befehl **Linear Füllen**, wenn die Geschwindigkeit wichtiger als der benötigte Speicherplatz ist. Speichern Sie statt dessen die Zwischengrößen in einzelnen Darstellern. Zwischengrößen können automatisch mit der **Auto-Transformation** oder manuell mit dem Befehl **Darsteller anpassen** durchgeführt werden.

Der beste Weg zur Beschleunigung von nicht interaktiven Studio-Dateien ist die Bearbeitung mit dem Programm **MacroMind Accelerator**. Das Kapitel **Accelerator** am Ende dieses Buches stellt das neuerdings im Lieferumfang von Director enthaltene Programm vor.

Interaktive Animationen mit Lingo

Das Fenster **Regie** definiert im Studio den zeitlichen Ablauf der Animation. Die Bilder werden, beginnend bei Bild 1, nach rechts fortschreitend angezeigt. Eine Steuerung des logischen Ablaufs (etwa "Gehe zu Bild 100, wenn eine Taste gedrückt wurde.") ist nur durch die Nutzung der Director-eigenen Programmiersprache Lingo möglich.

In Lektion 5 wurde die Sprache Lingo bereits kurz vorgestellt. MacroMind Director hat es mit anderen leistungsfähigen Animationsprogrammen gemeinsam, daß eine differenzierte Interaktivität nur durch die Verwendung einer Programmiersprache möglich ist.

Die Sprache Lingo ist der natürlichen Sprache sehr ähnlich und besitzt viele Gemeinsamkeiten mit der Sprache **HyperTalk** des Programms **HyperCard**. Beide Sprachen verwenden einfache englische Begriffe und verzichten weitgehend auf Abkürzungen. Die Programmtexte werden dadurch länger, aber auch leichter verständlich als Texte aus anderen Programmiersprachen. Das Erlernen von Lingo wird außerdem durch die hervorragende Integration der Sprache in das Studio erleichtert. Alle Befehle und Funktionen der Sprache lassen sich aus dem Menü **Lingo** in ein Skript-Fenster einfügen. Die On-line-Hilfe besitzt eine eigene Rubrik für Lingo, und das Fenster **Dialog** kann z.B. alle während der Animation ausgeführten Befehle anzeigen und bei der Fehlersuche helfen.

Sie können aus Lingo heraus nahezu alle in der **Regie** einstellbaren Eigenschaften überschreiben und kontrollieren. Gleichgültig, ob es sich um die Position, Größe und Farbe eines Darstellers oder einen Eintrag in einem der Effektkanäle handelt.

Die Lingo-Anweisungen werden in sogenannten Skripts gespeichert. Skripts sind Kommandofolgen, die pro Zeile einen Lingo-Befehl enthalten. Director speichert Skripts an verschiedenen Positionen. Es gibt Film-, Regie-, Darsteller- und Ereignis-Skripts.

Der folgende Abschnitt stellt die wichtigsten im folgenden verwendeten Begriffe vor. Anschließend finden Sie die schon erwähnten Skript-Typen und die Hilfsmittel des Studios zur Arbeit mit Lingo. Der alphabetischen Referenz geht ein Abschnitt voraus, der Schwerpunkte wie die Kontrolle und Bewegung von Darstellern oder die Realisierung von Schaltflächen und Eingabefeldern behandelt.

Die wichtigsten Bestandteile der Sprache Lingo

Viele der im folgenden vorgestellten Begriffe finden Sie als Eintrag im Menü **Lingo**. Dieses Menü enthält den Sprachumfang von Lingo und wird weiter unten vorgestellt. Die ersten beiden Submenüs enthalten die **Befehle**. Befehle sind Anweisungen, die vom Lingo-Interpreter direkt ausgeführt werden können. Viele Befehle benötigen weitere Informationen, wie z.B. der Befehl **go to** die Nummer des Bilds, in das der Abspielkopf gesetzt werden soll. Diese Informationen werden als Parameter bezeichnet und, durch ein Leerzeichen getrennt, nach dem Befehl angegeben. Ein Beispiel:

    go to 110

Sind mehrere Parameter erforderlich, werden sie durch Kommata getrennt, z.B.:

    spritebox 2, 100, 50, 150, 200

Der Begriff **Funktionen** steht für Anweisungen, die im Unterschied zu Befehlen ein Ergebnis liefern. Die Funktion **clickOn** liefert z.B. die Nummer des zuletzt angeklickten Darstellers zurück. Viele Funktionen liefern nur die Werte 0 oder 1. Die Funktion **commandDown** liefert beispielsweise immer dann den Wert 1, wenn die Befehlstaste gerade gedrückt ist und den Wert 0, wenn die Taste nicht gedrückt ist. Für den logischen Wert 1 wird auch die Konstante TRUE und für den logischen Wert 0 die Konstante FALSE verwendet. Einige Funktionen erwarten die Übergabe von Werten als Parameter. Die Funktion **charToNum** ermittelt z.B. den ASCII-Code des als Parameter übergebenen Zeichens. So sieht die Ausgabe des Befehls im Fenster **Dialog** aus:

    put charToNum ("A")
    -- 65

Die Übergabe von Parametern an Funktionen erfolgt in runden Klammern. Mehrere Parameter werden innerhalb der Klammern durch Kommata getrennt.

Mit **Schlüsselwort** werden Begriffe bezeichnet, die für die Formulierung von Befehlszeilen nötig sind, selbst aber keine Aktionen des Lingo-Interpreters auslösen. Das Schlüsselwort **on** wird z.B. benötigt, um eine Prozedur zu definieren.

Die **Operatoren** ermöglichen Berechnungen und Vergleiche von Ziffern, Zeichenketten und logischen Ausdrücken. Der Operator & verknüpft z.B. zwei Zeichenketten: "Zwei " & " Worte" = "Zwei Worte".

Der Grundsatz "Punktrechnung geht vor Strichrechnung" gilt auch in der Sprache Lingo. Die Operatoren haben die folgende Rangfolge.

1) das negative Vorzeichen - und die Klammern
2) die Multiplikations- und Divisionsoperatoren * und /
3) die Additions- und Subtraktionsoperatoren + und -

4) die Zeichenkettenoperatoren & und &&
5) die Zuweisungs- und Vergleichsoperatoren =, <, >, >=, <=, <>

Durch Verwendung von Klammern kann die Rangfolge verändert werden. In mehrfach geklammerten Ausdrücken werden immer die inneren Klammern zuerst ausgewertet.

MacroMind Director rechnet mit ganzen Zahlen und sogenannten Gleitkommazahlen.

Ganze Zahlen besitzen keinen Nachkommateil. Sie werden ohne Dezimaltrennzeichen angegeben und haben einen Wertebereich von -2.145.483.647 bis 2.145.483.647. Negative ganze Zahlen erhalten ein vorangestelltes Minuszeichen.

Gleitkommazahlen werden automatisch verwendet, wenn Sie den Punkt als Dezimaltrennzeichen verwenden. Director unterstützt auch das wissenschaftliche Zahlenformat (die Angabe von Mantisse und Exponent).

```
put 6.4e9
-- 6400000000.0
```

Logische Ausdrücke nehmen nur die Werte 0 oder 1 an. Diesen Werten entsprechen die Bezeichnungen TRUE (1 bzw. logisch wahr) und FALSE (0 bzw. logisch nicht wahr). Die logischen Operationen **and**, **or** und **not** dienen der Verknüpfung von logischen Ausdrücken. Das Ergebnis der logischen Operation **and** ist nur dann TRUE, wenn die beiden Operanden den Wert TRUE haben während das Ergebnis der logischen Operation **or** immer dann den Wert TRUE hat, wenn mindestens ein Operand TRUE ist. Die Operation **not** kehrt den logischen Wert des Operanden um: aus TRUE wird FALSE und umgekehrt.

Konstanten sind Datentypen mit festem Inhalt. Im Submenü **Konstanten** des Menüs **Lingo** finden Sie beispielsweise die Konstante **TAB**. Diese Konstante hat den Tastencode der Tabulatortaste (09) als festen Inhalt.

Der Datentyp **Variable** hat einen veränderbaren Inhalt. Variablen speichern Ziffern oder Zeichenketten. Sie definieren Variablen durch Angabe des Variablentyps und des Variablennamens, z.B.:

```
global zaehler, anfang, ende
```

Dieses Beispiel erzeugt die globalen Variablen zaehler, anfang und ende. Der Datentyp **global** macht die Variablen auch in anderen Prozeduren verfügbar. Um in einer anderen Prozeduren auf den Wert der Variablen zugreifen zu können, müssen globale Variablen in der entsprechen Prozeduren jedoch erneut deklariert werden.

Nicht als global deklarierte Variablen sind automatisch vom Typ lokal. Diese Variablen sind nur im aktuellen Skript verfügbar, z.B.

```
put the time into zeit
```

Ein Zugriff auf die Variable **zeit** außerhalb des aktuellen Skripts ist nicht möglich.

Der Datentyp **Symbol** speichert Zeichenketten, die an Variable übergeben oder für Vergleiche herangezogen werden können. Sie können Symbole auch zur Übergabe von Parametern an Prozeduren verwenden. Symbole werden durch ein Doppelkreuz (#) bezeichnet und müssen mit einem Buchstaben beginnen. Die folgende Zeile verwendet das Symbol **#Radio1** zur Parameterübergabe:

```
set panelObject = myWindow(mGetPanel, #Radio1)
```

Symbole werden vom Lingo-Interpreter schneller verwaltet als Zeichenketten und sollten für konstanten Text verwendet werden.

Eigenschaften sind Attribute, die einem Darsteller, einem Objekt oder dem System zugeordnet sein können. Sie bestimmen z.B. den Namen eines Darstellers, die Position eines Objekts oder die Farbe der **Bühne**. Die meisten Eigenschaften können abgefragt und gesetzt werden. Die folgende Zeile setzt die Eigenschaft **name of cast** für den Darsteller A11:

```
set the name of cast A11 to "Hintergrundbild"
```

Die Abfrage der Eigenschaft kann im Fenster **Dialog** mit der dieser Zeile erfolgen:

```
put the name of cast A11
-- "Hintergrundbild"
```

Eine **Prozedur** ist eine unter einem Prozedurnamen gespeicherte Folge von Befehlszeilen. Beginn und Ende der Prozedur werden mit den Schlüsselwörtern **on** bzw. **end** markiert. Beiden Schlüsselwörtern muß der Prozedurname folgen.

```
on koordinatenTest
        global vertikal, horizontal
        put the locV of sprite 2 into vertikal
        put the locH of sprite 2 into horizontal
end koordinatenTest
```

Prozeduren können in Film- und Darsteller-Skripts gespeichert werden. Sie werden durch Angabe ihres Namens ausgeführt. Die Prozeduren des Film-Skripts stehen allen anderen Skripts zur Verfügung, während die Prozeduren in einem Darsteller-Skript nur innerhalb dieses Skripts verwendet werden können.

Factories speichern ebenfalls Befehlsfolgen und werden benötigt, wenn mehr als ein Objekt eines bestimmten Typs erzeugt werden soll.

Eine Factory enthält eine Sammlung von Unterprogrammen, sogenannte **Methoden**. Diese Methoden sind in der Lage, **Factory-Objekte** zu erzeugen. Diese Factory-Objekte sind im Arbeitsspeicher verfügbar, bis sie per

Lingo-Befehl gelöscht werden. Sie können eigene Variablen besitzen und kommunizieren über Nachrichten mit anderen Objekten und Skripts.

Ein Factory-Objekt kann die Methoden anderer Factories verwenden und stellt gleichzeitig seine Methoden anderen Objekten zur Verfügung.

Factories werden im Film-Skript oder in einem Text-Darsteller gespeichert. Die Definition beginnt mit dem Schlüsselwort **Factory,** gefolgt vom Namen der Factory. Der Factory-Name darf keine deutschen Umlaute und Leer- oder Interpunktionszeichen enthalten.

Dieser Zeile folgt die Definition der Methoden, die die Factory den anderen Skripts zur Verfügung stellt. An Methoden können optionale Argumente übergeben werden.

> factory *FactoryName*
> method *MethodenName* [*Argument_1, Argument_2,*.]
>   *Anweisungen*
> end method

Methodennamen sollten zur besseren Abgrenzung gegenüber Prozeduren mit einem kleinen "m" beginnen.

Factories verwenden einen dritten Variablentyp, den Typ **instance**. Diese Variablen stehen nur in dem Objekt zur Verfügung, in dem sie definiert wurden. Dieser Variablentyp wird mit dem Schlüsselwort **instance** definiert und besteht so lange wie das Objekt selbst.

Mit der Nachricht **mNew** weisen Sie eine Factory an, ein neues Objekt zu erzeugen.

> put *FactoryName* (mNew, *Argument_1, Argument_2, ...*) into *ObjektName*

Das Objekt *ObjektName* besitzt jetzt alle Methoden der Factory und stellt diese anderen Objekten und Skripts zur Verfügung.

Die Nachricht **mDispose** entfernt ein Objekt wieder aus dem Speicher. Zur Vermeidung von Fehlermeldungen kann mit der Funktion **objectP** vorher ermittelt werden, ob das Objekt überhaupt besteht.

> if objectP (*ObjektName*) then *ObjektName*(mDispose)

Die sogenannten **XObjects** haben viele Gemeinsamkeiten mit Factories. Die Erzeugung von Objekten und der Nachrichtenaustausch der Objekte funktionieren analog.

XObjects werden zur Erweiterung der Sprache Lingo um spezielle Funktionen verwendet. Sie finden im Ordner von MacroMind Director einen Ordner **XObjects** mit Beispielen zur Ansteuerung spezieller Hardware, zur Dateiverwaltung oder zur Realisierung von PopUp-Menüs und Fenstern.

Im Unterschied zu Factories können XObjects nicht eingesehen werden, da ihre Methoden in compiliertem Programmcode vorliegen. XObjects werden in Programmiersprachen wie C oder Pascal geschrieben und mit Hilfe des von Macromedia erhältlichen **XObject Developer Kits** in Programmcode übersetzt. Zur Information über den Inhalt eines XObjects wird die Methode **mDescribe** verwendet. Nach Eingabe des XObject-Namens und der Nachricht **mDescribe** (z.B. window (mDescribe)) im Fenster **Dialog** erscheint ein Text, der die Methoden und erforderlichen Parameter auflistet.

Im Abschnitt **Installation von Schaltflächen und Menüs** wird das XObject **PopMenu** zur Erzeugung eines PopUp-Menüs verwendet.

Zur Schreibweise

Die Groß- und Kleinschreibung wird vom Lingo-Interpreter nicht unterschieden, im folgenden aber verwendet, um die Lesbarkeit des Textes zu verbessern.

Die folgenden Lingo-Zeilen haben die gleiche Wirkung:

    set the directToStage of cast "Intro" = TRUE

    SET THE DIRECTTOSTAGE OF CAST "INTRO" = TRUE

    set the directtostage of cast "intro" = true

Verwenden Sie für die Bezeichnung Ihrer Prozeduren, Makros und Factories keine deutschen Umlaute. Der Lingo-Interpreter wertet sie wie Leerzeichen und interpretiert den Rest der Bezeichnung dann als Parameter. Geben Sie statt der Umlaute die entsprechenden Kombinationen (ae, oe und ue) an.

Zur Trennung zwischen Befehlen und Parametern werden Leerzeichen verwendet. Zusätzliche Leerzeichen werden ignoriert und können zur Formatierung verwendet werden. Das ist gerade bei verschachtelten Schleifen sinnvoll, um die Übersichtlichkeit zu erhöhen. Beachten Sie beim Formatieren, daß Director die Zeilen des Skripts ihrem Inhalt entsprechend automatisch formatiert. Mehr dazu im folgenden Abschnitt.

Arten von Skripts

In Lingo können Befehlsfolgen als Film-, Regie- oder Darsteller-Skript gespeichert werden. Film-Skripts speichern im gesamten Film benötigte Prozeduren und Factories. Regie-Skripts können im Skript-Kanal oder in der Zelle eines Animationskanals gespeichert werden. Letztere werden dann als Objekt-Skripts bezeichnet. Ereignis-Skripts behandeln z.B. Maus- und Tastatureingaben oder Zeitüberschreitungen und können Teil jedes anderen Skripts sein. Im Darsteller-Skript legen Sie die bei einem Mausklick auf den Darsteller auszuführenden Befehle fest.

Die nachfolgend vorgestellten Skripts haben zahlreiche Gemeinsamkeiten:

Der Lingo-Programmtext wird in die Skripts entweder über die Tastatur eingegeben oder mit dem Menü **Lingo** eingefügt. Das zweite Verfahren benötigt mehr Zeit, hat aber den Vorteil, daß Eingabefehler vermieden werden und daß auf meist notwendige Parameter eines Befehls hingewiesen wird. Beim Einfügen aus dem Menü **Lingo** setzt Director Platzhalter für die Parameter von Befehlen und Funktionen ein und markiert diese.

In jedem Skript beginnen Kommentare mit zwei Minuszeichen (--). Alle auf die Kommentarmarkierung folgenden Zeichen in dieser Zeile werden vom Lingo-Interpreter überlesen.

Alle Skripts werden automatisch gespeichert, wenn das Skript-Fenster per Mausklick oder mit der Eingabetaste auf dem Ziffernblock geschlossen wird.

Die Online-Hilfe des Programms unterstützt auch die Sprache Lingo. Zu jedem Eintrag des Menüs **Lingo** läßt sich die entsprechende Hilfe-Seite anzeigen, indem der Eintrag mit gedrückter Wahl- und Umschalttaste ausgewählt wird.

Wählen Sie den Befehl **Hilfe** im **Apple**-Menü, um in das Hauptmenü der On-line-Hilfe zu gelangen. Aktivieren Sie im PopUp-Menü unten links die Rubrik **Lingo**, um zur ersten Seite der Lingo-Hilfe zu gelangen. Mit **Vor** und **Zurück** blättern Sie zum vorherigen bzw. folgenden Eintrag. Leider bestehen zwischen den Einträgen keine Verknüpfungen. Ein Klick auf ein mit **siehe auch:** bezeichnetes Feld bringt Sie also nicht zum entsprechenden Eintrag. Um Hilfe zu einem bestimmten Befehl zu erhalten, aktivieren Sie ihn am besten mit gedrückter Wahl- und Umschalttaste im Menü **Lingo**.

Die Skripts werden vom Lingo-Interpreter nur ausgeführt, wenn im Menü **Steuerung** die Option **Skripten beachten** eingeschaltet ist. Pro Skript können etwa 32.000 Zeichen gespeichert werden.

Film-Skripts

Pro Studio-Datei (Film) läßt sich je ein Film-Skript speichern. Hier werden Prozeduren und Factories gespeichert, die überall in der Animation zur Verfügung stehen sollen.

Prozeduren werden mit dem Schlüsselwort **on** gefolgt vom Prozedurnamen eingeleitet und mit dem Schlüsselwort **end** gefolgt vom Prozedurnamen beendet.

Um das Film-Skript zu öffnen, wählen Sie den Befehl **Filminformation** im Menü **Ablage** und klicken auf **Skript**. Befehlstaste + Umschalttaste + U öffnet das Skript direkt.

```
Film-Skript
on startmovie
  installmenu all
end startmovie
```

Ein geöffnetes Film-Skript

Die Formatierung der Zeilen im Skript-Fenster erfolgt automatisch. Director zieht z.B. alle mit **on** beginnenden Zeilen links ein. Die mit **end** beginnende Zeile wird nach dem Abschluß mit der Eingabetaste wie die erste Zeile ausgerichtet. Die Ausrichtung anderer Schlüsselwortpaare wie **if / end if** und **repeat / end repeat** funktioniert ebenfalls nach diesem Prinzip.

Die hier gespeicherten Prozeduren müssen aus einem anderen Skript heraus aufgerufen werden. Eine Ausnahme bilden die weiter unten vorgestellten Prozeduren zur Behandlung der automatisch versandten Nachrichten **startMovie, stepMovie, stopMovie** und **idle**. Diese werden automatisch aktiviert, wenn das entsprechende Ereignis eintritt. Der Befehl **installMenu** in der Abbildung wird z.B. bei jedem Start des Films (dem Ereignis **startMovie**) ausgeführt.

Das Film-Skript wird, wie alle folgenden Skripts auch, automatisch beim Schließen des Skript-Fensters gespeichert.

Regie-Skripts

Im Fenster **Regie** können Skripts entweder einer beliebigen Zelle zugeordnet oder im Skript-Kanal gespeichert werden.

Die Skripts im Skript-Kanal werden automatisch ausgeführt, wenn der Abspielkopf das betreffende Bild erreicht.

Sogenannte Objekt-Skripts sind einer Zelle der 24 Animationskanäle zugeordnet und werden nur ausgeführt, wenn das entsprechende Objekt auf der **Bühne** angeklickt wird.

Um ein Regie-Skript zu öffnen, wird zunächst die Zelle oder Zellfolge im Skript- oder Animationskanal ausgewählt und danach in das Skript-Textfeld unterhalb der Regie-Titelleiste geklickt.

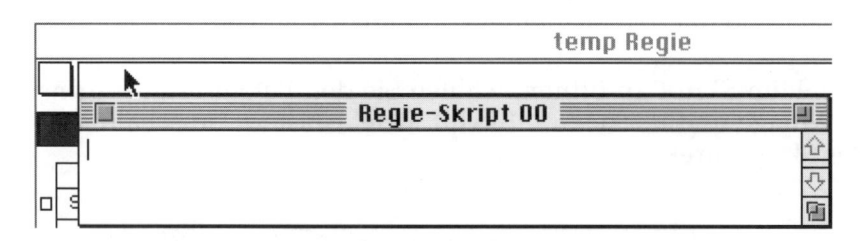

Das Textfeld für Regie-Skripts

Wenn Sie das erste Wort des Regie-Skripts nicht aus dem Menü **Lingo** einfügen, sondern über die Tastatur eingeben, kann der Mausklick in das Textfeld entfallen. Sobald Sie einen Buchstaben über die Tastatur eingeben, öffnet Director das Skript-Fenster der zuvor markierten Zelle.

Alle Regie-Skripts erscheinen automatisch im Skript-PopUp-Menü links neben dem Textfeld.

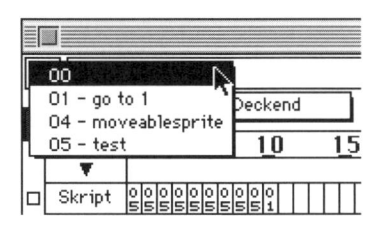

Das Skript-PopUp-Menü

Um einer Zelle ein schon bestehendes Skript im Fenster **Regie** zuzuordnen, wählen Sie zuerst die Zelle durch Mausklick an. Aktivieren Sie das Skript-PopUp-Menü, und ziehen Sie auf die Nummer des einzufügenden Skripts. Um ein Skript mehreren Zellen zuzuordnen, markieren Sie die Zellfolge vor der Auswahl im Skript-PopUp-Menü.

Schalten Sie im Anzeige-PopUp-Menü des Fensters **Regie** auf **Skript**, um die Skript-Nummer der in den Zellen gespeicherten Skripts zu sehen. Zellen mit einem Darsteller-Skript werden durch ein Kreuz angezeigt.

Wenn Sie ein bestehendes Regie-Skript öffnen und editieren, wird beim Schließen des Textfensters automatisch ein neues Skript generiert und dem Skript-PopUp-Menü hinzugefügt. Um die Änderungen im aktuellen Skript zu speichern, ohne ein neues Skript zu erzeugen, halten Sie beim Klick auf die Schließfläche die Wahltaste gedrückt. Um die Skripts mehrerer Zellen zu editieren, müssen diese vor dem Klick in das Textfeld markiert werden.

Das Skript einer Zelle oder einer markierten Zellfolge löschen Sie durch Zuweisung des Skripts mit der Nummer **00** im Skript-PopUp-Menü. Die Skripts im Skriptkanal können Sie auch durch Markieren der Zellen und Löschen mit der Rücktaste entfernen.

Beachten Sie, daß Director die Skripts im Skript-PopUp-Menü, die keiner Zelle im Fenster **Regie** zugewiesen wurden, beim Speichern der Datei nicht sichert.

Bei auftretenden Fehlern in Skripts zeigt Director die Art des Fehlers und die betreffende Zeile des Skripts in einer Dialogbox an. Die Position des Syntaxfehlers wird durch ein Fragezeichen innerhalb der Zeile markiert. Im Beispiel in Abbildung 245 fehlt das Leerzeichen zwischen **go** und **to**.

Mit **Abbrechen** stoppen Sie die Wiedergabe des Films. Durch Klick auf **Skript** öffnen Sie das fehlerhafte Darsteller- oder Film-Skripts. Bei Fehlern in Regie-Skripts setzt Director nach einem Klick auf **Skript** lediglich den Abspielkopf in das Bild, in dem der Fehler auftrat.

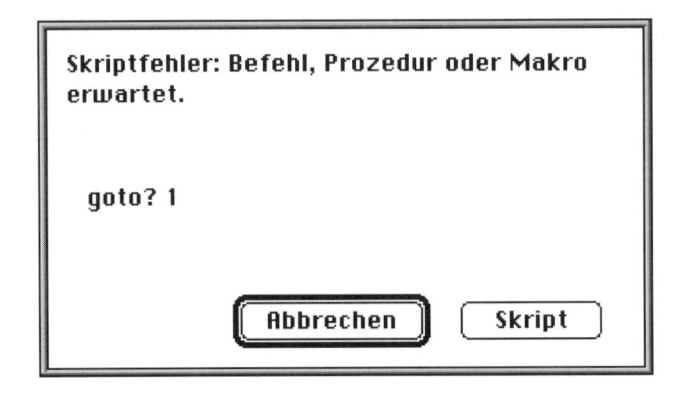

Interaktive Animationen mit Lingo

```
Skriptfehler: Befehl, Prozedur oder Makro
erwartet.


goto? 1



          [ Abbrechen ]   [ Skript ]
```

Die Dialogbox beim Auftreten eines Syntaxfehlers

Mit **Abbrechen** stoppen Sie die Wiedergabe des Films. Durch Klick auf **Skript** öffnen Sie das fehlerhafte Darsteller- oder Film-Skript. Bei Fehlern in Regie-Skripts setzt Director nach einem Klick auf **Skript** lediglich den Abspielkopf in das Bild, in dem der Fehler auftrat.

Darsteller-Skripts

Jedem im Fenster **Besetzung** gespeicherten Darsteller kann ein sogenanntes Darsteller-Skript zugeordnet werden. Darsteller-Skripts werden nur ausgeführt, wenn der Darsteller auf der **Bühne** angeklickt wird. Dem Klick auf einen Darsteller entsprechen in der Sprache Lingo die Ereignisse **mouseDown** (das Drücken der Maustaste) und **mouseUp** (das Loslassen der Maustaste). Darsteller-Skripts sind formal betrachtet spezielle Ereignis-Skripts, die ausschließlich Maus-Ereignisse behandeln können.

Das Darsteller-Skript läßt sich nach der Auswahl des Darstellers im Fenster **Besetzung** mit dem Befehl **Darstellerinfo** im Menü **Darsteller** und dem Klick auf die Schaltfläche **Skript** öffnen.

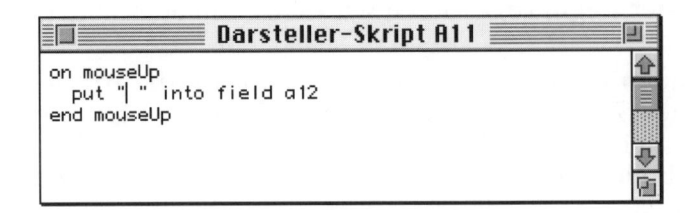

```
========= Darsteller-Skript A11 =========
on mouseUp
  put "|" into field a12
end mouseUp
```

Ein Darsteller-Skript

Die beiden Zeilen **on mouseUp** und **end mouseUp** bezeichnen den Anfang und das Ende des Darsteller-Skripts und werden automatisch in jedes Darsteller-Skript aufgenommen. Schreiben Sie alle beim Klick auf den Darsteller auszuführenden Befehle zwischen die Marken **on** und **end**. Das Skript wird nur beim Eintreten des Ereignisses **mouseUp** (dem Loslassen der Maustaste) ausgeführt. Wenn Sie erreichen möchten, daß das Skript bereits beim Drücken der Maustaste ausgeführt wird, verwenden Sie anstelle des Ereignisses **mouseUp** das Ereignis **mouseDown** nach den Marken **on** und **end**.

Der zweite Weg zum Öffnen des Darsteller-Skripts ist das Anklicken des Darstellers auf der **Bühne** oder im Fenster **Besetzung** mit gedrückter Wahl- und Steuerungstaste.

Auch das Darsteller-Skript wird automatisch beim Schließen des Skript-Fensters gespeichert.

Beachten Sie, daß ein eventuell bestehendes Objekt-Skript eine höhere Priorität besitzt als das Darsteller-Skript. Besteht ein Objekt-Skript, führt Director beim Klick auf das Objekt nur das Objekt-Skript aus.

Ereignis-Skripts

Mit diesen Skripts werden Ereignisse wie Tastatureingaben (**keyDown**), Mausklicks (**mouseDown** und **mouseUp**) oder Zeitüberschreitungen (**timeout**) behandelt. Im Gegensatz zu den anderen Skripts sind Ereignis-Skripts immer Bestandteil anderer Skripts.

Ein Ereignis-Skript für die oben genannten Ereignisse kann mit den Schlüsselwörtern **when** und **then** eingerichtet werden.

> when *Ereignis* then *Befehl*

Das *Ereignis* kann entweder **keyDown**, **mouseDown**, **mouseUp** oder **timeout** sein. Nach dem Wort **then** kann nur ein *Befehl* angegeben werden. Wenn mehrere Befehle ausgeführt werden sollen, müssen Sie diese in einer Prozedur speichern und die Prozedur im Ereignis-Skript aufrufen.

> when *Ereignis* then *Prozedur*

Das Ereignis-Skript bleibt im Speicher, bis es mit dem folgenden Befehl abgeschaltet wird.

> when *Ereignis* then nothing

Die zweite Möglichkeit zur Einrichtung eines Ereignis-Skripts ist das Setzen der Eigenschaften **keyDownScript**, **mouseDownScript**, **mouseUpScript** und **timeoutScript**. Übergeben Sie diesen Eigenschaften die beim Eintreten des Ereignisses auszuführenden Befehle als Zeichenkette.

> set the *Ereignis-Skript* to "*Befehl*"

Mit der Konstanten **RETURN** und dem Zeichenkettenoperator **&** sind auf diese Weise auch mehrere Befehle im Ereignis-Skript möglich, ohne daß diese in einer Prozedur gespeichert werden müssen.

set the *Ereignis-Skript* to "*Befehl_1*" & RETURN & "*Befehl_2*" & ...

Wenn Sie einem Ereignis-Skript die leere Zeichenkette EMPTY zuweisen, wird das Ereignis-Skript gelöscht.

set the *Ereignis-Skript* to EMPTY

Die beiden vorgestellten Möglichkeiten zur Einrichtung von Ereignis-Skripts sind in jedem Skript-Typ anwendbar, während die im vorangegangenen Abschnitt vorgestellten Ereignisprozeduren **on mouseUp** und **on mouseDown** nur in Darsteller-Skripts funktionieren.

Director erzeugt für eine Reihe von Ereignissen automatisch Nachrichten mit reservierten Bezeichnungen.

Ereignis	Nachricht
Filmstart	startMovie
Filmende	stopMovie
nächstes Bild des Films	stepMovie
kein anderes Ereignis	idle

Um auf eine dieser Nachrichten zu reagieren, verwenden Sie den Namen der Nachricht als Prozedurnamen und speichern diese im Film-Skript. Ein bei jedem Filmstart automatisch ausgeführtes Skript wird z.B. wie folgt erzeugt: Öffnen Sie zuerst das Film-Skript mit dem Befehl **Filminformation** im Menü **Ablage** und mit einem Klick auf **Skript**. Definieren Sie mit den Marken **on startMovie** und **end startMovie** den Anfang und das Ende der Prozedur **startMovie**. Alle zwischen diesen Marken gespeicherten Befehle werden automatisch bei jedem Start des Films ausgeführt.

```
on startmovie
    installmenu all
end startmovie
```

Ein Film-Skript mit startMovie-Prozedur

Die Prozedur **idle** führt der Lingo-Interpreter immer dann aus, wenn kein anderes Ereignis behandelt werden muß. Speichern Sie hier die Befehle, die möglichst häufig ausgeführt werden sollen. Die Prozedur **stepMovie** wird bei jedem Wechsel des Abspielkopfes zum nächsten Bild und **stopMovie** nur beim Beenden der Wiedergabe ausgeführt.

Mit der Tastenkombination Befehls- + Umschalttaste + U kann das Film-Skript direkt geöffnet werden.

Die Lingo-Umgebung im Studio

Zur Arbeit mit Lingo bietet das Studio außer den bereits vorgestellten Skript-Fenstern die Menüs **Lingo** und **Skript** sowie die Fenster **Dialog** und **Kommentar**.

Die Menüs Lingo und Skript

Bei aktivem Fenster **Regie**, **Text** oder **Dialog** bzw. einem geöffneten Skript ist das Menü **Lingo** in der Menüleiste verfügbar. Das Menü **Skript** erscheint nur bei einem geöffneten Skript-Fenster.

Das Menü Lingo

In diesem Menü finden Sie nahezu alle Bestandteile der Sprache Lingo. Das Menü ist entsprechend den Bestandteilen in Submenüs gegliedert, die wiederum alphabetisch sortiert sind.

Jeder Eintrag kann durch Auswahl mit der Maus in ein geöffnetes Skript-Fenster übernommen werden. Um zum Beispiel den Befehl **go to** in ein geöffnetes Skript einzufügen, ziehen Sie im Menü **Lingo** auf das Submenü **Befehle A-O** und in der erscheinenden Liste auf den Eintrag **go to**. Der ausgewählte Eintrag wird im Skript an der Cursorposition eingefügt. Dabei werden evtl. erforderliche Parameter als Platzhalter eingefügt und markiert.

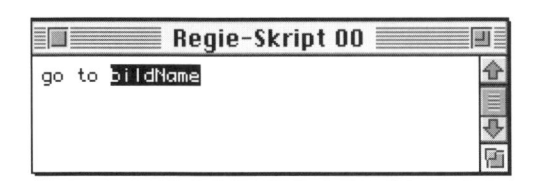

*Der Befehl **go to** mit Parameter im Skript-Fenster*

Das in der Abbildung invertiert dargestellte Wort **bildName** ist der erforderliche Parameter des Befehls **go to**. Überschreiben Sie diese Markierung mit einer Bildnummer oder einer im Fenster **Regie** definierten Sprungmarke wie z.B. "Start".

183

Der Inhalt der Submenüs **Etiketten** und **Prozeduren** ist von der geöffneten Studio-Datei abhängig. Im Submenü **Etiketten** erscheinen alle Sprungmarken, die im Fenster **Regie** definiert worden sind. Das Submenü **Prozeduren** zeigt alle im Film-Skript gespeicherten Prozeduren und im Fenster **Text** erzeugten Makros an.

Das Menü Skript

Das Menü **Skript** bietet mit dem Menü **Suchen** vergleichbare Textverarbeitungsfunktionen für geöffnete Skript-Fenster an.

In die Dialogbox des Befehls **Suchen** wird der Such- und Ersetzungstext eingegeben. Die Befehle **Weitersuchen**, **Suchen & ersetzen**, **Alles ersetzen** und **Im nächsten Skript suchen** werten diese Eingaben aus. Der Befehl **Weitersuchen** wiederholt die letzte Suche. Der Suchvorgang beginnt jeweils an der Cursorposition, und das Suchergebnis wird markiert. Der Befehl **Alles ersetzen** bearbeitet das gesamte Skript ohne vorherige Rückfrage. Mit **Im nächsten Skript suchen** kann die Suche im jeweils folgenden Objekt-, Darsteller- oder Film-Skript fortgesetzt werden.

Fenster zur Arbeit mit Lingo

Das Fenster Dialog

Das Fenster **Dialog** wird über das Menü **Fenster** oder die Tastenkombination Befehlstaste + M geöffnet. Hier können Sie Lingo-Befehle eingeben oder aus dem Menü **Lingo** einfügen und durch Bestätigung mit der Eingabetaste ausführen. Die Ausgabe der Befehle wird im Fenster **Dialog** angezeigt.

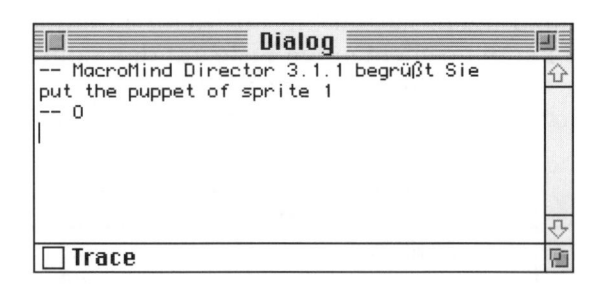

*Die Ausgabe eines Befehls im Fenster **Dialog***

Vor die Ausgaben der Befehle setzt Director Kommentarzeichen, um die Interpretation des angezeigten Textes durch den Lingo-Interpreter zu verhindern.

Die zweite Anwendung dieses Fensters ist die Anzeige der während des Abspielens ausgeführten Lingo-Befehle. Schalten Sie dazu die Option **Trace** ein (Abbildung 250)

Die Kommentarzeichen vor jeder angezeigten Zeile erzeugt Director wieder automatisch. Nach dem Kommentarzeichen erscheint die Nummer des Bildes, in dem der Befehl ausgeführt wurde. Ausgeführte Objekt-Skripts werden mit der Zeile **Clickon-Skript für Sprite ...** eingeleitet. Die eingeschaltete Option **Trace** setzt die Animationsgeschwindigkeit herab, auch wenn das Fenster **Dialog** nicht aktiv im Vordergrund ist. Schalten Sie **Trace** wieder aus, wenn die Funktion nicht mehr benötigt wird.

```
                        Dialog
-- MacroMind Director 3.1.1 begrüßt Sie
-- 0
--16: if soundbusy(1) = FALSE then sound playfile 1,"background"
--16:   sound playfile 1,"background"
--17: go to "start"
--16: if soundbusy(1) = FALSE then sound playfile 1,"background"
--16:   sound playfile 1,"background"
--17: go to "start"
== Clickon-Skript für Sprite: 9
--15:   playAccel "ego trip.mma"
--16: if soundbusy(1) = FALSE then sound playfile 1,"background"

☒ Trace
```

*Die Anzeige des Fensters **Dialog** bei aktiver Option **Trace***

Beachten Sie, daß das Editieren von Text auf der **Bühne** bei aktivem Fenster **Dialog** nicht möglich ist. Der Textcursor läßt sich zwar auf die **Bühne** setzen, die Eingaben erfolgen aber in das Fenster **Dialog**. Aktivieren Sie ein beliebiges anderes Fenster, bevor Sie den Text auf der **Bühne** editieren.

Das Fenster Text

Im Fenster **Text** können sogenannte **Makros** gespeichert werden. Makros sind Folgen von Lingo-Befehlen und mit den im Film-Skript gespeicherten Prozeduren zu vergleichen. In früheren Versionen von Director bestand die Möglichkeit der Speicherung von Prozeduren im Film-Skript noch nicht. Die aktuelle Version bietet nun aus Kompatibilitätsgründen beide Varianten. Im Fenster **Text** gespeicherte Makros erscheinen neben den **Prozeduren** im gleichnamigen Submenü des Menüs **Lingo** und können wie diese aus anderen Skripts heraus aufgerufen werden.

Die zur Definition eines Makros nötige Schreibweise zeigt folgendes Beispiel:

```
macro noHilite
    set the hilite of cast A11 to FALSE
    set the hilite of cast A12 to FALSE
    set the hilite of cast A13 to FALSE
```

Die Makrodefinition im Text-Darsteller beginnt mit einem Kommentar (zwei Minuszeichen). Die folgende Zeile muß das Schlüsselwort **macro** gefolgt vom Namen des Makros enthalten. Der Aufruf des Makros aus anderen Skripts erfolgt durch Angabe des Makronamens. Dem Namen des Makros können durch Kommata getrennte Parameter folgen.

```
--
macro setMeterValue value, castNum
    set the text of cast castNum to string ( value )
```

Ein Text-Darsteller darf mehrere Makros enthalten. Maximal sind 32.000 Zeichen in einem Text-Darsteller speicherbar.

Wenn Sie Makros im Fenster **Text** speichern, ist das Menü **Skript** nicht verfügbar. Verwenden Sie das Menü **Suchen**, um Text innerhalb des Makrotextes zu suchen und zu ersetzen. Die in den anderen Skriptfenstern vorhandene automatische Formatierung erfolgt im Fenster **Text** ebenfalls nicht. Die Speicherung von Prozeduren im Film-Skript ermöglicht eine klarere Trennung von Programmtext und Darstellern und sollte den Makros im Fenster **Text** vorgezogen werden.

Das Fenster Kommentar

Mit diesem Fenster können Sie die im Fenster **Regie** definierten Sprungmarken kommentieren. In der linken Hälfte des Fensters erscheinen alle definierten Sprungmarken. Um eine Marke zu kommentieren, klicken Sie den Markennamen in der Liste an. Sie erscheint daraufhin in der rechten Hälfte.

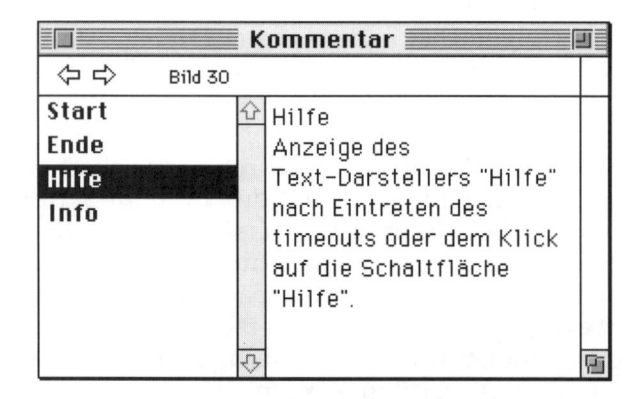

*Das Fenster **Kommentar***

Drücken Sie die Eingabetaste, um in die folgende Zeile zu gelangen, und geben Sie den Kommentartext ein. Durch einen Klick auf den Pfeil nach links oder rechts gelangen Sie zur vorhergehenden oder folgenden Marke. Rechts daneben erscheint für die ausgewählte Marke die jeweilige Bildnummer.

Ausgewählte Themen

Die Kontrolle von Darstellern und Objekten auf der Bühne

Darsteller, Casts, Objekte, Sprites und Puppets

Die Sprache Lingo verwendet weiterhin englische Schlüsselwörter, um z.B. auf Darsteller und deren Objekte zuzugreifen. Der folgende Abschnitt stellt die unterschiedlichen Bezeichnungen vor.

Mit **Darsteller** werden die im Fenster **Besetzung** gespeicherten Grafiken, Texte, Sounds, Farbpaletten und QuickTime-Filme bezeichnet. Zu ihrer Bezeichnung werden die Numerierung aus dem Fenster **Besetzung** (A11 bis H88), die Darstellernamen (z.B. "Eingabefeld" oder "Titel 1") oder die laufende Darstellernummer (1 bis 512) verwendet. Lingo verwendet die Schlüsselwörter **Castmember** und **Cast**, um Bezüge auf Darsteller herzustellen. Der Name des ersten Darstellers in der **Besetzung** (A11) wird beispielsweise mit dem Befehl **put the name of cast A11** im Fenster **Dialog** angezeigt und die Anzahl der Darsteller in der Besetzung mit dem Befehl **put the number of castmembers** ermittelt.

Objekte sind die Abbilder der **Darsteller** auf der **Bühne**. Sobald ein Darsteller auf die **Bühne** gezogen wird, erhält er ein Objekt auf der **Bühne** und im Fenster **Regie**. Die Unterscheidung zwischen Objekten und Darstellern ist wichtig, da ein Darsteller mehrere Objekte mit unterschiedlichen Eigenschaften (z.B. Position, Größe, Farbe) auf der **Bühne** besitzen kann. Die Sprache Lingo verwendet zur Bezeichnung von Objekten das Schlüsselwort **Sprite**. Die Bezeichnungen **Objekt** und **Sprite** sind also absolut gleichwertig.

Dem Schlüsselwort **Sprite** folgt immer eine Ziffer oder eine Funktion, die eine Ziffer als Ergebnis liefert. Diese Ziffer bezeichnet den Kanal im Fenster **Regie**, in dem sich das Objekt befindet. Diese Bezeichnung ist immer eindeutig, da zu einem Zeitpunkt nur ein Objekt (Sprite) Eigentümer einer Zelle in der **Regie** sein kann. Der folgende Befehl setzt für das Objekt im Kanal 2 die Eigenschaft **puppet of sprite** auf den Wert **1**.

    set the puppet of sprite 2 to 1

Ein **Puppet** ist ein Objekt, das vollständig vom Lingo-Interpreter gesteuert wird. Die im Fenster **Regie** getroffenen Festlegungen für das Objekt werden von Lingo-Befehlen überschrieben. Zu Puppets können sowohl Objekte als auch die Effektkanäle gemacht werden. Der Puppetstatus muß ausgeschaltet werden, wenn die **Regie** wieder die Kontrolle über das Objekt erhalten soll.

    set the puppet of sprite 2 to 0

Durch Zuweisung des Wertes 0 (oder der Konstanten FALSE) verliert das Objekt den Puppetstatus.

Der Zugriff auf die im Fenster **Besetzung** gespeicherten Darsteller kann aus Lingo heraus auf drei verschiedene Arten erfolgen.

Zur Bezeichnung der Darsteller kann die Darstellerbezeichnung der **Besetzung** (A11 bis H88), die laufende Darstellernummer 1 bis 512 oder der Darstellername verwendet werden.

Die Verwendung der Darstellerbezeichnungen A11 bis H88 hat den Nachteil, daß Änderungen an der **Besetzung** (z.B. mit dem Befehl **Auswahl aufräumen**) nicht automatisch aktualisiert werden. Es können umfangreiche Such- und Ersetzungsoperationen in den Skripts erforderlich werden, wenn sich die Reihenfolge im Fenster **Besetzung** verändert. Das Gleiche gilt für die Verwendung der laufenden Darstellernummer. Die Verwendung dieser Bezeichnung ist nur sinnvoll, wenn Sie die Darstellernummer in Zählschleifen als Index verwenden.

In der folgenden Schleife wird die laufende Darstellernummer verwendet, um für die ersten acht Darsteller die Eigenschaft **Hilite** einzuschalten.

```
--
macro makepuppets
global castNr
repeat with castNr = 1 to 8
        puppetSprite castNr, TRUE
end repeat
```

Die Variable **castNr** nimmt innerhalb der mit **repeat with** definierten Zählschleife nacheinander die Werte 1...8 an und wird zur Bezeichnung der ersten acht Darsteller in der Besetzung verwendet.

Beachten Sie, daß Director auch leere Darstellerpositionen mitzählt. Das obige Beispiel funktioniert nur korrekt, wenn sich die ersten acht Darsteller auch auf den ersten acht Positionen (A11 bis A18) im Fenster **Besetzung** befinden.

Die laufende Darstellernummer ermitteln Sie mit der Eigenschaft **number of cast.**

```
put the number of cast b12
-- 66
```

Die Darstellernamen sollten Sie immer dann verwenden, wenn die Bearbeitung der Darsteller in Zählschleifen nicht erforderlich ist. Der Name wird im Darsteller gespeichert und mit diesem verschoben. So wird verhindert, daß bei der Verschiebung des Darstellers in der **Besetzung** die Bezüge aktualisiert werden müssen. Darstellernamen können in der Dialogbox des Befehls **Darstellerinfo** im Menü **Darsteller** oder aus Lingo heraus mit der Eigenschaft **the name of cast** abgefragt und gesetzt werden.

Zum Bezug auf Objekte (Sprites) wird immer die Nummer des Kanals im Fenster **Regie** verwendet, in dem sich das Objekt befindet.

Schalten Sie nicht mehr benötigte Objekt-Eigenschaften aus, um zu verhindern, daß ein Objekt, das zu einem späteren Zeitpunkt in diesem Kanal gespeichert wird, die Eigenschaft unbeabsichtigt erhält.

Bildschirm-, Bühnen- und Objektkoordinaten

Dieser Abschnitt stellt die verschiedenen Möglichkeit zur Ermittlung und Änderung der Bühnenposition von Objekten vor. Die folgende Abbildung enthält alle in diesem Zusammenhang wichtigen Eigenschaften.

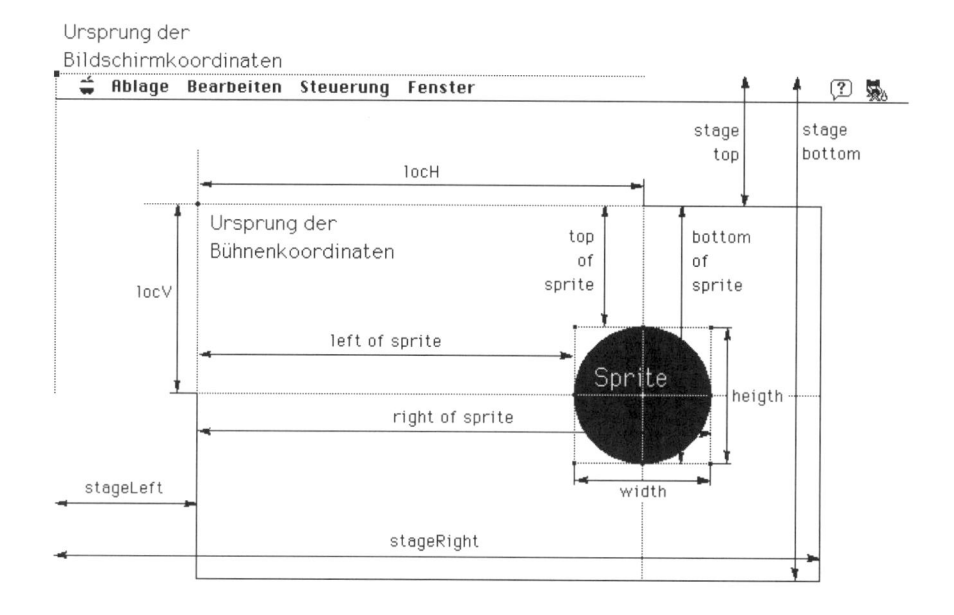

Die Koordinaten im Studio

Die Position der Bühne auf dem Bildschirm

Die Lage der **Bühne** auf dem Bildschirm stellen Sie in der Dialogbox des Befehls **Voreinstellung** im Menü **Steuerung** ein. Sofern nicht zwei Monitore verwendet werden, liegt der Koordinatenursprung der **Bühne** meist im Ursprung der Bildschirmkoordinaten. Bildschirm- und Bühnenkoordinaten haben ihren Ursprung in der linken oberen Bildschirm- bzw. Bühnenecke.

In Lingo kann die Lage der **Bühne** mit den vier Eigenschaften **stageLeft**, **stageTop**, **stageRight**, **stageBottom** ermittelt werden. Die Änderung der Bühnenposition ist in Lingo nicht möglich.

Alle Objekt-Koordinatenangaben beziehen sich auf die **Bühne** und deren Koordinatenursprung oben links.

Beim Laden anderer Filme in das Studio bestimmt die Eigenschaft **the fixStageSize**, ob die Bühnengröße an den zu spielenden Film angepaßt wird (TRUE) oder nicht (FALSE). Mit der Eigenschaft **the centerStage** schalten Sie die Zentrierung der Bühne ein oder aus.

Die Bühnen- und Objektkoordinaten

Der Ursprung der Bühnenkoordinaten liegt wie der Ursprung der Bildschirmkoordinaten oben links. Zur Angabe der Bühnenposition eines Objekts gibt es zwei verschiedene Möglichkeiten: die Angabe der Position des Darstellerzentrums und die Angabe der Koordinaten der Darstellerumrandung.

Das Darstellerzentrum wird vom sogenannten Registrierungspunkt vorgegeben. Für QuickDraw-Flächen und Texte liegt der Registrierungspunkt immer oben links. Für Bitmap-Grafiken stellen Sie den Registrierungspunkt im Fenster **Malen** mit dem gleichnamigen Werkzeug ein.

Die Bühnenposition des Registrierungspunktes eines Objekts stellen Sie mit den Eigenschaften **locH** für die horizontale und **locV** für die vertikale Koordinate ein. Die folgenden Lingo-Zeilen positionieren ein im Kanal 2 gespeichertes Objekt eines Darstellers auf den Koordinaten 320, 240.

```
set the locH of sprite 2 = 320
set the locV of sprite 2 = 240
```

Die zweite Möglichkeit zur Positionierung von Objekten ist die Einstellung der Koordinaten der Umrandung des Objekts. Diese Koordinaten werden mit den vier Eigenschaften **left, top, right** und **bottom of sprite** ermittelt. Die vier Eigenschaften können nicht direkt gesetzt werden. Dazu bietet Lingo den Befehl **spritebox**.

Der folgende Befehl stellt die Koordinaten der Umrandung des Objekts im Kanal 2 auf die Werte links = 50, oben = 100, rechts = 75 und unten = 200 ein.

```
spritebox 2, 50, 100, 75, 200
```

Wenn Sie den Befehl im Fenster **Dialog** ausprobieren, geben Sie danach **updateStage** zum Neuaufbau der Bühne ein. Der Befehl kann auch innerhalb von Skripts verwendet werden, um Änderungen am Bühnenbild vor dem Wechsel des Abspielkopfes zum nächsten Bild anzuzeigen.

Die Breite und Höhe eines Objekts werden von den Eigenschaften **width** und **heigth of sprite** beschrieben. Diese lassen sich abfragen und setzen.

Wenn sich der Registrierungspunkt im Zentrum des Darstellers befindet, ergeben sich die folgenden Relationen zwischen den die Bühnenposition beschreibenden Eigenschaften.

```
locV of sprite = top of sprite + 1/2 * height of sprite
locH of sprite = left of sprite + 1/2 * width of sprite
```

Die Bewegung von Objekten auf der Bühne

Die Bewegung eines Objekts auf der Bühne wird durch die bildweise Änderung der Bühnenkoordinaten des Objekts erzeugt. Die Änderung der Koordinaten des Registrierungspunktes mit den Eigenschaften **locH** und **locV** ist zu empfehlen, wenn sich die Größe und die Proportionen des Objekts während der Bewegung nicht ändern sollen. Andernfalls ist der Befehl **spritebox** praktisch. Er gestattet die Angabe der Koordinaten der Umrandung des Objekts und ermöglicht so die Einstellung der vier Eigenschaften **left**, **top**, **right** und **bottom of sprite**.

Durch den Befehl **moveableSprite** wird ein Objekt während der Animation beweglich. Der Anwender kann das Objekt frei auf der Bühne verschieben. Diese Funktion wird z.B. für den Bau von Schiebereglern oder in Spielen gebraucht. Weisen Sie dem Objekt zuerst den Puppet-Status TRUE zu. Der Befehl **moveableSprite** wird ohne weitere Parameter in das Objekt-Skript eingegeben und macht das Objekt nur während des aktuellen Bilds beweglich.

Die Beschränkung der Bewegung von Objekten

Bei Objekten, die mit Lingo oder während der Animation durch den Anwender bewegt werden, ist oft eine Beschränkung der Bewegung des Objekts sinnvoll. Ein grafisch anspruchsvoll gestalteter Schieberegler zur Kontrolle der Lautstärke wird beispielsweise wenig überzeugen, wenn er sich aus der Skala heraus über die ganze Bühne ziehen läßt.

Zur Beschränkung der Bewegung von Objekten können Sie die Funktionen **constrainV** und **constrainH** oder die Objekt-Eigenschaft **constraint** verwenden.

Die beiden Funktionen **constrainH** und **constrainV** können indirekt zur Beschränkung jeweils einer Koordinate des Objekts verwendet werden. Sie vergleichen eine als Parameter übergebene Koordinate mit den Koordinaten eines als Parameter angegebenen Objekts. Die Funktion **constrainV** vergleicht die Koordinate mit den Werten **top** und **bottom of sprite**. Liegt die übergebene Koordinate außerhalb von **top** und **bottom**, liefert die Funktion die nächstgelegene Koordinate (**top** oder **bottom**) als Ergebnis zurück. Befindet sich die Koordinate dagegen innerhalb der Spanne zwischen **height** und **top**, ist das Ergebnis der Funktion die Koordinate selbst.

Hat ein Objekt im Kanal 3 z.B. die Koordinaten top of sprite = 100 und bottom of sprite = 200, dann liefert die Funktion **constrainV** folgende Werte.

```
put constrainV (2, 80)
-- 100
put constrainV (2, 150)
-- 150
put constrainV (2, 250)
-- 200
```

Die Funktion **constrainH** arbeitet analog mit den Eigenschaften **left** und **top of sprite**.

Die Objekt-Eigenschaft **constraint** beeinflußt die horizontale und vertikale Koordinate und beschränkt die Bewegung eines Objekts direkt. Weisen Sie der Eigenschaft die Kanalnummer des Objekts zu, dessen Umrandung als Grenze dienen soll. Der Befehl **set the constraint of sprite 1 to 3** beschränkt z.B. die Bewe-gungsmöglichkeiten des Objekts im Kanal 1 auf die Abmessungen des Objekts im Kanal 3.

Verwenden Sie mit dem Fenster **Werkzeug** erzeugte QuickDraw-Flächen ohne Füllung und Umrandung, wenn Sie unsichtbare Grenzen benötigen.

Mit dem Befehl **set the constraint of sprite 1 to 0** heben Sie die Beschränkung der Bewegung wieder auf.

Die Behandlung von Ereignissen

Die Weitergabe von Ereignissen

Die Möglichkeit, Maus- bzw. Tastaturereignisse und Zeitüberschreitungen zu behandeln, wurde im Abschnitt **Ereignis-Skripts** bereits angesprochen. Maus- und Tastaturereignisse lassen sich in den verschiedenen Skripts auch mehrfach auswerten. Das Drücken der Maustaste etwa läßt sich im Film- und Objekt-Skript nacheinander unterschiedlich behandeln. Da die mehrfache Behandlung eines Ereignisses manchmal unerwünscht ist, bietet Lingo mit dem Befehl **dontPassEvent** die Möglichkeit, die Weitergabe eines Ereignisses zu unterbinden.

Dieser Befehl funktioniert nur in mit **when** eingeleiteten Ereignis-Skripts oder in Skripts, die von einem Ereignis-Skript aufgerufen wurden, und betrifft nur das unmittelbar vorangegangene Ereignis.

Sie wollen dem Anwender beispielsweise ein Textfeld zur Eingabe von Antworten zur Verfügung stellen, aber verhindern, daß mit der Eingabetaste neue Zeilen im Textfeld erzeugt werden. In diesem Fall muß das Skript für das Ereignis **keyDown** den Befehl **dontPassEvent** auslösen, wenn die Betätigung der Eingabetaste erkannt wurde.

    when keyDown then if the key = RETURN then dontPassEvent

Das Ereignis-Skript bleibt aktiv, bis es mit dem folgenden Befehl ausgeschaltet wird.

    when keyDown then nothing

Erst nach diesem Befehl sind Eingaben von Zeilenschaltungen wieder möglich.

Die Kontrolle von Zeitüberschreitungen

Die Auswertung der vom Anwender benötigten Zeiten für bestimmte Interaktionen ist unter mehreren Gesichtspunkten interessant. Die Auswertung von Tempo und Reihenfolge der Interaktionen an Informationskiosken ermöglicht z.B. Rückschlüsse auf die Interessen des Anwenders oder auf die Akzeptanz für ein bestimmtes Produkt. Mangelnde Interaktivität des Anwenders kann auf Probleme mit der Bedienoberfläche oder geringes Interesse zurückzuführen sein. Reagieren Sie darauf z.B. mit der Anzeige eines Hilfetextes, einer Sprachausgabe oder eines selbst ablaufenden Demos.

Eine Zeitüberschreitung wird vom Lingo-Interpreter durch das Ereignis **timeout** angezeigt. Es tritt ein, wenn der Anwender eine bestimmte Zeit ohne Interaktion verstreichen läßt. Die seit der letzten Interaktion (Maus- oder Tastaturereignis) vergangene Zeit speichert der Lingo-Interpreter in der Eigenschaft **timeoutLapsed**. Alle Zeiten werden in Lingo in Ticks angegeben. Ein Tick ist eine sechzigstel Sekunde. Die Zeitspanne, nach der eine Zeitüberschreitung eintreten soll, stellen Sie mit der Eigenschaft **timeoutLength** ein. Ein timeout-Ereignis tritt, in Lingo-Syntax ausgedrückt, immer dann ein, wenn der Wert von **timeoutLapsed** größer als der Wert von **timeoutLength** wird.

Wenn das timeout-Skript im ganzen Film aktiv sein soll, bietet sich die Einrichtung des Skripts in der beim Filmstart automatisch aktivierten Prozedur **startMovie** im Film-Skript an.

```
on startMovie
        when timeout then play frame "more help"
end startMovie
```

Dem Schlüsselwort **then** darf nur ein Befehl folgen. Wenn mehrere Befehle auszuführen sind, speichern Sie diese in einer eigenen Prozedur und rufen die Prozedur dann im Ereignis-Skript auf. Das Ereignis-Skript muß mit dem Befehl **when timeout then nothing** gelöscht werden, wenn es nicht mehr benötigt wird.

Die nächste Zeile stellt die Eigenschaft **timeoutLength** auf zwei Minuten ein.

```
set the timeoutLength to 2*60*60
```

Tritt nach diesem Befehl zwei Minuten lang kein Maus- oder Tastaturereignis ein, erzeugt Lingo das Ereignis **timeout**.

Mit den Eigenschaften **timeoutKeyDown**, **timeoutMouse** und **timeoutPlay** legen Sie fest, welche Ereignisse als Interaktivität gewertet werden und die Eigenschaft **timeoutLapsed** zurücksetzen. Die drei Eigenschaften können gesetzt und abgefragt werden.

Wenn die Eigenschaft **timeoutKeyDown** den den Wert TRUE besitzt, setzen Tastatureingaben die Eigenschaft **timeoutLapsed** auf den Wert Null zurück. Sie können diese Eigenschaft setzen und abfragen. Die Voreinstellung dieser Eigenschaft ist TRUE.

Die Eigenschaft **timeoutMouse** realisiert die gleiche Funktion für Mausereignisse. Wenn Mausereignisse die Zeitüberschreitung nicht verhindern sollen, setzen Sie die Eigenschaft, abweichend von der Voreinstellung, auf den Wert FALSE.

Wenn die Eigenschaft **timeoutPlay** den Wert TRUE besitzt, können Zeitüberschreitungen nur noch auftreten, wenn sich die Animation im Pause-Zustand befindet, da das Abspielen von Filmen (d.h. die Bewegung des Abspielkopfes) dann zum Rücksetzen der Eigenschaft **timeoutLapsed** auf Null führt. Die Voreinstellung dieser Eigenschaft ist FALSE.

Möglichkeiten zur Zeitmessung

Unabhängig von den Zeitüberschreitungen und dem damit verbundenen Ereignis-Skript kann die Zeit zwischen einzelnen Aktivitäten mit der Eigenschaft **the timer** gemessen werden.

Die Eigenschaft enthält die seit dem Start des Programms vergangene Zeit in Ticks und kann mit dem Befehl **startTimer** auf den Wert Null zurückgesetzt werden. Dieser Befehl beeinflußt die Eigenschaft **timeoutLapsed** jedoch nicht.

Die Funktionen **the lastClick**, **the lastRoll**, **the lastEvent** und **the lastKey** liefern den Zeitpunkt des letzten jeweiligen Ereignisses (Mausklick, Mausbewegung, Maus- oder Tastaturaktion und Tastendruck). Der Befehl **startTimer** löscht auch die Werte dieser vier Funktionen.

```
if the lastclick > 60*60 then put "Klicken Sie auf eine der Schaltflächen," & RETURN & ¬
    "um mehr über ein Produkt zu erfahren." into field "Message"
```

Das Beispiel schreibt unabhängig von Zeitüberschreitungen die zweizeilige Zeichenkette in das Textfeld **"Message"**, wenn der letzte Mausklick länger als eine Minute zurückliegt.

Sprungbefehle, bedingte Verarbeitungen und Programmschleifen

Interaktive Animationen sind ohne Tests und Programmschleifen nicht realisierbar. Gleichgültig, ob Sie auf einen Mausklick oder die richtig eingegebene Antwort in ein Textfeld warten, es wird eine Programmschleife realisiert, die erst bei der Erfüllung einer Bedingung die Animation an anderer Stelle fortsetzt.

Der Befehl go to

Der Befehl **go to** setzt den Abspielkopf in das angegebene Bild. Er kann auch in den Formen **go** oder **go to frame** verwendet werden. Als Sprungziel können Bildnummern und Bildnamen verwendet werden. Die Bildnamen geben Sie im Fenster **Besetzung** nach dem Ziehen des Sprungmarkensymbols in das betreffende Bild an.

Die nach **go to** angegebenen Bildnamen müssen in Anführungszeichen stehen. Verwenden Sie am besten immer Bildnamen. Sie vermeiden damit die Aktualisierung der Bildnummern in Skripts nach dem Löschen oder Hinzufügen von Bildern und erleichtern sich das Zurechtfinden in der **Regie** und in Ihren Skripts.

Verwenden Sie, wenn nötig, die Funktion **label**, um die zu einem Bildnamen gehörende Bildnummer zu ermitteln.

   go to label ("Hilfe 1") + 1

Bei der Realisierung von Schaltflächen wie **vor** und **zurück**, die das Blättern in mehreren Bildschirmseiten ermöglichen sollen, ist es oft erforderlich, zur vorherigen bzw. folgenden Marke zu springen. Die Funktion **marker** erspart den Aufwand, die Bildnummern oder -namen aller Marken zu verwalten. Der Befehl **go to marker (1)** setzt den Abspielkopf auf die folgende Marke, mit **go to marker (-2)** erreichen Sie die vorletzte Marke. Verwenden Sie **marker (0)**, um sich auf die Marke des aktuellen Bilds oder, falls diese nicht existiert, auf die vorhergehende Marke zu beziehen.

Mit **go to** können auch andere Studio-Dateien gespielt werden. Geben Sie dazu die Dateibezeichnung des zu spielenden Films an.

Der Befehl **go to frame 10 of movie "Intro"** setzt den Abspielkopf z.B. in das Bild 10 der Datei **Intro**. Diese muß sich im aktuellen Ordner befinden. Fehlt die Angabe eines Bilds, beginnt die Wiedergabe der Datei bei Bild 1. Eine Rückkehr in die ursprünglich geöffnete Datei ist wieder mit **go to** möglich, aber unpraktisch, wenn die aufgerufene Datei von mehreren Dateien verwendet werden soll. Verwenden Sie besser den Befehl **play frame**.

Der Befehl **play frame** setzt den Abspielkopf auch in das angegebene Bild. Die Befehle **go to "Hilfe"** und **play frame "Hilfe"** sind gleichbedeutend. Der Unterschied zwischen beiden ist die Möglichkeit, nach dem Abspielen einer Sequenz einer anderen Datei an die ursprüngliche Stelle zurückkehren zu können.

Der Befehl **play frame 10 of movie "Intro"** spielt die Datei **Intro** auch beginnend bei Bild 10 ab, kehrt im Gegensatz zum Befehl **go to** aber in die ursprünglich geöffnete Datei zurück, wenn er auf das Ende der Datei **Intro** oder den Befehl **play done** trifft. Wenn der Aufruf aus einem Skript im Skriptkanal heraus erfolgte, kehrt der Abspielkopf in das folgende Bild zurück. Kam der Aufruf aus einem Objekt- oder Darsteller-Skript, setzt Director den Abspielvorgang im gleichen Bild fort.

Verwenden Sie den Befehl **play movie**, um die angegebene Datei vollständig abzuspielen.

Bedingte Verarbeitungen

Bedingte Verarbeitungen knüpfen die Ausführung eines Befehls an die Auswertung einer Bedingung. Die Bedingung wird mit Hilfe eines logischen Ausdrucks formuliert. Ein logischer Ausdruck kann nur die Werte 1 oder 0 (TRUE bzw. logisch wahr oder FALSE bzw. logisch unwahr) annehmen.

Bedinge Verarbeitungen können mit den Schlüsselwörtern **if** und **then** definiert werden.

   if *logischer Ausdruck* then *Anweisung*

Die *Anweisung* wird nur ausgeführt, wenn *logischer Ausdruck* den Wert TRUE besitzt. Verwenden Sie das Schlüsselwort **else**, um die Anweisungen anzugeben, die ausgeführt werden, wenn der logische Ausdruck den Wert FALSE hat.

   if *logischer Ausdruck* then *Anweisung_1*
       else *Anweisung_2*

Das Schlüsselwort **else** bezieht sich immer auf das unmittelbar vorhergehende **if**. Verwenden Sie bei verschachtelten if-Strukturen **else nothing**, um den vorhergehenden if-Zweig zu schließen. Wenn auf **then** oder **else** mehrere Befehlszeilen folgen, müssen diese mit den Schlüsselwörtern **end if** abgeschlossen werden.

   if *logischer Ausdruck* then
       Anweisung_1
       Anweisung_2
       ....
       else
       Anweisung_3
   end if

Mit dem Schlüsselwort **repeat** lassen sich in Verbindung mit **while** oder **with** Programmschleifen aufbauen, die mit einer logischen Bedingung oder einem Zählerstand verknüpft sind.

   repeat while *logischer Ausdruck*
       Anweisungen
       ...
   end repeat

Die zwischen **repeat while** und **end repeat** gespeicherten Anweisungen werden ausgeführt, solange *logischer Ausdruck* den Wert TRUE ergibt.

Unabhängig vom Wert des logischen Ausdrucks kann die Schleife mit dem Befehl **exit** verlassen werden.

   repeat with *Zählvariable* = *Startwert* to *Endwert*
       Anweisungen
       ...
   end repeat

Vor der Ausführung der Zählschleife erhält die *Zählvariable* den *Startwert*. Bei jedem Schleifendurchlauf wird die *Zählvariable* um eins erhöht. Die Ausführung bricht ab, wenn die *Zählvariable* den *Endwert* erreicht hat. Unabhängig vom Stand der Zählvariable kann die Schleife mit dem Befehl **exit** verlassen werden.

Die Steuerung der Soundausgabe

Lingo ermöglicht die Kontrolle aller Effektkanäle. Die Befehle **puppetSound, puppetTempo, puppetPalette** und **puppetTransition** übergeben die Kontrolle des jeweiligen Effektkanals an den Lingo-Interpreter. Bestehende Einträge in den Effektkanälen der **Regie** werden dann ignoriert. Im folgenden wird die Soundausgabe vorgestellt, die Befehle zur Steuerung der anderen Effektkanäle sind in der Lingo-Referenz dokumentiert.

Der Befehl **puppetSound** startet die Ausgabe des angegebenen Sounds und macht den Soundkanal zum puppet. Damit übernimmt der Lingo-Interpreter vollständig die Kontrolle über den angegebenen Soundkanal. Eventuell im Soundkanal enthaltene Einträge werden ignoriert. Der angegebene Sound muß Teil der Besetzung sein.

   puppetSound "Robotic"

Die Funktion **soundBusy** ermittelt, ob der angegebene Soundkanal gerade einen Sound ausgibt oder nicht. Im ersten Fall liefert die Funktion den Wert TRUE (logisch 1), im zweiten den Wert FALSE (logisch 0).

Mit dem Befehl **sound playFile** können Sound-Dateien im AIFF-Format gespielt werden, ohne in die **Besetzung** importiert worden zu sein. Geben Sie den vollständigen Pfad an, wenn sich die Datei nicht im aktuellen Ordner befindet. Um eine Sound-Datei permanent im Hintergrund abzuspielen, kann z.B. wie folgt verfahren werden.

   if soundBusy (1) = FALSE then sound playFile 1, "Moonlight Mile"

Die Lautstärke eines Soundkanals wird von der Eigenschaft **the volume of sound** bestimmt. Die Lautstärke läßt sich von 0 (kein Ton) bis 256 (maximale Lautstärke) regeln. Die nächste Zeile stellt Soundkanal 1 auf die halbe Lautstärke ein.

   set the volume of sound 1 to 128

Die Lautstärke von Kanal 2 ist unabhängig von der in Kanal 1 und wird analog eingestellt.

Die Ausgabe des Sounds im angegebenen Kanal beendet der Befehl **sound stop**.

   sound stop 2

Das Ein- und Ausblenden von Sound verbessert oft die Qualität der Soundausgabe. Die Befehle **sound fadeIn** und **sound fadeOut** ermöglichen das Ein- bzw. Ausblenden einzelner Soundkanäle mit variabler Dauer. Wird keine Dauer angegeben, ermittelt der Lingo-Interpreter eine Voreinstellung aus dem Ausdruck 15*60/Animationstempo. Die folgende Zeile blendet den Sound im Kanal 2 über 120 Ticks (2 Sekunden) ein.

   sound fadeIn 1, 2*60

Installation von Schaltflächen und Menüs

Die Steuerung interaktiver Animationen erfolgt meist über die Schaltflächen, deren Lingo-Skripts bei einem Mausklick auf die Schaltfläche ausgeführt werden. Ständig auf dem Bildschirm angezeigte Schaltflächen informieren den Anwender über mögliche Eingaben und sollten für grundlegende Funktionen (z.B. zum Hauptmenü, Hilfe, Ende) verwendet werden.

Die Installation von PullDown-Menüs in der Menüleiste gibt Ihrer Animation einen professionellen Touch und bietet zudem die Möglichkeit, dem Anwender eine System-7-konforme Umgebung zu schaffen (z.B. **Hilfe** im Apple-Menü, **Beenden** im Menü **Ablage**).

Die Verwendung der Datei **PopUp Menu XObj** ermöglicht es, beliebige Objekte mit PopUp-Menüs zu versehen. Diese erscheinen wie die PullDown-Menüs der Menüleiste bei gedrückt gehaltener Maustaste und ermöglichen die Auswahl eines Befehls.

Beide Varianten haben gegenüber den einfachen Schaltflächen den Vorteil, mehr Steuerungsfunktionen auf gleicher Fläche aufnehmen zu können. Allerdings setzen Sie beim Anwender die Kenntnis der Menüauswahl voraus. Ein installiertes PullDown-Menü führt zu einer permanent angezeigten Menüleiste, was oft das Bühnenbild stört. In diesen Fällen sind die etwas umständlicher zu handhabenden PopUp-Menüs die bessere Wahl.

Letztendlich ist die Entscheidung für eine der vorgestellten Formen von der konkreten Aufgabenstellung abhängig.

Die Erzeugung und Verwendung von Schaltflächen

Die Verwendung von Schaltflächen bietet Ihnen den größten gestalterischen Spielraum. Sie können allen Darstellern oder Objekten Skripts zuordnen, die bei einem Mausklick auf den Darsteller oder das Objekt ausgeführt werden.

Schaltflächen können in den Fenstern **Werkzeug** und **Malen** erzeugt oder als Grafik importiert werden. Mit dem Fenster **Werkzeug** erzeugen Sie QuickDraw-Objekte, deren Text editierbar bleibt und sich auch aus Lingo heraus ändern läßt. Im Fenster **Malen** erzeugte oder importierte Bitmap-Grafiken können natürlich keinen editierbaren Text enthalten, bieten dafür jedoch mehr Möglichkeiten bei der grafischen Gestaltung.

Der rechte Schaltflächenblock in der Abbildung funktioniert nur, wenn auf die fünf Symbole unsichtbare QuickDraw-Flächen gelegt werden, deren Objekt- oder Darsteller-Skripts die eigentlichen Steuerfunktionen übernehmen.

*Mit dem Fenster **Werkzeug** und dem Fenster **Malen** erzeugte Schaltflächen*

- *Darsteller- oder Objekt-Skript?*

  Beide Schaltflächentypen erhalten ihre Funktion erst durch Zuweisung eines Lingo-Skripts, das bei einem Klick auf die Schaltfläche (dem **mouseDown**- bzw. **mouseUp**-Ereignis) ausgeführt wird. Dieses Lingo-Skript läßt sich als Objekt-Skript oder Darsteller-Skript speichern.

  Objekt-Skripts sind einer Zelle im Fenster **Regie** zugeordnet und werden nur ausgeführt, wenn das Objekt auf der **Bühne** angeklickt wird. Die Ausführung des Objekt-Skripts beginnt beim Loslassen der Maustaste (dem Ereignis **mouseUp**). Wenn das Objekt-Skript schon beim Drücken der Maustaste ausgeführt werden soll, muß das Objekt die Eigenschaft **immediate of sprite = TRUE** besitzen.

  Durch die Zuordnung des Skripts zu einer Zelle im Fenster **Regie** sind wechselnde Schaltflächenfunktionen mit Objekt-Skripts leicht realisierbar. Eine mit **Hilfe** bezeichnete Schaltfläche kann beispielsweise in den Bildern 1 bis 50 das Skript **play frame "Hilfe Teil 1"** und in den Bildern 50 bis 100 das Skript **play frame "Hilfe Teil 2"** besitzen. Wie Objekt-Skripts geöffnet und gespeichert werden, wurde im Abschnitt **Arten von Skripts** bereits besprochen.

  Verwenden Sie Darsteller-Skripts, wenn sich die Funktion einer Schaltfläche während der gesamten Animation nicht ändert. Das mit dem Befehl **Darstellerinfo** im Menü **Darsteller** geöffnete Skript wird bei jedem Klick auf eines der Objekte des Darstellers ausgeführt. Darsteller-Skripts besitzen eine geringere Priorität als Objekt-Skripts. Besitzt das Objekt sowohl ein Objekt- als auch ein Darsteller-Skript, so führt Director lediglich das Objekt-Skript aus. Das ist auch der Fall, wenn das Objekt-Skript lediglich Kommentare enthält.

Interaktive Animationen mit Lingo

Ermittlung der Mausposition

Zwei Funktionen, die im Zusammenhang mit Schaltflächen verwendet werden können, sind **clickOn** und **mouseCast**. Mit **clickOn** können Sie ermitteln, welches Objekt vom Anwender zuletzt angeklickt wurde. Das funktioniert allerdings nur für Objekte, die ein Darsteller- oder Objekt-Skript besitzen. Eine Kommentarzeile wird vom Lingo-Interpreter bereits als Skript gewertet und kann verwendet werden, um auch Klicks auf Objekte auszuwerten, die kein bei Mausklick auszuführendes Skript besitzen.

Die Funktion **mouseCast** arbeitet auch mit Objekten, die kein Skript besitzen und liefert die Nummer des Darstellers, über dem sich der Mauscursor gerade befindet oder den Wert -1, wenn der Cursor über keinem Objekt steht. Die gelieferte Darstellernummer ist die aus der laufenden Numerierung der Positionen der **Besetzung** resultierende Ziffer, die auch mit der Eigenschaft **number of cast** ermittelt werden kann.

Die Position des Mauscursors ermitteln die beiden Funktionen **mouseH** und **mouseV**. Die als Ergebnis gelieferten Ziffern enthalten den horizontalen bzw. vertikalen Abstand des Cursors vom Koordinatenursprung in Pixeln. Der Koordinatenursprung befindet sich in der oberen linken Ecke der **Bühne**.

Wenn die Eigenschaft **beepOn** den Wert TRUE besitzt, führen Mausklicks neben Objekte zur Ausgabe des im System eingestellten Warntons. Das Setzen der Eigenschaft auf TRUE ist nur sinnvoll, wenn mindestens ein Objekt auf der **Bühne** ein Darsteller- oder Objekt-Skript besitzt. Die Voreinstellung ist FALSE.

Die Installation von PullDown-Menüs in der Menüleiste

In der Lektion 5 wurde die Vorgehensweise zur Definition eines PullDown-Menüs bereits kurz vorgestellt. Speichern Sie zuerst die Beschreibung des Menüs in einem Text-Darsteller. Ein Text-Darsteller, der z.B. das Apple-Menü mit den Befehlen **Information** und **Hilfe** sowie das Menü **Ablage** mit dem Befehl **Beenden** definiert, sieht wie folgt aus.

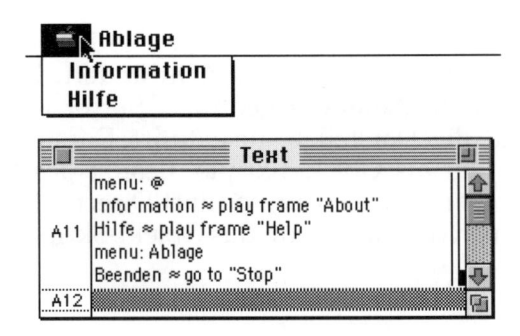

Ein PullDown-Menü und der zugehörige Text-Darsteller

Das Sonderzeichen zwischen dem Menüeintrag und dem auszuführenden Lingo-Befehl geben Sie mit der Tastenkombination Wahltaste + X ein.

Der zweite Schritt ist der Aufruf des Befehls **installMenu** mit der Darstellerbezeichnung des Text-Darstellers als Parameter. Ist der obige Text im Darsteller **A11** gespeichert, lautet der Befehl **installMenu A11**. Da das Menü bei jedem Start des Films zu installieren ist, wird der Befehl in der bei jedem Start automatisch ausgeführten Prozedur **startMovie** im Film-Skript gespeichert.

```
Film-Skript
on startmovie
   installmenu a11
end startmovie
```

Mit installMenu das Menü in a11 installieren

- Der Aufruf des Befehls **installMenu** ist auch aus jedem anderen Skript heraus möglich.

Die Formatierungsmöglichkeiten der Einträge des Menüs entnehmen Sie bitte der Referenz.

Installierte PullDown-Menüs werden mit dem Befehl **installMenu 0** wieder ausgeschaltet.

Änderungen an installierten PullDown-Menüs

Das installierte PullDown-Menü ist aus Lingo heraus weitgehend editierbar. Lediglich der in der Menüleiste erscheinende Name des Menüs läßt sich nachträglich nicht ändern. Der Menüname ist in der Eigenschaft **the name of menu** enthalten und läßt sich nur abfragen.

- Die Namen der Menüeinträge können aus Lingo heraus durch das Setzen der Eigenschaft **the name of menuItem** geändert werden. Häufiger benötigt wird die Möglichkeit, das Skript, das bei Auswahl eines Menüeintrags ausgeführt wird, während der Animation zu verändern. Die Änderung des Skripts ist mit der Eigenschaft **the script of menuItem** möglich. Die folgende Zeile ordnet dem Menüeintrag **Information** im Menü **Ablage** den Prozeduraufruf **InfoMovie2** zu:

    set the script of menuItem "Information" of menu "Ablage" to "InfoMovie2"

- Mit Hilfe der Eigenschaft **the enabled of menuItem** aktivieren bzw. deaktivieren Sie den angegebenen Eintrag im Menü. Durch Zuweisung des Werts FALSE an die Eigenschaft erscheint der Menüeintrag grau und ist nicht auswählbar. Die Voreinstellung der Eigenschaft ist TRUE.

Wenn Sie System-7-konforme Schalter im PullDown-Menü installieren möchten, verwenden Sie die Eigenschaft **the checkMark of menuItem**. Voreingestellt ist der Wert FALSE. Wenn die Eigenschaft den Wert TRUE hat, erscheint ein Haken (CheckMark) vor dem Menüeintrag. Auswirkungen auf die Funktion des Menüeintrags hat diese Eigenschaft nicht.

Installation von PopUp-Menüs

Die Installation eines PopUp-Menüs erfordert etwas mehr Aufwand als die schon vorgestellten Möglichkeiten. Das Menü soll erscheinen, wenn über einem Objekt die Maustaste gedrückt gehalten wird; und die Auswahl eines Menüeintrags ermöglichen.

Ein PopUp-Menü

Um Menüs außerhalb der Menüleiste generieren zu können, muß der Befehlsumfang von Lingo um die im XObject **PopMenu** gespeicherten Methoden erweitert werden. Dieses XObject ist in der Datei „PopUp Menu XObj" im Ordner „XObjects" von **MacroMind Director** enthalten. Dateien, die XObjects speichern, werden als XLibraries bezeichnet. XObjects können auch als Ressourcen in der Studio-Datei oder dem Programm gespeichert werden.

XLibraries müssen zunächst mit dem Befehl **openXlib** geöffnet werden, bevor die darin enthaltenen XObjects benutzt werden können. Eine Liste aller geöffneten XLibrary-Dateien erhalten Sie nach Eingabe des Befehls **showXlib** in das Fenster **Dialog**.

Da diese XLibrary nicht zu den standardmäßig von Director geöffneten zählt, muß sie mit dem Befehl **openXlib "PopUp Menu XObj"** geöffnet werden. Danach kann die Methode **mDescribe** verwendet werden, um eine Beschreibung der Methoden des XObjects zu erhalten.

Geben Sie den Namen des XObjects, gefolgt von der Methode **mDescribe** ein, um eine kurze Beschreibung des XObjects zu erhalten.

Nach Eingabe von **PopMenu (mDescribe)** in das Fenster **Dialog** erscheint dort u.a. die Ausgabe in Abbildung 257.

Das folgende Beispiel verwendet die Methoden **mNew** und **mPopText**. Mit **mNew** wird in der Prozedur **popUp** ein neues Object generiert und der globalen Variablen **myMenu** zugewiesen. Das so im Speicher eingerichtete Menu erscheint bei Aufruf der zweiten Methode **mPopText**. Bei gedrückter Maustaste erhält das Objekt **myMenu** die Nachricht **mPopText**. Das Menü wird gezeigt, und der Anwender kann auf einen Eintrag ziehen, um ihn auszuwählen. Die Methode liefert den im Menü ausgewählten Text als Ergebnis zurück.

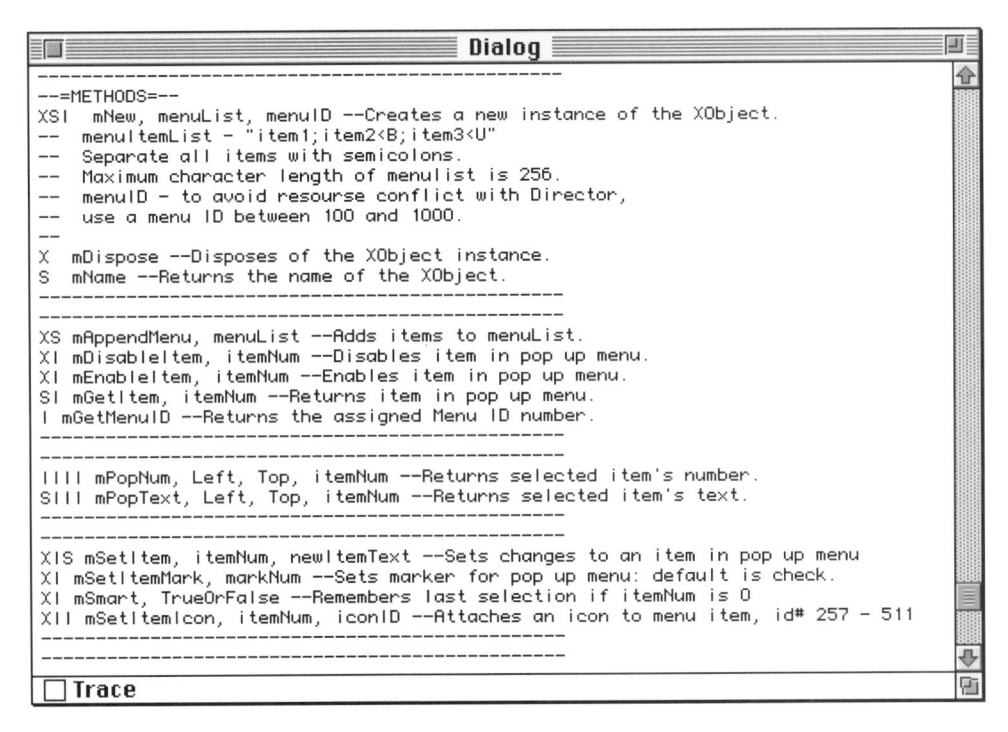

```
--=METHODS=--
XSI   mNew, menuList, menuID --Creates a new instance of the XObject.
--    menuItemList - "item1;item2<B;item3<U"
--    Separate all items with semicolons.
--    Maximum character length of menulist is 256.
--    menuID - to avoid resourse conflict with Director,
--    use a menu ID between 100 and 1000.
--
X     mDispose --Disposes of the XObject instance.
S     mName --Returns the name of the XObject.
-------------------------------------------------
XS  mAppendMenu, menuList --Adds items to menuList.
XI  mDisableItem, itemNum --Disables item in pop up menu.
XI  mEnableItem, itemNum --Enables item in pop up menu.
SI  mGetItem, itemNum --Returns item in pop up menu.
I   mGetMenuID --Returns the assigned Menu ID number.
-------------------------------------------------
IIII   mPopNum, Left, Top, itemNum --Returns selected item's number.
SIII   mPopText, Left, Top, itemNum --Returns selected item's text.
-------------------------------------------------
XIS  mSetItem, itemNum, newItemText --Sets changes to an item in pop up menu
XI   mSetItemMark, markNum --Sets marker for pop up menu: default is check.
XI   mSmart, TrueOrFalse --Remembers last selection if itemNum is 0
XII  mSetItemIcon, itemNum, iconID --Attaches an icon to menu item, id# 257 - 511
-------------------------------------------------
```

Die Ausgabe der Methode **mDescribe** *im Fenster* **Dialog**

Zum automatischen Öffnen dieser Datei bei jedem Start des Films kann die Ereignisprozedur **startMovie** verwendet werden. Es ist eine Pfadangabe erforderlich, wenn sich die Datei nicht im aktuellen Ordner befindet. Die Eigenschaft **immediate of sprite = TRUE** bewirkt, daß das Objekt-Skript für das angegebene Objekt schon beim Drücken der Maustaste ausgeführt werden soll. Der Befehl **popUp** in der Prozedur **startMovie** aktiviert die Prozedur zur Erzeugung des PopUp-Menüs im Arbeitsspeicher. Alle Einträge nach den Zeichen "--" im folgenden Ausschnitt des Film-Skripts sind Kommentare.

Interaktive Animationen mit Lingo

```
on startMovie        -- automatisch beim Klick auf PLAY ausgeführt
        -- Öffnen der XObject-Datei PopUp Menu XObj im Laufwerk SYS
    openXlib "PopUp Menu XObj"
        -- Mausprozedur muß bereits bei mouseDown (Drücken der
        -- Taste) ausgeführt werden. Die Vorgabe ist mouseUp
        -- (Loslassen der Taste)
    set the immediate of sprite 1 = TRUE
        -- Aufruf der Prozedur zur Installation des PopUp-Menüs
    popUp
end startMovie
```

```
on popUp
        -- Variablendeklaration
    global myMenu
        -- bereits vorhandenes Objekt löschen
    if objectP(myMenu) then myMenu(mDispose)
        -- Definition der Einträge für das PopUp-Menü
    set menulist = "Start" & return & "Hilfe" & return & "Ende" & return
        -- im XObject gespeicherte Prozedur PopMenu erzeugt neues
        -- Objekt (mNew) mit den festgelegten Einträgen (menulist)
        -- und Menü-ID (100)
    set myMenu = PopMenu(mNew, menulist, 100)
        -- Fehlermeldung, wenn kein Object erzeugt wurde
    if not objectP(myMenu) then alert "Fehler beim Erzeugen des Menüs"
end popUp
```

Die ersten beiden Prozeduren des Film-Skripts werden bei jedem Start des Films ausgeführt und richten das Objekt des Menüs im Speicher ein. Die Anzeige des PopUp-Menüs und die Auswertung der Menüauswahl übernimmt die folgende Prozedur **showPopUp**. Sie wird vom Objekt-Skript des Objekts 1 aufgerufen, wenn der Anwender die Maustaste gedrückt hält. Die mit "--" eingeleiteten Kommentarzeilen erläutern das Programm.

```
on showPopUp
        -- Variablendeklaration
    global myMenu , auswahl, sh, sv
    set x = the left of sprite 1
    set y = the top of sprite 1 + the height of sprite 1
        -- Die im XObject gespeicherte Methode mPopText liefert den im
        -- PopUp-Menü ausgewählten Eintrag zurück.
        -- Die Funktion string wandelt das Ergebnis in eine Zeichenkette
    set auswahl = string(myMenu(mPoptext, x, y, 0))
```

```
            -- Abbruch mit exit, wenn kein Eintrag ausgewählt wurde
   if auswahl ="" then
      exit
            -- sonst Spielen des dem Menüeintrag zugeordneten Bildes
            -- In der Regie müssen den Menüeinträgen entsprechende
            -- Sprungmarken definiert sein.
   else
      play frame auswahl
   end if
end showPopUp
-----------------------------------------------------------


on stopMovie
            -- Schließen der XObject-Datei
   closeXlib "PopUp Menu XObj"
end stopMovie
-----------------------------------------------------------
```

Die Prozedur **stopMovie** wird automatisch bei der Beendigung des Films ausgeführt und schließt die vorher von der Prozedur **startMovie** geöffnete XLibrary-Datei.

Das Objekt, dem das PopUp-Menü zugeordnet ist, erhält ein Objekt-Skript mit dem Eintrag **showPopUp**. Diese Prozedur zeigt das Menü an und spielt das ausgewählte Bild. Die Auswahl des Bilds erfolgt durch den Namen des Menüeintrags. Für den Menüeintrag **"Start"** muß also z.B. eine gleichnamige Sprungmarke im Fenster **Regie** definiert werden.

Beachten Sie, daß der Befehl **installMenu** eventuell bestehende PopUp-Menüs überschreibt. Wenn Sie sowohl PullDown- als auch PopUp-Menüs verwenden, installieren Sie zuerst das PullDown-Menü mit dem Befehl **installMenu** und danach das PopUp-Menü.

Textfelder auswerten und bearbeiten

Die Auswertung von Tastatureingaben in Textfelder ist das zweite wichtige Werkzeug zur Verwirklichung von Interaktivität. Durch Textfelder, die während der Animation editierbar sind, haben Sie die Möglichkeit, Eingaben vom Anwender auszuwerten.

Das letzte auf der Tastatur eingegebene Zeichen liefert die Funktion **the key** als Zeichenkette. Den Tastaturcode des zuletzt eingegebenen Zeichens ermittelt die Funktion **keyCode**, die im Unterschied zur Funktion **key** auch die Cursor- und Funktionstasten auswerten kann. Das folgende Skript setzt den Abspielkopf auf die nächste Sprungmarke in der Regie, wenn die Cursortaste nach rechts (Tastaturcode = 124) gedrückt wird.

```
on cursorTest
```

```
        if the keycode = 124 then
                dontPassEvent
                go to marker (1)
        end if
        end cursorTest
```

Der Aufruf dieses Skripts kann von einem mit **when keyDown then ...** eingerichteten Ereignis-Skript aus erfolgen.

Um einen Text-Darsteller durch den Anwender editierbar zu machen, verwenden Sie den Befehl **editableText** im Objekt-Skript des Text-Darstellers oder die Option **Editierbarer Text** in der Dialogbox des Befehls **Darstellerinfo**. Lingo bietet viele leistungsfähige Funktionen zur Arbeit mit Zeichenketten.

Den Inhalt des Textdarstellers ermitteln und setzen Sie mit der Eigenschaft **the text of cast**. Der Operator **contains** wird verwendet, um zu ermitteln, ob eine Zeichenkette in einer zweiten enthalten ist. Die folgende Zeile bewirkt einen Sprung zur Marke **Help**, wenn das Wort **Hilfe** in den Textdarsteller A11 eingegeben wurde.

        if the text of cast A11 contains "Hilfe" then go to frame "Help"

Den in einem Text-Darsteller enthaltenen Text können Sie auch kürzer mit **field** bezeichnen. Das Schlüsselwort **field** bezeichnet den Text eines Text-Darstellers oder kurz ein Textfeld. Die folgende Zeile hat die gleiche Wirkung wie die oben angegebene.

        if field A11 contains "Hilfe" then go to frame "Help"

Zur Navigation in Textfeldern dienen die Eigenschaften **char**, **word**, **line** und **item**. Sie bezeichnen ein Zeichen, ein Wort, eine Zeile oder einen durch Kommata eingegrenzten Bereich. Das dritte Wort innerhalb des Textfelds A11 wird z.B. **word 3 of field A11** bezeichnet.

Vom Anwender vorgenommene Markierungen in Textfeldern können mit den Eigenschaften **selStart** und **selEnd** oder der Funktion **selection** ermittelt werden. Die Eigenschaften **selEnd** und **SelStart** liefern die Nummer des ersten bzw. letzten markierten Zeichens der Markierung und können auch gesetzt werden. Voreingestellt ist der Wert Null.

Die Funktion **selection** liefert die markierte Zeichenkette als Ergebnis und kann für die Weiterverarbeitung von Eingaben verwendet werden. Die folgende Zeile setzt bei bestehender Markierung mit Hilfe des Befehls **do** den Abspielkopf in das Bild, dessen Markenname in der Markierung enthalten ist.

        if the selection <> "" then do "go to frame " && label (the selection)

Mit dem Befehl **hilite** läßt sich aus Lingo heraus eine Markierung in einem Textfeld vornehmen. Folgende Zeile markiert das mit der Funktion **number of words** ermittelte letzte Wort im Textfeld **Eingabe**.

```
hilite word (the number of words in field "Eingabe") of field "Eingabe"
```

Die Klammern in der Befehlszeile dienen nur der besseren Lesbarkeit und können entfallen.

Der Inhalt von Textfeldern kann mit Lingo auch formatiert werden. Die Eigenschaften **textAlign** (Ausrichtung), **textFont** (Schriftart), **textHeight** (Schriftgröße) und **textStyle** (Stil) bieten die im Menü **Text** verfügbaren Formatierungsmöglichkeiten. Die folgende Textzeile versieht den Text-Darsteller **Eingabe** mit der Schriftgröße 14 Punkt.

```
set the textSize of cast "Eingabe" to 14
```

Den Eigenschaften **textAlign**, **textFont** und **textStyle** müssen die im Menü **Text** der amerikanischen Programmversion verwendeten Zeichenketten übergeben werden. Der Text des Darstellers **Eingabe** wird wie folgt mit dem Stil **fett** versehen.

```
set the textStyle of cast "Eingabe" to "bold"
```

Alle weiteren möglichen Parameter für die drei Eigenschaften **textAlign**, **textFont** und **textStyle** finden Sie in der Referenz.

Textfeldern kann mit den Befehlen **put into**, **put before** und **put after** ein Inhalt zugewiesen werden. Während **put into** den bestehenden Inhalt des Textfelds überschreibt, fügen die Befehle **put before** und **put after** die angegebene Zeichenkette am Anfang bzw. Ende des Felds ein, ohne den bestehenden Inhalt zu überschreiben. Die folgende Zeile fügt den Text "Guten Tag!" und ein Zeilenende am Anfang des Textfelds **Eingabe** ein.

```
put "Guten Tag!" & RETURN before field "Eingabe"
```

Das Löschen in Textfeldern übernimmt der Befehl **delete**. Geben Sie als Parameter den zu löschenden Bereich an. Der nächste Befehl löscht das vorher mit der Funktion **length** ermittelte letzte Zeichen im Textfeld **Eingabe**.

```
delete char (the length of field "Eingabe") of field "Eingabe
```

Die Klammern dienen wieder nur der besseren Lesbarkeit und können entfallen.

Lingo protokolliert auch die bloße Bewegung der Maus über Textfeldern. Die Funktionen **mouseChar**, **mouseWord**, **mouseItem** und **mouseLine** können z.B. verwendet werden, um den Anwender durch das Bewegen der Maus Einträge aus Listen auswählen zu lassen. Die Funktionen liefern jeweils die Nummer des Zeichens, des Wortes usw. innerhalb des Textfelds oder den Wert -1, wenn die Maus sich nicht über einem Textfeld befindet.

```
if the mouseWord > 0 then
        put "Wollen Sie den Film" && word the mouseWord of field A21 && ¬
        "jetzt abspielen ?" into field "Message"
end if
```

Wenn sich die Maus über einem Wort befindet, wird der Text "Wollen Sie den Film *Filmname* jetzt abspielen?" in den Text-Darsteller **Message** gelegt. Der *Filmname* wird aus der Position des Mauszeigers über dem Text-Darsteller A21 (der Filmliste) ermittelt.

Der Zugriff auf Optionsfelder und Knöpfe

Die mit dem Fenster **Werkzeug** realisierbaren Optionsfelder und Knöpfe eignen sich gut, wenn die Bedienoberfläche einer Animation System-7-konform realisiert werden soll. Verwenden Sie die quadratischen Optionsfelder für Auswahlmöglichkeiten, die eine Mehrfachauswahl gestatten und die runden Knöpfe für sich gegenseitig ausschließende Optionen. Optionsfelder und Knöpfe werden sehr ähnlich behandelt. Sofern nicht anders angegeben, gelten die folgenden Aussagen über Optionsfelder auch für Knöpfe.

Ob der Anwender ein Optionsfeld per Mausklick ein- bzw. ausgeschaltet hat, ermitteln Sie durch die Abfrage der Eigenschaft **the hilite of cast**. Hat die Eigenschaft den Wert TRUE, ist die Option eingeschaltet. In der Voreinstellung FALSE ist sie ausgeschaltet. Die Eigenschaft kann auch gesetzt werden. Die folgende Prozedur schaltet z.B. die Optionsfelder A21, A22 und A23 aus.

```
on checkBoxesOff
        set the hilite of cast A21 to FALSE
        set the hilite of cast A22 to FALSE
        set the hilite of cast A23 to FALSE
end checkBoxesOff
```

Die Abfrage der Eigenschaft **hilite** wird mit einer bedingten Verarbeitung verknüpft. Die folgenden Lingo-Zeilen spielen in Abhängigkeit von der Einstellung des Optionsfelds **SoundOption** eine Datei mit oder ohne Sound.

```
if the hilite of cast "SoundOption" = TRUE then
        play movie "Intro mit Sound"
else
        play movie "Intro ohne Sound"
end if
```

Mit der Eigenschaft **checkBoxAccess** werden die Möglichkeiten zum Ein- und Ausschalten der Optionsfelder eingeschränkt. Die Eigenschaft kann die Werte 0 (die Voreinstellung), 1 oder 2 haben. In der Voreinstellung können Optionsfelder beliebig ein- und ausgeschaltet werden. Beim Wert 1 ist nur das Einschalten möglich, und der Wert 2 verhindert Änderungen durch den Anwender komplett. In der Einstellung 2 werden die Optionsfelder ausschließlich mit Lingo kontrolliert.

Zur Syntax des folgenden Abschnitts

Im nächsten Kapitel finden Sie eine komplette Beschreibung der Sprache Lingo. Alle Befehle, Funktionen, Eigenschaften, Schlüsselwörter usw. sind alphabetisch sortiert. Eigenschaften, denen das Wort **the** vorausgehen muß, sind der Eigenschaft entsprechend eingeordnet. Der Eintrag **the puppet of sprite** ist beispielsweise unter **p** zu finden.

In den Abschnitten **Syntax** und **Beschreibung** finden Sie für anzugebende Parameter kursiv gesetzten Text.

   put the number of cast *Darstellerbezeichnung*

Der Parameter *Darstellerbezeichnung* ist bei Verwendung des Befehls durch eine Bezeichnung (z.B. A11 oder "Eingabefeld") zu ersetzen.

Einträge in eckigen Klammern wie der folgende sind Optionen.

   repeat while *Ausdruck*
       [*Anweisung 1*]
       ...
   repeat

Ihre Angabe ist möglich, aber nicht erforderlich, und erfolgt ohne die eckigen Klammern. Die drei Punkte bezeichnen die Fortsetzung einer ähnlichen Struktur.

Das Zeichen "¬" wird in einigen Beispielen zur Erzeugung eines Zeilenwechsels verwendet. Dieses Zeichen können Sie mit der Tastenkombination Wahltaste + X eingeben. Es wird vom Lingo-Interpreter überlesen und erleichtert die übersichtliche Anordnung des Textes im Skript-Fenster.

In den Beispielen des folgenden Abschnitts wird oft die Ausgabe des Fensters **Dialog** verwendet.

   put the name of cast A11
   -- "Eingabe"

Die Kommentarzeichen "--" werden vom Lingo-Interpreter automatisch eingefügt. Der Darstellername (name of cast) ist im Beispiel also nur **Eingabe**.

Interaktive Animationen mit Lingo

Die Lingo-Referenz

Befehle und Funktionen

A11...H88   Darstellerbezeichnung

   Syntax   A11

   Beschreibung   A11 bis H88 sind Konstanten, die der Bezeichnung von Darstellern dienen. Bezüge auf Darsteller können Sie außerdem mit Darstellernamen und Darstellernummern realisieren. Darstellernamen werden mit dem Befehl **Darstellerinfo** eingetragen. Die Darstellernummer ergibt sich aus der Position des Darstellers im Fenster **Besetzung** (A11 erhält die Darstellernummer 1, A12 die Darstellernummer 2 usw.). Leere Positionen in der Besetzung werden mitgezählt.

   Beispiel   put the number of cast A18   -- 8

                            put A11 + 3   -- 4

   siehe auch   number of cast, name of cast

abbreviated

   siehe   date, time

abs   Funktion

   Syntax   abs (*numerischerAusdruck*)

   Beschreibung   Diese Funktion ermittelt den Absolutwert oder Betrag von *numerischerAusdruck*.

   Beispiel   put abs (-220)   -- 220

after

   siehe   put ... after

alert   Befehl

   Syntax   alert "*Ausgabetext*"

   Beschreibung   Der Befehl gibt die als Parameter *Ausgabetext* angegebene Zeichenkette in einer Dialogbox aus, erzeugt einen Warnton und wartet auf die Bestätigung mit **OK**.

   Beispiel   alert "Für diesen Film ist nicht genügend Speicher vorhanden."

and — logischer Operator

Syntax	*logischerAusdruck_1* and *logischerAusdruck_2*
Beschreibung	Die beiden logischen Ausdrücke werden UND-verknüpft. Das Ergebnis dieser Verknüpfung ist nur dann TRUE (1), wenn beide Ausdrücke TRUE (1) sind. Sonst liefert die Funktion den Wert FALSE (0).

Ausdruck_1	Ausdruck_2	Ergebnis
0	0	0
0	1	0
1	0	0
1	1	1

Beispiel	if lastclick > 3200 and field "Eingabe" = EMPTY then ¬ play frame "more help"

backColor of sprite — Objekt-Eigenschaft

Syntax	the backColor of sprite *Objektnummer*
Beschreibung	Mit dieser Eigenschaft stellen Sie die Hintergrundfarbe des Objekts im Kanal *Objektnummer* ein. Die Farbzuweisung erfolgt bei 8 Bit Farbtiefe durch Werte im Bereich von 0 bis 255 und entspricht dem Index der Farbe in der Palette. Sinnvoll ist diese Eigenschaft für Objekte mit 1 Bit Farbtiefe und QuickDraw-Objekte.
Beispiel	set the backColor of sprite 1 to 35
siehe auch	forecolor, stagecolor

BACKSPACE — Konstante

Syntax	BACKSPACE
Beschreibung	Die Konstante BACKSPACE enthält den Tastencode der Rücktaste.

beep — Befehl

Syntax	beep [*Anzahl*]
Beschreibung	Es werden so viele Warntöne ausgegeben, wie in *Anzahl* angegeben. Der Warnton und dessen Lautstärke werden im Kontrollfeld „Ton" eingestellt. Fehlt der Parameter *Anzahl*, wird ein Warnton ausgegeben.
Beispiel	if ready = TRUE then beep 2
siehe auch	beepOn

beepOn   Eigenschaft

    Syntax   beepOn

    Beschreibung   Diese Eigenschaft kann abgefragt und gesetzt werden und bestimmt, ob eine Warntonausgabe erfolgt, wenn neben ein mit einem Skript verbundenes Objekt auf der Bühne geklickt wird.

    Beispiel   set the beepOn to not the beepOn

    siehe auch   beep

before

    siehe   put ... before

bottom of sprite   Objekt-Eigenschaft

    Syntax   the bottom of sprite *Objektnummer*

    Beschreibung   Die Eigenschaft enthält den Abstand der unteren Begrenzung des Objekts vom Koordinatenursprung (der oberen linken Bühnenecke).
Diese Eigenschaft kann abgefragt, aber nicht gesetzt werden. Zum Setzen der Eigenschaft verwenden Sie den Befehl spritebox.

    Beispiel   if the bottom of sprite 3 < 640 then neuesBild

    siehe auch   top, left, right, height, width, locH, locV, spriteBox

the buttonStyle   Eigenschaft

    Syntax   the buttonStyle

    Beschreibung   Diese Eigenschaft kann die Werte 0 und 1 annehmen, und bestimmt das Aussehen von Optionsfeldern, über die der Anwender mit der Maus zieht (statt zu klicken). Hat die Eigenschaft den Wert 1, werden Optionsfelder nicht invertiert und ausgewählt, wenn der Anwender die Maus auf das Feld zieht und die Maustaste losläßt. In der Voreinstellung (dem Wert 0), wird das Optionsfeld auch ausgewählt, wenn mit gedrückter Maustaste auf das Feld gezogen und die Maustaste losgelassen wird. Diese Eigenschaft ist nur in Objekt-Skripts von mit dem Werkzeug-Fenster erstellten Optionsfeldern anwendbar.

    Beispiel   set the buttonStyle to 0

    siehe auch   checkBoxAccess, checkBoxType

Die Lingo-Referenz

Cast   **Schlüsselwort**

Syntax   the *Eigenschaft* of cast *Darstellerbezeichnung*

Beschreibung   Dieses Schlüsselwort dient der Zuweisung der *Eigenschaft* an den mit angegebenen Darsteller. Die *Darstellerbezeichnung* kann die Nummer (z.B. A11), die laufende Nummer (z.B. 1) oder der Name des Darstellers (z.B. "Ball") sein.

Beispiel   set the hilite of cast "ENDE" to TRUE

Castmembers

siehe   number of Castmembers

castNum of sprite   **Objekt-Eigenschaft**

Syntax   the castNum of sprite *Objektnummer*

Beschreibung   Diese Objekt-Eigenschaft enthält die laufende Nummer des mit *Objektnummer* bezeichneten Darstellers im Fenster **Besetzung** und kann abgefragt und gesetzt werden. Lücken in der Besetzung werden mitgezählt.

Beispiel   set the castNum of sprite 3 to the number of cast "Adressenfeld"

siehe auch   number of cast

centerStage   **Eigenschaft**

Syntax   the centerStage

Beschreibung   Wenn diese Eigenschaft den Wert TRUE (die Voreinstellung) besitzt, wird die Bühne (Stage) auf dem Bildschirm zentriert.

Beispiel   set the centerStage to FALSE

siehe auch   fixStageSize, stageLeft, stageTop, stageBottom, stageRight

char...of   **Schlüsselwort für Zeichenketten**

Syntax   char *Zeichennummer* of *Zeichenkette*
                       char *Zeichen_A* to *Zeichen_B* of *Zeichenkette*

Beschreibung   Dieses Schlüsselwort bezeichnet einzelne Zeichen aus einer Zeichenkette. *Zeichennummer*, *Zeichen_A* und *Zeichen_B* müssen ganzzahlig sein.

Beispiel   put char 3 of "HALLO"   -- "L"
                       put char 3 to 5 of "HALLO"   --"LLO"

Befehle und Funktionen

siehe auch	word ... of, item ... of, line ... of, the number of chars in, chars, length, offset

chars   Funktion

Syntax	chars (*Zeichenkette, Zeichen_1, Zeichen_2*)
Beschreibung	Die Funktion liefert den mit *Zeichen_1* und *Zeichen_2* eingegrenzten Teil einer *Zeichenkette* zurück.
Beispiel	put chars ("ANIMATION", 2, 5) -- "NIMA"
siehe auch	char ... of, length, offset

charToNum   Funktion

Syntax	charToNum (*Zeichenkette*)
Beschreibung	Die Funktion liefert den ASCII-Code des ersten Zeichens der *Zeichenkette* zurück.
Beispiel	put charToNum ("ABC") -- 65
siehe auch	numToChar

checkBoxAccess   Eigenschaft

Syntax	the checkBoxAccess

Beschreibung	Die Funktion gibt an, was bei Klick auf ein mit dem Fenster **Werkzeug** erzeugtes Optionsfeld passiert.
	  0 Die Option ist beliebig an- und abwählbar (die Voreinstellung).
	  1 Die Option ist an-, aber nicht abwählbar.
	  2 Die Option ist nur über Lingo-Befehle beeinflußbar.

Beispiel	set the checkBoxAccess to 2
siehe auch	hilite, checkBoxType

checkBoxType   Eigenschaft

Syntax	the checkBoxType

Beschreibung	Diese Funktion legt fest, wie angewählte Optionsfelder dargestellt werden. Sie kann abgefragt und gesetzt werden.
	  0 ein Kreuz (die Voreinstellung).
	  1 ein schwarzes Rechteck innerhalb des Rahmens.
	  2 ein schwarze Füllung des Rahmens.

Beispiel	set the checkBoxType to 0

Die Lingo-Referenz

checkMark of menuItem Eigenschaft
Syntax the checkMark of menuItem *MenüEintrag* of menu *MenüName*

Beschreibung Mit dieser Eigenschaft wird der Haken (checkMark) vor dem *MenüEintrag* im Menü *MenüName* ein- und ausgeschaltet. *MenüEintrag* und *MenüName* können Zeichenketten oder Ziffern sein.

Beispiel set the checkMark of menuItem "Sound" ¬
   of menu "Steuerung" to TRUE

siehe auch name, number, enabled, script

clearGlobals Befehl
Syntax clearGlobals

Beschreibung Dieser Befehl löscht alle globalen Variablen.

siehe auch showGlobals

clickOn Funktion
Syntax the clickOn

Beschreibung Die Funktion liefert die Nummer des angeklickten und mit einem Skript verbundenen Objekts. Bei Klick auf die Bühne gibt clickOn den Wert 0 zurück.

Beispiel put the clickOn into Choice

siehe auch mouseDown, mouseUp, doubleClick

closeDA Befehl
Syntax closeDA

Beschreibung Dieser Befehl beendet alle geöffneten Schreibtischprogramme.

siehe auch openDA

closeResFile Befehl
Syntax closeResFile [*Dateibezeichnung*]

Beschreibung Die mit *Dateibezeichnung* angegebene Ressourcendatei wird geschlossen. Wird keine Dateibezeichnung angegeben, schließt dieser Befehl alle offenen Ressourcendateien.

Beispiel closeResFile "MySource"

siehe auch openResFile, showResFile

closeXLib   Befehl
    Syntax   closeXLib [*Dateibezeichnung*]

    Beschreibung   Die mit *Dateibezeichnung* angegebene XLibrary-Datei wird geschlossen. Wird keine Dateibezeichnung angegeben, schließt dieser Befehl alle offenen XLibrary-Dateien.

    Beispiel   closeResFile "XLibs:New XObject"

    siehe auch   openXLib, showXLib

colorDepth   Eigenschaft
    Syntax   the colorDepth

    Beschreibung   Die Eigenschaft colorDepth stellt die Farbtiefe des Bildschirms ein.

                          1 Bit   schwarz-weiß
                          2 Bit   4 Farben
                          4 Bit   16 Farben
                          8 Bit   256 Farben
                          16 Bit   32.768 Farben
                          32 Bit   16.777.216 Farben

                     Diese Eigenschaft kann gesetzt und abgefragt werden. Voreingestellt ist der Wert aus dem Kontrollfeld „Monitore".

    Beispiel   if the colorDepth < 8 then play frame "Error"

    siehe auch   colorQD, switchColorDepth

colorQD   Funktion
    Syntax   the colorQD

    Beschreibung   Die Funktion liefert auf einem farbfähigen Macintosh (Color QuickDraw verfügbar) den Wert TRUE, sonst FALSE.

    Beispiel   if the colorQD then set the colorDepth = 8

    siehe auch   colorDepth, switchColorDepth

commandDown   Funktion
    Syntax   the commandDown

    Beschreibung   Bei gedrückter Befehlstaste liefert diese Funktion den Wert TRUE.

Beispiel	when keyDown then ¬
	  if the commandDown then ¬
	    put (speed + 10) into speed

siehe auch	controlDown, optionDown, shiftDown

constrainH   **Funktion**

Syntax	constrainH (*Objektnummer, Ausdruck*)
Beschreibung	Diese Funktion vergleicht die Koordinaten left und right des mit Objektnummer bezeichneten Objekts mit dem ganzzahligen Ausdruck. Wenn Ausdruck innerhalb von left und right liegt, liefert die Funktion den Ausdruck als Ergebnis zurück. Liegt der Ausdruck außerhalb der mit left und right festgelegten Grenzen, ist das Ergebnis der nächstgelegene Rand (also left oder right). Mit constrainH ist nur die Einschränkung der horizontalen Koordinate eines Objekts möglich. Die Funktion constrainV wirkt in analoger Weise auf die vertikale Koordinate. Der Befehl constraint ermöglicht die gleichzeitige Einschränkung beider Koordinaten. Im folgenden Beispiel läßt sich die horizontale Koordinate locH des Objekts 13 nur innerhalb der Breite von Objekt 11 einstellen.
Beispiel	set newH = constrainH(11, mouseH()) set the locH of sprite 13 to newH
siehe auch	constrainH, constraint, left, right

constraint   **Objekt-Eigenschaft**

Syntax	the constraint of sprite (*Objektnummer*)
Beschreibung	Mit dieser Eigenschaft läßt sich die Bewegungsmöglichkeit des mit *Objektnummer* bezeichneten Objekts einschränken. Sie kann abgefragt und gesetzt werden. Voreingestellt ist der Wert 0. Diese Eigenschaft beschränkt bewegliche Objekte (moveableSprite) und die Eigenschaften locH und locV. Durch den folgenden Befehl kann sich das Objekt im Kanal 10 nur noch innerhalb der Umrandung des Objekts aus Kanal 7 bewegen.

Beispiel	set the constraint of sprite 10 to 7 Ausgeschaltet wird dieser Status durch den Befehl set the constraint of sprite 10 to 0.
siehe auch	constrainH, constrainV, locH, locV

constrainV   **Funktion**

Syntax	constrainV (*Objektnummer, Ausdruck*)
Beschreibung	Diese Funktion vergleicht die Koordinaten top und bottom des mit Objektnummer bezeichneten Objekts mit dem ganzzahligen Ausdruck. Wenn Ausdruck innerhalb von top und bottom liegt, liefert die Funktion den Ausdruck als Ergebnis zurück. Liegt der Ausdruck außerhalb der mit top und bottom festgelegten Grenzen, ist das Ergebnis der nächstgelegene Rand (also top oder bottom). Mit constrainV ist nur die Einschränkung der vertikalen Koordinate eines Objekts möglich. Die Funktion constrainH wirkt in analoger Weise auf die horizontale Koordinate. Der Befehl constraint ermöglicht die gleichzeitige Einschränkung beider Koordinaten. Im folgenden Beispiel läßt sich die vertikale Koordinate locV des Objekts 13 nur innerhalb der Breite von Objekt 11 einstellen.
Beispiel	set newV = constrainV(11, mouseV()) set the locV of sprite 13 to newV
siehe auch	constrainV, constraint, left, right

contains   **Vergleichsoperator**

Syntax	*Zeichenkette_1* contains *Zeichenkette_2*
Beschreibung	Der Operator dient dem Vergleich zweier Zeichenketten. Ist *Zeichenkette_1* in der *Zeichenkette_2* enthalten, hat der Ausdruck den Wert TRUE. Die Groß- und Kleinschreibung wird nicht unterschieden.
Beispiel	if field "Eingabe" contains "1024" ¬ then play frame "richtig"

Die Lingo-Referenz

continue   **Befehl**

Syntax   continue

Beschreibung   Mit continue wird die Ausführung einer mit dem Befehl pause gestoppten Animation fortgesetzt.

Beispiel   if Zähler = Endwert then continue

siehe auch   pause, pauseState

controlDown   **Funktion**

Syntax   the controlDown

Beschreibung   Diese Funktion gibt den Wert TRUE zurück, wenn die Steuerungstaste gedrückt ist.

Beispiel   when keyDown then ¬
                          if the controlDown then play frame "Extras"

siehe auch   optionDown, commandDown, shiftDown

controller   **QuickTime-Darsteller-Eigenschaft**

Syntax   the controller of cast *Darstellerbezeichnung*

Beschreibung   Wenn diese Eigenschaft den Wert TRUE hat, wird der Kontrollbalken für den angegebenen Darsteller gezeigt. In der Einstellung FALSE (dies ist die Voreinstellung) wird er verborgen.

                        Der Darsteller muß die Eigenschaft directToStage = TRUE besitzen, um mit Kontrollbalken gezeigt werden zu können.

Beispiel   set the controller of cast "Intro Movie" to 1

siehe auch   directToStage

cursor   **Befehl**

Syntax   cursor *Cursortyp*

Beschreibung   Mit diesem Befehl wird das Aussehen des Cursors verändert.

	0	kein Cursor gesetzt (Einstellung rückgängig)
	-1	Pfeil
	1	Einfügemarke
	2	Fadenkreuz
	3	Balkenkreuz
	4	Uhr
	200	keine Cursoranzeige

220

Beispiel	cursor 2
siehe auch	the cursor of sprite

Die Cursoreinstellung in Director wird vom Finder bei der Anzeige des Uhr-Cursors überschrieben und muß neu gesetzt werden.

cursor of sprite   Objekt-Eigenschaft

Syntax: the cursor of sprite *Objektnummer*

Beschreibung: Die Eigenschaft legt den Cursortyp fest, der eingestellt wird, wenn sich der Cursor über dem mit *Objektnummer* bezeichneten Objekt befindet. Sie können die Eigenschaft setzen und abfragen. Die Cursortypen sind:

    0   kein Cursor gesetzt (Einstellung rückgängig)
   -1   Pfeil
    1   Einfügemarke
    2   Fadenkreuz
    3   Balkenkreuz
    4   Uhr
 200   keine Cursoranzeige

Beispiel: set the cursor of sprite 1 to 4
siehe auch: cursor

date   Funktion

Syntax:
the date
the short date
the long date
the abbreviated date (the abbr date)

Beschreibung: Diese Funktion liefert das Datum der Sytemuhr des Macintosh in einer Zeichenkette. Die Angabe short kann auch entfallen.

Beispiel:
put the date   "8.1.1993"
put the long date   "Freitag, 8. Januar 1993"
put the abbreviated date   "Fri, 8. Jan 1993"

delay   Befehl

Syntax: delay *AnzahlTicks*

Beschreibung: Der Befehl stoppt die Animation für die mit *AnzahlTicks* angegebene Zeit. Einer Sekunde entsprechen 60 Ticks.

Beispiel	delay 180
siehe auch	startTimer, timer

delete   **Befehl**

Syntax	delete *Zeichenkettenbereich*
Beschreibung	Dieser Befehl löscht Zeichen (char), Wörter (word), durch Kommata getrennte Bereiche (item) und Zeilen (line) innerhalb einer Zeichenkette.
Beispiel	delete char 1 of Name delete word 1 of line 1 of field "Eingabe"
siehe auch	char ... of, word ... of, line ... of, item ... of, hilite

directToStage   **QuickTime-Darsteller-Eigenschaft**

Syntax	the directToStage of cast *Darstellerbezeichnung*
Beschreibung	Diese Eigenschaft bestimmt die Erscheinungsform des angegebenen QuickTime-Darstellers. In der Einstellung FALSE (der Voreinstellung) verhält sich der Darsteller wie andere Darsteller. In der Einstellung TRUE erscheint der Darsteller unabhängig von seiner Kanalnummer im Bühnenvordergrund und wird nicht von Farbeffekten beeinflußt.
Beispiel	set the directToStage of cast "Firma II" to TRUE

do   **Befehl**

Syntax	do *Zeichenkette*
Beschreibung	Der Befehl **do** interpretiert die *Zeichenkette* als Lingo-Befehl und führt diesen aus.
Beispiel	do "play frame " && Eingabe

done

siehe	**play done**

dontPassEvent   **Befehl**

Syntax	dontPassEvent
Beschreibung	Mit diesem Befehl können Sie innerhalb von Ereignis-Skripts oder in von Ereignis-Skripts aufgerufenen Prozeduren verhindern, daß das aktuelle Ereignis (z.B. eine gedrückte Taste) mehrfach behandelt wird. Fol-

	gende Beispielzeile verhindert die Weiterleitung der Eingabetaste bei der Eingabe in Textfelder.
Beispiel	if the key = Return then dontPassEvent
siehe auch	when keyDown, when mouseDown

doubleClick — Funktion
Syntax	the doubleClick
Beschreibung	Diese Funktion liefert den Wert TRUE, wenn das letzte Maus-Ereignis ein Doppelklick war. Andere Maus-Ereignisse sind Rollen und einfache Klicks.
Beispiel	if the doubleClick = TRUE then continue
siehe auch	clickOn

duration — QuickTime-Darsteller-Eigenschaft
Syntax	the duration of cast *Darstellerbezeichnung*
Beschreibung	Diese Eigenschaft enthält die Dauer des angegebenen QuickTime-Darstellers (in Ticks) und kann nur gelesen werden.
Beispiel	put the duration of cast "INTRO" into Dauer

editableText — Befehl
Syntax	editableText
Beschreibung	Dieser Befehl funktioniert nur im Objekt-Skript eines Text-Objekts und bewirkt dort, daß während der Animation Eingaben in das Textfeld möglich sind (entspricht dem Einschalten der Option **Editierbarer Text** in der Dialogbox **Darstellerinfo**). Die Eingaben des Anwenders können dann durch das Lesen der Eigenschaft the text of field ausgewertet werden.
siehe auch	text, selEnd, selStart

else
siehe	if … then

EMPTY — Konstante
Syntax	EMPTY
Beschreibung	Die Konstante EMPTY steht für eine leere Zeichenkette mit der Länge Null.
Beispiel	set the text of field "Eingabe" to EMPTY

Die Lingo-Referenz

enabled of menuItem   **Menü-Eigenschaft**

Syntax	the enabled of menuItem *Eintragsnummer* of menu *Menünummer*
Beschreibung	Mit dieser Eigenschaft legen Sie fest, ob Befehle eines PullDown-Menüs verfügbar (TRUE) sind oder grau erscheinen (FALSE). Die Eigenschaft kann gesetzt und abgefragt werden.
Beispiel	set the enabled of menuItem "Speichern" ¬ of menu "Ablage" to FALSE
siehe auch	name, number, checkMark

end   **Schlüsselwort**

Syntax	end
Beschreibung	Dieses Schlüsselwort steht am Ende von Prozeduren und Methoden.
siehe auch	if ... then, repeat ... while, repeat ... with, on mouseDown, on mouseUp, on keyDown, on startMovie, on stepMovie, on stopMovie

ENTER   **Konstante**

Syntax	ENTER
Beschreibung	Diese Konstante enthält den Tastaturcode der Eingabetaste.
Beispiel	when keyDown then ¬ if the key = ENTER then dontPassEvent

exit   **Schlüsselwort**

Syntax	exit
Beschreibung	Das Schlüsselwort exit bewirkt den Rücksprung aus einer Prozedur, einer Factory-Methode oder einem Makro an die Stelle, von der der Aufruf erfolgte.
Beispiel	macro moveTheSprite if the clickOn <> 1 then exit

exit repeat   **Schlüsselwort**

Syntax	exit repeat
Beschreibung	Mit diesem Schlüsselwort wird eine mit repeat definierte Schleife unabhängig von der Schleifenbedingung

		verlassen und an die Stelle nach end repeat gesprungen.

	Beispiel	repeat while length(tmpName) > 1
		  if chars(tmpName, charCount, length(tmpName))¬
		    contains ":"
		  then set charCount = charCount + 1
		  else exit repeat
		end repeat

exitLock   Eigenschaft

	Syntax	the exitLock
	Beschreibung	Mit exitLock legen Sie fest, ob der Anwender im MacroMind Player mit Hilfe der Tastenkombinationen Befehlstaste + Punkt oder Befehlstaste + W zum Finder gelangen kann oder nicht. In der Voreinstellung FALSE ist das Verlassen des MacroMind Players möglich.
	Beispiel	set the exitLock to TRUE

factory   Schlüsselwort

	Syntax	factory *FactoryName*
		method *MethodenName_1*
		   ...
		end *MethodenName_1*
		method *MethodenName_2*
		   ...
		end *MethodenName_2*

	Beschreibung	Mit dem Schlüsselwort factory leiten Sie die Definition einer sogenannten Factory ein. Eine Factory ist eine Sammlung von Methoden (Unterprogrammen). Die Methoden erzeugen interne Objekte, die mit den von XObjects erzeugten externen Objekten vergleichbar sind. Der Informationsaustausch zwischen den Objekten erfolgt mit Hilfe von Nachrichten.

	Beispiel	Factory BirdFactory
		Method mNew theSprite
		    instance mySprite, oldH, direction, branch
		    set branch = the locV of sprite theSprite
		    set mySprite = theSprite
		    me(initNewBird)

```
            end mNew
        Method initNewBird
            set the puppet of sprite mySprite = TRUE
            set the immediate of sprite mySprite = TRUE
            set the ink of sprite mySprite = 8
            end initNewBird
```

factory — Funktion
- Syntax: factory (*FactoryName*)
- Beschreibung: Diese Funktion ermittelt, ob eine Factory oder ein XObject mit dem Namen *FactoryName* existiert. Existiert eines von beiden, wird die Nummer der Factory bzw. des XObjekts geliefert. Existiert weder eine Factory noch ein XObject mit der angegebenen Bezeichnung, gibt die Funktion den Wert 0 zurück.
- Beispiel: if factory ("BirdFactory") = 0 then makeFactory

fadeIn
- siehe: sound fade in

fadeOut
- siehe: sound fade out

FALSE — logische Konstante
- Syntax: FALSE
- Beschreibung: Die Konstante FALSE steht für den logischen Wert 0 (nicht wahr).
- Beispiel: set the puppet of sprite 2 to FALSE
- siehe auch: TRUE

field — Schlüsselwort
- Syntax: field *Feldbezeichnung*
- Beschreibung: Das Schlüsselwort field stellt einen Bezug zum mit *Feldbezeichnung* angegebenen Text-Darsteller her. Das Feld kann gelesen und beschrieben werden. Feldbezeichnung kann entweder ein Darstellername oder eine Darstellernummer sein.
- Beispiel: put EMPTY into field "Eingabe"
- siehe auch: cast, char ... of, word ... of, item ... of, line ... of

fixStageSize — Eigenschaft
Syntax	the fixStageSize
Beschreibung	Wenn diese Eigenschaft den Wert TRUE (die Voreinstellung) hat, wird die Bühnengröße beim Laden eines neuen Films nicht angepaßt. Ist die Eigenschaft FALSE, wird die Bühnengröße eingestellt, die beim Speichern des Film ausgewählt war.
Beispiel	set the fixStageSize to TRUE
siehe auch	centerStage

floatP — Funktion
Syntax	floatP (*Ziffer*)
Beschreibung	Wenn es sich bei *Ziffer* um einen Gleitkommaausdruck handelt, liefert diese Funktion TRUE (1) zurück.
Beispiel	put floatP (1.2) -- 1 put floatp (2) -- 0

floatPrecision — Eigenschaft
Syntax	the floatPrecision
Beschreibung	Mit dieser Eigenschaft bestimmen Sie die Anzahl der Nachkommastellen für Gleitkommaausdrücke. Das Maximum ist 19.
Beispiel	set the floatPrecision to 2

foreColor of sprite — Objekt-Eigenschaft
Syntax	the foreColor of sprite *Objektnummer*
Beschreibung	Mit dieser Eigenschaft stellen Sie die Vordergrundfarbe des Objekts im Kanal der Nummer *Objektnummer* ein. Die Farbzuweisung erfolgt durch Werte im Bereich von 0 bis 255 (bei 8 Bit Farbtiefe) und entspricht dem Index der Farbe in der Palette. Sinnvoll ist diese Eigenschaft für Objekte mit 1 Bit Farbtiefe und QuickDraw-Objekte.
Beispiel	set the foreColor of sprite 1 to 35
siehe auch	backColor, stagecolor

frame
siehe	go, play

frame — Funktion

Syntax	the frame
Beschreibung	Die Funktion liefert die Nummer des aktuellen Bilds als Ergebnis zurück.
Beispiel	go to the frame + 2
siehe auch	label, marker

framesToHMS — Funktion

Syntax
: framesToHMS (*Bildanzahl, Tempo, dropBild, Sekundenteile*)

Beschreibung
: Die Funktion wandelt die *Bildanzahl* (frames) in das Format Stunden-Minuten-Sekunden (HMS) um. Der Ausdruck *Tempo* enthält die Abspielgeschwindigkeit. *Tempo* und *Bildanzahl* müssen ganzzahlig sein.

  Die als Ergebnis gelieferte Zeichenkette hat den Aufbau "vhh:mm:ss.ffd".

v	"-"	Zeit ist negativ.
	" "	Zeit ist gleich oder größer Null.
hh		Stunden
mm		Minuten
ss		Sekunden
ff		Sekundenteile, wenn *Sekundenteile* TRUE ist, oder die Einzelbildanzahl, wenn *Sekundenteile* FALSE ist.
d	"d"	*dropBild* hat den Wert TRUE.
	" "	*dropBild* hat den Wert FALSE.

  Die Parameter *dropBild* und *Sekundenteile* sind logische Ausdrücke. Wenn *dropBild* den Wert TRUE hat, werden Bilder unterdrückt, die zu Sekundenteilen in den Ziffern ff führen würden. In der Einstellung FALSE werden alle Bilder umgewandelt.

  Wenn der Parameter *Sekundenteile* den Wert TRUE hat, geben die Ziffern **ff** die Sekundenteile wieder. In der Einstellung FALSE geben die Ziffern **ff** die ausgelassenen Bilder an.

Beispiel
: put framesToHMS(20, 30, FALSE, TRUE)
  -- " 00:00:00.25"

freeBlock   Funktion

Syntax	the freeBlock
Beschreibung	Diese Funktion ermittelt den größten zusammenhängenden freien Speicherblock in Byte.
Beispiel	if the freeBlock < 4 *1024 then play movie "ohne Sound"
siehe auch	memorySize, freeBytes

freeBytes   Funktion

Syntax	the freeBytes
Beschreibung	Diese Funktion liefert die Größe des gesamten freien Speichers in Byte.
Beispiel	if the freeBytes < 2 *1024 then alert "Nicht genug freier Speicher."
siehe auch	memorySize, freeBlock

fullColorPermit   Eigenschaft

Syntax	the fullColorPermit
Beschreibung	Diese Eigenschaft wird nur noch aus Kompatibilitätsgründen unterstützt und bestimmt, ob Darsteller mit 32 Bit Farbtiefe erzeugt werden können (TRUE) oder nicht (FALSE). Director 3.1 setzt diese Eigenschaft automatisch.
siehe auch	imageDirect

global   Schlüsselwort

Syntax	global *Variable_1* [, *Variable_2*] [, *Variable_3*], ...
Beschreibung	Das Schlüsselwort global definiert globale Variablen. Diese sind auch in allen anderen Skripts verfügbar. In Makros müssen globale Variablen allerdings erneut deklariert werden, um sie verwenden zu können.
Beispiel	global Zähler, Start, Ende
siehe auch	showGlobals

go   Befehl

Syntax	go [to] [frame] *Bildbezeichnung* go [to] movie *Filmbezeichnung* go [to] [frame] *Bildbezeichnung* of movie *Filmbezeichnung*

Die Lingo-Referenz

Beschreibung	Mit dem Befehl wird der Abspielkopf in das mit *Bildbezeichnung* angegebene Bild gesetzt. *Bildbezeichnung* kann ein Sprungmarkentext oder eine Bildnummer sein. Die *Filmbezeichnung* enthält den Dateinamen der zu suchenden Studio-Datei. Liegt diese nicht im aktuellen Ordner, muß der Suchpfad angegeben werden.
Beispiel	go to "Ende" go marker(1) go to movie "Intro" go to frame "Extras" of Movie "Intro"
siehe auch	play, play done

height of sprite — Objekt-Eigenschaft

Syntax	the height of sprite *Objektnummer*
Beschreibung	Für Bitmap-Darsteller und QuickDraw-Flächen bestimmt diese Eigenschaft die Höhe des Objekts in Pixeln. Bitmap-Darsteller müssen die Eigenschaft stretch = TRUE besitzen, um mit der Eigenschaft height verändert werden zu können. Wenn die Änderung des Objekts vor dem Wechsel zum nächsten Bild angezeigt werden soll, muß der Befehl updateStage zum Neuaufbau der Bühne verwendet werden.
Beispiel	set the height of sprite to 50
siehe auch	width, stretch, updateStage

hilite — Befehl

Syntax	hilite *Zeichenkettenbereich*
Beschreibung	Mit diesem Befehl wird der mit *Zeichenkettenbereich* angegebene Bereich einer Zeichenkette markiert.
Beispiel	hilite word 2 of field "Ihre Eingabe bitte:"
siehe auch	field, char ... of, word ... of, item ... of, line ... of

hilite of cast — Optionsfeld-Eigenschaft

Syntax	the hilite of cast *Darstellerbezeichnung*
Beschreibung	Mit dieser Eigenschaft wird ermittelt, ob ein Optionsfeld (mit dem Fenster Werkzeug erzeugt) ausgewählt wurde (TRUE) oder nicht (FALSE). Die Eigenschaft

kann abgefragt und gesetzt werden. Voreingestellt ist der Wert FALSE.

Beispiel   if the hilite of cast "Sound verwenden" = TRUE then ¬
            sound playfile "theme1"

HMStoFrames   **Funktion**

Syntax   HMStoFrames (HMS, Tempo, *dropBild*, *Sekundenteile*)

Beschreibung   Die Funktion wandelt die Zeitangabe HMS (Stunden-Minuten-Sekunden) in die entsprechende Bildanzahl um. Der Ausdruck *Tempo* enthält die Abspielgeschwindigkeit und muß ganzzahlig sein.

Die Zeichenkette HMS hat den folgenden Aufbau: "vhh:mm:ss.ffd".

v	"-"	Zeit ist negativ.
	" "	Zeit ist gleich oder größer Null.
hh		Stunden
mm		Minuten
ss		Sekunden
ff		Sekundenteile, wenn *Sekundenteile* TRUE ist, oder die Einzelbildanzahl, wenn *Sekundenteile* FALSE ist.
d	"d"	*dropBild* hat den Wert TRUE.
	" "	*dropBild* hat den Wert FALSE.

Die Parameter *dropBild* und *Sekundenteile* sind logische Ausdrücke. Wenn *dropBild* den Wert TRUE hat, werden die in **ff** angegebenen Ziffern nicht in Bilder umgewandelt. In der Einstellung FALSE werden die Ziffern berücksichtigt.

Wenn der Parameter *Sekundenteile* den Wert TRUE hat, geben die Ziffern **ff** die Sekundenteile wieder. In der Einstellung FALSE geben die Ziffern **ff** die ausgelassenen Bilder an.

Beispiel   put HMStoFrames ("00:02:15.00", 15, FALSE, FALSE)
            -- 2025

idle

siehe   on idle

if...then   Schlüsselwort

Syntax
if *logischer Ausdruck* then *then_Anweisung*
if *logischer Ausdruck* then *then_Anweisung_1*
else *else_Anweisung*
if *logischer Ausdruck* then
   then_Anweisung_1
   then_Anweisung_2
   ...
end if

Beschreibung Wenn *logischer Ausdruck* den Wert TRUE liefert, wird der mit *then_Anweisung* bezeichnete Befehl ausgeführt. Liefert der Ausdruck FALSE, wird der mit *else_Anweisung* bezeichnete Befehl (sofern vorhanden) ausgeführt. Mehrere *then_Anweisungen* oder *else_Anweisungen* werden mit **end if** abgeschlossen.

Beispiel
if version = EMPTY then ¬
   alert "MM Director Version 3 wird benötigt."
else play movie "Anfangs-Movie"

imageDirect   Eigenschaft

Syntax the imageDirect of sprite *Objektnummer*

Beschreibung Diese Eigenschaft wird nur aus Kompatibilitätsgründen unterstützt und sollte in der Version 3 nicht mehr verwendet werden.

siehe auch fullColorPermit

immediate of sprite   Objekt-Eigenschaft

Syntax the immediate of sprite *Objektnummer*

Beschreibung Hat diese Eigenschaft den Wert TRUE, wird das Objekt-Skript des im Kanal *Objektnummer* gespeicherten Objekts bereits beim Ereignis mouseDown (beim Drücken der Maustaste) ausgeführt. Die Voreinstellung ist das Ereignis mouseUp (Loslassen der Maustaste).

Beispiel set the immediate of sprite 8 to TRUE

siehe auch on mouseDown

in

siehe the number of chars in, the number of words in, the items of chars in, the number of lines in

ink of sprite   Objekt-Eigenschaft

   Syntax   the ink of sprite *Objektnummer*

   Beschreibung   Mit dieser Eigenschaft stellen Sie den Farbeffekt für das im Kanal *Objektnummer* gespeicherte Objekt ein.

0	Deckend
1	Transparent
2	Invertieren
3	Stanzen
4	Nicht deckend
5	Nicht transparent
6	Nicht invertieren
7	Nicht stanzen
8	Objekt deckend
9	Maskieren
32	Lasieren
33	Farbaddition bis Weiß
34	Farbaddition
35	Farbsubtraktion bis Schwarz
36	Weiß transparent
37	Hellere Farbe
38	Farbsubtraktion
39	Dunklere Farbe

   Beispiel   set the ink of sprite 2 to 2

   siehe auch   backColor

installMenu   Befehl

   Syntax   installMenu *Darstellernummer*

   Beschreibung   Der Befehl interpretiert den Inhalt des mit *Darstellernummer* bezeichneten Text-Darstellers als Menü-Definition und installiert ein PullDown-Menü in der Menüleiste. Ohne Argument aufgerufen entfernt der Befehl die installierten Menüs wieder.
Die im Text-Darsteller enthaltene Menü-Definition muß folgenden Aufbau haben:
menu: Menübezeichnung_1
    Menüeintrag Skript
      ≈
    Menüeintrag Skript
      ≈
    ...

	menu: Menübezeichnung_2
	Menüeintrag Skript
	≈
	Menüeintrag Skript
	≈
	…
	…
Beispiel	installMenu (the number of cast "Menü")
siehe auch	menu

instance Schlüsselwort

Syntax	instance Variable_1 [,Variable_2] [,Variable_3] …
Beschreibung	Die Instance-Variablen sind nur innerhalb einer Factory benutzbar und werden mit dem Schlüsselwort instance definiert.
Beispiel	method mInitBirdPart theSprite, startCastRight instance mySprite, lastH, lastV, deltaH, deltaV, castSet set mySprite = theSprite
siehe auch	factory, method

integer Funktion

Syntax	integer (*numerischer Ausdruck*)
Beschreibung	Diese Funktion liefert den ganzzahligen gerundeten Anteil des in *numerischer Ausdruck* übergebenen Werts zurück.
Beispiel	put integer(5.6) -- 6

integerP Funktion

Syntax	integerP(*Ausdruck*)
Beschreibung	Diese Funktion liefert das Ergebnis TRUE, wenn es sich bei *Ausdruck* um eine ganze Zahl handelt, und sonst den Wert FALSE.
Beispiel	put integerP(1.41) -- 0 put integerP(4) -- 1
siehe auch	floatP, StringP, symbolP, objectP

intersects

siehe	sprite … intersects

into
  siehe   put … into

item…of   **Schlüsselwort für Zeichenketten**
  Syntax   item *Objektnummer* of *Zeichenkette*
                      item *Objektnummer_1* to *Objektnummer_2* of *Zeichenkette*
  Beschreibung   Mit diesem Schlüsselwort wird ein mit Kommata eingegrenzter Bereich aus einer Zeichenkette adressiert. Die Objektnummern müssen ganze Zahlen sein.
  Beispiel   put item 2 of "eins, zwei, drei"
                     -- "zwei"
                     put item 2 to 3 of "eins, zwei, drei, vier"
                     -- "zwei, drei"
  siehe auch   char…of, word…of, line…of, the number of chars in, chars, length, offset

items
  siehe   number of items in

key   **Funktion**
  Syntax   the key
  Beschreibung   Die Funktion liefert das zuletzt eingegebene Zeichen.
  Beispiel   if the key = "h" then play frame "Hilfe"
  siehe auch   keyCode

keyCode   **Funktion**
  Syntax   the keyCode
  Beschreibung   Diese Funktion liefert den Tastencode der letzten Eingabe.
  Beispiel   if the keyCode = 53 then play frame "Escape"
  siehe auch   key

keyDown
  siehe   when keyDown then

keyDownScript   **Eigenschaft**
  Syntax   the keyDownScript
  Beschreibung   Diese Eigenschaft bestimmt den bei einem Tastendruck (dem Ereignis **keyDown**) ausgeführten Lingo-Befehl.

| | Das Setzen dieser Eigenschaft entspricht der Angabe when keyDown then ...
Das Ereignis-Skript wird mit dem Befehl set the keyDown Script to EMPTY oder when keyDown then nothing gelöscht. |
| --- | --- |
| Beispiel | set the keyDownScript to "if the key = ENTER then continue" |
| siehe auch | when keyDown then, dontPassEvent |

label   Funktion

Syntax	label(*Markentext*)
Beschreibung	Die Bildnummer der mit *Markentext* bezeichneten Markierung im Fenster Regie wird ermittelt.
Beispiel	go to label("Hilfe") - 5
siehe auch	marker

labelList   Funktion

Syntax	the labelList
Beschreibung	Diese Funktion liefert die Liste aller Markierungen in der Regie und kann nur abgefragt werden.
Beispiel	put the labelList into field "my marks"
siehe auch	label, marker

lastClick   Funktion

Syntax	the lastClick
Beschreibung	Die seit dem letzten Mausklick vergangene Zeit in Ticks (Sechzigstelsekunden) wird als Ergebnis geliefert.
Beispiel	if the lastClick > 20 * 60 then play frame "Hilfe"
siehe auch	startTimer, lastEvent, lastRoll, lastKey

lastEvent   Funktion

Syntax	the lastEvent
Beschreibung	Die seit dem letzten Maus- oder Tastatur-Ereignis vergangene Zeit in Ticks (Sechzigstelsekunden) wird als Ergebnis geliefert.
Beispiel	if the lastEvent > 60 * 60 then play frame "Ende "
siehe auch	startTimer, lastRoll, lastKey, lastClick

lastKey — Funktion

Syntax	the lastKey
Beschreibung	Die seit dem letzten Tastendruck vergangene Zeit in Ticks (Sechzigstelsekunden) wird als Ergebnis geliefert.
Beispiel	if the lastKey > 30 * 60 then go to "quit"
siehe auch	startTimer, lastRoll, lastEvent, lastClick

lastRoll — Funktion

Syntax	the lastRoll
Beschreibung	Die seit der letzten Mausbewegung vergangene Zeit in Ticks (Sechzigstelsekunden) wird als Ergebnis geliefert.
Beispiel	if the lastRoll > 30 * 60 then cursor 0
siehe auch	startTimer, lastKey, lastClick, lastEvent

left of sprite — Objekt-Eigenschaft

Syntax	the left of sprite *Objektnummer*
Beschreibung	Diese Eigenschaft liefert den Abstand der linken Begrenzung des im Kanal *Objektnummer* gespeicherten Objekts vom Bühnenursprung. Die Eigenschaft kann nicht gesetzt werden. Verwenden Sie zum Ändern der Eigenschaft den Befehl spritebox.
Beispiel	if the left of sprite > links then go to "neue Position"
siehe auch	locV, locH, top, bottom, height, width, left, right

length — Funktion

Syntax	length (*Zeichenkette*)
Beschreibung	Die Anzahl der in *Zeichenkette* enthaltenen Zeichen (inklusive Leer- und Steuerzeichen) wird ermittelt.
Beispiel	put length ("ANIMATION") -- 9
siehe auch	chars, offset

line...of — Schlüsselwort für Zeichenketten

Syntax	line *Zeilennummer* of *Zeichenkette* line *Zeile_1* to *Zeile_2* of *Zeichenkette*
Beschreibung	Mit diesem Schlüsselwort beziehen Sie sich auf eine oder mehrere Zeilen aus einer *Zeichenkette*.

Beispiel	if line 1 of field "Name" contains "Gast" then go to "Demo"
siehe auch	char…of, word…of, item…of, number of chars in

lines

siehe	number of lines in

lineSize of sprite   **Objekt-Eigenschaft**

Syntax	the lineSize of sprite *Objektnummer*
Beschreibung	Diese Eigenschaft bestimmt die Breite des Randes (in Pixeln) des im Kanal *Objektnummer* gespeicherten QuickDraw-Objekts und kann gesetzt und abgefragt werden.
Beispiel	set the lineSize of sprite 2 to 5

locH of sprite   **Objekt-Eigenschaft**

Syntax	the locH of sprite *Objektnummer*
Beschreibung	Diese Eigenschaft bestimmt den horizontalen Abstand zwischen dem Bühnenursprung und dem Registrierungspunkt des im Kanal *Objektnummer* gespeicherten Objekts. Der Bühnenursprung liegt in der linken oberen Bildschirmecke.
Beispiel	set the locH of sprite 1 to the mouseH
siehe auch	locV, left, right, top, bottom, height, width, updateStage

locV of sprite   **Objekt-Eigenschaft**

Syntax	the locV of sprite *Objektnummer*
Beschreibung	Diese Eigenschaft bestimmt den vertikalen Abstand zwischen dem Bühnenursprung und dem Registrierungspunkt des im Kanal *Objektnummer* gespeicherten Objekts. Der Bühnenursprung liegt in der linken oberen Bildschirmecke.
Beispiel	set the locV of sprite 1 to the mouseV
siehe auch	locH, left, right, top, bottom, height, width, updateStage

long

siehe	date, time

loop QuickTime-Darsteller-Eigenschaft

Syntax
: the loop of cast *Darstellerbezeichnung*

Beschreibung
: Bei aktivem Loop-Modus (TRUE) wird der angegebene QuickTime-Darsteller in einer Endlosschleife wiedergegeben. In der Voreinstellung (FALSE) ist die Wiedergabe nach einem Durchlauf beendet.

Beispiel
: set the loop of cast "Intro" to TRUE

machineType Funktion

Syntax
: the machineType

Beschreibung
: Das Ergebnis dieser Funktion ist eine Ziffer, die den verwendeten Macintosh beschreibt.

1	Macintosh 512
2	Macintosh Plus
3	Macintosh SE
4	Macintosh II
5	Macintosh IIx
6	Macintosh IIcx
7	Macintosh SE/30
8	Macintosh Portable
9	Macintosh IIci
11	Macintosh IIfx
15	Macintosh Classic
16	Macintosh IIsi
17	Macintosh LC
20	Quadra 700
24	Quadra 950
256	IBM PC

Beispiel
: if the machineType = 17 then play movie "LC-Movie"

siehe auch
: colorQD, colorDepth

macro Schlüsselwort

Syntax
: --
: macro *Makroname* [*Argument_1*] [,*Argument_2*] [,*Argument_3*] ...
:   *Anweisung_1*
:   [*Anweisung_2*]
:   ...

Die Lingo-Referenz

Beschreibung	Mit dem Schlüsselwort macro wird im Fenster **Text** ein mehrzeiliges Lingo-Skript definiert, das von jedem anderen Lingo-Skript aufgerufen werden kann. Makros erscheinen wie Prozeduren im Submenü **Prozeduren** des Menüs **Lingo**. Makros wurden in der Version 2.0 anstelle von Prozeduren verwendet und stehen aus Kompatibilitätsgründen weiter zur Verfügung. Die Namen der Makros dürfen keine deutschen Umlaute enthalten. Die erste Zeile des Text-Darstellers muß ein Kommentar (zwei Minuszeichen) sein.

Beispiel	``--``
	 macro init
	   puppetSprite 1, TRUE
	   puppetSprite 2, TRUE
	   installMenu A13

siehe auch	on (Schlüsselwort zur Prozedurdefinition)

● **marker**   **Funktion**

Syntax	marker(*ganzeZahl*)
Beschreibung	Diese Funktion ermittelt die Bildnummer der vorhergehenden oder folgenden Marken im Fenster Regie. Die Funktion ist für Darsteller-Skripts von Schaltflächen "*Weiter*" ("go to marker" (1)) und "*Zurück*" ("go to marker" (-1)) praktisch. Der Parameter *ganzeZahl* kann jeden positiven oder negativen ganzzahligen Wert annehmen, z.B.
	marker(2) liefert die Bildnummer der übernächsten Marke.
	marker(1) liefert die Bildnummer der nächsten Marke.
	marker(0) liefert die aktuelle Bildnummer, falls das Bild eine Marke besitzt, andernfalls die Nummer der vorangegangenen Marke.
	marker(-1) liefert die Bildnummer der vorangegangenen Marke
	marker(-2) liefert die Bildnummer der vorletzten Marke.
Beispiel	when keyDown then if key = "w" then ¬ go to marker (1)

mAtFrame   Nachricht

Syntax   method mAtFrame *Bildnummer_1, Bildnummer_2*
                 [*Anweisung*]
                 ...
                 end mAtFrame

Beschreibung   Diese spezielle Nachricht wird von dem Objekt mit der Eigenschaft **perFrameHook** verwendet. Wenn einem XObject oder einem von einer Factory erzeugten Objekt die Eigenschaft **perFrameHook** mit dem Befehl
                 set the perframeHook to *Objektname*
                 zugewiesen wurde, wird die Nachricht **mAtFrame** automatisch an das Objekt gesandt, wenn der Abspielkopf ein neues Bild erreicht. Die dann ausgeführten Befehle hängen von der im Objekt definierten Methode **mAtFrame** ab.

siehe auch   perFrameHook, method, factory, on stepMovie

maxInteger   Eigenschaft

Syntax   the maxInteger

Beschreibung   Diese Eigenschaft enthält die größtmögliche ganze Zahl.

Beispiel   put the maxInteger
                 --2147483647

mci   Befehl

Syntax   mci "*Zeichenkette*"

Beschreibung   Dieser Befehl funktioniert nur unter Microsoft Windows auf IBM-PCs bei Wiedergabe der Studio-Datei mit dem MacroMind Windows Player. Die als Parameter übergebene *Zeichenkette* wird an die Multimedia-Erweiterung von Windows, das Media Control Interface (MCI) geschickt. Der Macintosh ignoriert diesen Befehl.

mDescribe   vordefinierte Methode

Syntax   *XObjectName* (mDescribe)

Beschreibung   Diese Methode kann nur im Fenster **Dialog** verwendet werden, um eine Liste der Methoden des angegebenen XObjects im Fenster **Dialog** zu erhalten.

Beispiel	FileIO(mDescribe)
	-- Factory: FileIO ID:1020
	-- FileIO, Tool, 1.5.0 , 31mar92
	-- © 1989-1992 MacroMind, Inc.
	-- by John Thompson and Al McNeil
	--
	--
	--=METHODS=--
	--
	ISS mNew, mode, fileNameOrType
	-- Creates a new instance of the XObject.
	-- Mode can be :
	-- "read" - Read "fileName"
	-- "?read" - Select and Read "fileType"
	-- "write" - Write "fileName"
	-- "?write" - Select and Write "fileName"
	-- "append" - Append "fileName"
	-- "?append" - Select and Append "fileName"
	-- FileType for ?read can be :
	-- "TEXT" - standard file type
	-- "trak" - cd track type
	-- etc... - Any four character combination.
	...
siehe auch	mMessageList

mDispose   **vordefinierte Methode**

Syntax	*ObjectName*(mDispose)
Beschreibung	Diese Methode entfernt ein zuvor mit der Methode mNew erzeugtes Objekt wieder aus dem Speicher.
Beispiel	if objectP (xWindow) then xWindow (mDispose)
siehe auch	mNew

me   **Schlüsselwort**

Syntax	me (*NachrichtenName* [*Argument_1*] [, *Argument_2*] ...)
Beschreibung	Das Schlüsselwort me wird innerhalb von Methoden anstelle der Objektbezeichnung verwendet, wenn es sich bei *NachrichtenName* um eine Methode innerhalb des aktuellen Objekts handelt.

Beispiel	Factory BirdFactory
	Method mNew theSprite
	   instance mySprite, oldH, direction, branch
	   set branch = the locV of sprite theSprite
	   set mySprite = theSprite
	   me(initNewBird)
	Method initNewBird
	   set the puppet of sprite mySprite = TRUE
	   set the immediate of sprite mySprite = TRUE
	   set the ink of sprite mySprite to 8

siehe auch	factory, method

memorySize   Funktion

Syntax	the memorySize
Beschreibung	Die Funktion liefert die Größe des dem Programm zugeteilten Speichers in Byte. Die Zuteilung des Speichers erfolgt mit dem Finder-Befehl **Information** im Menü **Ablage**.
Beispiel	if the memorySize < 1024 * 1024 then ¬ alert "Leider nicht genügend Speicher verfügbar."
siehe auch	freeBlock, freeBytes

menu: Schlüsselwort

Syntax	menu: *Menübezeichnung_1*
	   Menüeintrag_11 Anweisung
	   ≈
	   Menüeintrag_12 Anweisung
	   ≈
	   …
	menu: *Menübezeichnung_2*
	   Menüeintrag_21 Anweisung
	   ≈
	   Menüeintrag_22 Anweisung
	   ≈
	   …
	…

Beschreibung	Das Schlüsselwort menu wird innerhalb der Text-Darsteller verwendet, die mit dem installMenu-Be-

Die Lingo-Referenz

fehl als Menü-Definitionen ausgewertet werden. Die nach menu angegebene *Menübezeichnung* erscheint in der Menüleiste. Die *Menüeinträge* erscheinen als Befehle im PullDown-Menü. Bei Auswahl eines Befehls wird die rechtsstehende *Anweisung* ausgeführt. Das Sonderzeichen zwischen Menüeintrag und Befehl erhalten Sie mit der Tastenkombination Wahltaste + X.

Die Menüeinträge können mit den folgenden Kodierungen formatiert werden.

Code	Beispiel	Bedeutung
@	menu:@	Symbol für Apple-Menü
(	Drucken (	grauer Menüeintrag
(-	(-	graue Trennlinie
<B	Bold Item <B	Menüeintrag fett
<I	Italic Item <I	Menüeintrag kursiv
<U	Underline Item <U	Menüeintrag unterstrichen
<O	Outline Item <O	Menüeintrag in Kontur
<S	Shadow Item <S	Menüeintrag schattiert
/	Quit /Q	Befehlstastenkombination
ϒ√	ϒ√Checked Item	Haken vor Menüeintrag (Wahltaste + V)

Beispiel
menu: Animation
Start /A go to frame "play"
≈
Info /I playAccel "info.mma"
≈
Stop /Q go to frame "stop"
≈

siehe auch   installMenu

menuItem
siehe   name, checkMark, enabled, script

menuItems
siehe   number of menuItems

menus
siehe   number of menus

244

method   **Schlüsselwort**
   Syntax   method *NachrichtenName* [*Argument_1*] [, ...]
   Beschreibung Mit diesem Schlüsselwort wird eine spezielle Prozedur, eine sogenannte Methode definiert. Eine Methode ist eine Art Unterprogramm in einer Factory, das mit Nachrichten mit anderen Methoden kommuniziert.
   Beispiel   Method mNew theSprite
                    instance mySprite, oldH, direction, branch
                    set branch = the locV of sprite theSprite
                    set mySprite = theSprite
                    me (initNewBird)
   siehe auch   exit, factory, instance, return

mGet   **vordefinierte Methode**
   Syntax   *ObjectName* (mGet, *Elementbezeichnung*)
   Beschreibung Diese Methode liefert das mit *Elementbezeichnung* angegebene Element aus der Objekt-Matrix. Die Objekt-Matrix dient dem numerierten Speichern der einzelnen Elemente des Objekts. Die Numerierung beginnt bei eins. Die Elemente der Matrix können verschiedene Datentypen (ganze Zahlen, Gleitkommazahlen, Zeichenketten, Objekte, Symbole) besitzen. Der Datentyp wird mit den entsprechenden Funktionen integerP, floatP, stringP, objectP und symbolP ermittelt.
   Beispiel   set xWindow = me(mGet, w)
   siehe auch   mPut

mInstanceRespondsTo   **vordefinierte Methode**
   Syntax   *XObjectName* (mInstanceRespondsTo, *Nachricht*)
   Beschreibung Diese Methode funktioniert nur für XObjects und wird verwendet, um die Verfügbarkeit der mit *Nachricht* bezeichneten Methode des XObjects zu überprüfen. Reagiert das XObject auf die Nachricht, wird die Anzahl der für diese Methode erforderlichen Parameter + 1 als Ergebnis geliefert. Das Ergebnis ist 0, wenn das XObject auf die Nachricht nicht reagiert.
   Beispiel   put window (mInstanceRespondsTo, "mMove")
                    -- 3
   siehe auch   mRespondsTo

mMessageList — vordefinierte Methode

Syntax
: *XObjectName* (mMessageList)

Beschreibung
: Diese Methode funktioniert nur mit XObjects und liefert eine Zeichenkette, die das mit *XObjectName* angegebene XObject und dessen Methoden beschreibt. Die Zeichenkette können Sie im Fenster **Dialog** auch mit der Methode mDescribe abrufen. Im Unterschied zu mDescribe funktioniert mMessageList auch außerhalb des Fensters **Dialog**.

Beispiel
: put SerialPort (mMessageList) into field "XObjectInfo"

siehe auch
: mDescribe

mName — vordefinierte Methode

Syntax
: *XObjectName* (mName)
XObjectInstanz (mName)

Beschreibung
: Diese Methode kann nur in XObjects verwendet werden und liefert den Namen des *XObjects* selbst bzw. den Namen des XObjects, das die angegebene *XObjectInstanz* erzeugt hat.

Beispiel
: set Ball = BallFactory(mNew, 15)
put Ball(mName)   -- "BallFactory"

siehe auch
: factory

mNew — vordefinierte Methode

Syntax
: factory (mNew [, *Argument_1*] [, *Argument_2*] ...)
XObject (mNew [, *Argument_1*] [, *Argument_2*] ...)

Beschreibung
: Diese Methode erzeugt Factory-Objekte oder Instanzen eines XObjects im Arbeitsspeicher. Die so erzeugten Objekte werden mit mDispose wieder entfernt.

Beispiel
: set Wing = PartFactory(mNew, WingSprite, A21, A28)

siehe auch
: factory, method, instance, mDescribe, mDispose

mod — arithmetischer Operator

Syntax
: *Ausdruck_1* mod *Ausdruck_2*

Beschreibung
: Die Funktion liefert das Ergebnis der Modulo-Operation (den Rest der ganzzahligen Division). Ausdruck_1 und Ausdruck_2 müssen ganzzahlig sein.

Beispiel
: put 10 mod 4   -- 2

mouseCast   Funktion

Syntax	the mouseCast
Beschreibung	Die laufende Nummer des Darstellers, der sich unter dem Mauscursor befindet, wird als Ergebnis geliefert. Befindet sich der Mauscursor nicht über einem Darsteller, liefert die Funktion -1.
Beispiel	if the mouseCast = the number of cast "Start" then ¬ sound playfile "Hallo"
siehe auch	mouseItem, mouseChar, mouseWord, mouseLine, number of Cast

mouseChar   Funktion

Syntax	the mouseChar
Beschreibung	Die Funktion liefert die Nummer des Zeichens, das sich unter dem Mauscursor befindet oder -1, wenn der Mauscursor über keinem Feld steht. Leer- und Sonderzeichen werden mitgezählt.
Beispiel	put char(the mouseChar) into field "Eingabe"
siehe auch	mouseItem, mouseLine, mouseWord, number of Cast, char ... of

mouseDown

siehe	on mouseDown, when mouseDown then

mouseDown   Funktion

Syntax	the mouseDown
Beschreibung	Wenn die Maustaste gedrückt ist, liefert diese Funktion den Wert TRUE und sonst den Wert FALSE.
Beispiel	if the mouseDown then set the constraint of sprite 2 = 0
siehe auch	mouseUp, mouseH, mouseV, on mouseDown, when mouseDown then, on mouseUp, when mouseUp then

mouseDownScript   Eigenschaft

Syntax	the mouseDownScript
Beschreibung	Diese Eigenschaft enthält das beim Drücken der Maustaste ausgeführte Skript und entspricht der Angabe nach when mouseDown then ...

Die Lingo-Referenz

	Das Ereignis-Skript wird mit den Befehlen
	    when mouseDown then nothing
	oder
	    set the mouseDownScript to EMPTY
	gelöscht.

Beispiel	set the mouseDownScript to "pause"
siehe auch	mouseUpScript, when mouseDown then, when mouseUp then, dontPassEvent

mouseH   Funktion
Syntax	the mouseH
Beschreibung	Die horizontale Position des Mauszeigers (bezogen auf die linke obere Bühnenecke) wird als Ergebnis geliefert.
Beispiel	set the locH of sprite 3 to the mouseH
siehe auch	mouseV, locV, locH

mouseItem   Funktion
Syntax	the mouseItem
Beschreibung	Die Funktion liefert die Nummer des Abschnitts, der sich unter dem Mauscursor befindet, oder -1, wenn der Mauscursor über keinem Textfeld steht. Ein Abschnitt ist eine beliebige durch Kommata eingegrenzte Zeichenfolge.
Beispiel	put item (the mouseItem) into field "Eingabe"
siehe auch	mouseChar, mouseLine, mouseWord, number of items in, item…of

mouseLine   Funktion
Syntax	the mouseLine
Beschreibung	Die Funktion liefert die Nummer der Zeile, die sich unter dem Mauscursor befindet, oder -1, wenn der Mauscursor über keinem Textfeld steht.
Beispiel	if the mouseLine = -1 then go to marker (-1)
siehe auch	mouseChar, mouseItem, mouseWord, number of items in, item…of

mouseUp
| siehe | on mouseUp, when mouseUp then |

| | | Befehle und Funktionen |

mouseUp   **Funktion**

    Syntax   the mouseUp

    Beschreibung   Wenn die Maustaste losgelassen wird, liefert diese Funktion den Wert TRUE.

    Beispiel   if the mouseUp then go to "neue Koordinaten"

    siehe auch   mouseDown, mouseH, mouseV, on mouseDown, when mouseDown then, on mouseUp, when mouseUp then

mouseUpScript   **Funktion**

    Syntax   the mouseUpScript

    Beschreibung   Diese Eigenschaft enthält das beim Loslassen der Maustaste ausgeführte Skript und entspricht der Angabe nach
        when mouseUp then ...
Das Ereignis-Skript wird mit den Befehlen
        when mouseUp then nothing oder
        set the mouseUpScript to EMPTY gelöscht.

    Beispiel   set the mouseUpScript to "pause"

    siehe auch   mouseDownScript, when mouseDown then, when mouseUp then, dontPassEvent

mouseV   **Funktion**

    Syntax   the mouseV

    Beschreibung   Die vertikale Position des Mauszeigers (bezogen auf die linke obere Bühnenecke) wird als Ergebnis geliefert.

    Beispiel   set the locV of sprite 3 to the mouseV

    siehe auch   mouseH, locV, locH

mouseWord   **Funktion**

    Syntax   the mouseWord

    Beschreibung   Die Darstellernummer des Wortes, das sich unter dem Mauscursor befindet, wird als Ergebnis geliefert. Befindet sich der Mauscursor nicht über einem Darsteller, liefert die Funktion -1.

    Beispiel   put word (the mouseWord) into field "Eingabe"

    siehe auch   mouseItem, mouseChar, mouseLine, number of words in

moveableSprite   Befehl

Syntax	moveableSprite
Beschreibung	Der Befehl funktioniert nur in Objekt-Skripts und macht ein Objekt während der Animation beweglich. Der Anwender kann das Objekt während der Animation frei auf der **Bühne** verschieben. Die Bewegung kann mit der Eigenschaft constraint eingeschränkt werden.
Beispiel	moveableSprite
siehe auch	constraint, sprite...intersects, sprite...within

movie

siehe	go, play

movie   Funktion

Syntax	the movie
Beschreibung	Als Ergebnis wird der Name der geöffneten Studio-Datei geliefert.
Beispiel	put the movie into field "Datei"
siehe auch	pathname

movieRate   QuickTime-Objekt-Eigenschaft

Syntax	the movieRate of sprite *Objektnummer*

Beschreibung	Bestimmt die Abspielgeschwindigkeit des im angegebenen Kanal gespeicherten QuickTime-Films.
	   -1 rückwärts abspielen
	    0 Stop
	    1 normales Tempo
	Andere Werte sind möglich, können aber zum Auslassen von Bildern des QuickTime-Films führen.

Beispiel	set the movieRate of sprite 2 to 0
siehe auch	the movieTime

movieTime   QuickTime-Objekt-Eigenschaft

Syntax	the movieTime of sprite *Objektnummer*
Beschreibung	Diese Eigenschaft enthält die abgelaufene Zeit eines QuickTime-Films (in Ticks) und kann abgefragt und gesetzt werden.
Beispiel	put the movieTime of sprite 1 into elapsed
siehe auch	the movieRate

mPerform **vordefinierte Methode**

Syntax
object (mPerform *Nachricht* [, *Argument_1*] [, *Argument_2*] ...)

Beschreibung
Diese vordefinierte Methode weist das angegebene Objekt an, die in der *Nachricht* enthaltene Methode auszuführen. Die Angabe der Argumente für die Methode ist optional. *Nachricht* kann eine Zeichenkette oder ein Symbol sein.

Beispiel
if part <> 0 then me(mPerform, part)

mPut **vordefinierte Methode**

Syntax
object (mPut, *Elementbezeichnung*, *Ausdruck*)

Beschreibung
Diese Methode weist dem mit *Elementbezeichnung* angegebenen Element der Objekt-Matrix den in *Ausdruck* enthaltenen Wert zu.

Beispiel
wArray(mPut, WindowID, 0)

siehe auch
mGet

mRespondsTo **vordefinierte Methode**

Syntax
XObjektInstanz (mRespondsTo, *Nachricht*)

Beschreibung
Diese Methode funktioniert nur für Objekte, die von XObjects erzeugt wurden (*XObjektInstanz*) und wird verwendet, um die Verfügbarkeit der mit *Nachricht* bezeichneten Methode des XObjects zu überprüfen. Reagiert das Objekt auf die Nachricht, wird die Anzahl der für diese Methode erforderlichen Parameter + 1 als Ergebnis geliefert. Das Ergebnis ist 0, wenn das Objekt auf die Nachricht nicht reagiert.

Beispiel
put window (mNew, #document, "Text")¬
  into myWindow
put myWindow (mRespondsTo, "mMove")
-- 3

multiSound **Funktion**

Syntax
the multiSound

Beschreibung
Diese Funktion liefert den Wert TRUE, wenn die Systemsoftware die mehrkanalige Soundausgabe unterstützt.

Beispiel
if the multiSound = 0 then play movie "Single Sound "

name of cast — Darsteller-Eigenschaft

Syntax	the name of cast *Darstellerbezeichnung*
Beschreibung	Diese Eigenschaft bestimmt für den mit *Darstellerbezeichnung* bezeichneten Darsteller den Darstellernamen und kann abgefragt und gesetzt werden. Die Darstellerbezeichnung kann als Darstellernummer oder als Zeichenkette übergeben werden.
Beispiel	set the name of cast A11 to "Eingabe" set the name of "Help" to "Hilfe"
siehe auch	number of cast

name of menu — Menü-Eigenschaft

Syntax	the name of menu *Menünummer*
Beschreibung	Diese Eigenschaft kann nur abgefragt werden und ermittelt den Namen des durch die *Menünummer* bezeichneten Menüs.
Beispiel	put the name of menu 1 into temporär
siehe auch	number, name

name of menuItem — Menüeintrag-Eigenschaft

Syntax	the name of menuItem *Menüeintrag* of menu *Menübezeichnung*
Beschreibung	Mit dieser Eigenschaft wird der Text des angegebenen *Menüeintrags* festgelegt. Die Eigenschaft kann abgefragt und gesetzt werden.
Beispiel	set the name of menuItem "Laden" of menu 2 to "Schließen"
siehe auch	number, name

not — logischer Operator

Syntax	not *logischer Ausdruck*
Beschreibung	Dieser Operator negiert den Parameter *logischer Ausdruck*. Aus dem Wert TRUE wird der Wert FALSE und umgekehrt.
Beispiel	set the soundEnabled to not (the soundEnabled)
siehe auch	and, or

nothing   Befehl

Syntax	nothing
Beschreibung	Der Befehl nothing bewirkt allein nichts. Er dient u.a. dem Ausschalten von Ereignis-Skripts oder dem Abschließen eines (nicht benötigten) ELSE-Zweigs.
Beispiel	when keyDown then nothing
siehe auch	when keyDown then, when mouseDown then, when timeout then

number of cast   Darsteller-Eigenschaft

Syntax	the number of cast *Darstellerbezeichnung*
Beschreibung	Die Nummer des mit *Darstellerbezeichnung* adressierten Darstellers wird als Ergebnis geliefert. Die Darstellernumerierung erfolgt laufend, d.h., der Darsteller A11 hat die Nummer 1, A12 die Nummer 2 usw. Die Eigenschaft kann nur abgefragt werden.
Beispiel	put the number of cast "Eingabe" into Zaehler
siehe auch	number of castmembers, castNum

number of castmembers   Eigenschaft

Syntax	the number of castmembers
Beschreibung	Diese Funktion liefert die Nummer des letzten in der Studio-Datei auftretenden Darstellers. Wenn keine Lücken in der Besetzung vorhanden sind, entspricht diese Nummer der Darstelleranzahl.
Beispiel	put the number of castmembers into n
siehe auch	number of cast

number of chars in   Zeichenketten-Funktion

Syntax	the number of chars in *Zeichenkette*
Beschreibung	Die Anzahl der in *Zeichenkette* enthaltenen Zeichen wird als Ergebnis geliefert. Leer- und Steuerzeichen werden mitgezählt.
Beispiel	put the number of chars in ("Guten Abend") -- 11
siehe auch	length, number of items in, number of lines in, number of words in

Die Lingo-Referenz

number of items in   Zeichenketten-Funktion

Syntax	the number of items in *Zeichenkette*
Beschreibung	Die Anzahl der in *Zeichenkette* enthaltenen Abschnitte wird als Ergebnis geliefert. Abschnitte sind durch Kommata eingegrenzte Zeichenfolgen.
Beispiel	put the number of items in ("eins, zwei, drei") -- 3
siehe auch	length, number of chars in, number of lines in, number of words in

number of lines in   Zeichenketten-Funktion

Syntax	the number of lines in
Beschreibung	Die Anzahl der in *Zeichenkette* enthaltenen Zeilen wird als Ergebnis geliefert.
Beispiel	put the number of lines in ("Guten Abend") -- 1
siehe auch	number of chars in, number of items in, number of words in

number of menuItems   Menü-Eigenschaft

Syntax	the number of menuItems of menu *Menübezeichnung*
Beschreibung	Diese Eigenschaft ermittelt die Anzahl der im Menü *Menübezeichnung* enthaltenen Menüeinträge und kann nur abgefragt werden.
Beispiel	put the number of menuItems of menu "Animation"¬ into m
siehe auch	installMenu, number of menus

number of menus   Menü Eigenschaft

Syntax	the number of menus
Beschreibung	Die Anzahl der in der Studio-Datei enthaltenen Menüs wird ermittelt und kann ausschließlich abgefragt werden.
Beispiel	put the number of menus into j
siehe auch	installMenu, number of menuItems

number of words in   Zeichenketten-Funktion

Syntax	the number of words in *Zeichenkette*

Beschreibung	Diese Funktion ermittelt die Anzahl der in *Zeichenkette* enthaltenen Wörter.
Beispiel	put the number of words in ¬ "Bitte wählen Sie eine Option." -- 5
siehe auch	number of chars in, number of items in, number of lines in

numToChar   Funktion

Syntax	numToChar (*Ausdruck*)
Beschreibung	Diese Funktion wandelt den ganzzahligen *Ausdruck* in das entsprechende Zeichen des ASCII-Codes um.
Beispiel	put numToChar (66) -- "B"
siehe auch	charToNum

objectP   Funktion

Syntax	objectP(*Ausdruck*)
Beschreibung	Diese Funktion liefert den Wert TRUE, wenn es sich bei *Ausdruck* um ein Factory-Objekt handelt.
Beispiel	objectP
siehe auch	integerP, floatP, stringP, symbolP, mNew, mDispose

of   Schlüsselwort

Das Schlüsselwort of wird in vielen Kombinationen zum Bezug auf ein Objekt oder eine Menge verwendet (z.B. name of cast, number of menuItems, locH of sprite).

offset   Funktion

Syntax	offset(*Ausdruck_1*, *Ausdruck_2*)
Beschreibung	Diese Funktion ermittelt die Position, an der *Ausdruck_1* in *Ausdruck_2* enthalten ist. Es wird nur das erste Auftreten von *Ausdruck_1* ausgewertet. Tritt *Ausdruck_1* nicht auf, liefert die Funktion den Wert 0. Groß- und Kleinschreibung wird nicht unterschieden, und Leerzeichen werden mitgezählt.
Beispiel	put offset("L", "HALLO") -- 3
siehe auch	contains

Die Lingo-Referenz

on   **Schlüsselwort**

Syntax   on *Prozedurname* [*Argument_1*] [, *Argument_2*] ...
                       [*Anweisung_1*]
                       [*Anweisung_2*]
                       end *Prozedurname*

Beschreibung   Mit diesem Schlüsselwort leiten Sie die Definition einer Prozedur ein. Prozeduren sind mit Makros vergleichbar. Sie speichern eine Folge von Lingo-Befehlen und können durch Angabe ihres Namens aufgerufen werden. Sie können Prozeduren in Film- und Darsteller-Skripts speichern. Prozeduren in Darsteller-Skripts können nur im gleichen Skript aufgerufen werden, während Prozeduren im Film-Skript überall zur Verfügung stehen. Die sogenannten Ereignis-Prozeduren werden vom Lingo-Interpreter automatisch ausgeführt, wenn das entsprechende Ereignis eintritt (z.B. die Prozedur on mouseUp in Darsteller-Skripts oder die Prozedur on idle im Film-Skript). Verwenden Sie in Prozedurnamen keine deutschen Umlaute.

Beispiel   on speedplus schneller
                 if speed < maxspeed then put speed + schneller¬
                     into speed
                 else put maxspeed into speed
               end speedplus

siehe auch   macro, method

on idle   **Film-Prozedur**

Syntax   on idle
                       Anweisung_1
                       [*Anweisung_2*]
                       ...
                     end idle

Beschreibung   Die im Film-Skript speicherbare idle-Prozedur wird immer dann ausgeführt, wenn kein anderes Ereignis behandelt werden muß.

Beispiel   on idle
                 put the freeBytes / 1024 into cast b11
               end idle

siehe auch   on startMovie, on stepMovie, on stopMovie

Befehle und Funktionen

on mouseDown   **Ereignis-Prozedur**

Syntax	on mouseDown
	   Anweisung_1
	   [Anweisung_2]
	   ...
	end mouseDown

Beschreibung	Die zwischen den Zeilen on mouseDown und end mouseDown enthaltenen Anweisungen werden ausgeführt, sobald die Maustaste gedrückt wird. Dieses Ereignis wird nur in Darsteller-Skripts ausgewertet.
Beispiel	on mouseDown go to marker (1) end mouseDown
siehe auch	on mouseUp

on mouseUp   **Ereignis-Prozedur**

Syntax	on mouseUp
	   Anweisung_1
	   [Anweisung_2]
	   ...
	end mouseUp

Beschreibung	Die zwischen den Zeilen on mouseUp und end mouseUp enthaltenen Anweisungen werden ausgeführt, sobald die Maustaste losgelassen wird. Dieses Ereignis wird nur in Darsteller-Skripts ausgewertet.
Beispiel	on mouseUp continue end mouseUp
siehe auch	on mouseDown

on startMovie   **Film-Prozedur**

Syntax	on startMovie
	   Anweisung_1
	   [Anweisung_2]
	   ...
	end startMovie

Die Lingo-Referenz

Beschreibung	Wenn die Prozedur startMovie im Film-Skript enthalten ist, wird sie bei jedem Start der Animation automatisch ausgeführt.
Beispiel	on startMovie sound play File "intro" end startMovie
siehe auch	on idle, on stepMovie, on stopMovie

on stepMovie   **Film-Prozedur**

Syntax	on stepMovie
	   Anweisung_1
	   [*Anweisung_2*]
	   ...
	end stepMovie

Beschreibung	Wenn die Prozedur stepMovie im Film-Skript enthalten ist, wird sie bei jedem Wechsel des Abspielkopfes in das folgende Bild der Animation ausgeführt.
Beispiel	on stepMovie set the time into field "Zeit" end stepMovie
siehe auch	on idle, on startMovie, on stopMovie

on stopMovie   **Film-Prozedur**

Syntax	on stopMovie
	   Anweisung_1
	   [*Anweisung_2*]
	   ...
	end stopMovie

Beschreibung	Wenn die Prozedur **stopMovie** im Film-Skript enthalten ist, wird Sie bei jedem Stop der Animation automatisch ausgeführt.
Beispiel	on stopMovie closeDA on stopMovie
siehe auch	on idle, on startMovie, on stepMovie

● open   **Befehl**

Syntax	open [*DokumentName* with] *ProgrammName*

Befehle und Funktionen

Beschreibung	Der Befehl open öffnet das angegebene Programm. Nach dem Beenden des Programms kehren Sie zu Director zurück. Soll ein mit *DokumentName* bezeichnetes Dokument außerhalb des aktuellen Ordners geöffnet werden, muß der Pfad angegeben werden.
Beispiel	open "Festplatte 2:Text:Hinweise" with "Teachtext"

openDA   Befehl
Syntax	openDA *Schreibtischzubehör*
Beschreibung	Dieser Befehl öffnet das angegebene Schreibtischzubehör.
Beispiel	openDA "Rechner"
siehe auch	closeDA

openResFile   Befehl
Syntax	openResFile *Ressourcen-Dateibezeichnung*
Beschreibung	Dieser Befehl öffnet die angegebene Ressourcen-Datei. Laufwerk und Verzeichnis müssen angegeben werden, wenn die Datei nicht im aktuellen Ordner liegt.
Beispiel	openResFile "eigene Icons"
siehe auch	closeResFile, showResFile

openXLib   Befehl
Syntax	openXLib *XLibrary-Dateibezeichnung*
Beschreibung	Dieser Befehl öffnet die angegebene XLibrary-Datei. Laufwerk und Verzeichnis müssen angegeben werden, wenn die Datei nicht im aktuellen Ordner liegt.
Beispiel	openXLib "Neue XObjects"
siehe auch	closeXLib, showXLib

optionDown   Funktion
Syntax	the optionDown
Beschreibung	Diese Funktion gibt den Wert TRUE zurück, wenn die Steuerungstaste (Ctrl) gedrückt ist und wenn nicht, den Wert FALSE.
Beispiel	when keyDown then ¬ if the optionDown then play frame "Zugabe"
siehe auch	commandDown, controlDown, shiftDown, key

or   logischer Operator

Syntax   *logischerAusdruck_1* or *logischerAusdruck_2*

Beschreibung   Die beiden logischen Ausdrücke werden ODER-ver-
                 knüpft. Das Ergebnis dieser Verknüpfung ist nur dann
                 FALSE (0), wenn beide Ausdrücke FALSE (0) sind.

Ausdruck_1	Ausdruck_2	Ergebnis
0	0	0
0	1	1
1	0	1
1	1	1

Beispiel   if not the quickTimePresent or not the colorQD then ¬
                 go to "Fehler"

siehe auch   and, not

pathname   Funktion

Syntax   the pathname

Beschreibung   Diese Funktion liefert die Laufwerks- und Pfadbezeich-
                 nung der geöffneten Studio-Datei.

Beispiel   put the pathname
                 -- "Festplatte 2:MM Director:Beispiele"

siehe auch   movie

pattern   Objekt-Eigenschaft

Syntax   the pattern of sprite *Objektnummer*

Beschreibung   Diese Eigenschaft bestimmt für QuickDraw-Darsteller
                 das Füllmuster des Objekts. Die 64 wählbaren Füll-
                 muster entsprechen denen im Fenster **Werkzeug**.

Beispiel   set the pattern of sprite 3 to 15

siehe auch   foreColor, backColor

pause   Befehl

Syntax   pause

Beschreibung   Dieser Befehl stoppt die Animation im aktuellen Bild
                 und wartet die Fortsetzung mit den Befehlen go oder
                 continue ab.

Beispiel   pause

siehe auch   pauseState, continue

pauseState — Funktion
- **Syntax**: the pauseState
- **Beschreibung**: Wenn die Animation sich gerade in einer Pause befindet, liefert diese Funktion TRUE zurück, andernfalls FALSE.
- **Beispiel**: if the pauseState = TRUE then go to "Von vorn"
- **siehe auch**: pause, continue

perFrameHook — Eigenschaft
- **Syntax**: the perFrameHook
- **Beschreibung**: Das Objekt, dem die Eigenschaft perFrameHook zugewiesen wurde, erhält bei jedem Wechsel des Abspielkopfes in ein neues Bild die spezielle Nachricht mAtFrame. Die Reaktion des Objekts hängt von den in der Methode mAtFrame des Objekts gespeicherten Befehlen ab. Durch Setzen der Eigenschaft auf null wird das Versenden der Nachricht wieder gestoppt.
- **Beispiel**:
  set Ball = BallFactory(mNew, 15)
  set the perFrameHook to Ball
- **siehe auch**: factory, method

picture of cast — Darsteller-Eigenschaft
- **Syntax**: the picture of cast *Darstellerbezeichnung*
- **Beschreibung**: Diese Eigenschaft steht für das Bild eines Bitmap- oder PICT-Darstellers und kann abgefragt und gesetzt werden. Beachten Sie, daß das Setzen der Eigenschaft die bestehenden Bildinformationen überschreibt und nur für Bitmap- oder PICT-Darsteller funktioniert.
- **Beispiel**: set the picture of cast "Hilfe" to the picture of cast "Ende"
- **siehe auch**: type

play — Befehl
- **Syntax**:
  play [frame] *Bildbezeichnung*
  play movie *Studio-Dateibezeichnung*
  play [frame] *Bildbezeichnung* of movie *Studio-Datei*
- **Beschreibung**: Mit diesem Befehl wird der Abspielkopf in das angegebene Bild der angegebenen Datei gesetzt. Im letzten Bild der Sequenz oder nach dem Befehl play done kehrt

Die Lingo-Referenz

	der Abspielkopf entweder in das Bild, in dem der Aufruf erfolgte (Darsteller-Skript), oder in das darauf folgende Bild (Regie-Skript) zurück. Das Schlüsselwort frame kann entfallen.
Beispiel	play "Hilfe" play frame "Intro" of movie "Teil I"
siehe auch	play done

play done   Befehl

Syntax	play done
Beschreibung	Mit diesem Befehl wird das Ende einer Bildfolge markiert, die mit den Befehlen play oder go to angesprungen wurde. Wenn die aktuelle Sequenz aus einem Skriptkanal-Skript heraus aufgerufen wurde, erfolgt der Rücksprung in das folgende Bild. Erfolgte der Aufruf aus einem Darsteller-Skript, springt der Abspielkopf in das ursprüngliche Bild zurück.
Beispiel	set the mouseUpScript to "play done"
siehe auch	play, go to

playAccel   Befehl

Syntax	playAccel *Accelerator-Datei* [*Option_1*] [, *Option_2*] [, *Option_3*] ...
Beschreibung	Mit diesem Befehl wird die angegebene MacroMind-Accelerator-Datei abgespielt. Nach dem Abspielen kehrt der Abspielkopf an die ursprüngliche Position zurück. Die möglichen Optionen sind durch Kommata getrennt anzugeben.

Option	Bedeutung
byFrame	Datei bildweise von Diskette laden
click	Stop bei Mausklick und Ereignis weitergeben
clickStop	Stop bei Ereignis nicht weitergeben
loop	Film in einer Schleife abspielen
noFlush	Interaktive Studio-Datei bleibt im Speicher
noSound	keine Sound-Ausgabe
noUpdate	kein neuer Bildschirmaufbau bei Film-Ende
playRect, l, o, r, u	Stop des Films, wenn der Mauscursor

Befehle und Funktionen

		die Grenzen (links, oben, rechts, unten) verläßt.
	repeat, n	Anzahl der Wiederholungen
	sync	Synchronisierung mit dem Bildschirm
	whatFits	Abspielen, was in den Speicher paßt.
	tempo, n	Festlegung der Geschwindigkeit
Beispiel	playAccel "logo.mma"	
siehe auch	play, play movie	

playFile

siehe   sound playFile

preLoad   Befehl

Syntax   preLoad *bisBild*
               preLoad [*vonBild,*] *bisBild*

Beschreibung   Es werden alle bis zum Bild mit der Nummer *bisBild* benötigten Darsteller in den Arbeitsspeicher geladen. Reicht der Arbeitsspeicher nicht aus, wird der Vorgang abgebrochen. Fehlt die Angabe *bisBild*, werden alle Darsteller geladen. Die Angabe eines Bereichs *vonBild*, *bisBild* beschränkt das Laden auf die angegebenen Bilder.

Beispiel   preLoad
            preLoad marker(1), marker(2)

siehe auch   unLoad, preLoadCast, unLoadCast

preLoadCast   Befehl

Syntax   preLoadCast
            preLoadCast *Darstellerbezeichnung*
            preLoadCast *vonDarsteller, bisDarsteller*

Beschreibung   Es werden die angegebenen Darsteller in den Arbeitsspeicher geladen. Fehlt die Angabe, lädt der Befehl alle Darsteller der Studio-Datei. *Darstellerbezeichnung*, *vonDarsteller* und *bisDarsteller* können Darstellernamen oder -nummern enthalten.

Beispiel   preLoadCast "QT-Movie"
            preLoadCast A11, A11+4

siehe auch   unLoadCast, unLoad, preLoad

printFrom — Befehl

Syntax printFrom *Bildbezeichnung* [, *bisBild*] [, *Verkleinerung*]

Beschreibung Der Inhalt der **Bühne** wird beim mit *Bildbezeichnung* angegebenen Bild beginnend gedruckt. Mit *bisBild* ist die Angabe einer letzten zu druckenden Bildnummer möglich. Als Parameter *Verkleinerung* können die Werte 100, 50 und 25 angegeben werden.

Beispiel printFrom 1
printFrom label("zum Drucker"), label("Ende"), 50

puppet of sprite — Objekt-Eigenschaft

Syntax the puppet of sprite *Objektnummer*

Beschreibung Diese Eigenschaft macht das Objekt im angegebenen Kanal zu einem sogenannten Puppet (einem durch Lingo kontrollierten Objekt) und kann abgefragt und gesetzt werden. Die Voreinstellung ist 0. Das Setzen der Eigenschaft entspricht dem Befehl puppetSprite.

Beispiel set the puppet of sprite 2 to TRUE

siehe auch puppetSprite

puppetPalette — Befehl

Syntax puppetPalette *Palettenbezeichnung* [, *Tempo*]
    [, *Bildanzahl*]
puppetPalette 0

Beschreibung Der Palettenkanal wird zum Puppet (durch Lingo gesteuertes Objekt).
Die Eintragungen im Palettenkanal der Regie werden ignoriert, und die mit *Palettenbezeichnung* angegebene Palette wird zur aktuellen Farbpalette. Die *Palettenbezeichnung* kann eine Darstellernummer oder -bezeichnung sein. Um die Director-eigenen Paletten zu aktivieren, müssen die englischen Bezeichnungen (System, Rainbow, Grayscale, Pastels, Vivid, NTSC, Metallic) verwendet werden.

Das Ausschalten der Puppet-Eigenschaft erfolgt mit dem Befehl puppetPalette 0.

Der optionale Parameter *Tempo* (Bereich 1..60) entspricht dem Schieberegler der Geschwindigkeit in der Palettenkanal-Dialogbox. Soll der Palettenwechsel über

	mehrere Bilder hinweg erfolgen, muß der Parameter *Bildanzahl* angegeben werden.
Beispiel	puppetPalette "Grayscale" puppetPalette A14, 30

puppetSound   Befehl

Syntax	puppetSound *Darstellerbezeichnung* puppetSound *Menünummer, Submenünummer* puppetSound *MIDI_Option* puppetSound 0
Beschreibung	Die Soundkanäle werden zum Puppet und die Einträge im Soundkanal damit von Lingo-Befehlen überschrieben. Der abgegebene Sound wird abgespielt. Ein als Darsteller gespeicherter Sound wird durch Angabe des Namens gespielt. Die Sounds aus der Sound-Datei erreichen Sie durch Angabe der *Menü-* und *Submenünummer* (z.B. 5,4). Die Nummern sind (wie im Menü „Ton") hexadezimal anzugeben (10=A, 11=B, 12=C, 13=D, 14=E, 15=F). Zur Ansteuerung eines MIDI-Geräts gibt es die folgenden *MIDI_Optionen*: midiStart midiStop midiContinue midiBeat, t (40 <= t >= 280) midiSong, s (0 <= t >= 127) midiSongPointer, b, m (1 <= b <= 4), (1<=m<=1023) Mit dem Befehl puppetSound 0 wird die Lingo-Kontrolle über den Sound wieder ausgeschaltet.
Beispiel	puppetSound 5, 4 puppetSound "Intro" puppetSound midiStart
siehe auch	sound fadeIn, sound fadeOut, sound playFile

puppetSprite   Befehl

Syntax	puppetSprite *Objektnummer, Status*
Beschreibung	Dieser Befehl macht das im Kanal *Objektnummer* gespeicherte Objekt zu einem Puppet, wenn der *Status*

	TRUE übergeben wird. Hat *Status* den Wert FALSE, wird der Puppet-Zustand aufgehoben.
Beispiel	puppetSprite 5, TRUE
siehe auch	puppet, pattern, left, right, foreColor, backColor, ink, type, locV, locH, constraint, castNum

puppetTempo Befehl

Syntax	puppetTempo *Tempoangabe*
Beschreibung	Dieser Befehl macht den Tempokanal zum Puppet und stellt die als Parameter übergebene *Tempoangabe* (Maximum 60 Bilder pro Sekunde) ein.
Beispiel	puppetTempo 30

puppetTransition Befehl

Syntax	puppetTransition *Überblendungs-Nr* [, *Dauer*] [, *Schrittweite*][, Bereich]
Beschreibung	Dieser Befehl macht den Überblendkanal zum Puppet. Der Befehl muß, abweichend vom Eintrag im Überblendkanal, im vorhergehenden Bild erfolgen.

Nr.	Überblendung	Nr.	Überblendung
01	Nach rechts wischen	27	Zufallsreihen
02	Nach links wischen	28	Zufallsspalten
03	Nach unten wischen	29	Zudecken nach unten
04	Nach oben wischen	30	Zudecken nach unten rechts
05	Blende auf, horizontal	31	Zudecken nach unten links
06	Blende zu, horizontal	32	Zudecken nach links
07	Blende auf, vertikal	33	Zudecken nach rechts
08	Blende zu, vertikal	34	Zudecken nach oben
09	Blende auf, Rechteck	35	Zudecken nach oben links
10	Blende zu, Rechteck	36	Zudecken nach oben rechts
11	Nach links schieben	37	Lamellen
12	Nach rechts schieben	38	Schachbrett
13	Nach unten schieben	39	Treppe unten, nach links
14	Nach oben schieben	40	Treppe unten, nach rechts

Nr.	Überblendung	Nr.	Überblendung
15	Aufdecken nach oben	41	Treppe links, nach unten
16	Aufdecken nach oben rechts	42	Treppe links, nach oben
17	Aufdecken nach rechts	43	Treppe rechts, nach unten
18	Aufdecken nach unten rechts	44	Treppe rechts, nach oben
19	Aufdecken nach links	45	Treppe oben, nach links
20	Aufdecken nach unten links	46	Treppe oben, nach rechts

21	Aufdecken nach links	47	Zoom auf
22	Aufdecken nach oben links	48	Zoom zu
23	Auflösen pixelweise schnell	49	Jalousie
24	Auflösen in Rechtecke	50	Auflösen bitweise, schnell
25	Auflösen in Quadrate	51	Auflösen pixelweise
26	Auflösen in Muster	52	Auflösen bitweise

Der Parameter *Dauer* bestimmt die minimale Dauer des Übergangs in Viertelsekunden (gültiger Bereich: 0 bis 120). In Abhängigkeit von der gewählten *Schrittweite* kann sich die Dauer der Überblendung auch erhöhen. Die *Schrittweite* ist ein Maß für die Größe der beim Überblenden veränderten Teilflächen (gültiger Bereich: 1 bis 128).
Der Parameter *Bereich* überblendet in der Voreinstellung TRUE den sich ändernden Bühnenbereich und in der Einstellung FALSE die gesamte **Bühne**.

Beispiel puppetTransition 52

put   Befehl

Syntax   put *Ausdruck*

Beschreibung   Dieser Befehl zeigt den Wert von *Ausdruck* im Fenster **Dialog** an.

Beispiel   put the time
                -- "12:32 Uhr"
                put the memorySize / 1024
                -- 1996

siehe auch   put…after, put…before, put…into

put…after   Befehl

Syntax   put *Ausdruck* after *Zeichenkette*

Beschreibung   Dieser Befehl konvertiert *Ausdruck* in eine Zeichenkette und positioniert ihn hinter der angegebenen *Zeichenkette*.

Beispiel   put "Director zugewiesener Speicher"¬
                 into field "aktuelle Speichergröße"
                put the memorySize after field "aktuelle Speichergröße"

siehe auch   put…before, put…into, line…on, word…of

put...before — Befehl

Syntax	put *Ausdruck* before *Zeichenkette*
Beschreibung	Dieser Befehl konvertiert *Ausdruck* in eine Zeichenkette und positioniert ihn vor der angegebenen *Zeichenkette*.

Beispiel	put " Speicher wurde Director zugewiesen. "¬
	    into field "aktuelle Speichergröße"
	put the memorySize before field¬
	    "aktuelle Speichergröße"

siehe auch	put...after, put...into, line...on, word...of

put...into — Befehl

Syntax	put *Ausdruck* into *Variable* put *Ausdruck* into *Zeichenkette*
Beschreibung	Mit diesem Befehl weisen Sie einer *Variablen* oder *Zeichenkette* den in *Ausdruck* enthaltenen Wert zu.
Beispiel	put...into
siehe auch	put...after, put...before, line...on, word...of, set

quit — Befehl

Syntax	quit
Beschreibung	Dieser Befehl beendet das Programm Director und kehrt zum Finder zurück. Wie beim Befehl **Beenden** im Menü **Ablage** erscheint eine Dialogbox, wenn die letzten Änderungen noch nicht gespeichert wurden.
Beispiel	if field "Eingabe" contains "Ende" then quit
siehe auch	shutDown, restart

QUOTE — Zeichen-Konstante

Syntax	QUOTE
Beschreibung	Diese Konstante wird innerhalb von Zeichenketten zur Angabe von Anführungszeichen verwendet.
Beispiel	put "Geben Sie in das Feld" && QUOTE & " Name "¬ & QUOTE && "bitte Ihren Vornamen ein." -- Geben Sie in das Feld "Name" bitte Ihren Vornamen ein.

quickTimePresent — Funktion

Syntax	the quickTimePresent
Beschreibung	Diese Funktion liefert den Wert TRUE, wenn die Systemerweiterung QuickTime im Systemordner installiert ist.
Beispiel	if the quickTimePresent = TRUE then play frame "Intro & QT"

ramNeeded — Funktion

Syntax	ramNeeded (*Bild_1*, *Bild_2*)
Beschreibung	Diese Funktion ermittelt den Speicherbedarf des Bereichs zwischen den angegebenen Bildern in Byte.
Beispiel	put freeBytes > ramNeeded (1,100) -- 0

random — Funktion

Syntax	random (*Ausdruck*)
Beschreibung	Diese Funktion erzeugt eine ganzzahlige Zufallszahl zwischen 1 und dem Wert von *Ausdruck*. Der *Ausdruck* muß ganzzahlig sein.
Beispiel	put random(3) into zähler

repeat while — Schlüsselwort

Syntax	repeat while *Ausdruck*
	    Anweisung_1
	    [*Anweisung_2*]
	    ...
	end repeat

Beschreibung	Die innerhalb der Zeilen **repeat** und **end** angegebenen *Anweisungen* werden so lange ausgeführt, wie der *Ausdruck* nach **while** den Wert TRUE ergibt.
Beispiel	repeat while the commandDown put speed + 5 into speed end repeat
siehe auch	exit, exit repeat, repeat...with

repeat with   Schlüsselwort

Syntax	repeat with *Index* = *Anfang* to *Ende*
	    Anweisung_1
	    [*Anweisung_2*]
	    ...
	end repeat

Beschreibung	Mit diesem Schlüsselwort werden Zählschleifen realisiert. Vor jeder Ausführung der Anweisungen wird der *Index*, beginnend bei *Anfang*, um eins erhöht. Die Ausführung endet, wenn der *Index* den mit *Ende* angegebenen Wert erreicht.
Beispiel	repeat with objnr = 1 to 8 set the puppet of sprite objnr = 1 end repeat
siehe auch	exit, exit repeat, repeat while,

restart   Befehl

Syntax	restart
Beschreibung	Mit diesem Befehl wird ein Neustart des Macintosh ausgelöst. Die Funktion entspricht dem Befehl **Neustart** im Menü **Spezial** des Finders.
Beispiel	if field "Eingabe" contains "Neustart" then restart
siehe auch	quit, shutDown

result   Funktion

Syntax	the result
Beschreibung	Diese Funktion ermittelt das Ergebnis der zuletzt aufgerufenen Prozedur. In Prozeduren werden Werte mit dem Befehl return zurückgegeben. Für das folgende Beispiel kann auch put zufallszahl (2) into beginn geschrieben werden.
Beispiel	zufallszahl (2) put the result into beginn
siehe auch	return

return — Schlüsselwort

Syntax	return *Ausdruck*
Beschreibung	Dieser Befehl wird innerhalb einer Prozedur oder Methode verwendet. Er bewirkt einen Rücksprung aus der Prozedur oder Methode und liefert den in *Ausdruck* enthaltenen Wert als Ergebnis zurück.
Beispiel	on zufallszahl n return random(2*n+1) - n-1 end zufallszahl n
siehe auch	result

RETURN — Zeichen-Konstante

Syntax	RETURN
Beschreibung	Diese Konstante steht für den Tastencode der Return- bzw. Zeilenschalttaste.
Beispiel	When keyDown then if the key = RETURN then ¬ go to "start"

right of sprite — Objekt-Eigenschaft

Syntax	the right of sprite *Objektnummer*
Beschreibung	Diese Eigenschaft liefert den Abstand der rechten Begrenzung des im Kanal *Objektnummer* gespeicherten Objekts vom Bühnenursprung. Die Eigenschaft kann nicht gesetzt werden. Verwenden Sie zum Ändern der Eigenschaft den Befehl spritebox.
Beispiel	if the right of sprite > rechts then go to "neue Position"
siehe auch	left, bottom, top, locH, locV, spriteBox, height, width, updateStage

rollOver — Funktion

Syntax	rollOver (*Objektnummer*)
Beschreibung	Diese Funktion gibt den Wert TRUE zurück, wenn sich der Mauscursor gerade über dem Objekt im angegebenen Kanal befindet.
Beispiel	if rollOver(3) = TRUE then go to frame "Hilfe"
siehe auch	mouseCast

romanLingo   Eigenschaft

Syntax the romanLingo

Beschreibung Diese Eigenschaft bestimmt, ob der Lingo-Interpreter einen Ein- oder Zwei-Byte-Zeichensatz verwendet, und wird von der Sprache der verwendeten System-Software eingestellt. Amerikanische und deutsche System-Software verwenden Ein-Byte-Zeichensätze und stellen the romanLingo auf den Wert TRUE. Mit dem Wert FALSE schaltet der Lingo-Interpreter auf den z.B. für Japanisch benötigten Zwei-Byte-Modus um.

script of menuItem   Menü-Eigenschaft

Syntax the script of menuItem *Menüeintrag* of menu *Menübezeichnung*

Beschreibung Diese Eigenschaft bestimmt den Lingo-Befehl, der bei Auswahl des *Menüeintrags* im installierten Menü *Menübezeichnung* ausgeführt wird. Die Eigenschaft kann abgefragt und gesetzt werden. Zur Angabe von *Menüeintrag* und *Menübezeichnung* können Namen oder Nummern verwendet werden.

Beispiel set the script of menuItem "Ende" of ¬
          Menu "Animation" to" Ausblenden"

siehe auch installMenu, menu, checkMark, enabled

selection   Funktion

Syntax the selection

Beschreibung Diese Funktion liefert die im bearbeiteten Textfeld gemachte Markierung als Ergebnis zurück.

Beispiel if the selection <> richtig then alert "falsche Antwort !"

siehe auch selStart, selEnd

selEnd   Text-Eigenschaft

Syntax the selEnd

Beschreibung Diese Eigenschaft bezeichnet das Ende einer Markierung innerhalb einer Zeichenkette. Die Zählung beginnt beim ersten Zeichen der Zeichenkette. Den Anfang der Markierung gibt die Eigenschaft selStart an. Beide Eigenschaften können abgefragt und gesetzt werden.

Beispiel	if the selEnd = the selStart then go to marker (-1)	
siehe auch	selection, SelStart, text, editableText	

selStart   **Text-Eigenschaft**

Syntax   the selStart

Beschreibung   Diese Eigenschaft bezeichnet den Anfang einer Markierung innerhalb einer Zeichenkette. Die Zählung beginnt beim ersten Zeichen der Zeichenkette. Das Ende der Markierung gibt die Eigenschaft selEnd an. Beide Eigenschaften können abgefragt und gesetzt werden.

Beispiel   set the selStart to 1

siehe auch   selection, selEnd, text, editableText

set...to / set...=   **Befehl**

Syntax   set *Variable* to *Ausdruck*
                       set *Variable* = *Ausdruck*
                       set *Eigenschaft* to *Ausdruck*
                       set *Eigenschaft* = *Ausdruck*

Beschreibung   Der Befehl **set** weist in Verbindung mit dem Wort **to** oder dem Gleichheitszeichen einem Variablenwert oder einer Eigenschaft den in *Ausdruck* enthaltenen Wert zu.

Beispiel   set Zähler = 0

siehe auch   factory, global, instance

setCallBack   **Befehl**

Syntax   setCallBack *XCMDName*, *Rückgabewert*

Beschreibung   Lingo kann mit dem XObject XCMDGlue externe HyperCard-Befehle und Funktionen (XCMDs und XFCNs) ausführen.
Der Befehl setCallBack richtet den *Rückgabewert* für dabei nicht unterstützte HyperTalk-XCMDs und XFCNs ein. Der *Rückgabewert* kann 0, 1 oder ein Objekt sein. Ist *Rückgabewert* gleich Null, werden nicht unterstütze XCMDs ignoriert. Hat er den Wert 1, erscheint eine Warnmeldung. Wenn als *Rückgabewert* ein Objekt übergeben wird, erhält das Objekt die an das XCMD gerichteten Nachrichten.

shiftDown   Funktion

Syntax	the shiftDown
Beschreibung	Die Funktion gibt den Wert TRUE zurück, wenn die Umschalttaste gedrückt ist.
Beispiel	when keyDown then ¬ if the shiftDown then play frame "Extras"
siehe auch	optionDown, commandDown, controlDown

short

siehe	**date, time**

showGlobals   Befehl

Syntax	showGlobals
Beschreibung	Mit diesem Befehl zeigen Sie alle globalen Variablen und offenen Factories (sowie XObjects) im Fenster **Dialog** an.
Beispiel	showGlobals

showLocals   Befehl

Syntax	showLocals
Beschreibung	Dieser Befehl zeigt alle lokalen Variablen im Fenster **Dialog** an. Der Befehl kann nur innerhalb von Makros, Prozeduren oder Methoden verwendet werden, da die lokalen Variablen nur während der Prozedur Werte enthalten.
siehe auch	showGlobals

showResFile   Befehl

Syntax	showResFile [*Ressourcendatei*]
Beschreibung	Als Ergebnis dieses Befehls erscheinen alle in der angegebenen *Ressourcendatei* enthaltenen Ressourcen. Fehlt die Dateiangabe, werden alle geöffneten Ressourcen gezeigt.
Beispiel	showResFile "Menüs"
siehe auch	open ResFile, closeResFile

showXlib   Befehl

Syntax	showXlib [*XLibrary-Dateibezeichnung*]

Beschreibung	Dieser Befehl zeigt alle in der angegebenen Datei enthaltenen XObjects. Die Datei muß vorher mit openXLib geöffnet werden. Fehlt die Dateiangabe, werden alle geöffneten XLibraries gezeigt.
Beispiel	showXLib "sys:popup menu xobj" -- XObject: PopMenuId: 1017
siehe auch	openXlib, closeXlib

shutDown — Befehl
Syntax	shutDown
Beschreibung	Dieser Befehl beendet alle Programme und schaltet den Macintosh ab. Die Funktion entspricht dem Befehl **Ausschalten** im Menü **Spezial** des Finders.
Beispiel	if field "Eingabe" contains "ausschalten" then shutDown
siehe auch	quit, restart

size of cast — Darsteller-Eigenschaft
Syntax	the size of cast *Darstellerbezeichnung*
Beschreibung	Diese Eigenschaft ermittelt den Speicherbedarf des angegebenen Darstellers in Byte. Als *Darstellerbezeichnung* kann der Name oder die Nummer des Darstellers verwendet werden.
Beispiel	put the size of cast "Picture 1" --19760

sound — Darsteller-Eigenschaft
Syntax	the sound
Beschreibung	Diese Eigenschaft schaltet den Ton eines QuickTime-Darstellers aus (FALSE) oder ein (TRUE).
Beispiel	set the sound of cast "Intro" to TRUE

sound fadeIn — Befehl
Syntax	sound fadeIn *Soundkanal* [, *Dauer*]
Beschreibung	Der Befehl blendet den Sound im angegebenen *Soundkanal* ein. Wird eine Dauer (in *Ticks*) angegeben, erfolgt die Ausblendung über die vorgegebene Anzahl von Ticks. Die

	Voreinstellung bei fehlendem Parameter *Dauer* wird aus 15 * 60 / Tempoeinstellung ermittelt.
Beispiel	sound fadeIn 1, 5*60
siehe auch	sound fadeOut

sound fadeOut — Befehl

Syntax	sound fadeOut *Soundkanal* [, *Dauer*]
Beschreibung	Der Befehl blendet den Sound im angegebenen *Soundkanal* aus. Wird eine *Dauer* (in Ticks) angegeben, erfolgt die Ausblendung über die vorgegebene Zeit. Die Voreinstellung bei fehlendem Parameter *Dauer* errechnet sich aus 15 * 60 / Tempoeinstellung.
Beispiel	sound fadeOut 2, 3*60
siehe auch	sound fadeIn

sound playFile — Befehl

Syntax	sound playFile *Soundkanal, Sound-Datei*
Beschreibung	Mit diesem Befehl starten Sie die Ausgabe einer gewählten *Sound-Datei* im angegebenen *Soundkanal*. Die Datei muß im AIFF-Format vorliegen und die Systemversion 6.0.7 oder darüber installiert sein. Der Befehl erzeugt keine Fehlermeldung, wenn die angegebene Datei nicht gefunden wurde oder nicht im AIFF-Format vorliegt.
Beispiel	sound playFile 1, "SYS:Sounds:Background AIFF"
siehe auch	sound stop, volume of sound

sound stop — Befehl

Syntax	sound stop *Soundkanal*
Beschreibung	Die Sound-Ausgabe im angegebenen *Soundkanal* wird gestoppt.
Beispiel	sound stop 2
siehe auch	soundBusy, sound playFile, sound fadeIn, sound fadeOut

soundBusy — Funktion

Syntax	soundBusy (*Soundkanal*)
Beschreibung	Diese Funktion liefert den Wert TRUE, wenn im angegebenen Soundkanal gerade eine Soundausgabe

	erfolgt, und den Wert FALSE, wenn der Soundkanal inaktiv ist.
Beispiel	if soundBusy (1) = FALSE then sound playFile 1, "Background"
siehe auch	sound playFile, sound stop

soundEnabled *Eigenschaft*
Syntax	the soundEnabled
Beschreibung	Mit dieser Eigenschaft wird die Sound-Ausgabe an- oder ausgeschaltet. Die Voreinstellung für soundEnabled ist TRUE (angeschaltet). Die Eigenschaft kann abgefragt und gesetzt werden.
Beispiel	set the soundEnabled to TRUE
siehe auch	soundLevel

soundLevel *Eigenschaft*
Syntax	the soundLevel
Beschreibung	Mit dieser Eigenschaft wird die Lautstärke der Soundausgabe im Bereich von 0 bis 7 (kein Ton bis maximale Lautstärke) eingestellt. Die Voreinstellung ist der Wert 7. Günstiger ist die Verwendung von volume, da mit dieser Eigenschaft die Lautstärke der einzelnen Soundkanäle getrennt kontrolliert werden kann.
Beispiel	set the soundLevel to 5
siehe auch	the soundEnabled, volume

sprite *Schlüsselwort*
Syntax	the *Eigenschaft* of sprite *Objektnummer*
Beschreibung	Dieses Schlüsselwort dient der Bezeichnung von Objekten. Der auf das Wort **sprite** folgende ganzzahlige Ausdruck *Objektnummer* bezeichnet die Nummer des Kanals im Fenster **Regie**, in dem sich das Objekt befindet.
Beispiel	set the puppet of sprite 2 to FALSE
siehe auch	cast

sprite...intersects *Vergleichsoperator*
Syntax	sprite *Objektnummer_1* intersects *Objektnummer_2*

Beschreibung	Dieser Ausdruck liefert den Wert TRUE, wenn die Umrandung von *Objekt_1* die Umrandung von *Objekt_2* berührt. Wenn Bitmap- Objekte den Farbeffekt **Objekt deckend** besitzen, wird statt der rechteckigen Umrandung die Berührung der Kontur der Objekte überprüft.
Beispiel	if sprite 2 intersects 3 then play frame "crash"
siehe auch	sprite...within

sprite...within   Vergleichsoperator

Syntax	sprite *Objektnummer_1* within *Objektnummer_2*
Beschreibung	Dieser Ausdruck liefert den Wert TRUE, wenn die Umrandung von *Objekt_1* sich vollständig innerhalb der Umrandung von *Objekt_1* befindet. Wenn Bitmap-Objekte den Farbeffekt **Objekt deckend** besitzen, wird statt der Umrandung die Kontur der Objekte überprüft.
Beispiel	if sprite 2 within 3 then play frame "Ende"
siehe auch	sprite...intersects

spriteBox   Befehl

Syntax	spriteBox *Objektnummer, links, oben, rechts, unten*
Beschreibung	Mit diesem Befehl werden die Koordinaten (*links, oben, rechts, unten*) der Umrandung des mit *Objektnummer* bezeichneten Objekts eingestellt. Bezugspunkt für die Koordinaten ist die obere linke Bühnenecke. Bitmap-Objekte müssen die Eigenschaft stretch = TRUE haben. Um die Änderung vor dem Wechsel zum nächsten Bild zu sehen, muß der Befehl updateStage verwendet werden.
Beispiel	spriteBox 3, 100, 100, 200, 200
siehe auch	stageLeft, stageRight, stageTop, bottom

sqrt   Funktion

Syntax	sqrt (*Zahl*) the sqrt of *Zahl*
Beschreibung	Das Ergebnis dieser Funktion ist die Quadratwurzel der übergebenen *Zahl*. Handelt es sich dabei um einen Gleitkommaausdruck, liefert die Funktion auch einen Gleitkommaausdruck zurück. Wird eine ganze Zahl als

Befehle und Funktionen

	Parameter übergeben, ist das Ergebnis die nächstgrößere ganze Zahl.
Beispiel	put sqrt(3.)
	-- 1.7321
	put sqrt(3)
	-- 2

stageBottom   Funktion

Syntax	the stageBottom
Beschreibung	Diese Funktion liefert die Koordinate des unteren Bühnenrands, bezogen auf die linke obere Bildschirmecke, als Ergebnis.
Beispiel	put the stageBottom
	-- 480
siehe auch	stageTop, stageLeft, stageRight

stageColor   Eigenschaft

Syntax	the stageColor
Beschreibung	Mit dieser Eigenschaft stellen Sie die Farbe des Bühnenhintergrunds ein. Die möglichen Werte hängen von der eingestellten Farbtiefe ab; bei 8 Bit ergibt sich der Wertebereich von 0 (Voreinstellung Weiß) bis 255 (Schwarz). Um die Indexnummer der gewünschten Farbe aus der aktuellen Palette zu ermitteln, verwenden Sie das Fenster **Palette**. Nach Auswahl einer Farbe wird die zugehörige Indexnummer unten links angezeigt. Die Eigenschaft kann abgefragt und gesetzt werden.
Beispiel	set the stageColor to 35
siehe auch	backColor, foreColor

stageLeft   Funktion

Syntax	the stageLeft
Beschreibung	Diese Funktion liefert die Koordinate des linken Bühnenrands, bezogen auf die linke obere Bildschirmecke, als Ergebnis.
Beispiel	put the stageLeft
	-- 0
siehe auch	stageRight, stageTop, stageBottom

stageRight — Funktion

Syntax
: the stageRight

Beschreibung
: Diese Funktion liefert die Koordinate des rechten Bühnenrands, bezogen auf die linke obere Bildschirmecke, als Ergebnis.

Beispiel
: put the stageRight
  -- 640

siehe auch
: stageBottom, stageLeft, stageTop

stageTop — Funktion

Syntax
: the stageTop

Beschreibung
: Diese Funktion liefert die Koordinate des oberen Bühnenrands, bezogen auf die linke obere Bildschirmecke, als Ergebnis.

Beispiel
: put the stageTop
  -- 0

siehe auch
: stageBottom, stageLeft, stageRight

startMovie

siehe
: on startMovie

starts — Vergleichsoperator

Syntax
: *Zeichenkette_1* starts *Zeichenkette_2*

Beschreibung
: Wenn *Zeichenkette_1* mit *Zeichenkette_2* beginnt, ist das Ergebnis des Vergleichs TRUE, andernfalls FALSE. Die Groß- und Kleinschreibung wird nicht unterschieden.

Beispiel
: put "Animation" starts "ani"
  -- 1

siehe auch
: contains

startTime — QuickTime-Objekt-Eigenschaft

Syntax
: the startTime of sprite *Objektnummer*

Beschreibung
: Diese Eigenschaft bestimmt für den QuickTime-Film im mit *Objektnummer* angegebenen Kanal den Start der Wiedergabe innerhalb des Films. Die Zeitangabe erfolgt in Ticks, bezogen auf den Anfang des Films. Der folgende Befehl unterdrückt das Abspielen der ersten zwei Sekunden des Films im Kanal 2.

Beispiel
: set the startTime of sprite 2 to 2*60

siehe auch	stopTime, duration

startTimer — Befehl

Syntax	startTimer
Beschreibung	Mit diesem Befehl wird die Eigenschaft Timer (der Zeitgeber) auf null gesetzt. Der Timer ist der Bezugspunkt für alle zeitmessenden Funktionen (z.B. lastClick, lastKey, lastEvent, lastRoll).
Beispiel	when mouseDown then startTimer
siehe auch	timer, lastClick, lastEvent, lastKey, lastRoll

stepMovie

siehe	**on stepMovie**

stilldown — Funktion

Syntax	the stilldown
Beschreibung	Diese Funktion liefert den Wert TRUE, wenn die Maustaste gedrückt ist, und den Wert FALSE, wenn nicht.
Beispiel	if the stilldown then put speed + 10 into speed
siehe auch	mouseDown

stop

siehe	**sound stop**

stopMovie

siehe	**on stopMovie**

stopTime — QuickTime-Objekt-Eigenschaft

Syntax	the stopTime of sprite *Objektnummer*
Beschreibung	Diese Eigenschaft bestimmt für den QuickTime-Film im mit *Objektnummer* angegebenen Kanal das Ende der Wiedergabe. Die Zeitangabe erfolgt in Ticks, bezogen auf den Anfang des Films. Der folgende Befehl beendet das Abspielen in der achten Sekunde des Films.
Beispiel	set the stopTime of sprite 2 to 8*60
siehe auch	startTime, duration

stretch of sprite — Objekt-Eigenschaft

Syntax	the stretch of sprite *Objektnummer*

Beschreibung	Wenn diese Eigenschaft den Wert TRUE hat, läßt sich der mit *Objektnummer* bezeichnete Bitmap-Darsteller dehnen. Die Dehnung erfolgt mit den Eigenschaften width und heigth oder mit dem Befehl spritebox. Die Voreinstellung dieser les- und setzbaren Eigenschaft ist FALSE.
Beispiel	set the stretch of sprite 2 to TRUE
siehe auch	spriteBox, height, width

string   Funktion

Syntax	string (*Ausdruck*)
Beschreibung	Diese Funktion wandelt den *Ausdruck* (ganze Zahl, Gleitkommazahl oder Symbol) in eine Zeichenkette um.
Beispiel	put string(3*3) -- "9"
siehe auch	value

stringP   Funktion

Syntax	stringP (*Ausdruck*)
Beschreibung	Wenn es sich bei *Ausdruck* um eine Zeichenkette handelt, liefert diese Funktion den Wert TRUE, andernfalls den Wert FALSE.
Beispiel	put stringP("Eingabe") -- 1 put stringP(2.5) -- 0
siehe auch	integerP, objektP, symbolP

switchColorDepth   Eigenschaft

Syntax	the switchColorDepth
Beschreibung	Mit dieser Eigenschaft legen Sie fest, ob die Farbtiefe beim Laden einer Studio-Datei automatisch angepaßt wird. Die Eigenschaft läßt sich setzen und abfragen. Die Funktion entspricht der Auswahl in der Dialogbox des Befehls **Voreinstellungen**.
Beispiel	set the switchColorDepth to TRUE
siehe auch	colorDepth, colorQD

symbolP   **Funktion**

    Syntax   symbolP (*Ausdruck*)

    Beschreibung   Wenn es sich bei *Ausdruck* um ein Symbol handelt, liefert die Funktion den Wert TRUE, andernfalls den Wert FALSE.
Symbole sind mit dem Operator # eingeleitete Datentypen.

    Beispiel   put symbolP(#Oben)
-- 1

    siehe auch   floatP, integerP, objektP, stringP, # Operator

TAB   **Zeichen-Konstante**

    Syntax   TAB

    Beschreibung   Diese Konstante enthält den Tastaturcode der Tabulatortaste.

    Beispiel   when keyDown then if the key = TAB then go to marker (1)

text of cast   **Darsteller-Eigenschaft**

    Syntax   the text of cast *Darstellerbezeichnung*

    Beschreibung   Mit dieser Eigenschaft bestimmen Sie den Inhalt eines Text-Darstellers. Die Eigenschaft kann abgefragt und gesetzt werden. Der mit *Darstellerbezeichnung* angegebene Darsteller muß ein Text-Darsteller sein.

    Beispiel   if the text of cast "Eingabe" contains "Hilfe" then ¬
                      play frame "some help"

    siehe auch   field, selEnd, selStart, editableText

textAlign of field   **Text-Eigenschaft**

    Syntax   the textAlign of field *Feldbezeichnung*

    Beschreibung   Mit dieser Eigenschaft wird die Zeilenausrichtung des mit *Feldbezeichnung* angegebenen Text-Darstellers bestimmt. Die Zeilenausrichtung wird mit den Zeichenketten
        "left" (linksbündig),
        "center" (zentriert) und
        "right" (rechtsbündig)
angegeben. Die Eigenschaft kann abgefragt und gesetzt werden und wirkt nur auf Darsteller, die bereits Text

Die Lingo-Referenz

	enthalten. Als *Feldbezeichnung* kann die Darstellernummer oder der Darstellername verwendet werden.
Beispiel	set the textAlign of field "Eingabe" to "center"
siehe auch	text, textFont, textSize, textStyle, textHeight, textSize

textFont of field   Text-Eigenschaft

Syntax	the textFont of field *Feldbezeichnung*
Beschreibung	Mit dieser Eigenschaft wird der Zeichensatz des mit *Feldbezeichnung* angegebenen Text-Darstellers bestimmt. Die Eigenschaft kann abgefragt und gesetzt werden und wirkt nur auf Darsteller, die bereits Text enthalten. Als *Feldbezeichnung* kann die Darstellernummer oder der Darstellername verwendet werden. Der Zeichensatz wird als Zeichenkette angegeben.
Beispiel	set the textFont of field "Eingabe" to "Avantgarde"
siehe auch	text, textSize, textStyle, textAlign, textHeight, textSize

textHeight of field   Text-Eigenschaft

Syntax	the textHeight of field *Feldbezeichnung*
Beschreibung	Mit dieser Eigenschaft wird der Zeilenabstand des mit *Feldbezeichnung* angegebenen Text-Darstellers bestimmt. Die Eigenschaft kann abgefragt und gesetzt werden und wirkt nur auf Darsteller, die bereits Text enthalten. Als *Feldbezeichnung* kann die Darstellernummer oder der Darstellername verwendet werden. Die Angabe des Zeilenabstands erfolgt in der Einheit Punkt.
Beispiel	set the textHeight of field "Eingabe" to¬ the textSize of field "Eingabe"* 1.2
siehe auch	text, textSize, textStyle, textAlign, textFont, textSize

textSize of field   Text-Eigenschaft

Syntax	the textSize of field *Feldbezeichnung*
Beschreibung	Mit dieser Eigenschaft wird die Schriftgröße des mit *Feldbezeichnung* angegebenen Text-Darstellers bestimmt. Die Eigenschaft kann abgefragt und gesetzt werden und wirkt nur auf Darsteller, die bereits Text enthalten. Als *Feldbezeichnung* kann die Darstellernummer oder der Darstellername verwendet werden. Die

	Angabe der Größe erfolgt wie im Menü **Text** in der Einheit Punkt.
Beispiel	set the textSize of field "Name" to 24
siehe auch	text, textHeight, textStyle, textAlign, textFont

textStyle of field   Text-Eigenschaft

Syntax	the textStyle of field *Feldbezeichnung*
Beschreibung	Mit dieser Eigenschaft wird der Stil des mit *Feldbezeichnung* angegebenen Text-Darstellers bestimmt. Die Eigenschaft kann abgefragt und gesetzt werden und wirkt nur auf Darsteller, die bereits Text enthalten. Als *Feldbezeichnung* kann die Darstellernummer oder der Darstellername verwendet werden. Die Angabe des Stils erfolgt mit den folgenden Zeichenketten: "bold" (fett), "italic" (kursiv), "underline" (unterstrichen), "outline" (Kontur), "shadow" (schattiert), "condense" (verringerter Zeichenabstand) und "extend" (erweiterter Zeichenabstand). Mehrere Eigenschaften werden durch Kommata getrennt. Die Zeichenkette "plain" (Standard) macht alle Einstellungen rückgängig.
Beispiel	set the textStyle of field A11 to "outline, bold"
siehe auch	text, textHeight, textAlign, textFont, textSize

the   Schlüsselwort

Syntax	the *Eigenschaft*
Beschreibung	Das Schlüsselwort wird verwendet, um eine Eigenschaft zu bezeichnen. Alle Eigenschaften und einige Funktionen erfordern das vorangestellte Schlüsselwort. Es ermöglicht die Unterscheidung zwischen Eigenschaften bzw. Funktionen und Variablen.

then   Schlüsselwort

siehe	if...then, when mouseDown then, when mouseUp then, when timeout then, when keyDown then

ticks   Funktion
Syntax	the ticks
Beschreibung	Mit dieser Funktion wird die seit dem Einschalten des Macintosh vergangene Zeit in Ticks (Sechzigstelsekunden) ermittelt.
Beispiel	put the ticks/60/60 into field "Minuten"
siehe auch	time, timer

time   Funktion
Syntax	the time the short time the long time the abbreviated time (the abbr time)
Beschreibung	Diese Funktionen liefern die Zeit der Systemuhr des Macintosh in einer Zeichenkette. Die Angabe **short** kann entfallen.
Beispiel	put the time -- "21:03 Uhr"
siehe auch	date

timeout
siehe	**when timeout then**

timeoutKeyDown   Eigenschaft
Syntax	the timeoutKeyDown
Beschreibung	Wenn diese Eigenschaft den Wert TRUE besitzt, führen Tastatureingaben zur Rücksetzung der Eigenschaft timeoutLapsed (die Zeit seit der letzten Zeitüberschreitung) auf den Wert Null. Sie können diese Eigenschaft setzen und abfragen.
Beispiel	set the timeoutKeyDown to FALSE
siehe auch	timeoutLapsed, when timeout, keyDownScript

timeoutLapsed   Eigenschaft
Syntax	the timeoutLapsed
Beschreibung	Diese Eigenschaft enthält die Zeit (in Ticks), die seit der letzten Aktivität des Anwenders (Maus- oder Tastaturereignis) vergangen ist, und kann nur abgefragt werden.

Beispiel	put the timeoutLapsed /60/60 into field "Minuten"
siehe auch	when timeout then, timeout

timeoutLength · Eigenschaft

Syntax	the timeoutLength
Beschreibung	Mit dieser Eigenschaft wird die Zeitspanne festgelegt, nach deren Ablauf eine Zeitüberschreitung eintritt. Die Zeitüberschreitung wird durch Vergleich der Eigenschaft timeoutLapsed mit der Eigenschaft timeoutLength ermittelt. Die Eigenschaft timeoutLength hat die Voreinstellung von drei Minuten (10 800 Ticks) und kann abgefragt und gesetzt werden.
Beispiel	set the timeoutLength to 60*60
siehe auch	when timeout, timeoutLapsed

timeoutMouse · Eigenschaft

Syntax	the timeoutMouse
Beschreibung	Wenn diese Eigenschaft den Wert TRUE besitzt, führen Maus-Ereignisse zum Rücksetzen der Eigenschaft timeoutLapsed auf null. Die Voreinstellung dieser Eigenschaft ist TRUE. Sie kann gesetzt und abgefragt werden.
Beispiel	set the timeoutMouse to FALSE
siehe auch	timeoutKeyDown, when timeout, mouseDownScript, mouseUpScript

timeoutPlay · Eigenschaft

Syntax	the timeoutPlay
Beschreibung	Wenn diese Eigenschaft den Wert TRUE besitzt, führt das Abspielen von Filmen zum Rücksetzen der Eigenschaft timeoutLapsed auf null. Zeitüberschreitungen treten dann nur auf, wenn sich der Abspielkopf nicht mehr bewegt (wenn z.B. der Befehl pause verwendet wurde). Die Voreinstellung dieser Eigenschaft ist FALSE. Sie kann gesetzt und abgefragt werden.
Beispiel	set the timeoutPlay to TRUE
siehe auch	when timeout

timeoutScript   Eigenschaft

Syntax	the timeoutScript
Beschreibung	Diese Eigenschaft richtet das Ereignis-Skript für Zeitüberschreitungen ein. Sie legt fest, welcher Lingo-Befehl beim Eintritt einer Zeitüberschreitung ausgeführt wird und entspricht der Angabe when timeout then... Die Eigenschaft kann abgefragt und gesetzt werden. Die Voreinstellung ist EMPTY. Durch Zuweisung dieses Werts wird das Ereignis-Skript auch wieder gelöscht.
Beispiel	set the timeoutScript to "go to frame 200"
siehe auch	when timeout then

timer   Eigenschaft

Syntax	the timer
Beschreibung	Diese Eigenschaft enthält den Stand der seit dem Start des Programms vergangenen Zeit und kann abgefragt und gesetzt werden.
Beispiel	the timer
siehe auch	lastClick, lastEvent, lastKey, lastRoll

to

siehe	set...to, char...of, word...of, item...of, line...of

top of sprite   Objekt-Eigenschaft

Syntax	the top of sprite *Objektnummer*
Beschreibung	Diese Eigenschaft bestimmt den Abstand der oberen Begrenzung des Objekts vom Koordinatenursprung (die obere linke Bühnenecke) für das mit *Objektnummer* bezeichnete Objekt. Diese Eigenschaft kann abgefragt, aber nicht gesetzt werden. Zum Setzen der Eigenschaft verwenden Sie den Befehl spritebox.
Beispiel	if the top of sprite 3 < 0 then neuesBild
siehe auch	bottom, left, right, height, width, locH, locV, spriteBox

trails   Objekt-Eigenschaft

Syntax	the trails of sprite *Objektnummer*

Befehle und Funktionen

Beschreibung	Mit dieser Eigenschaft wird der Schleifspur-Effekt für das Objekt im angegebenen Kanal eingeschaltet (TRUE) oder ausgeschaltet (FALSE). Voreingestellt ist der Wert FALSE.
Beispiel	the trails of sprite 3 to TRUE
siehe auch	the ink of sprite

TRUE   logische Konstante

Syntax	TRUE
Beschreibung	Die Konstante TRUE entspricht dem logischen Wert 1 (logisch wahr).
Beispiel	set the puppet of sprite 2 to TRUE
siehe auch	FALSE

type of sprite   Objekt-Eigenschaft

Syntax	the type of sprite *Objektnummer*

Beschreibung	Diese Eigenschaft kann abgefragt und gesetzt werden und bestimmt den Typ des im angegebenen Kanal gespeicherten Objekts.
	Mögliche Einstellungen sind:
	    0 inaktiv
	    1 Bitmap
	    7 Text

Beispiel	put the type of sprite 2 into Art
siehe auch	stretch, updateStage

unload   Befehl

Syntax	unload *bisBild* unload [*vonBild,*] *bisBild* unload
Beschreibung	Es werden alle Darsteller bis zum Bild mit der Nummer *bisBild* aus dem Arbeitsspeicher gelöscht. Fehlt die Angabe *bisBild*, werden alle Darsteller entfernt. Die Angabe eines Bereichs *vonBild, bisBild* beschränkt das Löschen auf die angegebenen Bilder.
Beispiel	unload unload "Intro" unload marker(1), marker(2)
siehe auch	preLoad, preLoadCast, unloadCast

Die Lingo-Referenz

unloadCast   Befehl

Syntax	unloadCast unloadCast *Darstellerbezeichnung* unloadCast *vonDarsteller, bisDarsteller*
Beschreibung	Dieser Befehl löscht die angegebenen Darsteller aus dem Arbeitsspeicher. Zur Bezeichnung der Darsteller können Namen oder Nummern verwendet werden. Ohne Parameter aufgerufen, werden alle Darsteller (mit Ausnahme der des aktuellen Bilds) entfernt. Bei der Angabe *vonDarsteller, bisDarsteller* werden alle in dem Bereich liegenden Darsteller aus dem Speicher gelöscht.
Beispiel	unloadCast unloadCast "Background Sound 1"

updateStage   Befehl

Syntax	updateStage
Beschreibung	Dieser Befehl bewirkt einen sofortigen Neuaufbau des Bühnenbilds. Normalerweise erfolgt der Neuaufbau erst bei Wechsel zum nächsten Bild. Verwenden Sie updateStage, wenn Sie das Bühnenbild mit Lingo-Befehlen verändern, sich der Abspielkopf aber nicht bewegt.
Beispiel	puppetSprite 1, TRUE set the locH of sprite 1 to the mouseH updateStage

value   Funktion

Syntax	value (*Zeichenkette*)
Beschreibung	Mit dieser Funktion werden *Zeichenketten* in ganze Zahlen umgewandelt. Die Funktion berücksichtigt nur die in der *Zeichenkette* enthaltenen Ziffern.
Beispiel	put value "200 Bilder" -- 200
siehe auch	string

version   System-Variable

Syntax	version

Beschreibung	Diese Variable enthält in einer Zeichenkette die Version von MacroMind Director. Die Version 2.0 liefert eine leere Zeichenkette (EMPTY).	
Beispiel	put version -- "3.1.1D"	

visibility   Objekt-Eigenschaft
Syntax   the visibility of sprite *Objektnummer*
Beschreibung Mit dieser Eigenschaft wird das im angegebenen Kanal gespeicherte Objekt angezeigt (TRUE) oder verborgen (FALSE). Das Objekt muß den Puppetstatus TRUE besitzen.
Beispiel   set the visibility of sprite 1 to FALSE
siehe auch   ink, foreColor, backColor

volume   Objekt-Eigenschaft
Syntax   the volume of sprite *Objektnummer*
Beschreibung Mit dieser Eigenschaft stellen Sie die Lautstärke des im angegebenen Kanal gespeicherten QuickTime-Darstellers ein. Mögliche Werte liegen zwischen 0 (kein Ton) und 256 (maximale Lautstärke). Die Eigenschaft kann abgefragt und gesetzt werden.
Beispiel   set the volume of sprite 2 to 100

volume of sound   Sound-Eigenschaft
Syntax   the volume of sound *Soundkanalbezeichnung*
Beschreibung Diese Eigenschaft bestimmt die Lautstärke des angegebenen Soundkanals. Mögliche Werte liegen zwischen Null (kein Ton) und 256 (maximale Lautstärke). Die Eigenschaft kann abgefragt und gesetzt werden.
Beispiel   set the volume of sound 1 to 256
siehe auch   soundEnabled, soundLevel

volume of sprite   QuickTime-Objekt-Eigenschaft
Syntax   the volume of sprite *Objektnummer*
Beschreibung Diese Eigenschaft bestimmt die Lautstärke des angegebenen QuickTime-Objekts. Mögliche Werte liegen zwischen Null (kein Ton) und 256 (maximale Lautstärke). Die Eigenschaft kann abgefragt und gesetzt werden.
Beispiel   set the volume of sound 1 to 256

when

siehe — when keyDown then, when mouseDown then, when mouseUp then, when timeout then

when keyDown then   Befehl

Syntax — when keyDown then *Anweisung*

Beschreibung — Mit diesem Befehl wird ein Ereignis-Skript definiert, das bei jedem Tastendruck die einzeilige *Anweisung* ausgeführt. Das Ereignis-Skript wird mit dem Befehl when keyDown then nothing gelöscht.

Beispiel — when keyDown then if the key = ENTER then continue

siehe auch — dontPassEvent, keyDownScript, key, keyCode

when mouseDown then   Befehl

Syntax — when mouseDown then *Anweisung*

Beschreibung — Mit diesem Befehl wird ein Ereignis-Skript definiert, das bei jedem Drücken der Maustaste die einzeilige *Anweisung* ausgeführt. Das Ereignis-Skript wird mit dem Befehl when mouseDown then nothing gelöscht.

Beispiel — when mouseDown then schreibKoordinaten

siehe auch — dontPassEvent, mouseDownScript

when mouseUp then   Befehl

Syntax — when mouseUp then *Anweisung*

Beschreibung — Mit diesem Befehl wird ein Ereignis-Skript definiert, das bei jedem Loslassen der Maustaste die einzeilige *Anweisung* ausgeführt.
Das Ereignis-Skript wird folgendermaßen gelöscht:
when mouseUp then nothing

Beispiel — when mouseUp then liesKoordinaten

siehe auch — dontPassEvent, mouseUpScript

when timeout then   Befehl

Syntax — when timeout then *Anweisung*

Beschreibung — Dieser Befehl ermöglicht die Behandlung einer Zeitüberschreitung und entspricht dem Setzen der Eigenschaft timeoutScript. Eine Zeitüberschreitung tritt ein, wenn die seit dem letzten Ereignis vergangene Zeit (timeoutLapsed) größer als die festgelegte Zeit (time-

	outLength) ist. Mit Hilfe der Eigenschaften timeoutKeyDown, timeoutMouse und timeoutPlay legen Sie fest, welche Ereignisse zum Rücksetzen der Eigenschaft timeoutLapsed führen. Durch den Befehl when timeout then nothing wird die vorhergehende Einstellung wieder gelöscht.
Beispiel	when timeout then play movie "Pause"
siehe auch	dontPassEvent, timeoutKeyDown, timeoutLapsed, timeoutLength, timeoutMouse, timeoutPlay

while
siehe	**repeat while**

width of sprite   Objekt-Eigenschaft
Syntax	the width of sprite *Objektnummer*
Beschreibung	Für Bitmap-Darsteller und QuickDraw-Flächen bestimmt diese Eigenschaft die Breite des Objekts in Pixel. Bitmap-Darsteller müssen die Eigenschaft stretch = TRUE besitzen, um mit der Eigenschaft width verändert werden zu können. Wenn die Änderung des Objekts vor dem Wechsel zum nächsten Bild angezeigt werden soll, muß der Befehl updateStage zum Neuaufbau der Bühne verwendet werden.
Beispiel	set the width of sprite to 50
siehe auch	heigth, stretch, spriteBox

with
siehe	**repeat with**

within
siehe	**sprite…within**

word…of   Schlüsselwort für Zeichenketten
Syntax	word *Wortnummer* of *Zeichenkette* word *Wort_1* to *Wort_2* of *Zeichenkette*
Beschreibung	Dieses Schlüsselwort bezeichnet ganze Wörter aus einer Zeichenkette. *Wortnummer*, *Wort_1* und *Wort_2* müssen ganzzahlig sein.
Beispiel	put word 2 of "Interaktive Animationen"
siehe auch	char…of, line…of, item…of, number of words in

words
siehe **number of words in**

xFactoryList Funktion
Syntax xFactoryList (*Bibliotheksbezeichnung*)
Beschreibung Mit dieser Funktion erhalten Sie eine Liste aller in der angegebenen Bibliothek verfügbaren Factories. Die angegebene Bibliothek muß vorher mit dem Befehl **openXLib** geöffnet werden. Verwenden Sie als Bibliotheksbezeichnung EMPTY, um eine Liste mit dem Inhalt aller geöffneten Bibliotheken zu erhalten.
Beispiel put xFactoryList (EMPTY)
-- "panel
serialport
xcmndglue
fileio
window
"

zoomBox Befehl
Syntax zoomBox *Objektnummer_1*, *Objektnummer_2* [, *Verzögerung*]
Beschreibung Mit diesem Befehl erzeugen Sie den im Finder beim Öffnen und Schließen von Fenstern auftretenden Zoom-Effekt. Der Zoom-Effekt wird durch Übergang vom umgebenden Rechteck von *Objekt_1* auf das Rechteck von *Objekt_2* erzeugt. Das *Objekt_2* muß in einem anderen Kanal als *Objekt_1* gespeichert sein. Befindet sich das *Objekt_2* nicht im aktuellen Bild, werden die folgenden Bilder durchsucht. Die optionale *Verzögerung* wird in Ticks (Sechzigstelsekunden) angegeben.
Beispiel zoomBox 3,1,1

Symbole

() Klammern

Syntax	(*Ausdruck*)
Beschreibung	Die Klammern dienen der Festlegung der Rangfolge beim Auswerten von *Ausdruck*. Bei verschachtelten Klammerebenen werden die inneren zuerst interpretiert.
Beispiel	put (3+4)*(5+6) -- 77

- Vorzeichen

Syntax	*- Ausdruck*
Beschreibung	Das Minuszeichen kehrt das Vorzeichen von *Ausdruck* um (arithmetische Negation).
Beispiel	put (6+2)*-(1+1) -- -16

- - Kommentarzeichen

Syntax	-- [*Kommentar*]
Beschreibung	Mit zwei Minuszeichen wird eine Kommentarzeile eingeleitet. Alle Zeichen bis zum Zeilenende werden vom Lingo-Interpreter ignoriert. Makros im Textfenster müssen mit einer Kommentarzeile beginnen.

Beispiel	--
	 macro MausPosition
	     -- Sprite 1 erhält die Position des Mauscursors
	 put the mouseH into the locH of sprite 1
	     -- horizontale Koordinate
	 put the mouseV into the locV of sprite 1
	     -- vertikale Koordinate

¬ Sonderzeichen

Syntax	*Lingo-Befehlszeile* ¬ *Fortsetzung der Befehlszeile*
Beschreibung	Das Sonderzeichen "¬" erzeugt einen Zeilenwechsel, den der Lingo-Interpreter nicht als Zeilenende interpretiert. Die Eingabe erfolgt mit Wahltaste + Eingabetaste.

Die Lingo-Referenz

Beispiel	when keyDown then ¬ if the commandDown then put (speed + 10) into speed

* arithmetischer Operator

Syntax	*Ausdruck_1* * *Ausdruck_2*
Beschreibung	Der Operator "*" multipliziert *Ausdruck_1* mit *Ausdruck_2*. Ist einer der Ausdrücke eine Gleitkommazahl, ist auch das Ergebnis eine Gleitkommazahl.
Beispiel	put 2.5*3 -- 7.5

/ arithmetischer Operator

Syntax	*Ausdruck_1* / *Ausdruck_2*
Beschreibung	Der Operator "/" dividiert *Ausdruck_1* durch *Ausdruck_2*. Ist einer der Ausdrücke eine Gleitkommazahl, ist auch das Ergebnis eine Gleitkommazahl.
Beispiel	put 30 / 3 -- 10

+ arithmetischer Operator

Syntax	*Ausdruck_1* + *Ausdruck_2*
Beschreibung	Der Operator "+" addiert *Ausdruck_1* und *Ausdruck_2*. Ist einer der Ausdrücke eine Gleitkommazahl, ist auch das Ergebnis eine Gleitkommazahl.
Beispiel	put 2.5 + 3.5 -- 6.0

- arithmetischer Operator

Syntax	*Ausdruck_1* - *Ausdruck_2*
Beschreibung	Der Operator "-" subtrahiert *Ausdruck_2* von *Ausdruck_1*. Ist einer der Ausdrücke eine Gleitkommazahl, ist auch das Ergebnis eine Gleitkommazahl.
Beispiel	put 2.5 - 3.5 -- -1.0

& Textoperator

Syntax	*Ausdruck_1* & *Ausdruck_2*

	Beschreibung	Der Operator "&" verbindet *Ausdruck_1* und *Ausdruck_2* zu einer Zeichenkette. Wenn die Ausdrücke Zahlen enthalten, werden diese in Zeichenketten umgewandelt.
	Beispiel	put "ein Dia" & "rahmen" -- "ein Diarahmen"

&&   Textoperator

	Syntax	*Ausdruck_1* && *Ausdruck_2*
	Beschreibung	Der Operator "&&" verbindet *Ausdruck_1* und *Ausdruck_2* zu einer Zeichenkette. Zwischen *Ausdruck_1* und *Ausdruck_2* wird automatisch ein Leerzeichen eingefügt. Wenn die Ausdrücke Zahlen enthalten, werden diese in Zeichenketten umgewandelt.
	Beispiel	put "interaktive" && "Animationen" -- "interaktive Animationen"

<   Vergleichsoperator

	Syntax	*Ausdruck_1* < *Ausdruck_2*
	Beschreibung	Der Operator "<" vergleicht *Ausdruck_2* mit *Ausdruck_1*. Das Ergebnis des Vergleichs ist TRUE (logisch wahr), wenn *Ausdruck_1* kleiner als *Ausdruck_2* ist.
	Beispiel	put 3.2 < 6.5/2 -- 1

<=   Vergleichsoperator

	Syntax	*Ausdruck_1* <= *Ausdruck_2*
	Beschreibung	Der Operator "<=" vergleicht *Ausdruck_2* mit *Ausdruck_1*. Das Ergebnis des Vergleichs ist TRUE (logisch wahr), wenn *Ausdruck_1* kleiner oder gleich *Ausdruck_2* ist.
	Beispiel	put 3.2 <= 6.4/2 -- 1

>   Vergleichsoperator

	Syntax	*Ausdruck_1* > *Ausdruck_2*
	Beschreibung	Der Operator ">" vergleicht *Ausdruck_2* mit *Ausdruck_1*. Das Ergebnis des Vergleichs ist TRUE (logisch wahr), wenn *Ausdruck_1* größer als *Ausdruck_2* ist.

Beispiel	put 3.3 > 6.5/2	-- 1

>=   Vergleichsoperator

Syntax   *Ausdruck_1 >= Ausdruck_2*

Beschreibung   Der Operator ">=" vergleicht *Ausdruck_2* mit *Ausdruck_1*. Das Ergebnis des Vergleichs ist TRUE (logisch wahr), wenn *Ausdruck_1* größer oder gleich *Ausdruck_2* ist.

Beispiel   put 3.25 >= 6.5/2   -- 1

<>   Vergleichsoperator

Syntax   *Ausdruck_1 <> Ausdruck_2*

Beschreibung   Der Operator "<>" vergleicht *Ausdruck_2* mit *Ausdruck_1*. Das Ergebnis des Vergleichs ist TRUE (logisch wahr), wenn *Ausdruck_1* ungleich *Ausdruck_2* ist.

Beispiel   put 3.25 <> 6.5/2   -- 0

=   Vergleichsoperator

Syntax   *Ausdruck_1 = Ausdruck_2*

Beschreibung   Der Operator "=" vergleicht *Ausdruck_2* mit *Ausdruck_1*. Das Ergebnis des Vergleichs ist TRUE (logisch wahr), wenn *Ausdruck_1* gleich *Ausdruck_2* ist.

Beispiel   put 3.25 = 6.5/2   -- 0

Operator

Syntax   *#Symbolbezeichnung*

Beschreibung   Mit dem Operator "#" wird ein Symbol definiert. Das erste Zeichen der Symbolbezeichnung muß ein Buchstabe sein. Das Symbol kann Variablen zugewiesen oder zur Parameterübergabe an Prozeduren verwendet werden. Die Speicherung von Text in Symbolen ist vorteilhaft, da der Zugriff auf Symbole schneller als auf Zeichenketten erfolgt. Die Umwandlung eines Symbols in eine Zeichenkette ist mit der Funktion string möglich.

Beispiel   put string(#status)
                  -- "status"

siehe auch   symbolP

Import- und Exportmöglichkeiten

Als Programm zur Verbindung von Grafik, Text und Sound besitzt Director zahlreiche Import- und Exportmöglichkeiten. Die importierbaren Dateiformate wurden im Abschnitt **Das Fenster Besetzung in der Anwendung** bereits vorgestellt.

Einige vektororientierte Zeichenprogramme bieten keine Möglichkeit, in einem vom Studio unterstützten Dateiformat zu speichern. Dann ist die Konvertierung der Datei mit einem dritten Programm, das beide Formate unterstützt, erforderlich. Dieser Weg ist kaum akzeptabel, wenn mehrere Darsteller importiert werden sollen. Das auf diesem Weg notwendige Speichern jedes einzelnen Darstellers in einer Datei ist ebenso unpraktisch wie der für jeden Darsteller erforderliche Import-Befehl im Studio.

Weitaus komfortabler ist der direkte Datenaustausch über die Zwischenablage oder der Import von Darstellerfolgen aus einer Datei. Für beide Wege liegen Director Hilfsprogramme bei. Das Programm **ScreenClip** schreibt PICT-Daten in die Zwischenablage, und **Scrapbook** speichert Bildfolgen in einer Album-Datei.

Der zweite Schwerpunkt ist der Export. Ihre Studio-Produktionen sollten auch Anwendern zugänglich sein, die nicht über MacroMind Director verfügen. Sie erfahren, welche Möglichkeiten zum Export Ihrer Daten aus dem Studio bestehen. Beschleunigen Sie z.B. Ihre Studio-Dateien mit dem Accelerator und Bauen mit dem Player allein lauffähige Projektoren aus Ihrer Studio-Datei. Oder exportieren Sie Ihre Studio-Dateien als QuickTime-Film.

MacroMind Director muß als integratives Werkzeug angesehen werden, das Ihre Daten aus Sound-, Bildbearbeitungs- und 3D-Programmen verbindet und unter einer interaktiven Oberfläche vereinigt. Digitalisieren Sie beispielsweise mit **Sound Edit Pro** einen Titel von einer Audio-CD und importieren ihn als AIFF-Datei in die **Besetzung** des Studios. Oder bearbeiten Sie mit dem **Adobe Photoshop** die Bilder von einer Photo-CD, um sie im Studio als Hintergrundgrafik zu verwenden. Ein Beispiel für die Anwendung dieser Bildbearbeitungssoftware finden Sie nach dem folgenden Abschnitt.

Hilfsmittel beim Import: die FKeys ScreenClip und Scrapbook

Diese beiden Programme werden über eine Funktionstastenkombination (FKey) aufgerufen und mögen wegen ihrer etwas unkomfortablen Handhabung nicht jedermanns Sache sein. Sie erleichtern den Grafikimport jedoch erheblich, funktionieren unter System 7.0 bzw. 7.1 und werden deshalb hier vorgestellt.

Import- und Exportmöglichkeiten

Das Programm **ScreenClip** wird durch eine einstellbare Tastenkombination (z.B. Befehlstaste + Umschalttaste + 4) aktiviert und ermöglicht das Kopieren eines Bildschirmbereichs in die Zwischenablage. Das beim Standard-FKey Befehlstaste + Umschalttaste + 3 notwendige und etwas umständliche Speichern des Bildschirmfotos als PICT-Datei entfällt, da die Daten direkt über die Zwischenablage ausgetauscht werden.

Mit dem Programm **Scrapbook** werden in ähnlicher Weise Album-Dateien erzeugt. Durch die Speicherung von PICT-Bildfolgen in einer Album-Datei wird der Import in das Studio wesentlich vereinfacht.

Beide Programme werden mit dem **FKey-Manager** installiert. Dieses Programm ermöglicht das Hinzufügen, Konfigurieren und Löschen von Funktionstastenbelegungen im System. Sie finden alle drei Dateien auf der Hilfsprogrammdiskette von MacroMind Director bzw. im Ordner **Hilfsprogramme**. Nach dem Start des FKey-Managers werden die bereits installierten FKeys im linken Fenster angezeigt. Wenn Sie noch keine weiteren FKeys installiert haben, erscheint dort nur der Befehlstaste + Umschalttaste + 3, der das Bildschirmfoto auslöst und in der Datei **Bild 1** speichert.

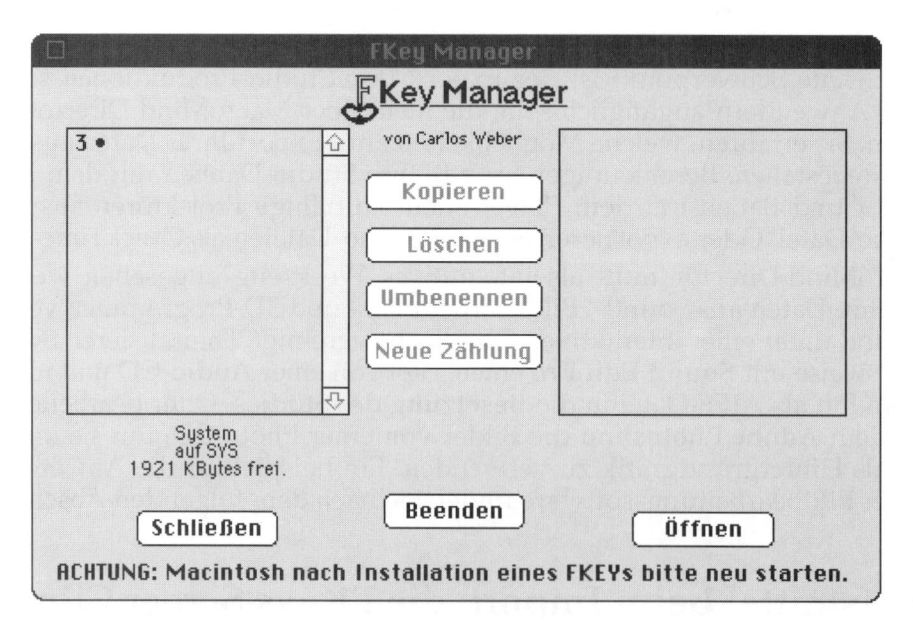

Der FKey-Manager

Klicken Sie auf **Öffnen** und öffnen Sie mit der folgenden Dialogbox die Datei **Scrapbook FKey**.

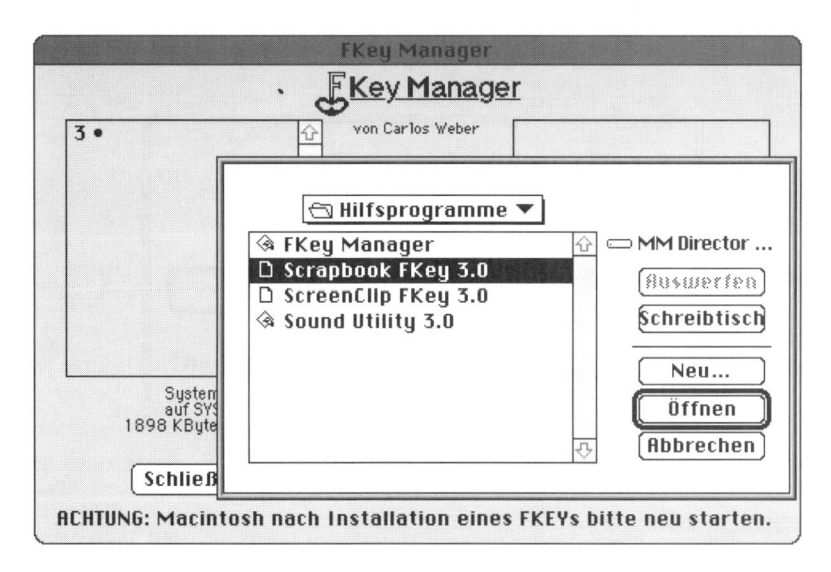

Hilfsmittel beim Import: die FKeys ScreenClip und Scrapbook

Öffnen eines FKeys im FKey-Manager

Klicken Sie auf den Eintrag **Scrapbook** im rechten Fenster an und bestätigen Sie **Kopieren**.

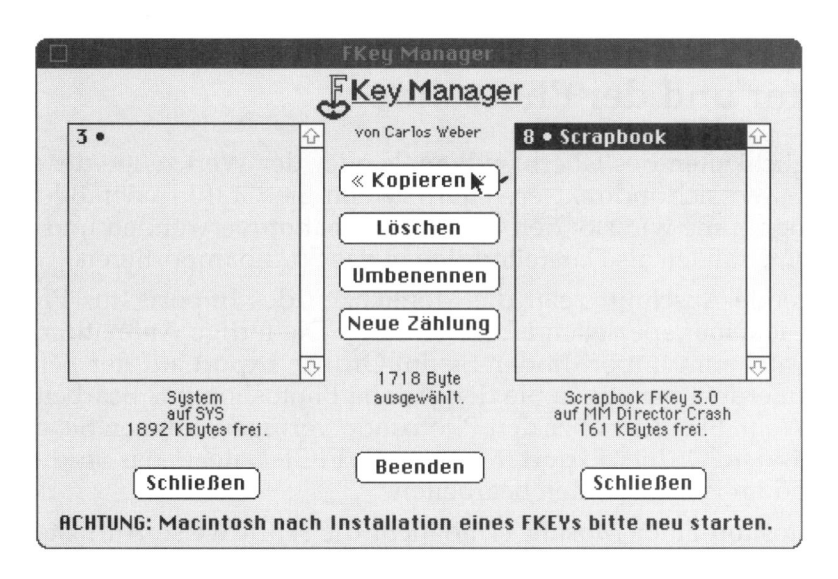

Kopieren eines FKeys in die System-Datei

301

Geben Sie in der folgenden Dialogbox die Zifferntaste ein, deren Kombination mit der Befehls- und Umschalttaste das FKey aufrufen werden.

```
Der FKEY Scrapbook ist jetzt in
Slot 8. Versetzen nach:

◉ Slotnummer  8              [    OK    ]
○ irgendeine Taste
○ any slot off the keyboard  [ Abbrechen ]
```

Die Dialogbox zur Angabe der Tastenkombination

Bestätigen Sie OK und wiederholen das Verfahren für den FKey **Screen-Clip**.

Nach einem Neustart sind die beiden Funktionstastenbelegungen im System verfügbar.

Die FKeys arbeiten grundsätzlich mit allen Anwendungsprogrammen. Im nächsten Abschnitt wird das FKey **Scrapbook** im **Photoshop** verwendet.

Director und der Photoshop

Die Möglichkeiten des Überblendkanals oder der Werkzeuge des Fensters **Malen** lassen sich indirekt erweitern, wenn Sie Grafik- oder Bildbearbeitungsprogramme wie z.B. den **Adobe Photoshop** verwenden und die dort erzeugten Grafiken als Darstellerfolge in das Studio importieren.

Der folgende Abschnitt zeigt die Möglichkeit des Imports aus Photoshop am Beispiel einer speziellen Überblendung. Die fertige Animation und die Grafik-Datei zum Import finden Sie im Ordner **Export** auf der Beispieldiskette. Außerdem benötigen Sie den Adobe Photoshop zur Bearbeitung der Grafik. Wenn Sie nicht über den Photoshop verfügen, können Sie die Datei **Apfel** aus dem Ordner **Export** trotzdem als PICT-Datei in das Studio importieren und im Fenster **Malen** bearbeiten.

Der Photoshop-Filter **Mosaik** ermöglicht die schrittweise Aufrasterung einer Grafik. Das Bild wird in pixelartige Quadrate verwandelt und so bis zur Unkenntlichkeit manipuliert.

- Öffnen Sie zuerst die Grafik-Datei **Apfel** auf der Beispieldiskette im Photoshop.

- Wählen Sie im Menü **Modus** die **RGB-Farben**.
- Aktivieren Sie im Menü **Filter** das Untermenü **Stilisierungsfilter** und dort den Filter **Mosaikeffekt**.
- In der Dialogbox des Filters wird die Größe der zu erzeugenden Quadrate angegeben. Beginnen Sie mit kleinen Werten und geben Sie z.B. 2 Pixel ein.
- Rufen Sie das FKey **Scrapbook** mit der Tastenkombination Befehlstaste + Umschalttaste + 8 auf.
- Der Mauskursor wird daraufhin zum Fadenkreuz. Ziehen Sie einen Rahmen über den zu exportierenden Bildschirmbereich. Dieser wird vom FKey automatisch in einer Datei mit dem Namen „Anim Scrapbook" im Systemordner gespeichert.
- Wählen Sie im Menü **Ablage** den Befehl **Zurück zur letzten Version**.
- Wenden Sie den Filter **Mosaik** erneut mit dem doppelten Pixelwert (z.B. 4) an.
- Aktivieren Sie wieder das FKey, um den zweiten Darsteller an die Datei **Anim Scrapbook** anzufügen.
- Setzen Sie das Verfahren mit jeweils verdoppelten Pixelwerten bis zum Maximum von 64 Pixeln fort und verlassen den Photoshop.
- Öffnen Sie MacroMind Director und aktivieren Sie **Importieren** im Menü **Ablage**.
- Stellen Sie im Feld **Dateityp** das Format **Album** ein und importieren die Datei **Anim Scrapbook** aus dem Systemordner.
- Beim Import der Darsteller fragt Director, ob die Farbpaletten der Darsteller installiert oder die Farben an die aktuelle Palette angepaßt werden sollen. Das Installieren der Darsteller-Paletten ist aufwendiger, verbessert aber die Wiedergabe der Farben.
- Die Darsteller werden daraufhin in der **Besetzung** und der **Regie** eingetragen. Klicken Sie auf **Play**, um die Animation zu sehen.
- Die importierten Darsteller können im Fenster **Malen** weiterbearbeitet werden.
- Duplizieren Sie z.B. den letzten importierten Darsteller mit dem gleichnamigen Befehl im Menü **Malen** und rastern den neuen Darsteller zum Quadrat auf.
- Vergessen Sie nicht, die Datei **Anim Scrapbook** umzubenennen oder aus dem Systemordner zu verschieben, da das FKey jede neue Grafik an das Ende der Datei anfügt.

Director und die dritte Dimension

Das integrierte Programm **Malen** ist auf zweidimensionale Grafik beschränkt. Wenn 3D-Animationen benötigt werden, steht die Frage, ob der Import von 3D-Grafiken in Director oder der Wechsel zu einem 3D-Animationsprogramm sinnvoller ist. Der Import von Daten aus einem 3D-Grafikprogramm erfolgt grundsätzlich auf dem gleichen Weg wie bei zweidimensionaler Grafik. Speichern Sie im 3D-Programm entweder in einem von Director importierbaren Format (PICT, PICS oder Album) oder verwenden Sie die FKeys **Scrapbook** bzw. **ScreenClip**.

Wenn Ihr Macintosh ausreichend Arbeitsspeicher besitzt, um mit einem 3D-Programm und Director gleichzeitig arbeiten zu können, läßt sich der oben am Beispiel Photoshop beschriebene Weg über das Album auch einsparen.

Modellieren und Rendern Sie im 3D-Programm das zu animierende Objekt und verwenden Sie **ScreenClip**, um die Bildinformation für einen neuen Darsteller zu markieren und in die Zwischenablage zu kopieren. Aktivieren Sie **ScreenClip** mit der Tastenkombination Befehlstaste + Umschalttaste + 4 oder der Tastenkombination, die Sie im FKey-Manager angegeben haben. Der Mauskursor wird zum Fadenkreuz und Sie können jetzt über den gewünschten Bildschirmausschnitt einen Rahmen ziehen. Die Markierung wird in die Zwischenablage kopiert und kann im Studio direkt in eine markierte Position der **Besetzung** eingesetzt werden.

Die beim Album-Import mögliche automatische Plazierung der Darsteller in **Besetzung** und **Regie** ist auf diesem Weg allerdings nicht möglich. Gerade bei umfangreichen Bildfolgen, die dreidimensionale Bewegung simulieren, ist der Weg über das Album zu empfehlen.

Export

Die Weitergabe einer fertigen und als Studio-Dokument gesicherten Animation an andere Anwender ist nur sinnvoll, wenn diese über das Programm MacroMind Director verfügen und Sie keinen großen Wert auf den Erhalt des ursprünglichen Inhalts Ihrer Animation legen.

Günstiger ist die Verteilung die Animation als in sich geschlossenes Objekt. Zur Weitergabe der im Studio hergestellten Animationen können Sie entweder Möglichkeiten des Befehls **Exportieren** im Menü **Ablage** oder die Programme **MacroMind Player** und **MacroMind Accelerator** verwenden. Beide Programme sind im Lieferumfang von MacroMind Director enthalten. Mit dem Player können Studio-Dateien abgespielt und sogenannte Projektoren erzeugt werden. Projektoren sind allein lauffähige Studio-Animationen. Sie benötigen keine weitere Programmdatei zur Wiedergabe, da der

Programmcode des Players ebenso Teil des Projektors wie die Studio-Datei ist. Auch interaktive Animationen lassen sich in Projektoren einbinden.

Der Accelerator ist ein Programm zum Beschleunigen von Studio-Dateien. Die Beschleunigung wird durch ein anderes Aufzeichnungsverfahren erreicht. Durch die höhere Geschwindigkeit erscheinen Bewegungen flüssiger. Interaktive Filme lassen sich nicht beschleunigen. Die erzeugten Dateien werden mit dem Accelerator selbst oder mit dem Player wiedergegeben. Mehr zu den beiden Programmen finden Sie in den beiden Abschnitten am Ende des Buches.

Mit dem Befehl **Exportieren** im Menü **Ablage** können Sie Bilder der Regie in den Formaten PICT, Album, PICS und QuickTime exportieren.

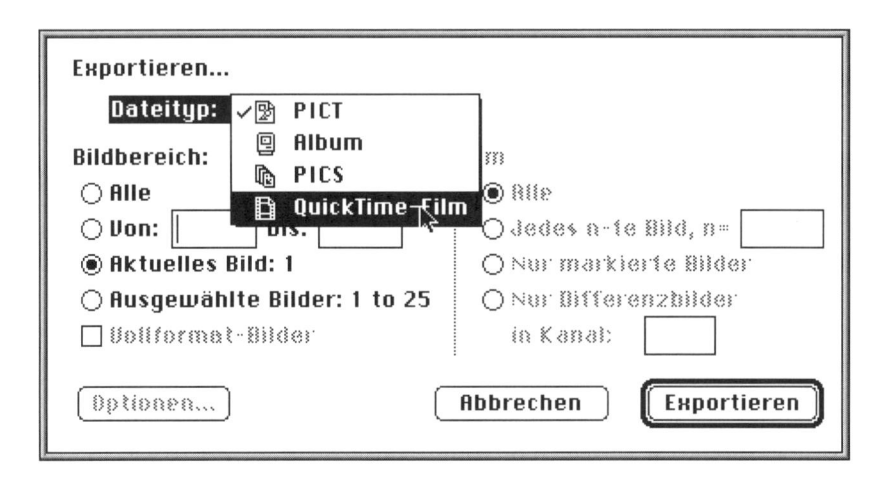

Die Dialogbox des Befehls **Exportieren** *im Menü* **Ablage**

Der Export im PICT-Format speichert die ausgewählten Bilder in jeweils einer Grafik-Datei. Zur Kennzeichnung wird die Bildnummer dem Dateinamen hinzugefügt. Die exportierten Dateien enthalten nur noch die Bildinformation der einzelnen Bühnenbilder und können mit Grafikprogrammen uneingeschränkt weiterverarbeitet werden.

Das Album-Format ist mehr als Austauschformat zwischen Studio-Dateien interessant. Exportieren Sie z.B. eine Bildfolge in eine Album-Datei, um Sie später leicht in andere Studio-Dateien einfügen zu können.

Beim PICS-Export werden die ausgewählten Bilder als PICT-Grafikfolge in einer Datei gespeichert. So können z.B. Studio-Filme mit Bildschirmschonern angezeigt werden, die das PICS-Format interpretieren können.

Das interessanteste Export-Format ist sicherlich QuickTime. Es gestattet die synchrone Ausgabe von Sound- und Videodaten auf jedem Macintosh, der mit mindestens 68020-Prozessor und der Systemversion 6.0.7 oder neuer arbeitet. Die Systemerweiterung QuickTime muß sich im Systemordner befinden.

Director kann in der Version 3.1. als Entwicklungswerkzeug für QuickTime-Filme angesehen werden, auch wenn sich die Bearbeitungsmöglichkeiten am fertigen QuickTime-Film auf das Ausschneiden, Kopieren und Einsetzen im Fenster **QuickTime** beschränken.

Das QuickTime-Format ist neben dem Bau von Projektoren mit dem MacroMind Player die zweite Möglichkeit, Ihre Animation Anwendern zur Verfügung zu stellen, die nicht über das Programm MacroMind Director verfügen. Die Datei wird im Standard-Dateiformat **MooV** gespeichert und kann mit allen QuickTime-Playern wiedergegeben werden.

Die Interaktivität bei QuickTime ist auf die Funktionen des Kontrollbalkens (Start, Stop, Lautstärke) beschränkt. Der Film selbst kann leider nicht interaktiv sein. Hier bleibt nur der Weg, QuickTime-Filme mit Hilfe eines interaktiven Projektors anzuzeigen.

QuickTime arbeitet mit der Systempalette und verwendet eine Farbtiefe von 16 Bit. In der Studio-Datei realisierte Überblendungen werden mit Ausnahme der Auflösungseffekte übernommen. Das QuickTime-Fenster hat eine Originalgröße von 160*120 Pixeln. Sie können diese Abmessung als Bühnengröße im PopUp-Menü **Größe** der Dialogbox des Befehls **Voreinstellung** im Menü **Steuerung** auswählen, wenn der Film im QuickTime-Format exportiert werden soll. Das erspart ein nachträgliches Verkleinern des gesamten Films im Dialog des Befehls **Exportieren**. In der Dialogbox des Befehls **Exportieren** ist nach der Auswahl des Dateityps **QuickTime** die Schaltfläche **Optionen** verfügbar. Sie öffnet den folgenden Dialog zur Einstellung von Tempo, Kompressionsmethode, Qualität, Farbe, Film-Fenstergröße und Sound.

Im Feld **Bildrate** wählen Sie zwischen **Tempo** und **Echtzeit-Code**. In der Auswahl **Tempo** wird der QuickTime-Film mit den Einstellungen des Tempokanals der **Regie** gespielt. In der Einstellung **Echtzeit** wird der Film mit konstanter Geschwindigkeit ohne Berücksichtigung der Einstellungen im Tempokanal ausgegeben.

Im PopUp-Menü **Kompressor** stehen die Kompressionsmethoden **Animation**, **Grafik**, **Kompakt Video**, **Photo-JPEG**, **Video** und **Keine** zur Verfügung. Wählen Sie die Methode entsprechend dem Inhalt der zu exportierenden Studio-Datei. Die Auswahl in diesem Feld beeinflußt die Optionen im PopUp-Menü **Farben**.

Mit dem Schieberegler **Qualität** stellen Sie das Verhältnis zwischen Bildtreue und Dateigröße ein. Eine geringere Qualität ermöglicht höhere Informationsverluste bei der Kompression und damit geringere Dateigrößen und umgekehrt.

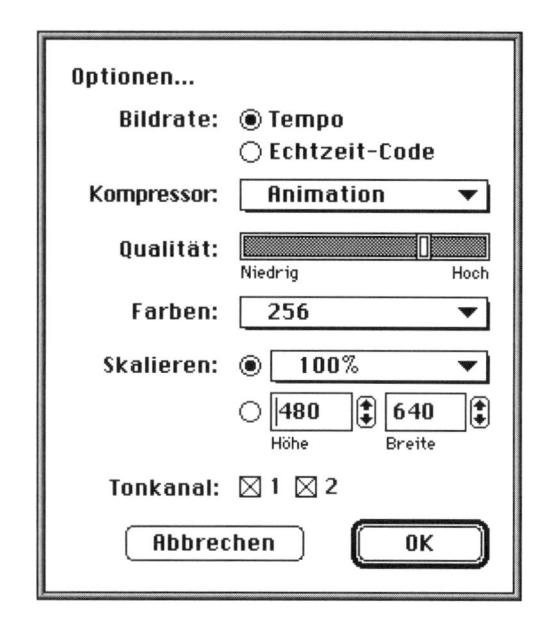

*Die Dialogbox der **Optionen** beim QuickTime-Export*

Stellen Sie im PopUp-Menü **Farben** die Farbtiefe des Films ein. Die möglichen Werte sind von der Kompressionsmethode abhängig.

Um die Größe des Films festzulegen, geben Sie im Feld **Skalieren** entweder feste Pixelwerte in die Felder **Höhe** und **Breite** ein oder verwenden das PopUp-Menü zur prozentualen Skalierung.

Mit den beiden Optionsfeldern im Feld **Tonkanal** bestimmen Sie, welche Soundkanäle in den QuickTime-Film aufgenommen werden sollen.

Menü-Übersicht für das Studio

Die ständig verfügbaren Menüs im Studio

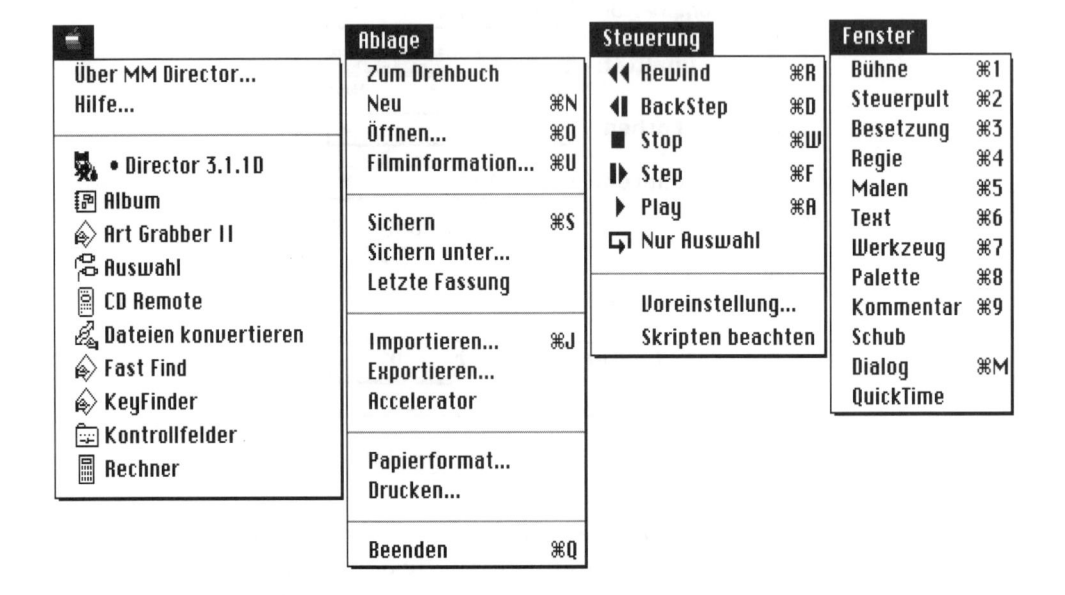

Apple-Menü:
- Über MM Director...
- Hilfe...
- • Director 3.1.1D
- Album
- Art Grabber II
- Auswahl
- CD Remote
- Dateien konvertieren
- Fast Find
- KeyFinder
- Kontrollfelder
- Rechner

Ablage:
- Zum Drehbuch
- Neu ⌘N
- Öffnen... ⌘O
- Filminformation... ⌘U
- Sichern ⌘S
- Sichern unter...
- Letzte Fassung
- Importieren... ⌘J
- Exportieren...
- Accelerator
- Papierformat...
- Drucken...
- Beenden ⌘Q

Steuerung:
- Rewind ⌘R
- BackStep ⌘D
- Stop ⌘W
- Step ⌘F
- Play ⌘A
- Nur Auswahl
- Voreinstellung...
- Skripten beachten

Fenster:
- Bühne ⌘1
- Steuerpult ⌘2
- Besetzung ⌘3
- Regie ⌘4
- Malen ⌘5
- Text ⌘6
- Werkzeug ⌘7
- Palette ⌘8
- Kommentar ⌘9
- Schub
- Dialog ⌘M
- QuickTime

Die mit einem Fenster verknüpften Menüs

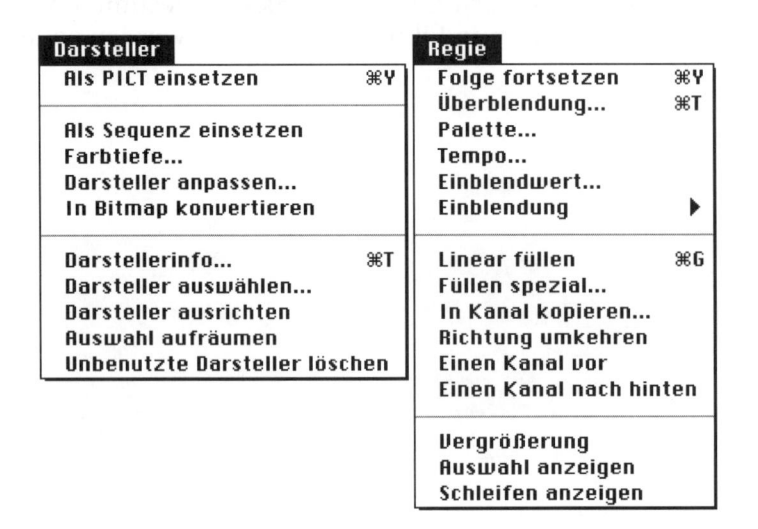

Darsteller:
- Als PICT einsetzen ⌘Y
- Als Sequenz einsetzen
- Farbtiefe...
- Darsteller anpassen...
- In Bitmap konvertieren
- Darstellerinfo... ⌘T
- Darsteller auswählen...
- Darsteller ausrichten
- Auswahl aufräumen
- Unbenutzte Darsteller löschen

Regie:
- Folge fortsetzen ⌘Y
- Überblendung... ⌘T
- Palette...
- Tempo...
- Einblendwert...
- Einblendung ▶
- Linear füllen ⌘G
- Füllen spezial...
- In Kanal kopieren...
- Richtung umkehren
- Einen Kanal vor
- Einen Kanal nach hinten
- Vergrößerung
- Auswahl anzeigen
- Schleifen anzeigen

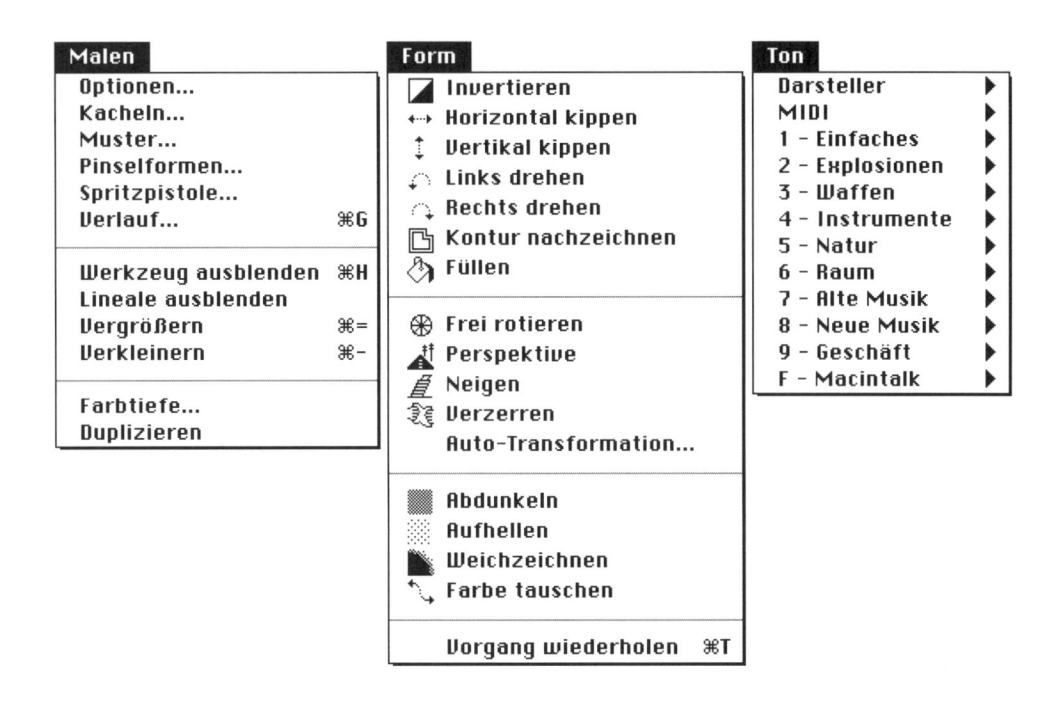

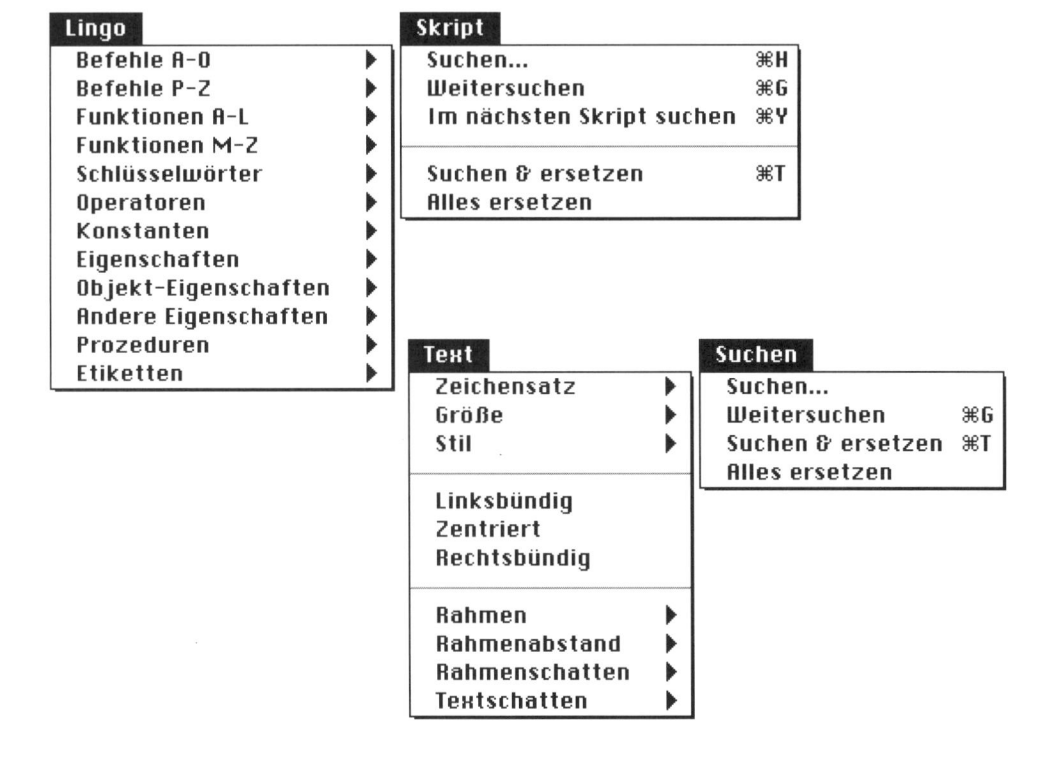

Malen
- Optionen...
- Kacheln...
- Muster...
- Pinselformen...
- Spritzpistole...
- Verlauf...   ⌘G

- Werkzeug ausblenden ⌘H
- Lineale ausblenden
- Vergrößern   ⌘=
- Verkleinern   ⌘-

- Farbtiefe...
- Duplizieren

Form
- Invertieren
- Horizontal kippen
- Vertikal kippen
- Links drehen
- Rechts drehen
- Kontur nachzeichnen
- Füllen

- Frei rotieren
- Perspektive
- Neigen
- Verzerren
- Auto-Transformation...

- Abdunkeln
- Aufhellen
- Weichzeichnen
- Farbe tauschen

- Vorgang wiederholen ⌘T

Ton
- Darsteller ▶
- MIDI ▶
- 1 - Einfaches ▶
- 2 - Explosionen ▶
- 3 - Waffen ▶
- 4 - Instrumente ▶
- 5 - Natur ▶
- 6 - Raum ▶
- 7 - Alte Musik ▶
- 8 - Neue Musik ▶
- 9 - Geschäft ▶
- F - Macintalk ▶

Lingo
- Befehle A-O ▶
- Befehle P-Z ▶
- Funktionen A-L ▶
- Funktionen M-Z ▶
- Schlüsselwörter ▶
- Operatoren ▶
- Konstanten ▶
- Eigenschaften ▶
- Objekt-Eigenschaften ▶
- Andere Eigenschaften ▶
- Prozeduren ▶
- Etiketten ▶

Skript
- Suchen...   ⌘H
- Weitersuchen   ⌘G
- Im nächsten Skript suchen ⌘Y

- Suchen & ersetzen   ⌘T
- Alles ersetzen

Text
- Zeichensatz ▶
- Größe ▶
- Stil ▶

- Linksbündig
- Zentriert
- Rechtsbündig

- Rahmen ▶
- Rahmenabstand ▶
- Rahmenschatten ▶
- Textschatten ▶

Suchen
- Suchen...
- Weitersuchen   ⌘G
- Suchen & ersetzen   ⌘T
- Alles ersetzen

Menü-Übersicht für das Studio

MacroMind Player – Der Programmgenerator

Das Programm **MacroMind Player** finden Sie auf der gleichnamigen Diskette in Ihrem Director-Diskettensatz. Der Player bietet Ihnen zwei Möglichkeiten:

das Spielen von Studio- und Accelerator-Dateien und den Bau sogenannter Projektoren.

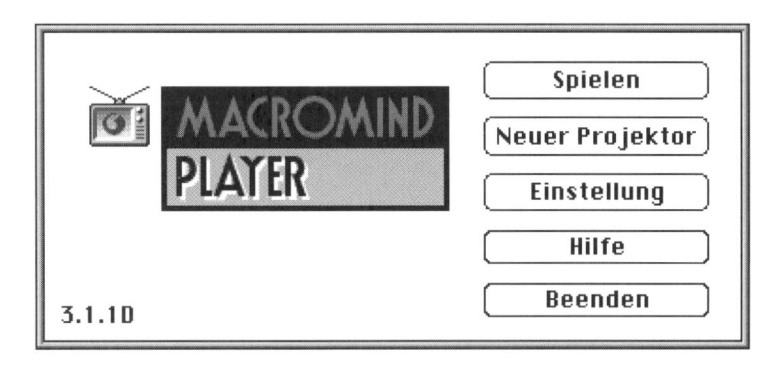

Die Dialogbox des MacroMind Players

Spielen von Studio- und Accelerator-Dateien

Nach dem Klick auf die Schaltfläche **Spielen** erscheint eine Standard-Dialogbox zum Öffnen der zu spielenden Dateien.

In der Liste der Dateien erscheinen nur Dateien, die mit dem Studio oder dem Accelerator gesichert wurden. Wählen Sie die zu spielende Datei aus und bestätigen **Öffnen**. Mit den Tastenkombinationen Befehlstaste + Punkt (.) oder Befehlstaste + Q können Sie die Wiedergabe stoppen. Am Ende des Films erscheint die Dialogbox wieder und ermöglicht die Auswahl des nächsten Films oder die Rückkehr ins Hauptmenü durch Klick auf **Beenden**.

In der Dialogbox des Befehls **Einstellung** sind einige Optionen für das Abspielen der Studio- oder Accelerator-Dateien auswählbar. Sie betreffen Bühnengröße, Farbtiefe und Speicheroptionen und werden im folgenden Kapitel vorgestellt.

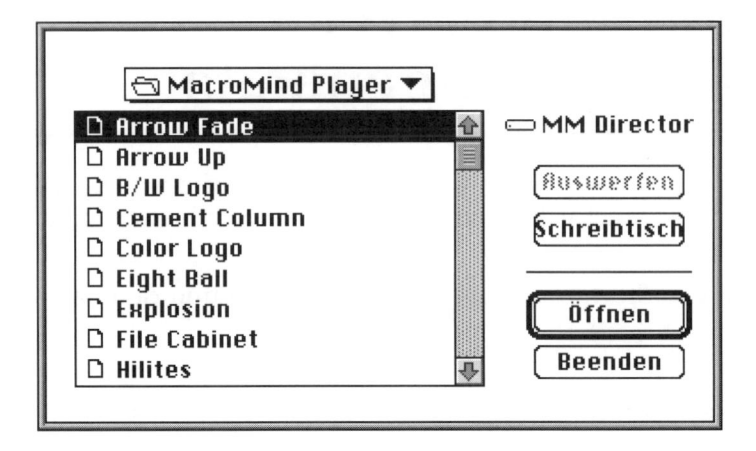

Die Dialogbox des Befehls Spielen

Der Bau von Projektoren

Die zweite und interessantere Anwendung des Players ist das Erzeugen selbständig laufender Animationen (Projektoren). Diese werden im Finder mit der Art **Programm** angezeigt und sind durch Doppelklick ausführbar. Der Programmcode des Players ist Teil des Projektors, so daß zur Wiedergabe der Animation keine weitere Programm-Datei benötigt wird. Bei der Weitergabe Ihrer Animationen in Form eines Projektors fallen -im Gegensatz zur Weitergabe des Players- keine Lizenzgebühren an, was diese Form der Verteilung zusätzlich interessant macht. Der Bau eines Projektors erfolgt in drei Schritten:

- dem Einstellen der Abspielbedingungen,
- der Angabe des Projektornamens
- die Angabe der aufzunehmenden Studio- und Accelerator-Dateien.

Um einen Projektor zu erzeugen, wählen Sie **Neuer Projektor** im Hauptmenü des Players. Daraufhin erscheint die Dialogbox des Befehls **Einstellung**.

Durch Auswahl der Option **Loop** erfolgt die Ausgabe des Film in einer Endlosschleife, bis der Abbruch durch den Anwender (z.B. durch Befehlstaste + Punkt) erfolgt.

Die Option **Bühnengröße beim Laden anpassen** bewirkt, daß die in der Studio- oder Accelerator-Datei gespeicherte Bühnengröße verwendet wird.

Mit der Option **warten auf Klicken ignorieren** können die entsprechenden Einträge im Tempo-Kanal des Studio-Fensters **Regie** (Warten auf Mausklick) oder in der Accelerator-Datei ausgeschaltet werden.

```
┌─────────────────────────────────────────────────┐
│ Einstellung...                                  │
│   ☐ Loop                                        │
│   ☒ Bühnengröße beim Laden anpassen             │
│   ☒ "warten auf Klicken" ignorieren             │
│   ☒ Farbtiefe automatisch wechseln              │
│                                                 │
│   Bei Anlage eines Projektors:                  │
│     ○ Director-Filme kompiliert in Projektor    │
│     ⦿ Director-/Accelerator-Filme nicht im Projektor │
│   Falls nicht genug Speicher, um Datei zu laden:│
│     ○ Nur spielen, was in den Speicher paßt     │
│     ○ Bild-für-Bild von Diskette laden          │
│     ⦿ In Blöcken von Diskette laden             │
│                                                 │
│      ( Abbrechen )    ( Hilfe )      ( OK )     │
└─────────────────────────────────────────────────┘
```

*Die Dialogbox des Befehls **Einstellung***

Wenn der aufzunehmende Film eine andere Farbtiefe als die im Kontrollfeld **Monitore** eingestellte Farbtiefe besitzt, erfolgt bei eingeschalteter Option **Farbtiefe automatisch wechseln** eine Anpassung der Farbtiefe.

Im Feld **Bei Anlage eines Projektors:** entscheiden Sie, ob alle Studio-Dateien (Director-Filme) Teil der Projektor-Datei werden oder nicht. Für die Aufnahme in die Projektor-Datei (**Director-Filme kompiliert in Projektor**) spricht, daß die Weitergabe der Animation durch Kopieren einer einzigen Datei möglich ist und die Studio-Daten nicht mehr durch den Anwender manipuliert werden können.

Mit dem Accelerator erzeugte Dateien lassen sich nicht in Projektoren aufnehmen und müssen mit der Einstellung **Director-/Accelerator-Filme nicht im Projektor** importiert werden.

Die Einstellungen des Feldes **Falls nicht genug Speicher, um Datei zu laden:** betreffen das Abspielen von Accelerator-Dateien und sind selbsterklärend.

In der Einstellung **Nur spielen, was in den Speicher paßt** werden nicht in den Speicher passende Abschnitte des Films ausgelassen.

Die Auswahl **Bild-für-Bild von Diskette laden** führt bedingt durch die Zugriffsgeschwindigkeit des jeweiligen Laufwerks (Diskette, Festplatte, CD-ROM) zu einer gleichmäßigen Herabsetzung der Abspielgeschwindigkeit.

In der Einstellung **In Blöcken von Diskette laden** werden in den Arbeitsspeicher passende Segmente des Films geladen. Während des Ladens eines

MacroMind Player – Der Programmgenerator

neuen Segments kommt es hier auch zu Verzögerungen bei der Wiedergabe.
Bestätigen Sie die Einstellungen mit **OK**. Geben Sie in der folgenden Dialogbox den Speicherort und den Namen des zu erzeugenden Projektors an.

Die Dialogbox beim Speichern eines Projektors

Bestätigen Sie die Schaltfläche **Sichern**. In der darauf folgenden Dialogbox wird der erste mit dem Projektor zu spielende Film angegeben. Wählen Sie den Film in der Dateiliste aus und bestätigen Sie **Öffnen**.

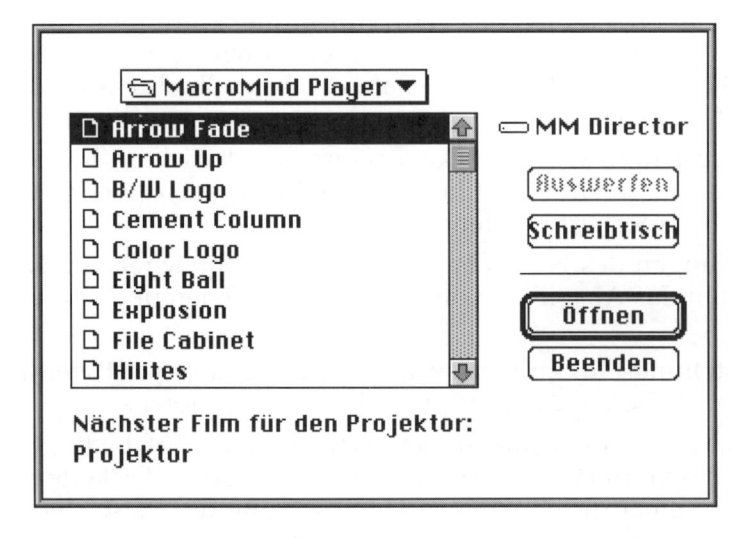

Die Dialogbox zur Aufnahme von Filmen in den Projektor

314

Der Bau von Projektoren

Die Dialogbox erscheint fortlaufend und ermöglicht die Aufnahme weiterer Filme. Beachten Sie, daß die Filme nachher in der Reihenfolge des Aufnehmens abgespielt werden. Soll kein weiterer Film aufgenommen werden, bestätigen Sie **Beenden** in dieser Dialogbox und im Hauptmenü. Der erzeugte Projektor kann jetzt im angegebenen Ordner durch Doppelklick gestartet werden.

Beachten Sie beim Kopieren von Projektoren, daß die nicht in den Projektor aufgenommenen Dateien auch kopiert werden müssen. Fehlende Dateien führen zu der folgenden Fehlermeldung.

```
Kann Datei nicht finden:
MM Director:Gerds Dateien:Lektion 5
InstallMenu

            [ Beenden ]    [  OK  ]
```

Eine Dialogbox bei fehlenden Projektor-Dateien

Um die Einstellungen eines Projektors nachträglich zu verändern, halten Sie beim Doppelklick auf den Projektor die Wahltaste gedrückt. Vor dem Start des Projektors erscheint dann die Dialogbox des Befehls **Einstellung**.

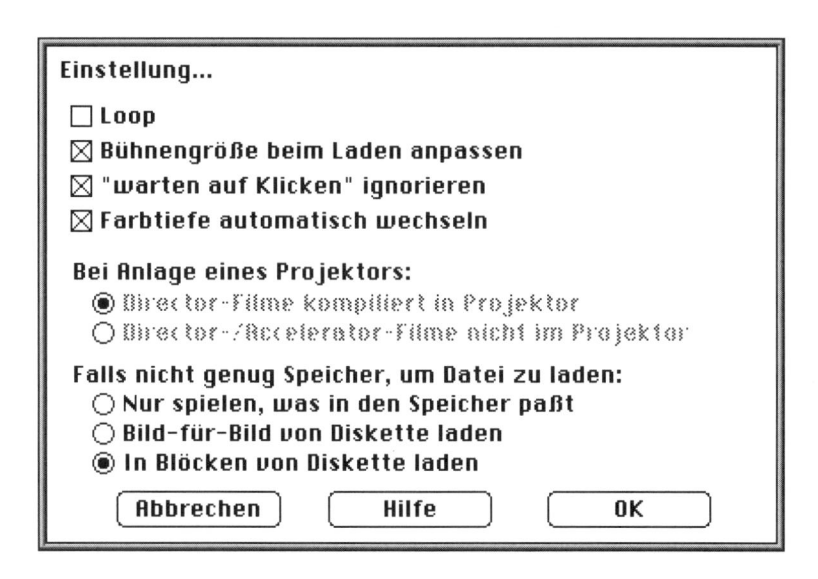

```
Einstellung...
☐ Loop
☒ Bühnengröße beim Laden anpassen
☒ "warten auf Klicken" ignorieren
☒ Farbtiefe automatisch wechseln

Bei Anlage eines Projektors:
   ● Director-Filme kompiliert in Projektor
   ○ Director-/Accelerator-Filme nicht im Projektor

Falls nicht genug Speicher, um Datei zu laden:
   ○ Nur spielen, was in den Speicher paßt
   ○ Bild-für-Bild von Diskette laden
   ● In Blöcken von Diskette laden

     [ Abbrechen ]   [ Hilfe ]   [  OK  ]
```

Die Dialogbox des Befehls Einstellung

315

MacroMind Player – Der Programmgenerator

Die für einen fertigen Projektor nicht benötigten Optionen im Feld **Bei Anlage eines Projektors:** sind nicht aktivierbar.

Besonderheiten bei der Aufnahme von Studio-Dateien in Projektoren

Bei der Aufnahme interaktiver Studio-Dateien (Dateien mit Lingo-Skripts) in einen Projektor sind einige Besonderheiten zu beachten. Der Player macht bei der Aufnahme eines interaktiven Films in den Projektor auf die Einschränkungen aufmerksam.

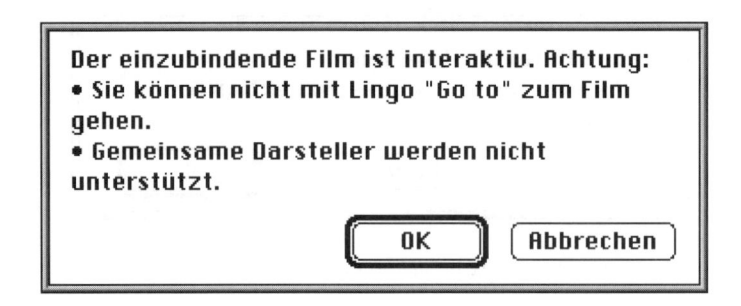

> Der einzubindende Film ist interaktiv. Achtung:
> • Sie können nicht mit Lingo "Go to" zum Film gehen.
> • Gemeinsame Darsteller werden nicht unterstützt.
>
> [OK] [Abbrechen]

Die Dialogbox bei der Aufnahme interaktiver Filme in einen Projektor

Aus einer Datei mit dem reservierten Namen **Gemeinsame Darsteller** importierte Darsteller erscheinen nicht in eingebundenen Filmen. Die Option **Loop** in der Dialogbox des Befehls **Einstellung** funktioniert nicht für interaktive Filme. Beachten Sie, daß ein Film auch noch nach dem Löschen aller Skripts vom Player als interaktiv erkannt wird.

Abspielen von Studio- und Accelerator-Filmen aus HyperCard heraus

Im Lieferumfang von Director befinden sich die HyperCard XCMD´s **playMovie** und **playAccel**. Sie ermöglichen das Abspielen von Studio- und Accelerator-Dateien innerhalb des Programms **HyperCard**.

Die Installation der XCMD´s in anderen HyperCard-Stapeln erfolgt aus den Stapeln **MM Player Manual** bzw. **Accelerator Stack** heraus.

Die Optionen des Befehls playMovie

Alle Optionen werden durch Kommata getrennt nach dem Namen der zu spielenden Studio-Datei angegeben:

playMovie"AnfangsFilm" [, Option 1] [, Option 2] ...

movieBkColor	Diese Option wird zusammen mit der Option movieNoClear verwendet und bewirkt, daß ein bestehender farbiger Hintergrund während des Abspielens erhalten bleibt.
movieBkgnd	Diese Option wird zusammen mit der Option movieNoClear verwendet und bewirkt, daß die Anzeige des schwarz/weißen Hintergrunds während des Abspielens erhalten bleibt.
movieClick	Der Abspielvorgang wird bei einem Maus- oder Tastenklick unterbrochen und das Ereignis wird an HyperCard weitergemeldet.
movieClickStop	Der Abspielvorgang wird bei einem Maus- oder Tastenklick unterbrochen und das Ereignis wird nicht an HyperCard weitergemeldet.
movieClose	Der Player wird aus dem Arbeitsspeicher entfernt.
movieFade	Beim Wechsel der Farbpalette erzeugt diese Option ein Abblenden nach schwarz.
movieLingo	Mit dieser Option ist die Übergabe einer Zeichenkette an die Studio-Datei möglich. Die Zeichenkette wird nach einem Komma angegeben: movieLingo, *Zeichenkette* Die Zeichenkette wird von der Studio-Datei als übergebene Variable interpretiert.
movieLocation	Diese Option bestimmt die horizontale und vertikale Koordinate, an der die Studio-Datei gezeigt wird. Die Koordinaten sind durch Kommata getrennt anzugeben: movieLocation, *links*, *oben* Die Koordinatenangabe in HyperCard erfolgt bezogen auf die linke obere Bildschirmecke. Die Koordinaten der Studio-Datei werden vom Registrierungspunkt des Objekts im ersten verwendeten Kanal des Bildes 1 bestimmt.
movieLoop	Der Film wird in einer Endlosschleife wiedergegeben, bis ein Maus- oder Tastenklick erfolgt. Das Ereignis wird an HyperCard weitergeleitet.
movieNoClear	Die aktuelle Karte bleibt als Hintergrund für die Studio-Datei erhalten
movieNoDialog	Mit dieser Option wird die Ausgabe von Fehlermeldungen in Dialogboxen unterdrückt.

movieNoInteract	Durch Verwendung dieser Option werden in der Studio-Datei enthaltene Lingo-Skripts ignoriert.
movieNoSound	Der Film wird ohne Sound wiedergegeben.
movieNoUpdate	Das letzte Bild bleibt nach Ablauf des Films auf dem Bildschirm.
moviePreLoad	Mit dieser Option wird der Film in den Arbeitsspeicher geladen aber noch nicht gestartet. Der Film kann mit einem zweiten PlayMovie-Befehl ohne durch das Laden bedingte Verzögerung wiedergegeben werden. Ein bereits geladener Film wird ohne Angabe der Filmbezeichnung mit dem Befehl playMovie gestartet. Dem Befehl dürfen weitere Optionen folgen. Der so geladenen Film bleibt auch nach dem Stoppen im Arbeitsspeicher.
movieRange	Mit dieser Option ist die Angabe eines zu spielenden Bereichs möglich: movieRange, *erstes Bild*, *letztes Bild* Geben Sie dazu durch Kommata getrennt das erste und letzte zu spielende Bild an.
movieRepeat	Der Film wird n mal wiederholt abgespielt. movieRepeat, *n*
movieResource	Mit dieser Option kann eine Studio-Datei dem HyperCard-Stapel im Ressourcen-Format hinzugefügt werden: movieResource, *Ressourcen-Nummer* Um die Ressourcen-Nummer festlegen zu können, müssen Sie beim Speichern der Datei im Studio die Wahltaste gedrückt halten. In der daraufhin erscheinenden Dialogbox kann die Ressourcen-Nummer eingegeben werden. Verwenden Sie den Ressourcen-Editor ResEdit, um die Ressource in HyperCard zu kopieren.
movieStage	Bei Angabe dieser Option wird die in der Director-Datei gespeicherte Bühnengröße anstelle des HyperCard-Bildschirms verwendet.
movieStep	Diese Option zeigt das jeweils nächste Bild der Studio-Datei an.
movieSwitchDepth	Beim Laden der Studio-Datei wird die Farbtiefe an die in der Studio-Datei gespeicherte Farbtiefe angepaßt.

movieSyspal	Nach dem Abspielen der Studio-Datei wird wieder zur System-Farbpalette umgeschaltet.
movieTempo	Mit dieser Option wird das mit n angegebene Tempo (in Bildern/Sekunde) eingestellt. movieTempo, *n*
movieVersion	Diese Option zeigt die Copyright-Meldung und Versionsnummer von MacroMind Director.

Der Befehl ClipMovie

Mit diesem Befehl kann ein Director-Film im angegeben Rechteck auf der **Bühne** wiedergegeben werden.

ClipMovie *links, oben, recht, unten*

Die Parameter *links, oben, recht, unten* enthalten die Koordinaten des Rechtecks, in dem der Film gezeigt wird. Die Koordinaten in **HyperCard** werden wie im Studio auf die linke obere Bildschirmecke bezogen.

Der Befehl GetFrameMovie

Dieser Befehl ermittelt das Bild, in dem ein mit der Option **preLoad** geladener Director-Film gestoppt wurde.

Der Befehl SetScreenMovie

Dieser Befehl gibt für Studio-Dateien, die mit der Option **movieStage** gespielt werden, den zu verwendenden Bühnenbereich an.

SetScreenMovie *links, oben, recht, unten*

Die Parameter *links, oben, recht, unten* enthalten die Koordinaten des Rechtecks, in dem der Film gezeigt wird. In **HyperCard** befindet sich der Koordinatenursprung ebenfalls oben links.

Der Befehl DrawPict

Mit diesem Befehl werden schwarz/weiße oder farbige Grafik-Dateien im PICT-Format angezeigt.

DrawPict "*PICT-Dateibezeichnung*" [, Option 1] [, Option 2] ...

Die folgenden Optionen des Befehls **playMovie** können auch für den Befehl **drawPict** verwendet werden: **movieClick, movieClickStop, movieLocation, movieNoClear, movieNoUpdate, movieStage, movieVersion**.

Zusätzlich besitzt der Befehl **drawpict** die Optionen **movieDelay** und **movieRect**.

Die Option **movieDelay,** *n* realisiert eine Verzögerung von n Sekunden, bevor die Anzeige zur aktuellen Karte zurückkehrt.

Die Option **movieRect** *links, oben, recht, unten* positioniert die Anzeige der PICT-Datei im angegebenen Rechteck auf der **Bühne**.

MacroMind Player – Der Programmgenerator

Die Optionen des Befehls playAccel

Alle Optionen werden durch Kommata getrennt nach dem Namen der zu spielenden Accelerator-Datei angegeben:

playAccel "Intro Logo.mma" [, Option 1] [, Option 2] ...

movieByFrame	Diese Option bewirkt ein bildweises Laden der Datei vom Datenträger, wenn der Arbeitsspeicher nicht für ein vollständiges Laden ausreicht. Fehlt die Option, wird bei nicht ausreichendem Speicher in Blöcken nachgeladen.
movieClick	Der Abspielvorgang wird bei einem Maus- oder Tastenklick unterbrochen und das Ereignis wird an HyperCard weitergemeldet.
movieClickStop	Der Abspielvorgang wird bei einem Maus- oder Tastenklick unterbrochen und das Ereignis wird nicht an HyperCard weitergemeldet.
movieClose	Film-Daten und die zum Abspielen benötigten Ressourcen werden aus dem Arbeitsspeicher entfernt.
movieFade	Beim Wechsel der Farbpalette erzeugt diese Option ein Abblenden nach schwarz.
movieFreeK	Diese Option ermittelt den freien Arbeitsspeicher.
movieLoop	Der Film wird in einer Endlosschleife wiedergegeben, bis ein Maus- oder Tastenklick erfolgt. Das Ereignis wird nicht an HyperCard weitergeleitet.
movieNoDialog	Mit dieser Option wird die Ausgabe von Fehlermeldungen in Dialogboxen unterdrückt.
movieNoSound	Der Film wird ohne Sound wiedergegeben.
movieNoUpdate	Das letzte Bild bleibt nach Ablauf des Films auf dem Bildschirm.
moviePreLoad	Mit dieser Option wird der Film in den Arbeitsspeicher geladen aber noch nicht gestartet. Der Film kann mit einem zweiten PlayMovie-Befehl ohne Verzögerung (durch das Laden bedingt) wiedergegeben werden. Ein bereits geladener Film wird ohne Angabe der Filmbezeichnung mit dem Befehl playAccel gestartet. Dem Befehl dürfen weitere Optionen folgen.
movieRepeat, n	Der Film wird n mal wiederholt abgespielt.
movieSlack, n	Diese Option hält den mit n (in kByte) angegebenen Betrag Speicher für andere Zwecke frei.

movieSync	Diese Option verbessert die Bildschirmdarstellung, indem es glattere Bewegungen ermöglicht. Andererseits verschlechtert sie die Soundausgabe und funktioniert nur für Filme, die ein Tempo von 60 Bildern/Sekunde erreichen.
movieTempo, n	Mit dieser Option wird das mit n angegebene Tempo (in Bildern/Sekunde) eingestellt.
movieVersion	Diese Option liefert die Versionsnummer des Accelerator XCMD´s.
movieWhatfits	Wenn der Arbeitsspeicher nicht zum Laden des gesamten Films ausreicht, wird in dieser Einstellung nur gespielt, was in den Speicher paßt. Fehlt diese Option, wird in Blöcken von der Diskette nachgeladen.

MacroMind Player – Der Programmgenerator

MacroMind Accelerator – Der Beschleuniger

Einige Worte vorab

Der Accelerator ist ein Programm zum Beschleunigen von Studio-Dateien und neuerdings im Lieferumfang von Director enthalten. Sie können die Wiedergabegeschwindigkeit Ihrer Studio-Dateien auf bis zu 60 Bilder/Sekunde erhöhen. Die Bewegungen der Darsteller erscheinen dadurch gleichmäßiger und die Qualität Ihrer Animation steigt. Die Beschleunigung wird durch ein anderes Verfahren bei der Speicherung des Filmes erreicht. Der Accelerator erfaßt in jedem Bild nur die Änderungen gegenüber dem vorherigen während Director jedes Bild der **Regie** neu auf der **Bühne** aufbaut.

Der Accelerator kann direkt aus dem Menü **Ablage** des Studios heraus gestartet werden, falls Ihre System über ausreichend Arbeitsspeicher verfügt.

Beachten Sie, daß sich interaktive Studio-Dateien nicht mit dem Accelerator beschleunigen lassen, ohne ihre Interaktivität zu verlieren. Um die fast immer benötigte Interaktivität mit der besseren Ausgabequalität beschleunigter Dateien verbinden zu können, verwenden Sie eine unbeschleunigte interaktive Datei, aus der heraus die beschleunigten Dateien z.B. mit dem Befehl **playAccel** abgespielt werden.

Die beschleunigten Dateien können mit dem Accelerator selbst oder mit dem MacroMind Player abgespielt werden. Die Aufnahme von beschleunigten Dateien in die mit dem Player erzeugten Projektoren ist leider nicht möglich.

Beschleunigung von Studio- und Accelerator-Dateien

Um Dateien Studio-Dateien vor der Beschleunigung oder bereits beschleunigte Accelerator-Dateien abzuspielen, wählen Sie den Befehl **Öffnen** im Menü **Ablage**. Klicken Sie auf **Play** im Menü **Steuerung**.

Um einen geöffneten Studio-Film zu beschleunigen, klicken Sie auf **Rewind** im Menü **Steuerung** und danach auf **Ausführen** im Menü **Beschleunigen**. Geben Sie in der folgenden Dialogbox einen Dateinamen für die beschleunigte Datei an. Der Accelerator zeigt während der Beschleunigung das gerade bearbeitete Bild an.

Alle weiteren Möglichkeiten des Accelerators entnehmen Sie bitte der folgenden Referenz.

Die Accelerator-Menüs

Das Menü Ablage

*Das Menü **Ablage***

Die Befehle Öffnen, Schließen, Sichern und Beenden

Diese vier Befehle haben die in jedem Programm verfügbaren Datei-Funktionen. In der Dialogbox des Befehls **Öffnen** werden nur Accelerator-, Studio-, PICS- und PICT-Dateien angezeigt und können geöffnet werden. Die Anzeige läßt sich per Mausklick auf die unteren Felder auf den jeweiligen Dateityp einschränken. Der Befehl **Schließen** schließt die aktuelle Accelerator-Datei. Falls Änderungen noch nicht gesichert wurden, erfolgt eine entsprechende Abfrage. Der Befehl **Sichern** speichert die Änderungen an der Accelerator-Datei. Mit **Beenden** kehren Sie zum Finder zurück.

Der Vorschlag in der Dialogbox des Befehls Sichern besteht immer aus dem Namen der zuvor geöffneten Datei und dem Zusatz .mma und kann natürlich überschrieben werden. Durch Auswahl der Option komprimiert sichern sparen Sie bis zu 50% Platz auf der Festplatte. Der Ladevorgang beim Abspielen der Datei wird allerdings durch das nötige Dekomprimieren etwas verzögert. Die Größe der Datei im Arbeitsspeicher wird durch die Option nicht beeinflußt.

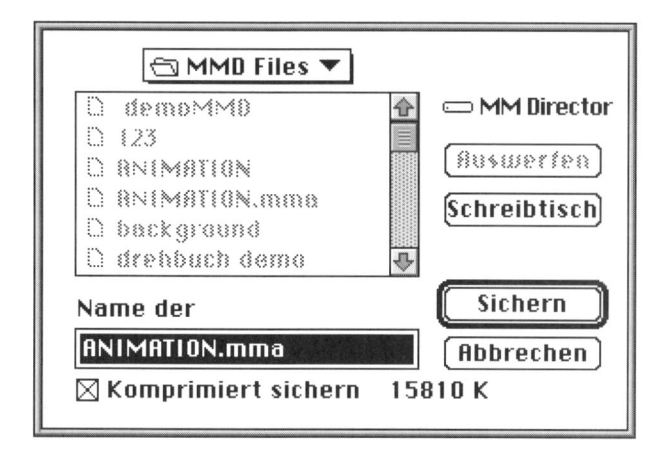

*Die Dialogbox des Befehls **Sichern** im Menü **Ablage***

Der Befehl Neue Demoliste

Mit dem Befehl **Neue Demoliste** erstellen Sie eine Textdatei (die Demoliste), die alle zu spielenden Studio- und Accelerator-Filme in der entsprechenden Reihenfolge enthält. Die Ausgabe der in der Liste gespeicherten Filme erfolgt mit dem Befehl **Demoliste spielen**.

Geben Sie der Demoliste zuerst einen Namen und klicken auf **Sichern**. Bestätigen Sie in der folgenden Dialogbox für alle anzuzeigenden Filme **Hinzufügen**. Ein Film kann auch mehrfach hinzugefügt werden.

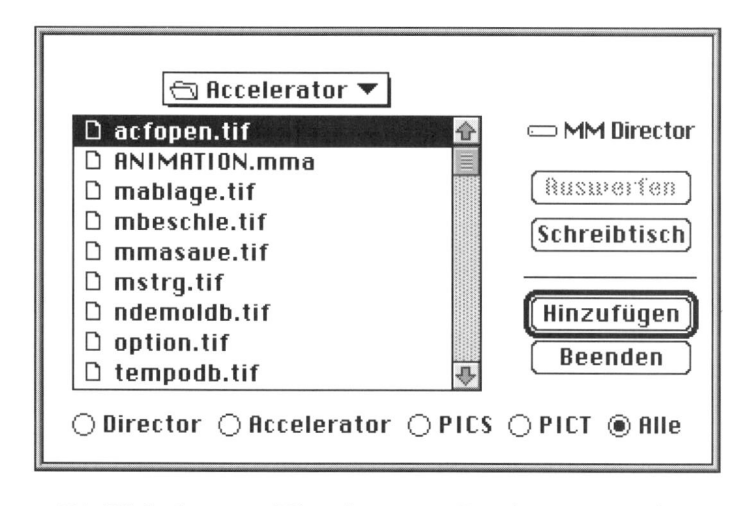

Die Dialogbox zum Hinzufügen von Dateien zur Demoliste

Ein Klick auf **Beenden** schließt die Demoliste und beginnt mit der Wiedergabe der in der Liste enthaltenen Filme. Klicken Sie mit der Maus, um vom aktuellen Film zum Anfang des folgenden Filmes zu springen. Mit der Tastenkombination Befehlstaste + Punkt wird der gesamte Abspielvorgang abgebrochen.

Der Befehl Demoliste spielen

Geben Sie in der Dialogbox des Befehls zuerst die zu öffnende Tempoliste an. Die darin enthaltenen Filme werden geöffnet und abgespielt. Ein Mausklick bringt Sie zum jeweils folgenden Film und die Tastenkombination Befehlstaste + Punkt beendet den Abspielvorgang.

Der Befehl Tempo-Skript laden

Mit diesem Befehl wird ein Tempo-Skript geöffnet, das zuvor mit dem Befehl **Tempo-Skript sichern** gespeichert wurde. Ein Tempo-Skript legt fest, welche Bilder der Studio-Datei mit welcher Geschwindigkeit (Bilder/Sekunde) gezeigt werden. Tempo-Skripts erzeugen Sie mit dem Befehl **Tempo anpassen** im Menü **Steuerung**.

Der Befehl Tempo-Skript sichern

Dieser Befehl speichert das mit dem Befehl **Tempo anpassen** erzeugte Tempo-Skript in einer separaten Datei.

Der Befehl Voreinstellungen

Mit diesem Befehl öffnen Sie die folgende Dialogbox.

Die Dialogbox des Befehls **Voreinstellungen**

Die Auswahl **Fenster zentrieren** bewirkt die zentrierte Ausrichtung des Fenster der Accelerator-Datei auf dem Bildschirm.

Mit der Option **Sound** schalten Sie den Sound des Film ein- oder aus. Das Ausschalten des Sounds ist bei Speicherplatzproblemen sinnvoll, da der Sound dann nicht in den Arbeitsspeicher geladen wird.

Mit der Option **Beenden mit Befehlstaste + Q bestätigen** aktivieren Sie eine Dialogbox, die beim Beenden des Accelerators mit der Tastenkombination Befehlstaste + Q zu bestätigen ist.

Die folgenden vier Optionen bestimmen die Reaktion des Accelerators, wenn der Arbeitsspeicher zum Laden von Accelerator-Dateien nicht ausreicht.

In der Einstellung **Benutzer fragen** erscheint bei nicht ausreichendem Speicher eine Dialogbox mit den folgenden drei Optionen.

Die Einstellung **Nur spielen, was in den Speicher paßt** verzichtet auf das Nachladen von Diskette und spielt nur den in den Arbeitsspeicher passenden Teil des Films ab.

Bild für Bild von Diskette laden führt zu einer Herabsetzung der Geschwindigkeit, da häufig Zugriffe auf den Datenträger erforderlich sind.

Die Einstellung **In Blöcken von Diskette laden** nutzt den freien Arbeitsspeicher, um Blöcke der Accelerator-Datei in den Speicher zu laden. Während der Ladevorgänge kommt es zu Verzögerungen bei der Wiedergabe des Films.

Das Menü Bearbeiten

Im Menü **Bearbeiten** finden Sie die üblichen Funktionen der Zwischenablage (**Ausschneiden**, **Kopieren** und **Einsetzen**) sowie die Befehle **Widerrufen** und **Löschen**. Die Funktionen sind bei der Bearbeitung von Tempo-Skripts mit dem Befehl **Tempo anpassen** verfügbar.

```
Bearbeiten
Widerrufen      ⌘Z

Ausschneiden    ⌘X
Kopieren        ⌘C
Einsetzen       ⌘V
Löschen
```

*Das Menü **Bearbeiten***

MacroMind Accelerator – Der Beschleuniger

Das Menü Beschleunigen

In diesem Menü werden die Eigenschaften der Accelerator-Datei bestimmt und der Beschleunigungsvorgang gestartet.

Das Menü Beschleunigen

Der Befehl Ausführen

Mit diesem Befehl wird der eigentliche Beschleunigungsvorgang ausgelöst. Die geöffnete Studio-Datei wird Bild für Bild interpretiert und in eine Accelerator-Datei übertragen. Die Beschleunigung beginnt beim aktuellen Bild und läßt sich mit einem Mausklick unterbrechen. Aktivieren Sie eventuell **Rewind**, um den Beschleunigungsvorgang bei Bild 1 der Studio-Datei beginnen zu lassen.

Der Befehl Optionen

In der Dialogbox dieses Befehls konfigurieren Sie die Speicherverwaltung beim Beschleunigen und Speichern der Accelerator-Datei.

*Die Dialogbox des Befehls **Optionen***

In der Einstellung **Keine Begrenzung** wird die Größe der zu erzeugenden Datei nur vom freien Platz auf der Festplatte beschränkt.

Bei gewählter Option **Verfügbarer Arbeitsspeicher** wird der Beschleunigungsvorgang ausgeführt, solange die beschleunigte Datei in den Arbeitsspeicher paßt. Mit dieser Einstellung beschleunigte Dateien werden später ohne ein Nachladen vom Datenträger und dadurch bedingte Verzögerungen abgespielt, sofern die gleiche Arbeitsspeichergröße verfügbar ist.

Mit der Einstellung **Maximal __ Kilobyte** kann die Dateigröße der beschleunigten Datei auf das angegebene Maximum begrenzt werden.

Die Einstellung **Sichern im Arbeitsspeicher** ist nur bei vergleichsweise kleinen Filmen oder geringer Diskettenkapazität sinnvoll. Die beschleunigte Datei wird im Arbeitsspeicher abgelegt und muß beim Verlassen des Programms gesichert werden.

Wählen Sie die Einstellung **Sichern auf Diskette**, um bereits während der Beschleunigung Bild für Bild auf dem Datenträger zu sichern.

Mit der Option **Extra-Bild für Schleife** erzeugen Sie am Ende des Films ein zusätzliches Bild, das während des Sprungs an den Anfang des Film angezeigt wird.

Mit der Einstellung **Komprimiert sichern** erreichen Sie die Verringerung des Speicherbedarfs des Films um etwa 50 %. Die Verringerung betrifft nur den Platz auf dem Datenträger. Der Platzbedarf im Arbeitsspeicher bleibt der gleiche. Komprimiert gesicherte Dateien werden langsamer geladen als nicht komprimiert gesicherte.

Wenn die Option **Automatisch an den Anfang** eingeschaltet ist, wird der Film nach der Beschleunigung automatisch auf Bild 1 zurückgespult.

Die Schaltfläche **OK** speichert die Einstellungen und ermöglicht weitere Eingaben vor der Beschleunigung des geöffneten Films. Durch Klick auf **Ausführen** starten Sie den Beschleunigungsvorgang mit den vorgenommenen Einstellungen.

Das Menü Steuerung

```
Steuerung
Play          ⌘A
Stop          ⌘W
Rewind        ⌘R
Step          ⌘F
BackStep      ⌘D
Loop
─────────────────
Höchsttempo   ⌘3
Schneller     ⌘2
Langsamer     ⌘1
Tempo anpassen... ⌘T
```

Das Menü **Steuerung**

Die Befehle Play, Stop, Rewind, Step, BackStep und Loop

Die Funktionen und Tastenkombinationen der ersten sechs Befehle des Menüs **Steuerung** entsprechen den gleichnamigen Befehlen im Studio oder Drehbuch. Der Abspielvorgang läßt sich außerdem durch einen Mausklick unterbrechen.

Die Befehle Höchsttempo, Schneller und Langsamer

Mit diesen drei Befehlen bzw. den Tastenkombinationen Befehlstaste 1, 2, oder 3 beeinflussen Sie die Wiedergabegeschwindigkeit von Accelerator-Dateien. Aktivieren Sie während des Abspielvorgangs Beispielsweise die Tastenkombination Befehlstaste + 3, um das Höchsttempo (60 Bilder/ Sekunde) einzuschalten.

Der Befehl Tempo anpassen

Mit diesem Befehl bestimmen Sie die Wiedergabegeschwindigkeit einer Accelerator-Datei.

Die Wiedergabegeschwindigkeit wird entweder **per Schieberegler** oder **per Tempo-Skript** eingestellt.

Die Auswahl Tempo per Schieberegler

Durch Ziehen des Schiebereglers oder die Eingabe in das Ziffernfeld **Bilder pro Sekunde** stellen Sie die Wiedergabegeschwindigkeit für den gesamten Film ein.

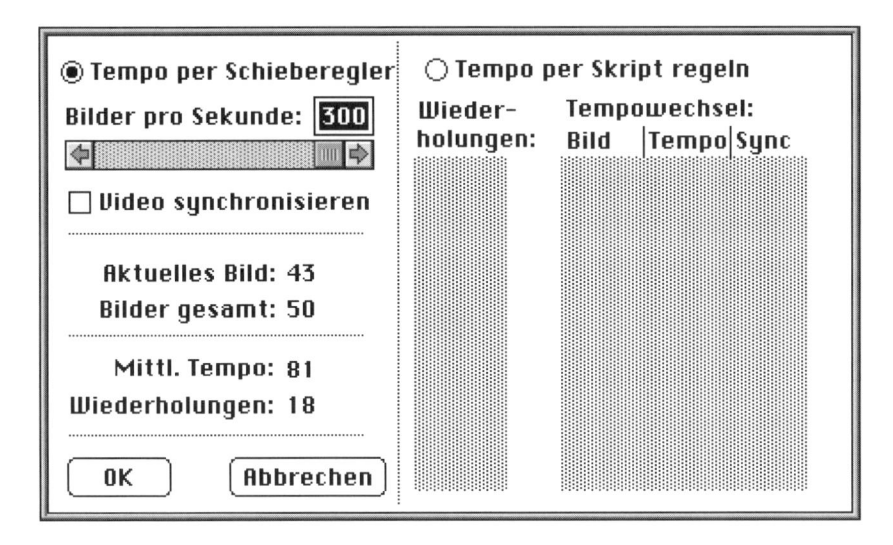

Die Auswahl **Tempo per Schieberegler**

Die Auswahl **Tempo per Skript regeln**

Die Option **Video synchronisieren** kann eine bessere Darstellung von Bewegungen bewirken. In dieser Einstellung wird versucht, den Film mit der Bildwiederhohlfrequenz des Monitors zu synchronisieren. Diese Einstellung ist nur für Filme, die 60 Bilder/Sekunde erreichen und keinen Sound enthalten sinnvoll.

Die Auswahl **Tempo per Skript regeln**

Diese Einstellung ermöglicht verschiedene Tempi und die Wiederholung einzelner Abschnitte innerhalb des Filmes. Mit dem Eintrag in der Spalte **Wiederholungen** geben Sie die Zahl der Wiederholungen an und eröffnen ein zu der Wiederholung gehöriges Tempo-Skript in der Spalte **Tempowechsel**.

Das Tempo-Skript enthält die Spalten **Bild**, **Tempo** und **Sync**. Tragen Sie in die Spalte **Bild** die Bildnummer des Bildes ein, in dem das in der Spalte Tempo angegebene **Tempo** eingestellt werden soll. In der Spalte **Sync** bewirkt die Eingabe von **J** (nicht **Y**) die Aktivierung der Synchronisation. Mit der Eingabe **N** wird sie ausgeschaltet. Beim nächsten Öffnen der Dialogbox wird das **J** in der Spalte **Sync** durch ein **Y** ersetzt, offenbar ein beim Lokalisieren des Programms unterlaufener Fehler.

Um in einem Bild auf einen Maus- oder Tastenklick zu warten, drücken Sie **W** in der Spalte Tempo. Der Eintrag **wait** erscheint. Verzögerungen erreichen Sie durch Eingeben des Zeichens **V** gefolgt von der Zahl der zu wartenden Sekunden in der Spalte **Tempo**.

Das Tempo-Skript in der folgenden Abbildung spielt den Film ab Bild 1 mit 10 Bildern/Sekunde. Im Bild 10 tritt eine Verzögerung von 2 Sekunden ein. Ab Bild 11 wird der Film mit 60 Bildern/Sekunde gespielt. In Bild 30 wird auf einen Maus- oder Tastenklick gewartet.

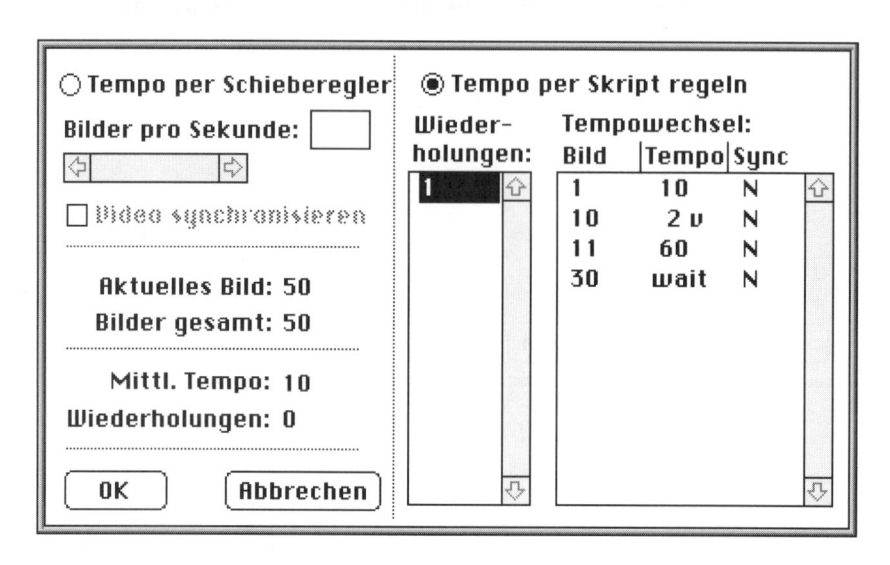

Die Auswahl **Tempo per Skript regeln**

Die Einträge im Tempo-Skript lassen sich über die Zwischenablage ausschneiden oder kopieren und einsetzen.

Im Feld **Aktuelles Bild** steht die Nummer des auf der **Bühne** angezeigten Bildes. Das Feld **Bilder gesamt** enthält die Anzahl der im Film enthaltenen Bilder.

Die Anzeige im Feld **Mittleres Tempo** enthält die beim letzten Abspielen des Films ermittelte durchschnittliche Wiedergabegeschwindigkeit.

Im Feld **Wiederholungen** steht die Zahl der beim letzten Abspielen erfolgten Filmdurchläufe.

Abspielen von Studio- und Accelerator-Filmen aus HyperCard

Im Lieferumfang von Director befinden sich die HyperCard XCMDs **playMovie** und **playAccel**. Sie ermöglichen das Abspielen von Studio- und Accelerator-Dateien aus dem Programm HyperCard heraus.

Die Installation der XCMD's in anderen HyperCard-Stapeln erfolgt aus den Stapeln MM Player Manual bzw. Accelerator Stack heraus.

Die Optionen des Befehls playAccel

Alle Optionen werden durch Kommata getrennt nach dem Namen der zu spielenden Accelerator-Datei angegeben:

playAccel "Intro Logo.mma" [, Option 1] [, Option 2] ...

movieByFrame	Diese Option bewirkt ein bildweises Laden der Datei vom Datenträger, wenn der Arbeitsspeicher nicht für ein vollständiges Laden ausreicht. Fehlt die Option, wird bei nicht ausreichendem Speicher in Blöcken nachgeladen.
movieClick	Der Abspielvorgang wird bei einem Maus- oder Tastenklick unterbrochen und das Ereignis wird an HyperCard weitergemeldet.
movieClickStop	Der Abspielvorgang wird bei einem Maus- oder Tastenklick unterbrochen und das Ereignis wird nicht an HyperCard weitergemeldet.
movieClose	Film-Daten und die zum Abspielen benötigten Ressourcen werden aus dem Arbeitsspeicher entfernt.
movieFade	Beim Wechsel der Farbpalette erzeugt diese Option ein Abblenden nach schwarz.
movieFreeK	Diese Option ermittelt den freien Arbeitsspeicher.
movieLoop	Der Film wird in einer Endlosschleife wiedergegeben, bis ein Maus- oder Tastenklick erfolgt. Das Ereignis wird nicht an HyperCard weitergeleitet.
movieNoDialog	Mit dieser Option wird die Ausgabe von Fehlermeldungen in Dialogboxen unterdrückt.
movieNoSound	Der Film wird ohne Sound wiedergegeben.
movieNoUpdate	Das letzte Bild bleibt nach Ablauf des Films auf dem Bildschirm.
moviePreLoad	Mit dieser Option wird der Film in den Arbeitsspeicher geladen aber noch nicht gestartet. Der Film kann mit einem zweiten PlayMovie-Befehl ohne Verzögerung (durch das Laden bedingt) wiedergegeben werden. Ein bereits geladener Film wird ohne Angabe der Filmbezeichnung mit dem Befehl playAccel gestartet. Dem Befehl dürfen weitere Optionen folgen.
movieRepeat, n	Der Film wird n mal wiederholt abgespielt.
movieSlack, n	Diese Option hält den mit n (in kByte) angegebenen Betrag Speicher für andere Zwecke frei.

movieSync	Diese Option verbessert die Bildschirmdarstellung, indem es glattere Bewegungen ermöglicht. Andererseits verschlechtert sie die Soundausgabe und funktioniert nur für Filme, die ein Tempo von 60 Bildern/Sekunde erreichen.
movieTempo, n	Mit dieser Option wird das mit n angegebene Tempo (in Bildern/Sekunde) eingestellt.
movieVersion	Diese Option liefert die Versionsnummer des Accelerator XCMD´s.
movieWhatfits	Wenn der Arbeitsspeicher nicht zum Laden des gesamten Films ausreicht, wird in dieser Einstellung nur gespielt, was in den Speicher paßt. Fehlt diese Option, wird in Blöcken von der Diskette nachgeladen.

Director, die vierte

Zu diesem Kapitel

Kurz vor Fertigstellung dieses Buches kündigte Macromedia die Fertigstellung von Director 4.0 für den Macintosh an. Die Basis für das folgende Kapitel bildet eine Version, die vom deutschen Distributor Prisma freundlicherweise zur Verfügung gestellt wurde.

Während diese Zeilen entstehen, erhält die deutsche Version 4.0 gerade den letzten Schliff. Eventuell daraus resultierende Differenzen zwischen der hier im Buch verwendeten englischen Version und dem deutschen Sproß des Programms bitte ich zu entschuldigen.

Die wichtigsten Änderungen

Die Regie ist um 24 Kanäle auf 48 erweitert worden, was komplexere Anwendungen wie z.B. die Programmierung von Touchscreen-Tastaturen enorm vereinfacht.

Die Besetzung speichert jetzt maximal 32.000 Darsteller. Diese Erweiterung ist für einfache Animationen sicher weniger wichtig, macht die Besetzung für Lingo-Programmierer aber als Datenbankstruktur interessant.

Die meisten Verbesserungen hat ohnehin die Sprache Lingo erfahren. Die Skripts lassen sich jetzt kompilieren und laufen dadurch um ein Vielfaches schneller als in den früheren Programmversionen. Hinzu kommen zahlreiche neue Befehle, Funktionen und Eigenschaften.

Director 4.0 besteht nur noch aus dem Programmteil Studio. In Anbetracht der inzwischen zahlreich verfügbaren einfachen und preiswerten Programme zur Erzeugung von Slideshows ist der Wegfall des ohnehin ein Schattendasein fristenden Teils Drehbuch leicht zu verschmerzen.

Fazit

Director 4.0 ist – trotz des Sprungs bei der Versionsnummer – keine komplett neue Software. Das grundlegende Konzept früherer Versionen wurde ebenso beibehalten wie die Funktionalität der Programmfenster.

Ohne die Leistung des Macromedia-Entwicklerteams schmälern zu wollen, kann man zusammenfassend feststellen, daß es sich bei Director 4.0 im wesentlichen um Director 3.1 handelt, dem ein vergrößertes Regie- und Besetzungsfenster, neue Lingo-Funktionen und ein neues Oberflächendesign spendiert wurden.

Der Umstieg von Director 3.1 auf Director 4.0 fällt daher ausgesprochen leicht. In Director 3.1 erworbenes Know-how kann ohne Einschränkungen angewandt werden.

Studio-Dateien, die mit älteren Director-Versionen gesichert wurden, lassen sich problemlos öffnen und bearbeiten, allerdings nicht mehr im alten Format sichern.

Das neue User-Interface

Deutlich zu erkennen ist das Bemühen um mehr System 7-Konformität. So wird jetzt z.B. mit Befehlstaste + W das aktive Fenster geschlossen und die Animation mit Befehlstaste + . (Punkt) gestoppt, während Befehlstaste + A den gesamten Inhalt des aktiven Fensters auswählt. Das führt bei routinierten Anwendern der Version 3.x während der ersten Sitzungen zwangsläufig zu einigen Fehlern. Die Bedienung des Steuerpults über den numerischen Block funktioniert wie gehabt.

Die Änderungen der Shortcuts für häufig verwendete Befehle wie z.B. Inbetween (Linear Füllen), Insert Frame (Bild einfügen) und Delete Frame (Bild löschen) sind ebenfalls gewöhnungsbedürftig. Wenn Sie über einen Ressourceneditor wie z.B. ResEdit verfügen und auf die Kompatibilität zu System 7 und zum Handbuch keinen großen Wert legen, ist die Anpassung der Shortcuts kein Problem.

Fertigen Sie dazu zuerst eine Kopie der Programmdatei an und öffnen diese in ResEdit. Nach einem Doppelklick auf die Ressource MENU erhalten Sie eine Liste aller im Programm erscheinenden Menüs. Ein Doppelklick auf Score öffnet u.a. das Feld Cmd-Key, das den Shortcut enthält. Beachten Sie bei Ihren Änderungen aber, daß einige Shortcuts jetzt anderen Befehlen zugewiesen wurden.

Die neue Online-Hilfe

Die kontextsensitive Hilfe hatte bislang den Nachteil, daß keine sogenannten Hyperlinks für die angegebenen Querverweise bestanden. Man hatte die Wahl zwischen einem erneuten Aufruf der Hilfe oder dem Vor- und Zurückblättern mit den gleichnamigen Tasten.

Die neue Version beseitigt dieses Defizit nun mit einer zeitgemäßen Hilfefunktion, die neben Hyperlinks u.a. auch die Möglichkeit zum Suchen nach Einträgen und Setzen von Lesezeichen besitzt.

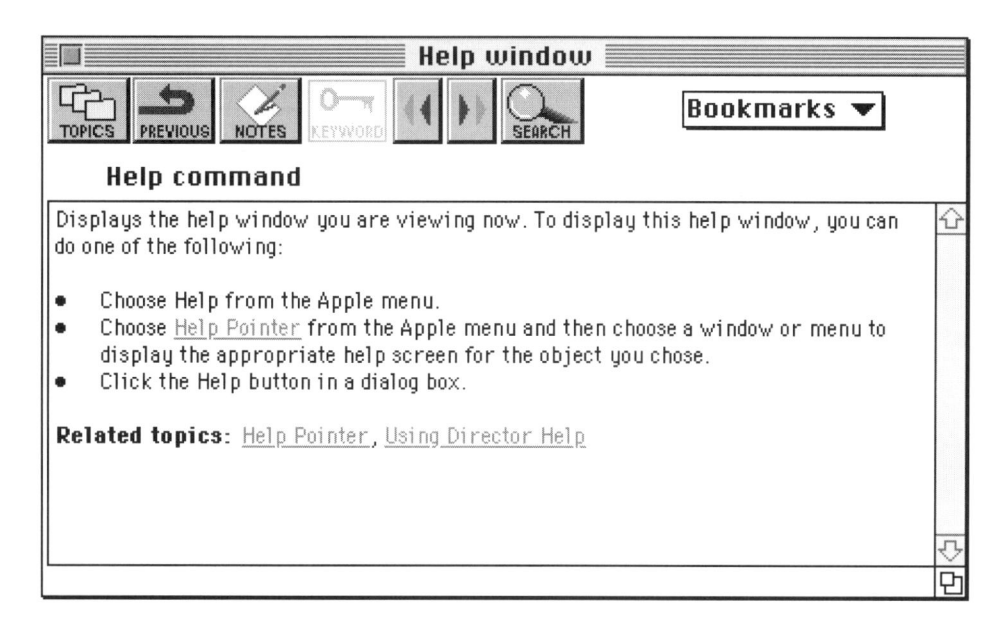

Die neue Hilfefunktion

Diese deutlich verbesserte Funktion hat mit der Director 3.x-Version eigentlich nur den Aufruf gemeinsam. Der erfolgt wahlweise über das Apple-Menü oder das Anklicken des gewünschten Bereichs mit gedrückter Wahl- und Umschalttaste. Schade ist allerdings, daß die in den meisten neueren Anwendungen verfügbare aktive Hilfe des Finders nicht unterstützt wird.

Was ist neu an der Regie?

Die Änderungen am Menü Regie

Das Menü ist jetzt wie die Menüs Besetzung, Darsteller und Text permanent verfügbar. Die Befehle **Sprite Info**, **Switch Cast Member** und **Auto Animate** sind ebenso aus dem Menü Bearbeiten in das Menü Score verlegt worden wie **Insert Frame** und **Delete Frame**. Wirklich neu ist der Befehl **Score Window Options**, der die aus dem Menü verschwundenen Einstellungsmöglichkeiten und die früher nur über die Wahltaste erreichbaren Optionen der Anzeige **Extended** enthält.

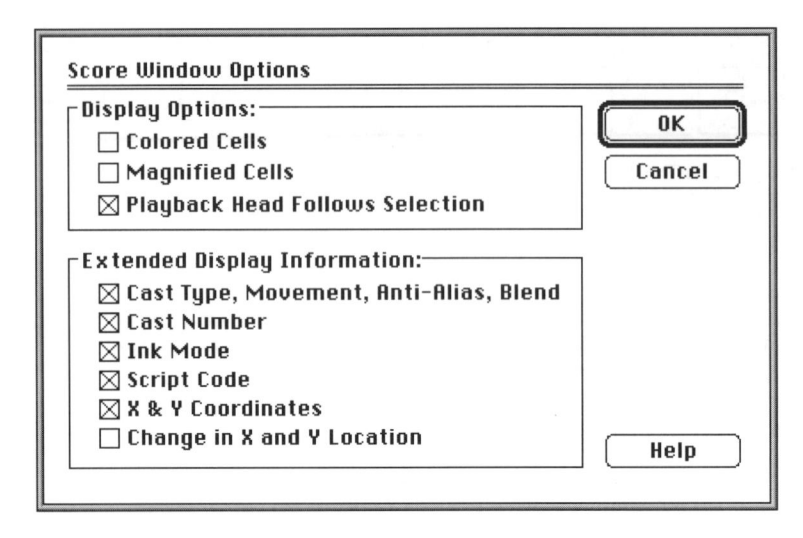

Die Dialogbox des Befehls Score Window Options

Obgleich die Dialogboxen sämtlicher Befehle neu gestaltet wurden, finden sich hier keine neuen Möglichkeiten.

Die Änderungen am Fenster Regie

Die Arbeit im auf 48 Animationskanäle erweiterten Regiefenster wird jetzt durch einen vom Besetzungsfenster bekannten Verschiebungsmodus erleichtert.

Sobald Sie eine oder mehrere Zellen mit dem Pfeilkursor ausgewählt haben, wird der Cursor zur Hand, und die Auswahl kann verschoben werden. Das früher nur über die Zwischenablage mögliche Verschieben von Zellinhalten ist damit jetzt so einfach geworden, daß es gelegentlich unbeabsichtigt erfolgt.

Um eine Auswahl zu duplizieren, halten Sie beim Verschieben einfach die Wahltaste gedrückt.

Die Funktion der Befehle **Einen Kanal vor** bzw. **zurück** erreichen Sie jetzt mit Hilfe der beiden Schaltflächen unten links.

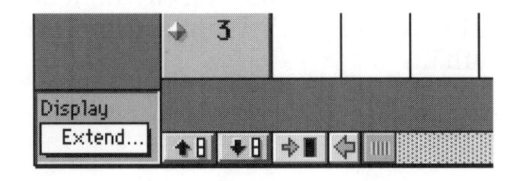

Die Schaltflächen Shuffle Forward und Shuffle Backward

Ein Klick auf den Button rechts daneben zeigt das Bild, in dem sich der Abspielkopf gerade befindet. Dieser ist jetzt über der Bildnummernzeile angeordnet.

Die Checkboxen zum Aus- und Einschalten der Kanäle finden Sie jetzt im neuen 3D-Design vor der Kanalnummer. Die Menüs Ink (Farbeffekt), Anti-Alias und Trails (Schleifspur) weisen keine neuen Features auf. Die Checkboxen **Moveable** und **Editable** entsprechen den Lingo-Befehlen moveableSprite bzw. editableText.

Die Fenster der Objekt- und Skriptkanal-Skripts werden durch Klick in das Skript-Feld unter der Titelleiste geöffnet. Das jetzt zweizeilige Skript-Feld läßt sich mit der Schaltfläche oben rechts ein- und ausblenden.

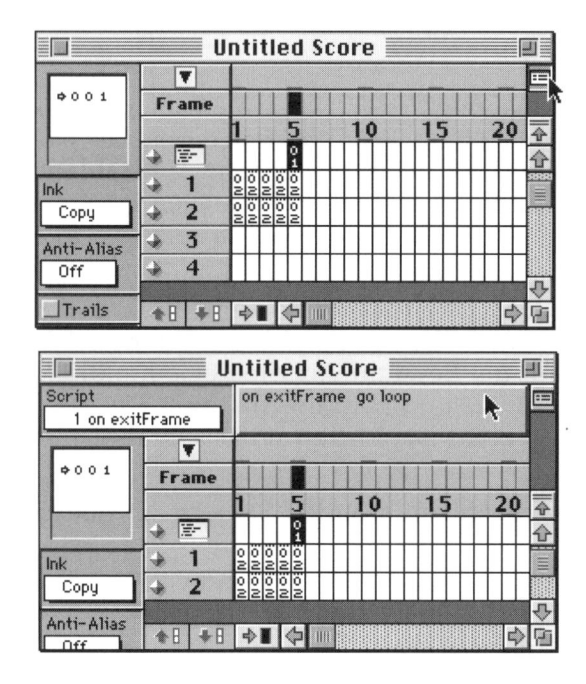

Ein- und Ausblenden des Skript-Felds

Neue Skripts werden nicht mehr automatisch generiert, sondern müssen durch Auswahl von **New** im Skript-Menü erzeugt werden.

Die Skripts in der Regie enthalten jetzt mit den Darsteller- oder Film-Skripts vergleichbare Deklarationszeilen. Objekt-Skripts werden mit **on mouseUp** bzw. **on mouseDown** eingeleitet und mit **end** abgeschlossen. Im Skriptkanal gespeicherte Skripts werden mit **on enterFrame** (Ausführung vor Aufbau des Bildes) oder **on exitFrame** (Ausführung beim Verlassen des Bildes) begonnen und ebenfalls mit **end** beendet.

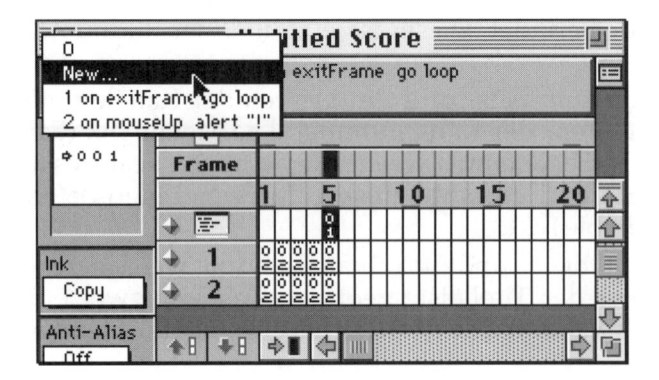

Erzeugung eines neuen Skripts

Funktion und Handhabung der Effektkanäle haben sich nicht geändert. Die Dialogboxen zur Einstellung der Effekte werden per Doppelklick auf die Zelle des Kanals oder über den entsprechenden Befehl im Menü Score aufgerufen. Auch die Einträge in den Effektkanälen lassen sich mit der Maus verschieben oder kopieren, wenn die Wahltaste gedrückt gehalten wird.

Das Menü Ton ist aus der Menüleiste verschwunden. Als Darsteller gespeicherte Sounds werden jetzt aus der Besetzung direkt in den Soundkanal der Regie gezogen oder mit Hilfe des Befehls **Set Sound** im Menü Score eingesetzt. Das Ziehen aus der Besetzung in die Regie funktioniert übrigens auch für die Animationskanäle und wird im Abschnitt *Die Änderungen am Fenster Besetzung* genauer gezeigt. Die Midi- und Macintalk-Unterstützung entfällt offensichtlich.

Die Funktionen des Zeitmenüs finden Sie jetzt im neu gestalteten Steuerpult.

Das neue Steuerpult

Das Steuerpult ist um einige Funktionen erweitert worden. Die Einstellung des gewünschten Wiedergabetempos wird im Feld unter der Step-Taste vorgenommen. Rechts neben der Tempoeinstellung kann jetzt das real erreichte Tempo oder die Dauer der gesamten Animation angezeigt werden. Durch einen Klick auf die Taste über dem Uhrsysmbol schalten Sie zwischen den Anzeigen **FPS**, **SPF** und **Est** um.

Die Anzeigen **FPS** und **SPF** zeigen das Tempo in Bildern pro Sekunde bzw. Sekunden pro Bild an. Dieses real erreichte Tempo weicht – abhängig vom verwendeten Macintosh und der Komplexität der Animation – oftmals erheblich vom eingestellten Tempo ab.

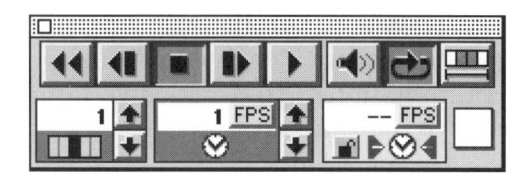

Das neue Steuerpult

In der Auswahl **Est** wird die Dauer der seit Bild 1 angezeigten Bilder berechnet und angezeigt.

Ein Klick auf das Schloßsymbol oder der Befehl **Lock Frame Durations** im Menü Edit entsprechen der Auswahl **Zeitsperre** in Director 3.x. In dieser Einstellung wird die Animation auf einem schnelleren Macintosh nicht schneller abgespielt.

Die Felder von Bildzähler und Tempo sind nun editierbar. Die Funktion des Befehls **Nur Auswahl** befindet sich jetzt ebenfalls im Steuerpult. Klikken Sie rechts oben, um nur eine Markierung innerhalb der Regie abzuspielen.

Das neue Steuerpult besitzt kein Kanalanzeigefeld mehr. Der Status der bildweisen Aufzeichnung wird jetzt durch einen roten Indikator vor der Kanalnummer in der Regie angezeigt.

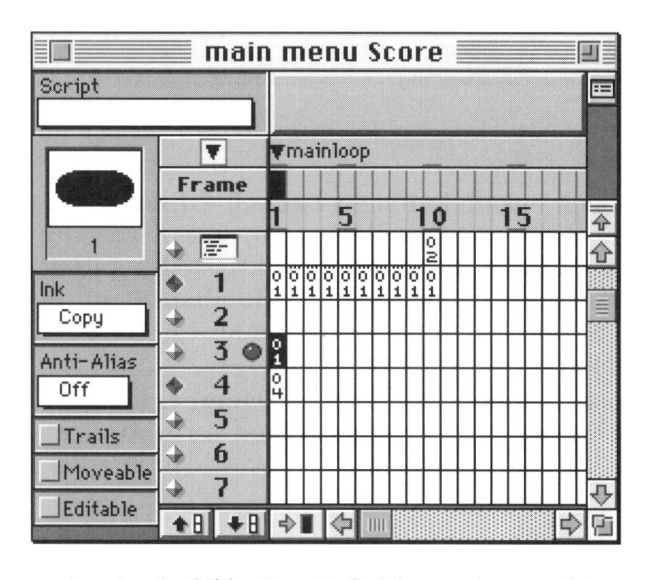

Anzeige der bildweisen Aufzeichnung für Kanal 3

341

Die Aktivierung der bildweisen Aufzeichnung erfolgt weiterhin automatisch beim Ziehen des Darstellers auf die Bühne bzw. durch Anklicken des Darstellers oder Kanals mit gedrückter Wahltaste.

Alle anderen Steuerpultfunktionen sind inklusive ihrer Tastenkombinationen auf dem numerischen Block erhalten geblieben.

Was ist neu an der Besetzung?

Die Änderungen am Menü Darsteller

Auch das Darsteller-Menü ist jetzt permanent in der Menüleiste verfügbar. Die Dialogbox des Befehls **Cast Member Info** (Darstellerinfo) gestattet jetzt die Festlegung einer sogenannten Purge-Priority. Diese bestimmt, wann ein Darsteller aus dem Arbeitsspeicher entfernt wird. Zur Auswahl stehen die Einstellungen **Never**, **Last**, **Normal** und **First**.

Der neu hinzugekommene Befehl **Record Sound** öffnet einen vom Kontrollfeld Ton bekannten Systemdialog zur Aufzeichnung.

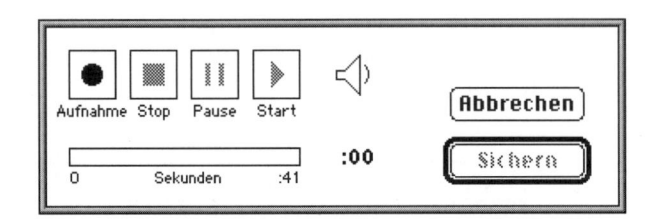

*Die Dialogbox des Befehls **Record Sound***

Der vom Drehbuch bekannte Befehl **Launch Editor** öffnet ein beim ersten Aufruf anzugebendes externes Programm zur Bearbeitung von Grafik-, Sound- oder QuickTime-Darstellern. Die Darsteller müssen allerdings mit der Option **Link To File** (Bezug zur Datei halten) importiert worden sein. Die mit **Record Sound** erzeugten Darsteller lassen sich auf diesem Weg also z.B. nicht in SoundEdit Pro öffnen.

Während der neue Befehl **Duplicate Cast Member** lediglich das sonst erforderliche Überschreiben der Zwischenablage vermeidet, ist der Befehl **Find Cast Members** (Darsteller auswählen) entscheidend verbessert worden.

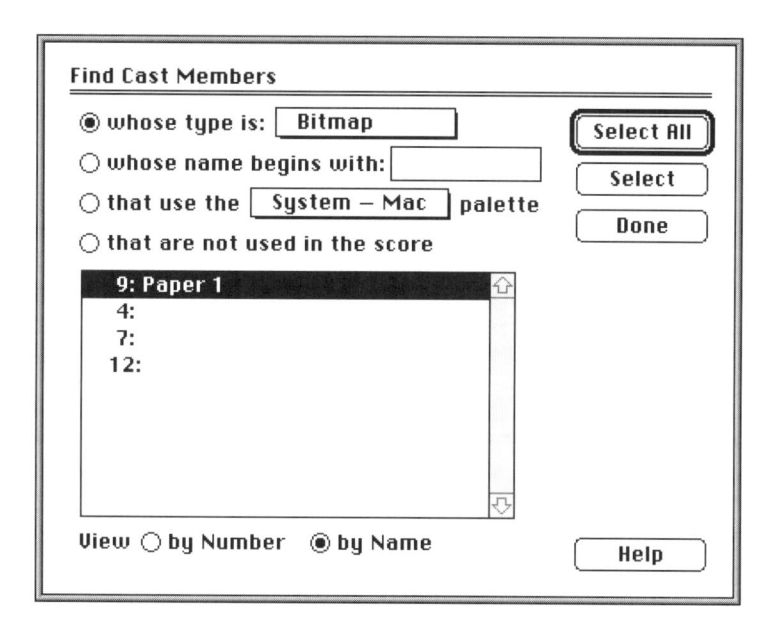

Die Dialogbox des Befehls **Find Cast Members**

Das Suchergebnis wird nicht mehr nur in der oft unübersichtlichen Besetzung markiert, sondern erscheint vorab im Textfeld der Dialogbox des Befehls.

Praktisch ist auch die Möglichkeit, eine Markierung im Fenster Besetzung nach bestimmten Kriterien sortieren zu lassen. Der Befehl **Sort Cast Members** erwartet eine Markierung in der Besetzung und bietet die folgenden Optionen.

Die Dialogbox des Befehls **Sort Cast Members**

Die in dieser Version wieder in der Besetzung gespeicherten Lingo-Skripts lassen sich auf diesem Weg zumindest in einem zusammenhängenden Bereich der Besetzung sichern. Vor einem versehentlichen Überschreiben der Darstellerposition durch ein fehlerhaftes Skript schützt das aber auch nicht.

Die Änderungen am Fenster Besetzung

Die Besetzung nimmt jetzt bis zu 32.000 Darsteller auf. Sie können das Fenster wie jedes andere Mac-Fenster skalieren und die Größe der Darstellerabbilder (Thumbnails) im Dialog des Befehls **Cast Window Options** einstellen. Hier bestimmen Sie u.a. auch die Zahl der angezeigten Darsteller und die Form der Numerierung.

*Die Dialogbox des Befehls **Cast Window Options***

Der Darstellertyp wird durch ein Symbol in der rechten unteren Ecke des Darstellerabbilds angezeigt. Ein eventuell vorhandenes Darsteller-Skript läßt sich über den Dialog **Cast Window Options** als Winkel in der linken unteren Ecke des Darstellerabbilds anzeigen.

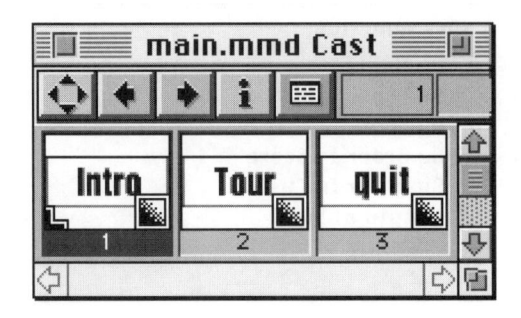

Ein Bitmap-Darsteller mit einem Darsteller-Skript

Was ist neu an der Besetzung?

Die Tasten unterhalb der Titelleiste dienen zum Ziehen des markierten Darstellers, zur Navigation innerhalb des Fensters, zum Aufruf des Dialogs des Befehls **Darstellerinfo** und zum Öffnen des Darsteller-Skripts.

Völlig neu ist die Möglichkeit, einen oder mehrere Darsteller direkt in das Fenster Regie zu ziehen. Um mehrere Darsteller auf die Bühne oder in die Regie zu bringen, wählen Sie sie einfach durch Klicken mit gedrückter Umschalt- oder Befehlstaste aus und ziehen die Markierung aus der Besetzung. Die Darsteller werden automatisch zentriert in einem Bild angeordnet.

Den Befehl **Cast to Time** (Als Sequenz einsetzen) erreichen Sie, indem Sie beim Ziehen der Auswahl in die Regie die Wahltaste gedrückt halten. Die Markierung zeigt statt der benötigten Kanalanzahl dann die Bildanzahl an.

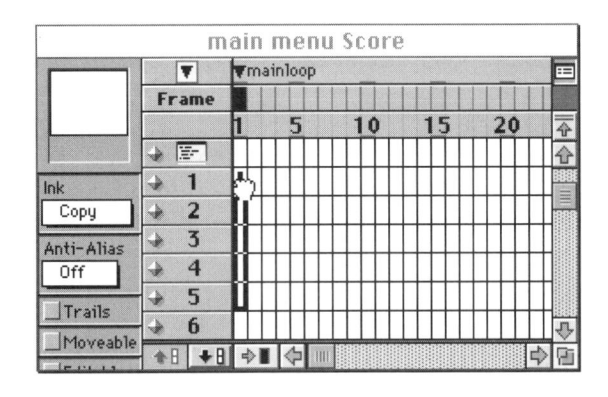

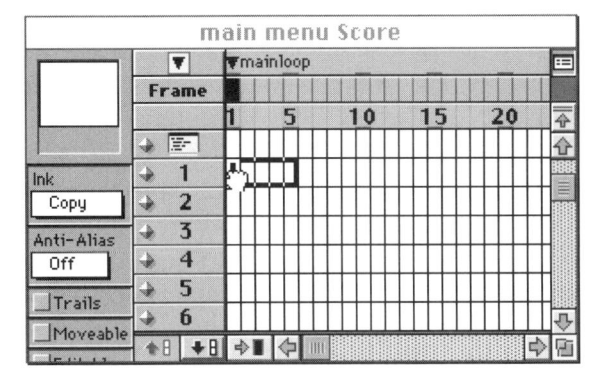

Ziehen von Darstellern ohne und mit gedrückter Wahltaste

Das Speichern von Filmschleifen in der Besetzung funktioniert analog. Markieren Sie die Zellfolge in der Regie und ziehen Sie die Markierung dann auf eine freie Darstellerposition der Besetzung. Der bekannte Dialog zum Benennen der Filmschleife erscheint.

345

Malen, Text, Werkzeug & Co

Eher kosmetischer Natur sind die Änderungen an den Fenstern Malen, Text, Digital Video, Kommentar, Schub, Palette und Werkzeug. Es finden sich keine nennenswerten Verbesserungen des Funktionsumfangs.

Bei Macromedia geht man wohl zu recht davon aus, daß für professionelle Bild-, Ton- und QuickTimefilmbearbeitung ohnehin spezielle Software genutzt und nur die Ergebnisse in Director importiert werden.

Gemeinsam ist den Bearbeitungsfenstern jetzt die erweiterte Tastenleiste der Besetzung, die eine weitgehend einheitliche Bedienung ermöglicht.

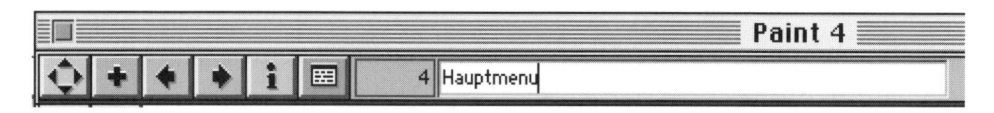

Die Tastenleiste des Fensters Paint

Die linke Taste dient zum Ziehen des ausgewählten Darstellers auf die Bühne. Die Funktion entspricht also dem Feld mit der Darstellerbezeichnung in früheren Versionen.

Die Plustaste erzeugt einen neuen Darsteller und weist ihm die nächstmögliche Position in der Besetzung zu.

Die Pfeiltasten blättern zum vorherigen bzw. folgenden Darsteller um.

Die Info-Taste öffnet den Dialog der Darstellerinfo und entspricht dem Anklicken des Darstellers mit gedrückter ctrl-Taste.

Die Skript-Taste öffnet das entsprechende Darsteller-Skript im Fenster Skript, das – wieder per Pfeiltasten – den direkten Wechsel zu anderen Darsteller-, Regie- und Film-Skripts gestattet.

Rechts neben der Darstellernummer ist jetzt die Eingabe des Darstellernamens möglich, ohne den Dialog Darstellerinfo öffnen zu müssen.

Das Menü **Text** ist permanent verfügbar und enthält neben den bekannten Befehlen zum Formatieren, Suchen und Ersetzen von Text jetzt die Befehle **Recompile Script** und **Recompile All Scripts**. Die getestete Beta-Version hatte mit diesen Befehlen noch einige Probleme. Das erneute Kompilieren editierter Skripts war nur möglich, wenn der gesamte Inhalt der Regie in eine neue Datei eingesetzt wurde. Aus diesem Grund sei hier nur auf die festgestellte Geschwindigkeitssteigerung gegenüber der Version 3.1. verwiesen.

Neu sind im Menü **Text** die Optionen, speziell nach Prozedurnamen suchen zu können und – weniger bedeutend – automatisch Kommentarzeichen einfügen und löschen zu können.

Der Befehl **Duplicate Window** aus dem Menü **Window** funktioniert für Text- und Skriptfenster und ist besonders bei umfangreicheren Texten praktisch. Das Menü Window enthält unter den Einträgen der Programmfenster jetzt eine Liste aller geöffneten Darsteller- und Skriptfenster, was das Zurechtfinden auf kleineren Monitoren erleichtert.

Die Umbenennung des Fensters QuickTime in Digital Video ist wohl mit Blick auf die bevorstehende Version des Directors für Windows vorgenommen worden, die neben QuickTime für Windows auch das AVI-Videoformat für Windows unterstützen wird.

Der integrierte Player

Die Funktionalität des bislang im Lieferumfang enthaltenen Players zur Erzeugung von Runtime-Versionen ist jetzt in den Director integriert worden. Der Befehl **Create Projector** im Menü Edit öffnet den folgenden Dialog.

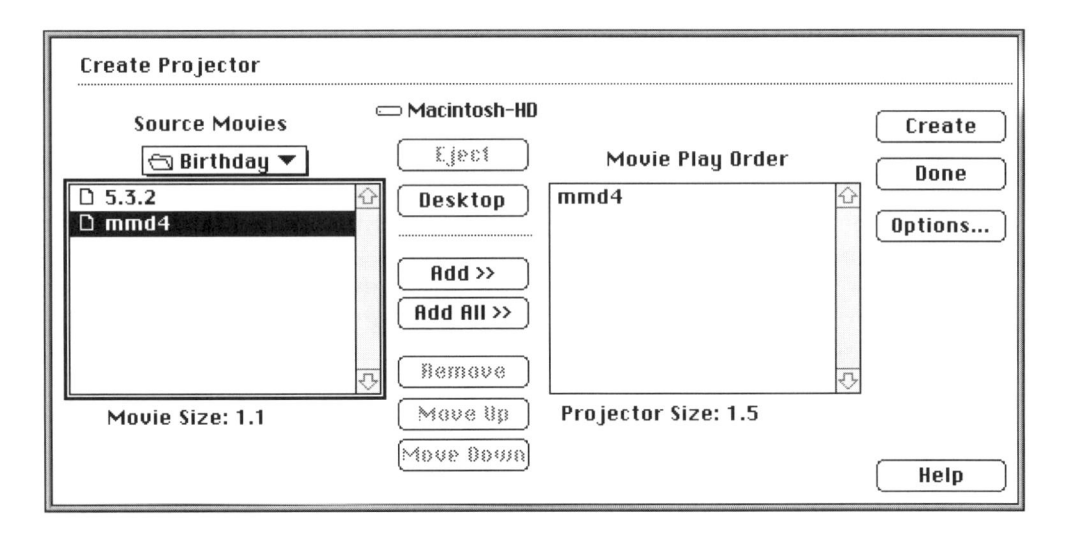

*Die Dialogbox des Befehls **Create Projector***

Selbstverständlich bleibt der Geschwindigkeitsgewinn bei der Ausführung von Lingo-Skripts auch in Projektoren erhalten. Der gestiegene Platzbedarf der fertigen Anwendung ist z.T. sicher dem noch nicht optimierten Code der getesteten Beta-Version zuzuschreiben.

Vorteilhaft ist die Integration des Players auf jeden Fall, erspart man sich doch so den manchmal mühevollen Abgleich der Cursor- oder XCOD-Ressourcen zwischen der Director- und Player-Programmdatei.

Mit früheren Director-Versionen erzeugte Dateien erscheinen nicht im Dialog des Befehls **Create Projector**. Sie müssen erst durch einfaches Öffnen und Speichern in Director 4.0 oder den Befehl **Update Movies** aus dem Menü Edit in das neue Dateiformat konvertiert werden. Letzterer hat den Vorteil, den Inhalt ganzer Ordner bearbeiten zu können.

Director auf Windows-Plattformen

Zum Abspielen von Director-Dateien auf Windows-Plattformen bot Macromedia bislang den Director Player für Windows an. Das Programm besaß eine mit dem Macintosh Player vergleichbare Funktionsweise. Die Director-Dateien konnten entweder nur abgespielt oder in einen allein lauffähigen Projector umgewandelt werden. Vorher mußten die Dateien auf dem Macintosh mit Hilfe des Programms Gaffer konvertiert werden.

Jede Änderung an der Director-Datei erforderte daher einen weiteren Aufruf des Gaffers auf dem Mac und einen Aufruf des Players unter Windows. In Anbetracht der Tatsache, daß z.B. einige Farbeffekte bei bestimmten Grafikkartentreibern Windows-Abstürze verursachten oder deutsche Umlaute erst in der letzten Programmversion ermöglicht wurden, ist die relativ geringe Verbreitung des Programms verständlich.

Macromedia hat vor kurzem die Verfügbarkeit des Director für Windows für Ende '94 angekündigt. Diese Version wird – von Windows-typischen Elementen abgesehen – die gleiche Oberfläche wie die Macintosh-Version 4.0 besitzen und mit dieser dateikompatibel sein. Plattformübergreifende Entwicklung und Dateiaustausch ohne zeitraubende Konvertierungen wären damit Wirklichkeit und bislang unter Windows verfügbare Animationsprogramme und Autorensysteme hätten einen ernstzunehmenden Konkurrenten.

Wann lohnt ein Update?

Wer komplexe Anwendungen mit Protokollfunktionen und Datenbankanbindungen oder auch Spiele programmieren möchte, wird schon allein der Geschwindigkeit wegen auf die neue Version updaten. Die Verdopplung der Regiekanäle, die Erweiterung der Besetzung und die zahlreichen neuen Lingo-Features sind weitere Argumente dafür.

Wenn Sie Director mehr als klassisches Animationsprogramm denn als Programmierumgebung einsetzen möchten, komplexe Skripts eher die Ausnahme sind und deren Geschwindigkeit nicht oberste Priorität besitzt, ist ein Update nicht unbedingt erforderlich. Die Regie bietet – von der Verdopplung der Kanalanzahl abgesehen – ebensowenig neue Animationsmöglichkeiten wie das Fenster **Malen**.

Die Erweiterungen der Sprache Lingo

Einige Worte vorab

Neben der deutlich höheren Ausführungsgeschwindigkeit und vielen neuen Sprachbestandteilen weist Lingo auch eine neue Skriptverwaltung auf.

Der folgende Abschnitt zeigt die wesentlichen Änderungen an der Lingo-Umgebung und die neue hinzugekommenen Lingo-Elemente.

Das neue Fenster Skript

Die Bearbeitung aller Skripttypen erfolgt jetzt ausschließlich im Fenster Skript. Sie öffnen es über das Menü **Window** oder über Befehlstaste + 0. Dieses Fenster besitzt die um die Skript-Taste verringerte Tastenleiste der Arbeitsfenster.

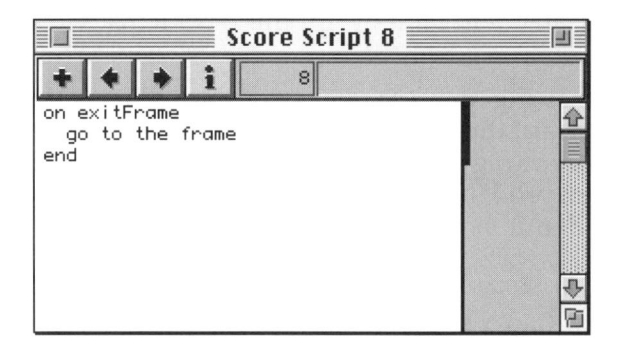

Das Fenster Skript

Die Plustaste erzeugt auf der nächsten freien Position der Besetzung ein neues Film-Skript. Im mit der Info-Taste aufgerufenen Dialog kann zwischen den Typen Regie- und Film-Skript umgeschaltet werden.

Die Film- und Regie-Skripts werden jetzt als Darsteller in der Besetzung gesichert und lassen sich per Doppelklick im neuen Fenster **Skript** öffnen. Die Darsteller-Skripts öffnen Sie über den Dialog **Darstellerinfo**, die Skript-Tasten oder über einen Klick auf den Darsteller mit gedrückter ctrl- und Wahltaste.

Neue Regie-Skripts erzeugen Sie mit der Auswahl **New** im Skript-Menü im Fenster Regie. Die Möglichkeit, nach dem Markieren einer Regiezelle einfach mit dem Tippen des Skripts beginnen zu können, besteht leider nicht mehr.

Director, die vierte

Der Dialog Darstellerinfo für ein Regie-Skript

Die Option, mit der in der Besetzung mehrere Film-Skripts (max. 32.000) gespeichert werden können, trägt kaum zu mehr Übersichtlichkeit bei.

Existiert ein Prozedurname (z.B. startMovie) in mehreren Film-Skripts, wird nur die Prozedur aus dem Film-Skript mit der kleinsten Darstellernummer ausgeführt.

Auch die Speicherung der Objekt- und Film-Skripts in der Besetzung erscheint mit Blick auf die weiter verbesserten Möglichkeiten zur Manipulation von Darstellern fragwürdig. Eine Erhöhung der maximal 32.000 speicherbaren Zeichen pro Film-Skript verbunden mit einer von den Darstellern getrennten und damit sicheren Speichermöglichkeit wäre hier angebrachter.

Die Verwaltung von Listen

Das Speichern und Bearbeiten von Datensätzen war bislang mit der etwas umständlichen Generierung von Factories und den Befehlen **mPut** und **mGet** verbunden. Die Datenstruktur **List** ist mit ihren zahlreichen Befehlen zur Listenbearbeitung hier in vielen Fällen komfortabler. Director verwaltet lineare Listen und sogenannte *Property Lists*.

Gemeinsam ist beiden Typen die Art der Definition.

  set Listenname = [Listeneintrag_1, Listeneintrag_2, ... , Listeneintrag_n]

Die eckigen Klammern (Befehlstaste + 5 bzw. 6) sind ebenso zwingend wie die Kommata. In linearen Listen besteht jeder Listeneintrag aus nur einem Wert.

  set nl = [120,140,200,30]
  put nl
  [120, 140, 200, 30]

In den Property Lists setzt sich ein Listeneintrag dagegen aus der Eigenschaft (Property) und ihrem Wert zusammen. Eigenschaft und Wert werden durch einen Doppelpunkt getrennt.

```
set pl = [marke:"bmw", typ:518, ez:75, km:130000]
put pl
[#marke: "bmw", #typ: 518, #ez: 75, #km: 130000]
```

Lingo stellt zum Lesen, Schreiben, Suchen und Sortieren von Listen zahlreiche Befehle zu Verfügung.

Hilfsmittel zur Arbeit mit Koordinaten

Die neuen Schlüsselwörter **point** und **rect** vereinfachen die Arbeit mit Punkten und Flächen, indem sie die Zusammenfassung von einem bzw. zwei Koordinatenpaaren unter einem frei wählbaren Namen ermöglichen.

```
set p1 = point (200,300)
set p2 = point (350,400)
set r1 = rect (p1,p2)
put r1
rect(200, 300, 350, 400)
```

Die Funktion **inside** gestattet z.B. die Prüfung, ob ein Punkt innerhalb einer Fläche liegt oder nicht.

```
set p3 = point (250,350)
put inside (p3, r1)
1
```

Die Schlüsselwörter **point** und **rect** werden auch bei der Definition der nachfolgend vorgestellten Windows benötigt.

Mehrere Fenster auf der Bühne

Director 4.0 unterstützt das Öffnen weiterer Director-Dateien in Macintosh-Standardfenstern. Die Fenster können bewegt, skaliert und in den Vorder- und Hintergrund gebracht werden.

Die folgenden Zeilen öffnen z.B. die Director-Datei „main.mmd" in einem eigenen Fenster mit dem Titel „Beispiel 1" und der Größe 200 * 150 Pixel. Die obere linke Ecke des Fenster erhält die Koordinaten (20, 60).

```
open window "main.mmd"
set the title of window "main.mmd" = "Beispiel 1"
set the rect of window "main.mmd" = rect (20,60,220,210)
```

Öffnung, Umbenennung und Größenänderung eines Fensters

Auch nach einer Skalierung des Fensterinhalts mit der Eigenschaft **drawrect of window** bleiben evtl. vorhandene Schaltflächenfunktionen innerhalb des Fensters erhalten. Eine Liste der Befehle und Funktionen zur Verwaltung von Fenstern finden Sie im letzten Abschnitt dieses Kapitels.

Bessere Darstellerverwaltung

Der aus Lingo mögliche Zugriff auf die in der Besetzung gespeicherten Darsteller läßt kaum noch Wünsche offen.

Das Kopieren eines Darstellers in die Zwischenablage (copyToClipBoard) ist jetzt ebenso leicht möglich wie das Einsetzen in eine Darstellerposition (pasteClipBoardInto). Die Dateinamen für einen mit der Option **Bezug zur**

Datei halten importierten Grafik-Darsteller sind editierbar (fileName of cast). Die Änderung eines Dateinamens führt zum sofortigen Umschalten in der Besetzung und auf der Bühne.

Die Breite und Höhe eines Darstellers (width und height of cast) lassen sich lesen und der sonst im Fenster **Malen** einzustellende Registrierungspunkt (regPoint of cast) sogar editieren.

Sie können Darsteller innerhalb der Besetzung kopieren (duplicate cast), verschieben (move cast) oder löschen (erase cast). Auch der Befehl **Importieren** aus dem Menü **Ablage** ist jetzt in Lingo verfügbar (importFileInto).

In Anbetracht der in der Besetzung gespeicherten Skripts und der weiter verbesserten Möglichkeiten zur Darstellermanipulation kann nur noch zu sorgfältiger Ermittlung der Darstellerpositionen geraten werden.

Die neuen Lingo-Elemente

Hier finden Sie die alphabetische Liste der neu hinzugekommenen Befehle, Funktionen und Eigenschaften.

add   Befehl

Syntax	add *Listenname, Wert*
Beschreibung	Dieser Befehl fügt der mit *Listenname* bezeichneten linearen Liste ein Listenelement hinzu und speichert darin den übergebenen *Wert*.
	In eine sortierte Liste wird der Wert automatisch an der korrekten Listenposition eingefügt. In unsortierten Listen erscheint der Wert am Ende der Liste.
Beispiel	set nl = [2, 4, 5, 6, 7, 8, 9, 90] add nl, 34 put nl [2, 4, 5, 6, 7, 8, 9, 90, 34]

addAt   Befehl

Syntax	addAt *Listenname, Listenposition, Wert*
Beschreibung	Der Befehl fügt in der mit *Listenname* bezeichneten Liste den *Wert* an der übergebenen *Listenposition* ein.
Beispiel	set nl = [2,4,5,6,7,8,9,2] addAt nl, 1, 23 put nl [23, 2, 4, 5, 6, 7, 8, 9, 2]

addProp   **Befehl**

   Syntax   addProp *Listenname, Eigenschaft, Wert*
   Beschreibung   Dieser Befehl weist der in der angegebenen Property List gespeicherten *Eigenschaft* den *Wert* zu.
   Beispiel   set pl = [a:1, b:4, c:6, d:9, k:10]
                         addprop pl, #q, 15
                         put pl
                         [#a: 1, #b: 4, #c: 6, #d: 9, #k: 10, #q: 15]

atan   **Funktion**

   Syntax   atan (*Zahl*)
   Beschreibung   Diese inverse trigonometrische Funktion liefert den Arkustangens (arctan) der übergebenen *Zahl*. Diese muß zwischen -2 und 2 liegen.

castType   **Eigenschaft**

   Syntax   the castType of cast *Darstellerbezeichnung*
   Beschreibung   Diese Eigenschaft liefert den Typ des angegebenen Darstellers. Sie kann nur gelesen werden.
   Beispiel   put the castType of cast 1
                         #bitmap

clickLoc   **Funktion**

   Syntax   the clickLoc
   Beschreibung   Diese Funktion liefert die Koordinaten des zuletzt mit der Maus angeklickten Punktes auf der Bühne.
   Beispiel   put the clickLoc
                         point (128, 230)

close window   **Befehl**

   Syntax   close window *Fensterbezeichnung*
   Beschreibung   Dieser Befehl schließt das mit *Fensterbezeichnung* angegebene Fenster.
   Beispiel   close window "main.mmd"

copyToClipBoard   **Befehl**

   Syntax   copyToClipBoard cast *Darstellerbezeichnung*
   Beschreibung   Dieser Befehl kopiert den angegebenen Darsteller in die Zwischenablage.
   Beispiel   copyToClipBoard cast "Intro"

cos   **Funktion**

   Syntax   cos (*Winkel*)

   Beschreibung   Diese trigonometrische Funktion liefert den Kosinus des angegebenen *Winkels*. Der Winkel ist in Radiant (rad) anzugeben.

count   **Funktion**

   Syntax   count (*Listenname*)

   Beschreibung   Diese Funktion liefert die Anzahl der Listeneinträge in der mit *Listenname* bezeichneten Liste.

   Beispiel   set nl = [a:1, b:2, d:34, g:9, z:8]
                         put count (nl)
                         5

deleteAt   **Befehl**

   Syntax   deleteAt *Listenname, Listenposition*

   Beschreibung   Dieser Befehl löscht das an der *Listenposition* stehende Listenelement aus der mit *Listenname* bezeichneten Liste.

   Beispiel   set nl = [a:1, b:2, d:34, g:9, z:8]
                         deleteAt nl, 2
                         put nl
                         [#a: 1, #d: 34, #g: 9, #z: 8]

deleteProp   **Befehl**

   Syntax   deleteProp *Listenname, Eigenschaft*

   Beschreibung   Dieser Befehl löscht in der mit *Listenname* bezeichneten Liste das Element, das die angegebene *Eigenschaft* besitzt.

   Beispiel   set nl = [a:1, b:2, d:34, g:9, z:8]
                         deleteProp nl, #d
                         put nl
                         [#a: 1, #b: 2, #g: 9, #z: 8]

depth of cast   **Eigenschaft**

   Syntax   the depth of cast *Darstellerbezeichnung*

   Beschreibung   Diese Eigenschaft liefert die Farbtiefe des angegebenen Darstellers in Bit. Sie kann nur gelesen werden.

   Beispiel   put the depth of cast "importpict"
                         8

drawRect of window — Eigenschaft
Syntax
: the drawRect of window *Fensterbezeichnung*

Beschreibung
: Mit dieser Eigenschaft kann der Inhalt des mit *Fensterbezeichnung* angegebenen Fensters skaliert werden. Die Eigenschaft kann gelesen und gesetzt werden.

Beispiel
: put the drawRect of window "main.mmd"
  rect(432, 324, 592, 444)

duplicate cast — Befehl
Syntax
: duplicate cast *Darstellerbezeichnung* [, *Darstellerposition*]

Beschreibung
: Dieser Befehl kopiert den angegebenen Darsteller auf die nächste freie Position der Besetzung. Wird die optionale *Darstellerposition* angegeben, erfolgt die Kopie auf die angegebene Position. Ein eventuell dort bestehender Darsteller wird überschrieben.

Beispiel
: duplicate cast 1, 3

editableText of sprite — Eigenschaft
Syntax
: the editableText of sprite *Objektbezeichnung*

Beschreibung
: Diese Eigenschaft bestimmt, ob ein Text-Darsteller während der Wiedergabe editierbar ist (TRUE) oder nicht (FALSE). Das gleiche Resultat kann mit dem Befehl editableText im Objekt-Skript oder dem Dialog Darstellerinfo erreicht werden. Das mit *Objektbezeichnung* bezeichnete Objekt muß den Status puppetSprite = TRUE besitzen.

Beispiel
: set the puppet of sprite 2 = TRUE
  set the editableText of sprite 2 = TRUE

erase cast — Befehl
Syntax
: erase cast *Darstellerbezeichnung*

Beschreibung
: Dieser Befehl löscht den in *Darstellerbezeichnung* angegebenen Darsteller aus der Besetzung.

Beispiel
: if the modified of cast 1 = 1 then erase cast 1

exp — Funktion
Syntax
: exp (*GanzeZahl*)

Beschreibung
: Diese Funktion liefert das Ergebnis der Exponentialfunktion mit der Basis e (e≈2,71828). Die zur inverse Funktion dazu ist die Logarithmusfunktion.

fileName of cast — Eigenschaft

Syntax
: the fileName of cast *Darstellerbezeichnung*

Beschreibung
: Diese Eigenschaft enthält den Dateinamen des mit **Bezug zur Datei halten** importierten Darstellers. Sie kann gelesen und gesetzt werden.
Wenn die mit dem Darsteller verbundene Datei nicht im aktuellen Ordner liegt, muß der Pfad angegeben werden.

Beispiel
: put the fileName of cast "NewPICT"
"Data:Kapitel MMD 4.0:PICT:importpict"

fileName of window — Eigenschaft

Syntax
: the fileName of window *Fensterbezeichnung*

Beschreibung
: Diese Eigenschaft enthält den Dateinamen des im angegebenen Fenster laufenden Director-Films. Sie kann gelesen und gesetzt werden.

Beispiel
: put the filename of window "main.mmd"
"main.mmd"

findEmpty — Funktion

Syntax
: findEmpty (cast *Darstelleranzahl*)

Beschreibung
: Diese Funktion liefert die Darstellernummer, ab der mindestens die in *Darstelleranzahl* angegebene Anzahl freier Positionen vorhanden sind. Im folgenden Beispiel sind in der Besetzung mindestens die Darstellerpositionen 21, 22 und 23 frei.

Beispiel
: put findEmpty (cast 3)
21

findPos — Befehl

Syntax
: findPos(*Listenbezeichnung*, *Eigenschaft*)

Beschreibung
: Dieser Befehl durchsucht die angegebene Property List nach der übergebenen Eigenschaft und ermittelt deren Listenposition.

Beispiel
: set pl = [a:1, b:4, c:6, d:9, k:10]
put findPos(pl, #b)
2

forget window   **Befehl**

    Syntax   forget window *Fensterbezeichnung*

    Beschreibung   Dieser Befehl schließt das angegebene Fenster. Im Unterschied zum Befehl **close window** werden eventuell vereinbarte Größenänderungen ebenfalls gelöscht.

    Beispiel   forget window "main.mmd"

frameLabel   **Eigenschaft**

    Syntax   the frameLabel

    Beschreibung   Diese Eigenschaft enthält den in der Regie angegebenen Sprungmarkentext für das aktuelle Bild oder eine leere Zeichenkette, falls keine Marke definiert wurde. Diese Eigenschaft kann nur gelesen werden.

    Beispiel   if the frameLabel = "Timeoutplay" then switchHandler

framePalette   **Eigenschaft**

    Syntax   the framePalette

    Beschreibung   Diese Eigenschaft enthält die Darstellernummer der im aktuellen Bild verwendeten Palette. Die Systempalette liefert den Wert Null und die Director-Paletten Werte kleiner Null. Diese Eigenschaft kann nur gelesen werden.

    Beispiel   put the framePalette
                        23

frameScript   **Eigenschaft**

    Syntax   the frameScript

    Beschreibung   Diese Eigenschaft enthält die Nummer des Skripts, das dem aktuellen Bild in der Regie zugewiesen wurde. Diese Eigenschaft kann nur gelesen werden.

    Beispiel   put the frameScript
                        8

frameTempo   **Eigenschaft**

    Syntax   the frameTempo

    Beschreibung   Diese Eigenschaft enthält das Tempo in Bildern pro Sekunde, das dem aktuellen Bild zugewiesen wurde. Diese Eigenschaft kann nur gelesen werden.

    Beispiel   put the frameTempo
                        32

getaProp   Befehl

Syntax	getaProp (*Listenname, Eigenschaft*)
Beschreibung	Dieser Befehl durchsucht die angegebene Liste nach der übergebenen *Eigenschaft* und ermittelt deren Wert.
Beispiel	set pl = [a:1, b:4, c:6, d:9, k:10] put getaProp(pl, #k) 10

getAt   Befehl

Syntax	getAt (*Listenname, Listenposition*)
Beschreibung	Dieser Befehl liefert den an der übergebenen *Listenposition* gespeicherten Wert als Ergebnis.
Beispiel	set pl = [a:1, b:4, c:6, d:9, k:10] put getAt(pl, 3) 6

getLast   Befehl

Syntax	getLast (*Listenname*)
Beschreibung	Dieser Befehl ermittelt den Wert des letzten Elements in der mit *Listenname* bezeichneten Liste.
Beispiel	set pl = [a:1, b:4, c:6, d:9, k:10] put getLast (pl) 10

getOne   Befehl

Syntax	getOne (*Listenname, Wert*)
Beschreibung	Dieser Befehl durchsucht die angegebene Property List und liefert die erste Eigenschaft als Ergebnis, die den übergebenen Wert besitzt.
Beispiel	set pl = [a:1, b:4, c:6, d:9, k:1] put getOne (pl, 4) #b

getPos   Befehl

Syntax	getPos (*Listenname, Wert*)
Beschreibung	Dieser Befehl durchsucht die angegebene Liste nach dem *Wert* und ermittelt dessen Listenposition.
Beispiel	set nl = [21, 23, 45, 67] put getPos (nl, 45) 3

getProp   Befehl

   Syntax   getProp (*Listenname, Eigenschaft*)

   Beschreibung   Dieser Befehl ermittelt den Wert der in der angegebenen Liste enthaltenen Eigenschaft.

   Beispiel   set pl = [a:1, b:4, c:6, d:9, k:1]
                        put getProp (pl, #d)
                        9

getPropAt   Befehl

   Syntax   getPropAt (*Listenname, Listenposition*)

   Beschreibung   Dieser Befehl ermittelt in der angegebenen Liste die an der *Listenposition* gespeicherte Eigenschaft. Die Listenposition muß eine ganze Zahl sein.

   Beispiel   set pl = [a:1, b:4, c:6, d:9, k:1]
                        put getPropAt (pl, 3)
                        #c

go loop   Befehl

   Syntax   go loop

   Beschreibung   Dieser Befehl setzt den Abspielkopf in das Bild mit der aktuellen Sprungmarke und entspricht der Angabe go marker (0).

go next   Befehl

   Syntax   go next

   Beschreibung   Dieser Befehl setzt den Abspielkopf in das Bild mit der folgenden Sprungmarke und entspricht der Angabe go marker (1).

go previous   Befehl

   Syntax   go previous

   Beschreibung   Dieser Befehl setzt den Abspielkopf in das Bild mit der vorhergehenden Sprungmarke und entspricht der Angabe go marker (-1).

height of cast   Eigenschaft

   Syntax   the height of cast *Darstellerbezeichnung*

   Beschreibung   Diese Eigenschaft ermittelt die Höhe des mit *Darstellerbezeichnung* bezeichneten Darstellers in Pixeln. Sie kann nur gelesen werden.

Beispiel	put the height of cast "StartButton" 42

importFileInto   Befehl

Syntax	importFileInto cast *Darstellerbezeichnung, Dateiname*
Beschreibung	Dieser Befehl ersetzt den Inhalt der mit *Darstellerbezeichnung* angegebenen Darstellerposition mit dem Inhalt der mit der Zeichenkette *Dateiname* bezeichneten Datei. Liegt die Datei nicht im aktuellen Ordner, muß der Pfad angegeben werden.
Beispiel	importFileInto cast 1, "importpict"

itemDelimiter   Eigenschaft

Syntax	the itemDelimiter
Beschreibung	Diese Eigenschaft bestimmt das zur Trennung von Items verwendete Sonderzeichen. Sie kann gelesen und gesetzt werden. Voreingestellt ist das Komma.
Beispiel	set the itemDelimiter = ":"

keyUpScript   Eigenschaft

Syntax	the keyUpScript

Beschreibung	Diese Eigenschaft enthält die beim Loslassen einer Taste ausgeführte Zeichenkette. Das Setzen dieser Eigenschaft entspricht dem Befehl
	    when keyUp then ...
	Dieses Ereignis-Skript wird mit dem Befehl
	    set the keyUpScript = EMPTY
	oder dem Befehl
	    when keyUp then nothing
	wieder gelöscht.

Beispiel	put the keyUpScript into field "oldHandler"

last   Funktion

Syntax	the last *Zeichenkettenbereich*
Beschreibung	Diese Funktion liefert den jeweils letzten *Zeichenkettenbereich* einer Zeichenkette. Zeichenketten können auch in Variablen oder Textfeldern enthalten sein.
Beispiel	put the last word of field 20 "Help"

lineSize of sprite — Eigenschaft
Syntax	the lineSize of sprite *Objektbezeichnung*
Beschreibung	Diese Eigenschaft bestimmt für das Objekt im angegebenen Kanal die Stärke der Umrandung in Pixeln. Die Eigenschaft ist nur für QuickDraw-Darsteller verfügbar und kann gelesen und gesetzt werden.
Beispiel	set the lineSize of sprite 3 = 2

listP — Funktion
Syntax	listP (*Listenname*)
Beschreibung	Diese Funktion liefert den Wert TRUE (1), wenn es sich bei *Listenname* um eine Liste handelt, und den Wert FALSE (0), wenn nicht.
Beispiel	if listP (nl) then put getPos (nl, 45) into result

loaded of cast — Eigenschaft
Syntax	the loaded of cast *Darstellerbezeichnung*
Beschreibung	Diese Eigenschaft hat den Wert TRUE (1), wenn sich der angegebene Darsteller im Arbeitsspeicher befindet, und den Wert FALSE (0), wenn nicht. Die Eigenschaft kann nur gelesen werden.
Beispiel	put the loaded of cast "mainMenu" 1

log — Funktion
Syntax	log (*Zahl*)
Beschreibung	Diese Funktion ermittelt den natürlichen Logarithmus der übergebenen *Zahl*. Die zur Logarithmusfunktion inverse Funktion ist die Exponentialfunktion.

loop of cast — Eigenschaft
Syntax	the loop of cast *Darstellerbezeichnung*
Beschreibung	Der Wert dieser Eigenschaft bestimmt, ob der angegebene QuickTime-Darsteller in einer Endlosschleife wiedergegeben wird (TRUE) oder nicht (FALSE). Das Setzen der Eigenschaft entspricht der gleichnamigen Auswahl im Dialog Darstellerinfo.
Beispiel	set the loop of cast "intro.mov" = 0

Die Erweiterungen der Sprache Lingo

max   **Funktion**

  Syntax   max (*Listenname*)

  Beschreibung   Diese Funktion ermittelt den in der angegebenen Liste enthaltenen Maximalwert.

  Beispiel   set pl = [a:1, b:4, c:6, d:9, k:1]
                   put max (pl)
                   9

min   **Funktion**

  Syntax   min (*Listenname*)

  Beschreibung   Diese Funktion ermittelt den in der angegebenen Liste enthaltenen Minimalwert.

  Beispiel   set pl = [a:1, b:4, c:6, d:9, k:1]
                   put min (pl)
                   1

modified   **Funktion**

  Syntax   the modified of cast *Darstellerbezeichnung*

  Beschreibung   Diese Funktion liefert den Wert TRUE (1), wenn der angegebene Darsteller seit dem Start der Wiedergabe modifiziert wurde, und den Wert FALSE (0), wenn nicht.

  Beispiel   put the modified of cast "PaintField"
                   0

move cast   **Befehl**

  Syntax   move cast *Darstellerbezeichnung* [*Darstellerposition*]

  Beschreibung   Dieser Befehl verschiebt den mit *Darstellerbezeichnung* angegebenen Darsteller auf die nächste freie Position der Besetzung. Der optionale Parameter *Darstellerposition* bewirkt, daß der Darsteller auf der angegebenen Darstellerposition der Besetzung eingesetzt wird. Ein eventuell dort vorhandener Darsteller wird überschrieben.

  Beispiel   move cast "Brush"

moveableSprite of sprite   **Eigenschaft**

  Syntax   the moveableSprite of sprite *Objektbezeichnung*

  Beschreibung   Diese Eigenschaft bestimmt, ob das Objekt im mit *Objektbezeichnung* bezeichneten Kanal durch den Anwender verschoben werden kann (TRUE) oder nicht

Beispiel	(FALSE). Das gleiche Resultat kann mit der Auswahl moveable in der Regie erreicht werden. Das mit Objektbezeichnung bezeichnete Objekt muß den Status puppetSprite = TRUE besitzen. set the puppet of sprite 3 = TRUE set the moveableSprite of sprite 3 = TRUE

on enterFrame   **Schlüsselwort**

Syntax	on enterFrame
	   Befehl_1
	   ...
	   Befehl_n
	end

Beschreibung	Mit diesem Schlüsselwort wird ein Ereignis-Skript im Skriptkanal der Regie oder im Film-Skript definiert, das ausgeführt wird, sobald der Abspielkopf das Bild erreicht. Als Regie-Skript gespeichert gilt die Prozedur nur für das aktuelle Bild. Steht die Prozedur im Film-Skript, wird sie bei jedem Bildwechsel ausgeführt, sofern das aktuelle Bild keine eigene Prozedur on enterFrame in der Regie besitzt.
Beispiel	on enterFrame set the puppet of sprite 8 = TRUE end

on exitFrame   **Schlüsselwort**

Syntax	on exitFrame
	   Befehl_1
	   ...
	   Befehl_n
	end

Beschreibung	Mit diesem Schlüsselwort wird eine Ereignis-Prozedur im Skriptkanal der Regie oder im Film-Skript definiert, die ausgeführt wird, wenn der Abspielkopf das Bild verläßt. Als Regie-Skript gespeichert gilt die Prozedur nur für das aktuelle Bild. Steht die Prozedur im Film-Skript, wird sie bei jedem Bildwechsel ausgeführt, sofern das aktuelle Bild keine eigene Prozedur on exitFrame in der Regie besitzt.

Beispiel	on exitFrame set the puppet of sprite 13 = FALSE end

on keyUp   Schlüsselwort

Syntax	on keyUp
	    Befehl_1
	    ...
	    Befehl_n
	end

Beschreibung	Dieses Schlüsselwort definiert eine Ereignis-Prozedur, die bei jedem Loslassen einer Taste ausgeführt wird. Die Prozedur kann in allen bestehenden Skripttypen stehen. Wird die Prozedur im Film-Skript gesichert, gilt sie für alle Bilder der Animation. Im Objekt- oder Darsteller-Skript gespeichert gilt sie für ein bestimmtes bzw. alle Objekte des Darstellers. Die Prozedur gilt in einem gesamten Bild, wenn sie im Skript-Kanal der Regie gespeichert wird.
Beispiel	on keyUp put the keyCode into field "keyIn" end

open window   Befehl

Syntax	open window *Dateibezeichnung*
Beschreibung	Dieser Befehl öffnet die mit *Dateibezeichnung* angegebene Director-Datei in einem eigenen Fenster und bringt dieses Fenster in den Vordergrund. Wenn sich die Datei nicht im aktuellen Ordner befindet, muß der Pfad angegeben werden.
Beispiel	open window "main.mmd"

palette of cast   Eigenschaft

Syntax	the palette of cast *Darstellerbezeichnung*
Beschreibung	Diese Eigenschaft enthält die Darstellernummer der mit dem angegebenen Bitmap-Darsteller verbundenen Farbpalette. Die Systempalette liefert den Wert Null und die Director-Paletten Werte kleiner Null. Die Eigenschaft kann gelesen und gesetzt werden.

Beispiel	put the palette of cast "justImported" 0

param Befehl

Syntax	param (*Parameternummer*)
Beschreibung	Dieser Befehl ermittelt den Wert des mit *Parameternummer* bezeichneten Parameters aus der Parameterliste, die einer Prozedur beim Aufruf übergeben wurde.
Beispiel	siehe paramCount

paramCount Funktion

Syntax	the paramCount
Beschreibung	Diese Funktion ermittelt die Anzahl an Parametern, die einer Prozedur beim Aufruf übergeben wurden.

Beispiel	on putparams p1, p2, p3
	    put "Anzahl Parameter:" && the paramCount
	    repeat with i=1 to the paramCount
	        put "Parameter" && i && "=" && param (i)
	    end repeat
	end

pasteClipBoardInto Befehl

Syntax	pasteClipBoardInto cast *Darstellerposition*
Beschreibung	Dieser Befehl setzt den Inhalt der Zwischenablage auf der angegebenen *Darstellerposition* ein. Ein eventuell dort gespeicherter Darsteller wird überschrieben.
Beispiel	pasteClipBoardInto cast "NewBackground"

pausedAtStart Eigenschaft

Syntax	the pausedAtStart of cast *Darstellerbezeichnung*
Beschreibung	Diese QuickTimedarsteller-Eigenschaft entspricht der Auswahl der gleichnamigen Option im Dialog Darstellerinfo und bestimmt, ob der Film im Startbild verharrt (TRUE) oder beginnt, sobald der Abspielkopf das Bild erreicht (FALSE). Die Eigenschaft kann gelesen und gesetzt werden.
Beispiel	set the pausedAtStart of cast "corsa.mov" = 1

pi   **Funktion**

    Syntax   pi ()

    Beschreibung   Diese Funktion liefert den Quotienten aus Umfang und Durchmesser eines Kreises (pi ≈ 3,14159).

point   **Schlüsselwort**

    Syntax   point (*locH*, *locV*)

    Beschreibung   Dieses Schlüsselwort wird verwendet, um das Koordinatenpaar *locH* und *locV* unter dem Namen *Punktname* zu speichern.

    Beispiel   set p1 = point (45, 30)
                          put p1
                          point(45, 30)

point inside   **Funktion**

    Syntax   inside (*Punktname*, *Rechteckname*)

    Beschreibung   Diese Funktion ermittelt, ob der abgegebene Punkt im mit *Rechteckname* bezeichneten Rechteck liegt. Ist er enthalten, liefert die Funktion den Wert TRUE (1); liegt er außerhalb, den Wert FALSE (0).

    Beispiel   set r2 = rect (50, 30, 640, 480)
                          set p3 = point (200,300)
                          put inside (p3, r2)
                          1

point rect   **Schlüsselwort**

    Syntax   rect (*Punktname_1*, *Punktname_2*)

    Beschreibung   Dieses Schlüsselwort wird verwendet, um der von zwei Koordinatenpaaren aufgespannten Fläche einen Namen zuordnen zu können.

    Beispiel   set p1 = point (45,30)
                          set p2 = point (640,480)
                          set r1 = rect (p1, p2)
                          put r1
                          rect(45, 30, 640, 480)

power		**Funktion**
Syntax	power (*Basis*, *Exponent*)	
Beschreibung	Diese Funktion potenziert die mit *Basis* angegebene Ziffer mit dem *Exponent*.	
Beispiel	put power (2, 3) 8.0	

preLoadEventAbort		**Eigenschaft**
Syntax	the preLoadEventAbort	
Beschreibung	Diese Eigenschaft bestimmt, ob Tastatur- und Mausereignisse das Laden von Darstellern in den Arbeitsspeicher unterbrechen können (TRUE) oder nicht (FALSE). Die Eigenschaft kann gelesen und gesetzt werden. Voreingestellt ist der Wert FALSE.	

purgePriority		**Eigenschaft**
Syntax	the purgePriority of cast *Darstellerbezeichnung*	

Beschreibung	Diese Eigenschaft entspricht der gleichnamigen Auswahl im Dialog Darstellerinfo. Sie bestimmt, mit welcher Priorität der mit *Darstellerbezeichnung* angegebene Darsteller bei vollem Arbeitsspeicher aus dem Speicher entfernt wird.
	Die folgenden Werte sind möglich:
	  0 Niemals löschen
	  1 Zuletzt löschen
	  2 Löschen in der normalen Reihenfolge
	  3 Zuerst löschen	

randomSeed		**Eigenschaft**
Syntax	the randomSeed	
Beschreibung	Diese Eigenschaft bestimmt die Zahl, die der Zufallszahlengenerator als Basis verwendet. Sie kann gelesen und gesetzt werden.	

rect inflate		**Befehl**
Syntax	inflate(*Rechteckname, horizontale Änderung, vertikale Änderung*)	
Beschreibung	Dieser Befehl vergrößert das angegebene Rechteck um die in *horizontale Änderung* und *vertikale Änderung* angegebene Anzahl von Pixeln.	

Beispiel	set r1 = rect (45, 30, 640, 480) put inflate(r1, 30, 20) rect(15, 10, 670, 500)

rect intersect   **Befehl**

Syntax	intersect (*Rechteckname_1*, *Rechteckname_2*)
Beschreibung	Dieser Befehl liefert die Koordinaten der Schnittmenge, die die beiden als Parameter übergebenen Reckecke besitzen.
Beispiel	set r2 = rect (50, 60, 400, 380) set r1 = rect (20, 130, 200, 480) put intersect (r1, r2) rect (50, 130, 200, 380)

rect of cast   **Eigenschaft**

Syntax	the rect of cast *Darstellerbezeichnung*
Beschreibung	Diese Eigenschaft enthält die Koordinaten des mit *Darstellerbezeichnung* angegebenen Darstellers. Die Eigenschaft kann nur gelesen werden.
Beispiel	put the rect of cast 1 rect(187, 354, 354, 433)

rect of window   **Eigenschaft**

Syntax	the rect of window *Fensterbezeichnung*
Beschreibung	Diese Eigenschaft bestimmt die Koordinaten des angegebenen Fensters. Die Eigenschaft kann gelesen und gesetzt werden. Verändert wird nur die Größe des Fensters, nicht die des Fensterinhalts.
Beispiel	put the rect of window "main.mmd" rect(93, 163, 253, 283)

regPoint   **Eigenschaft**

Syntax	the regPoint of cast *Darstellerbezeichnung*
Beschreibung	Diese Eigenschaft bestimmt den Registrierungspunkt des angegebenen Darstellers. Die Angabe erfolgt in der Form point (locH, locV). Die Eigenschaft kann gelesen und gesetzt werden.
Beispiel	put the regPoint of cast 10 point(243, 265)

saveMovie — Befehl

Syntax	saveMovie [*Dateibezeichnung*]
Beschreibung	Dieser Befehl speichert die aktuelle Director-Datei. Optional kann eine *Dateibezeichnung* angegeben werden, die Laufwerk- und Ordnerangaben enthalten darf.
Beispiel	saveMovie "SYS:Desktop Folder:main.mmd"

scriptNum — Eigenschaft

Syntax	scriptNum of sprite *Objektbezeichnung*
Beschreibung	Diese Eigenschaft enthält die Nummer des Regie-Skripts, das dem angegebenen Objekt zugewiesen wurde. Die Eigenschaft kann nur gelesen werden.
Beispiel	put the scriptnum of sprite 5 11

scriptText of cast — Eigenschaft

Syntax	the scriptText of cast *Darstellerbezeichnung*
Beschreibung	Diese Eigenschaft enthält das dem angegebenen Darsteller zugewiesene Darsteller-Skript als Zeichenkette. Die Eigenschaft kann gelesen und gesetzt werden.
Beispiel	put the scriptText of cast "Help" "on mouseUp go to "MainMenuHelp" end"

setaProp — Befehl

Syntax	setaProp (*Listenname, Eigenschaft, Wert*)
Beschreibung	Dieser Befehl weist der in der angegebenen Liste enthaltenen *Eigenschaft* den übergebenen *Wert* zu. Existiert die *Eigenschaft* nicht, wird ein neuer Eintrag in die Liste vorgenommen.
Beispiel	set pl =[a:1,b:8,c:9,d:6,o:0,t:1] setaProp (pl, #t, 6) put pl [#a: 1, #b: 8, #c: 9, #d: 6, #o: 0, #t: 6]

setAt Befehl

Syntax
: setAt (*Listenname, Listenposition, Wert*)

Beschreibung
: Dieser Befehl weist dem in der angegebenen Liste auf der *Listenposition* gespeicherten Element den angegebenen *Wert* zu. Existiert die *Listenposition* in Property Lists nicht, erfolgt eine Fehlermeldung.

  In linearen Listen wird die Liste mit Nullwerten aufgefüllt, wenn die *Listenposition* nicht existiert.

Beispiel
: set nl =[1,2,3,4]
  setAt (nl,10,12)
  put nl
  [1, 2, 3, 4, 0, 0, 0, 0, 0, 12]

sin Funktion

Syntax
: sin (*Winkel*)

Beschreibung
: Diese Funktion berechnet den Sinus des angegebenen Winkels. Der Winkel muß in Radiant (rad) angegeben werden.

sort Befehl

Syntax
: sort *Listenname*

Beschreibung
: Dieser Befehl sortiert die mit *Listenname* bezeichnete Liste. Lineare Listen werden aufsteigend entsprechend den Werten der Listenelemente sortiert. In Property Lists erfolgt die Sortierung nach Eigenschaften.

Beispiel
: set nl =[5,3,45,2,1,6,9,10]
  sort nl
  put nl
  [1, 2, 3, 5, 6, 9, 10, 45]

sound of cast Eigenschaft

Syntax
: the sound of cast *Darstellerbezeichnung*

Beschreibung
: Diese Eigenschaft bestimmt, ob der angegebene QuickTime-Darsteller mit oder ohne Ton wiedergegeben wird. Das Setzen der Eigenschaft auf TRUE (1) entspricht dem Aktivieren der Option Sound im Dialog Darstellerinfo.

Beispiel
: set the sound of cast "corsa.mov" = 0

sourceRect   Eigenschaft

Syntax   the sourceRect of window *Fensterbezeichnung*

Beschreibung   Diese Eigenschaft enthält die Koordinaten, die dem angegebenen Fenster erstmalig zugewiesen wurden. Die Eigenschaft kann nur gelesen werden.

Beispiel   put the sourceRect of window "main.mmd"
rect(432, 324, 592, 444)

tan   Funktion

Syntax   tan (*Winkel*)

Beschreibung   Diese Funktion liefert den Tangens des angegebenen Winkels. Der Winkel muß in Radiant (rad) angegeben werden.

title of window   Eigenschaft

Syntax   the title of window *Fensterbezeichnung*

Beschreibung   Diese Eigenschaft bestimmt den in der Titelzeile des angegebenen Fensters angezeigten Text. Sie kann gelesen und gesetzt werden.

Beispiel   set the title of window "main.mmd" = "Hauptmenu"

titleVisible of window   Eigenschaft

Syntax   the titleVisible of window *Fensterbezeichnung*

Beschreibung   Diese Eigenschaft bestimmt, ob die Titelleiste des angegebenen Fensters sichtbar ist (TRUE) oder nicht (FALSE). Die Eigenschaft kann gelesen und gesetzt werden.

Beispiel   set the titleVisible of window "main.mmd" = ¬
not the titleVisible of window "main.mmd"

trace   Eigenschaft

Syntax   the trace

Beschreibung   Das Setzen dieser Eigenschaft auf den Wert TRUE (1) entspricht dem Einschalten der Option **Trace** im Fenster Message. Hat Trace den Wert FALSE (0), erfolgt keine Ausgabe im Fenster Message.

Beispiel   set the trace = 0

traceLoad   Eigenschaft

Syntax   the traceLoad

Beschreibung   Diese Eigenschaft bestimmt, welche Informationen im Fenster Message erscheinen. Mögliche Werte sind:
                     0   keine Anzeige
                     1   Anzeige der Darstellernamen
                     2   Anzeige der Darstellernamen und der aktuellen Bildnummer
Die Eigenschaft kann gelesen und gesetzt werden.

Beispiel   set the traceLoad = 2

traceLogFile   Eigenschaft

Syntax   the traceLogFile

Beschreibung   Diese Eigenschaft enthält die Bezeichnung der Datei, in die die Ausgabe des Fenster Message geschrieben wird. Die Bezeichnung kann Laufwerks- und Ordnerangaben enthalten. Die Ausgabe in die Datei wird durch Setzen der Eigenschaft traceLoad auf EMPTY gestoppt.

Beispiel   set the traceLogFile = the pathname &¬
                    "MessageWindowOutput"

unionRect   Befehl

Syntax   union (*Rechteckname_1*, *Rechteckname_2*)

Beschreibung   Dieser Befehl liefert die Koordinaten des Rechtecks, das die beiden angegebenen Rechtecke überspannen würde.

Beispiel   set r1 = rect(20,20,80,100)
                    set r2 = rect (100,100,200,200)
                    put union (r1, r2)
                    rect(20, 20, 200, 200)

visible of window   Eigenschaft

Syntax   the visible of window *Fensterbezeichnung*

Beschreibung   Diese Eigenschaft bestimmt, ob ein Fenster sichtbar ist oder nicht. Der Wert TRUE (1) schaltet das Fenster ein; der Wert FALSE (0) verbirgt das Fenster. Die Eigenschaft kann gelesen und gesetzt werden.

Beispiel   set the visible of window "main.mmd" = ¬
                    not the visible of window "main.mmd"

width of cast   **Eigenschaft**

  Syntax   the width of cast *Darstellerbezeichnung*

  Beschreibung   Diese Eigenschaft ermittelt die Breite des mit *Darstellerbezeichnung* bezeichneten Darstellers in Pixeln. Sie kann nur gelesen werden.

  Beispiel   put the width of cast "StartButton"
                        67

window   **Schlüsselwort**

  Syntax   window *Fensterbezeichnung*

  Beschreibung   Dieses Schlüsselwort wird zur Bezeichnung von Fenstern verwendet, in denen eine Director-Datei enthalten ist.

  Beispiel   open window "main.mmd"

windowList   **Eigenschaft**

  Syntax   the windowList

  Beschreibung   Diese Eigenschaft liefert eine Liste aller aktuellen Fenster.

  Beispiel   put the windowList
                        [(window "test"), (window "main.mmd")]

Glossar

Abspielkopf	Symbol zur Anzeige des aktuellen Bildes oder der aktuellen Spalte
Accelerator	Im Lieferumfang enthaltenes Programm zur Beschleunigung von nicht interaktiven Studio-Dateien auf maximal 60 Bilder/Sekunde
AIFF-Format	Audio Interchange File Format - Dateiformat zur Speicherung digitalisierter Sounds
Aktuelle Palette	Die Palette, die die Farbe des aktuellen Bühnenbildes bestimmt
Aktuelles Bild	Das Bild, das auf der **Bühne** gerade gezeigt wird. In Regie vom Abspielkopf und im Steuerpult vom Bildzähler angezeigt
Album-Datei	Vom Programm Album verwendete Datei. Gespeichert werden Texte, Grafiken, Sounds und Bezüge auf QuickTime-Filme.
Anfasser	An einer Auswahl erscheinende Quadrate. Ziehen an den Anfassern verändert die Größe der Auswahl
Animation	Durch die Anzeige einer Folge statischer Bilder entsteht der Eindruck der Bewegung.
Anti-Aliasing	Verfahren zur Glättung der treppenförmigen Ausfransungen an Bild- und Texträndern durch Hinzufügen von Pixeln mit Farb- oder Grauwerten.
Arbeitsblatt	Die Zeichenfläche für einen Grafik-Darsteller im Fenster Malen
Aufzeichnungssymbol	Der Punkt in der Kanalanzeige im Steuerpult, der die aktive bildweise Aufzeichnung für den betreffenden Kanal anzeigt.
Ausschneiden	Entfernen eines markierten Objekts in die Zwischenablage
Auswahl	Die Objekte oder Bereiche, die für eine gemeinsame Bearbeitung mit dem folgenden Befehl hervorgehoben oder markiert werden.

Glossar

Auswählen	Alle Funktionen, die Bereiche oder Objekte so markieren, daß sie für eine neue oder weitere Veränderung vorbereitet sind.
Besetzung	Das Fenster, in dem Darsteller (Grafiken, Texte, Sounds, Filmschleifen, Paletten, QuickTime-Filme) numeriert gespeichert werden.
Bild	Ein Augenblick der Animation entspricht einer Spalte (einem Bild) im Fenster Regie.
Bildweise Aufzeichnung	Aufzeichnungsverfahren für Darsteller im Fenster Regie, bei dem jeder Klick auf Step im Steuerpult zur Kopie des aktuellen Bildes in das folgende Bild führt.
Bitmap	Grafikformat, bei dem die Bildinformation pixelweise gespeichert wird.
Bühne	Bezeichnung für das Fenster, in dem die Animation abläuft.
Darsteller	In der Besetzung gespeichertes Objekt (Grafik, Text, Palette Filmschleifen oder Sound)
Drehbuch	Programmteil von MacroMind Director, in dem Grafiken, Filme aus Studio und dem Accelerator mit Texteffekten und Überblendungen versehen werden
Echtzeit-Aufzeichnung	Mit der Befehls- und Wahltaste aktivierte Aufzeichnung der Bewegung eines Darstellers.
Farbanimation	Effekt, bei dem die Bildschirmpixel einen festgelegten Bereich der Farbpalette durchlaufen
Farbeffekte	bestimmen die Darstellung von sich überlagernden Bildern des Vorder- und Hintergrunds auf der Bühne.
Farbpaletten anpassen	Anpassung der Farben eines Darstellers an die Farben einer anderen Palette
Farbtiefe	Mit einer Farbtiefe von n Bit sind 2^n verschiedene Farben darstellbar.
FKey	Dem System hinzugefügte Tastenkombination, die wiederum ein Programm aktiviert
Hintergrund	Objekte, die sich in einem niedrig numerierten Kanal befinden.

Importieren	Einfügen von Grafik, Sound und QuickTime-Filmen in das Fenster Besetzung
Interaktivität	Möglichkeit des Anwenders, das Geschehen auf dem Bildschirm durch Eingaben zu steuern
Kanal	Eine Zeile in der Regie: 24 Kanäle nehmen Darsteller auf, 5 Effektkanäle steuern Geschwindigkeit, Paletten, Überblendungen und Sounds.
Lingo	Die Programmiersprache des Studios
MacInTalk	Programm, das aus vorliegendem Text künstliche Sprache erzeugt.
MacPaint	weit verbreitetes Grafikprogramm für den Macintosh.
Maske	Ein Darsteller, der die transparenten Bereiche eines anderen Darstellers festlegt.
MooV	Dateiformat zur Speicherung von QuickTime-Filmen
Palette	Satz der möglichen Farben, die der Macintosh darstellen kann.
PICS	Dateiformat für Animationsdateien, das Bildfolgen speichert
Pixel	Das kleinste Element zur Darstellung von Text und Grafik auf dem Bildschirmen
Player	Programm zum Abspielen von Studio-Dateien und zum Bau allein lauffähiger Animationen (Projektoren).
Projektor	Die mit dem Player erzeugte Verbindung des Player-Programmcodes und einer oder mehrerer Studio-Dateien zu einem ausführbaren Programm.
Regie	Das Fenster Regie legt den zeitlichen Ablauf der Animation, Vorder- und Hintergrund und zu verwendende Effekte fest.
Registrierungspunkt	Der beim Positionieren auf der Bühne verwendete Bezugspunkt eines Darstellers
Segment	Die mit den Buchstaben A bis H bezeichneten Bereiche des Fensters Besetzung.

Glossar

Sequenz	Eine Folge von ausgesuchten Bildern in einem Regiekanal.
Spalte	Zeitrahmen im Drehbuch. Symbole, die im Drehbuchfenster in einer Spalte liegen, werden gleichzeitig dargestellt.
Stoppuhr	Mit der Stoppuhr wird im Drehbuch die Dauer einer Szene festgelegt.
Überblendung	Beim Übergang von einem Bild in das folgende angewandter visueller Effekt
Zelle	Das kleinste Element im Fenster Regie, der Schnittpunkt eines Bildes mit einem Kanal
Ziehen	Bewegen der Maus mit gedrückter Maustaste

Index

A Abdunkeln 101
Abspielkopf 40, 155
Accelerator 323
after 211
AIFF-Format 133
alert 78, 211
Alles ersetzen 146
   Menü Skript 184
Als Sequenz einsetzen 65
and 173
Ankreuzfeld 141
Anpassen, Texteigenschaft 147
Anrücken, Texteffekt 28
Anzeige-PopUp-Menü 49, 179
Arbeitsblätter in Malen 97
Auf die Bühne bringen 126
Aufhellen 101
Aufzeichnungssymbol 80, 155
Ausrichtung 144
Auswahl
   Anpassen 100
   Anzeigen 45
   Aufräumen 126
   Belassen 100
   kopieren 100
   Lasso 100
   Skalieren 100
   Transparent 100
   Umkehren 150
Auswahlrechteck 100
Auswahlwerkzeug 100
Automatische Animation
   Diagramm 26
   Im Drehbuch 23
   Im Studio 157
   Lauftext 27
   Rolltitel 28
   Texteffekte 28

Index

Vorspann	25
Zoomtext	26
Auto-Transformation	64, 103

B

Back	42
BACKSPACE	212
BackStep	154
Bearbeiten, Menü	43
beep	212
beepOn	213
Befehl	172
Besetzung	41, 122
Bild duplizieren	78
Bildlaufleiste	147
Bildschirmfoto	133
Bildschirmkoordinaten	189
Bildweise Aufzeichnung	80, 155, 156
Bildzähler	155
Bogenwerkzeug	113
bottom of sprite	189, 190, 213
Bühne	11, 40
Farbe	154
Koordinaten	190
Position	189
Zentrieren	35
buttonStyle	213

C

Cast	214
cast size	275
Castmember	187, 214
castNum of sprite	214
centerStage	190, 214
char...of	214
chars	215
charToNum	215
checkBoxAccess	215
checkBoxType	215
checkMark of menuItem	216
clearGobals	216
clickOn	216

closeDA		216
closeResFile		216
closeXLib		217
colorDepth		217
colorQD		217
commandDown		217
constrainH		191, 218
constraint		191, 192, 218
constrainV		191, 219
contains		206, 219
continue		220
controlDown		220
controller		220
cursor		220
cursor of sprite		221
D	Darsteller	187
	Als Sequenz einsetzen	158
	Anpassen	129
	Auf die Bühne bringen	126
	Ausrichten	159
	Auswählen	124, 125
	Benennen	123
	Darstellerinfo	124
	Farbtiefe verändern	127
	Importieren	131
	In Bitmap konvertieren	138
	Info	83
	Maskieren	121
	Skript	77, 84, 180
	Unbenutzte Darsteller löschen	125
date		221
delay		221
delete		222
Dialog-Fenster		85, 184
	Trace	85
directToStage		222
do		222
Dokumente bündeln		34
dontPassEvent		222

Index

	doubleClick	223
	Drehbuch	11
	Automatische Animation	23
	Datei-Funktionen	18
	Effekte	29
	Fenster	12
	Funktionsleiste	12
	Menüs	32
	Drucken	33
	Duplizieren	122
	Palette	148
	duration	223
E	Echtzeitaufzeichnung	45, 49, 156
	editableText	206, 223
	Editierbarer Text	147
	Editor öffnen	32
	Effektkanal	59
	Eigenschaft	174
	else	196
	EMPTY	223
	enabled of menuItem	224
	end	224
	ENTER	224
	Ereignis-Skript	181
	Etiketten, Submenü	184
	exit	224
	exit repeat	224
	exitLock	225
	Exportieren	305
F	Factory	174
	factory	225, 226
	FALSE	172, 226
	Farbe tauschen	101
	Farbeffekt	
	Deckend	56
	Malen	115
	Normal	46
	Objekt deckend	56, 75

Regie	55
Farben anpassen	132
Farbpalette	147
Farbtiefe	127
Farbtiefenanzeige	119
Fernschreiber, Texteffekt	28
Fest, Texteigenschaft	147
field	226
Filminformation	177
Filmschleife	68, 165
Film-Skript	177
fixStageSize	190, 227
FKey-Manager	300
floatP	227
floatPrecision	227
foreColor of sprite	227
Form, Menü	101
frame	228
framesToHMS	228
freeBlock	229
freeBytes	229
Frei rotieren	62, 103
Freihandauswahl	100
fullColorPermit	229
Füllen	101
Füllen spezial	70, 164
Füllmuster	142
In Malen	117
Mehrfarbige	120
Füllwerkzeug, in Malen	107
Funktion	172

G

Ganze Zahl	173
Gemeinsame Darsteller	129
Gleitkommazahl	173
Glitzern, Texteffekt	28
global	173, 229
go	229
go to	82, 194
Größe	144

H

Hand	
In Besetzung	123
In Malen	105
In Palette	150
height of sprite	190, 230
Hilfe	32, 177
hilite	230
hilite of cast	230
Hintergrundfarbe	116
Hintergrundfarbfeld	143
HMStoFrames	231
Horizontal kippen	101

I

idle	183, 231, 256
if...then	195, 232
Im nächsten Skript suchen	184
imageDirect	232
immediate of sprite	232
Importieren	131
Album-Dateien	137
MacPaint-Grafik	133
PICS-Dateien	137
PICT-Grafik	132
QuickTime-Filme	136
Sound	133
Studio-Dateien	137
Verbindung zur Datei halten	132
in	232
In Bitmap konvertieren	138
In Kanal kopieren	45, 49, 51, 74, 160
ink of sprite	233
installMenu	91, 92, 201, 233
instance	234
integer	234
integerP	234
intersects	234
into	235
Invertieren	101
item...of	235
items	235

Index

K
Kacheln	120
Kanalanzeige	155
key	205, 235
keyCode	205, 235
keyDown	181, 235
keyDownScript	181, 235
Knopf	141
Kommentar	177
Fenster	186
Konstante	173
Kontrollfeld	
Monitore	35, 119
Ton	134
Kontur nachzeichnen	101

L
label	195, 236
labelList	236
Lasso	100
lastClick	194, 236
lastEvent	236
lastKey	194, 237
lastRoll	194, 237
left of sprite	189, 190, 237
length	237
letzte Fassung	32
line...of	237
Lineale	97
Einblenden	97
Nullpunkt einstellen	98
Linear füllen	56, 61, 162
lines	238
lineSize of sprite	238
Lingo	76, 171
Menü	183
Linienstärke	
In Malen	118
In Werkzeug	142
Linienwerkzeug	
In Malen	113
In Werkzeug	140

Index

Links drehen	101
locH of sprite	189, 190, 238
locV of sprite	189, 190, 238
Logischer Ausdruck	173
long	238
loop, Darsteller-Eigenschaft	239
Loop, Steuerpult	42

M

machineType	239
Macintalk	147
MacPaint-Grafik	133
macro	239
Makro	185
Malen	42, 96
marker	195, 240
Maskieren	122
mAtFrame	241
maxInteger	241
mci	241
mDescribe	176, 202, 241
mDispose	175, 242
me	242
memorySize	243
menu	243
menuItem	244
menuItems	244
Menüleiste	43
menus	244
method	245
Methode	174
mGet	245
mInstanceRespondsTo	245
mMessageList	246
mName	246
mNew	175, 246
mod	246
MooV Dateiformat	306
mouseCast	247
mouseChar	247
mouseDown	180, 181, 247

Index

mouseDownScript	181, 247
mouseH	200, 248, 249
mouseItem	248
mouseLine	248
mouseUp	180, 181, 249
mouseUpScript	181, 249
mouseV	200
mouseWord	249
moveableSprite	191, 250
movie	250
movieRate	250
movieTime	250
mPerform	251
mPut	251
mRespondsTo	251

N

name of cast	252
name of menu	201, 252
name of menuItem	252
Neigen	103
Neu	32
Nicht umbrechen, Texteigenschaft	147
not	173, 252
nothing	253
number of	
cast	253
castmembers	253
chars in	253
items in	254
lines in	254
menuItems	254
menus	254
words in	254
numToChar	255
Nur Auswahl	156

O

objectP	255
Objekt	187
skalieren	129
stauchen	56

387

Objekt-Skript	178
Öffnen	32, 128
offset	255
on	256
on idle	256
on mouseDown	257
on mouseUp	257
on startMovie	257
on stepMovie	258
on stopMovie	258
On-line-Hilfe	177
open	258
openDA	259
openResFile	259
openXLib	259
Operator	172
optionDown	259
Optionen	97, 101, 115, 119
Optionsfeld	141
or	173, 260
Originalgröße	129
Oval	141
Ovalwerkzeug	112

P Palette

Auswahl umkehren	150
Benutzte Farben auswählen	150
Duplizieren	148
Farbauswahl	149
Farben reservieren	151
Fenster	147
Installieren	132
Paletten-PopUp-Menü	148
Position umkehren	150
Rotieren	150
Sortieren	150
Verlauf erzeugen	150
Papierformat	33
pathname	260
pattern	260

pause	260
pauseState	261
perFrameHook	261
Perspektive	103
picture of cast	261
Pinsel	109
Pipette	114
Play	42, 154
play	195, 261
play done	262
playAccel	262
playFile	263
Polygonwerkzeug	113
PopUp Menu XObj	202
Position umkehren	150
preLoad	263
preLoadCast	263
printFrom	264
Projektor	312
Prozedur	174
Prozeduren, Submenü	184
Puppet	187
puppet of sprite	264
puppetPalette	264
puppetSound	197, 265
puppetSprite	265
puppetTempo	266
puppetTransition	266
put	267
after	267
before	268
into	268

Q

QuickDraw	138
QuickTime	
Darstellerinfo	152
Fenster	152
Importieren	136
QuickTime Export	305
quickTimePresent	269

quit	268
QUOTE	268

R

Radiergummi	112
Radioknopf	141
Rahmen	144
ramNeeded	269
random	269
Rastern	129
Rechteckwerkzeug	111
Rechts drehen	101
Regie	
Löschen	49
Skript	77, 82, 178
Registrierungspunkt	114, 190
repeat while	196, 269
repeat with	196, 270
ResEdit	130
restart	270
result	270
RETURN	271
return	271
Rewind	42, 154
Richtung umkehren	58
right of sprite	189, 190, 271
Rollen, Texteigenschaft	147
rollOver	271
romanLingo	272
Rotieren	150

S

S/W-Bitmap in Farbe umwandeln	128
Schaltflächen	
Darstellerinfo	141
Werkzeug	80, 141
Schleifen anzeigen	166
Schlüsselwort	172
Schnellerfassung	34
Scrapbook	300
ScreenClip	300, 304
script of menuItem	272

selection	272
selEnd	272
selStart	273
set	273
setCallBack	273
Shared Cast	130
shiftDown	274
showGlobals	274
showLocals	274
showResFile	274
showXlib	202, 274
shutDown	275
Sichern	32
Sichern Unter	32
size of cast	275
Skript	76
Skript	
Fenster, automatische Formatierung	178
Menü	184
PopUp-Menü	179
Skripten beachten	83, 177
sound	275
Aufzeichnung	134
Datei	133
Drehbucheffekt	29
fadeIn	275
fadeOut	276
playFile	197, 276
stop	276
soundBusy	197, 276
SoundEdit	133
soundEnabled	277
soundLevel	277
Sound-Ressource	134
sprite	187, 277
sprite...intersects	277
sprite...within	278
spriteBox	190, 278
Spritzpistole	108
sqrt	278
stageBottom	189, 279

Index

stageColor	279
stageLeft	189, 279
stageRight	189, 280
stageTop	189, 280
startMovie	182, 257, 280
starts	280
startTime	280
startTimer	194, 281
Step	42, 154
stepMovie	183, 258, 281
Steuerpult	
Im Drehbuch	12
Im Studio	42, 154
Stil	144
stilldown	281
Stop	42, 154
stopMovie	183, 205, 258
Stoppuhr, Drehbucheffekt	30
stopTime	281
stretch of sprite	281
string	282
stringP	282
Suchen	184
Suchen & ersetzen	146, 184
Suchen, Menü	145
switchColorDepth	282
Symbol	174
symbolP	283

T

TAB	283
Tabulatortaste, Texteigenschaft	147
Temporegler	155
Text	
Darstellerinformation	146
Effekte	28
Fenster	143, 185
Menü	144
text of cast	206, 283
textAlign of field	283
textFont of field	284

Index

textHeight of field	284
textSize of field	284
textStyle of field	285
Textwerkzeug	
In Malen	106
In Werkzeug	140
ticks	286
time	286
timeout	181, 193
timeoutKeyDown	286
timeoutLapsed	193, 286
timeoutLength	193, 287
timeoutMouse	193, 287
timeoutPlay	194, 287
timeoutScript	181, 288
timer	288
to	288
top of sprite	189, 190, 288
Trace	184
trails	288
TRUE	172, 289
type of sprite	289

U

Über MM Director	167
Überblendkanal	59
Überblendung	59
Drehbucheffekt	31
Umlaute	176
unload	289
unloadCast	290
updateStage	190, 290

V

value	290
Variable	173
global	173, 229
instance	175
lokal	173
Vergrößern	99
Vergrößerungsmodus	99
Verkleinern	99

Verlauf	107
Verlaufsfarben	115
version	290
Vertikal kippen	101
Verzerren	103
visibility	291
volume	291
of sound	291
of sprite	291
Vordergrundfarbe	116
im Fenster Werkzeug	81
Vordergrundfarbfeld	143
Voreinstellung	35, 189, 306
Vorgang wiederholen	102
Vorschau	15

W

Weichzeichnen	101
Weitersuchen	146, 184
Werkzeug	80
Werkzeugfenster	138
Füllmusterfeld	142
Linienstärke	142
Linienwerkzeug	140
Schaltflächenwerkzeug	141
Textwerkzeug	140
Zeichenfunktionen	139
Werkzeugpalette ausblenden	98
when	292
when keyDown then	292
when mouseDown then	292
when mouseUp then	292
when timeout then	292
while	293
width of sprite	190, 293
with	293
within	293
word...of	293

X

xFactoryList	294
XObject	175

Z

Zeichensatz	144
Zeichenstift	111
zoomBox	294
Zum Studio	37
Zum Drehbuch	13
Zwischenablage	43

ITP-WOLFRAM'S

Marc D. Miller & Randy Zaucha
Color Mac
Design-Produktionsmethoden – der Color-Bestseller jetzt auch auf deutsch!
333 Seiten, gebunden, durchgehend farbig!
99,– DM
ISBN: 3-86033-166-3

INTERNATIONAL THOMSON PUBLISHING